ÉTUDES DE PHILOSOPHIE MÉDIÉVALE

Collection fondée par Étienne Gilson

Dirigée par

Joël Biard
Olivier Boulnois
Marta Cristiani
Alain de Libera

L'ÉTHIQUE DE PIERRE DE JEAN OLIVI

DANS LA MÊME COLLECTION

LEMLER D., *Création du monde et limites du langage. Sur l'art d'écrire des philosophes juifs médiévaux*, 208 pages, 2020.

BONCOUR É., *Maître Eckhart lecteur d'Origène. Sources, exégèse, anthropologie, théogénésie,* 240 pages, 2019.

TREGO K., *L'impuissance du possible. Émergence et développement du possible, d'Aristote à l'aube des temps modernes*, 368 p., 2019.

CALVET A., *L'alchimie au Moyen Âge, XIIe-XVe siècles,* 282 p., 2018.

Miroir de l'amitié. Mélanges offerts à Joël Biard, éd. Ch. GRELLARD , 568 p., 2017.

MANGIN É., *La nuit de l'âme. L'intellect et ses actes chez Maître Eckhart,* 256 p., 2017.

ROQUES M., *L'essentialisme de Guillaume d'Ockham,* 228 p., 2016.

TREGO K., *La liberté en acte. Éthique et métaphysique d'Alexandre d'Aphrodise à Jean Duns Scot*, 384 pages, 2015.

FIELD S. L., LERNER R. E., PIRON S. (dir), *Marguerite Porete et le* Miroir des simples âmes, 368 pages, 2014.

KALUZA Z., *Études doctrinales sur le XIVe siècle. Théologie, Logique, Philosophie*, 392 pages, 2013.

JOLIVET J., *Medievalia et arabica*, 364 pages, 2012.

BIARD J., *Science et nature. La théorie buridanienne du savoir*, 404 pages, 2012.

STANCATO G., *Le concept de désir dans l'œuvre de Thomas d'Aquin. Analyse lexicographique et conceptuelle du « desiderium »*, 176 pages, 2011.

TREGO K., *L'essence de la liberté. La refondation de l'éthique dans l'œuvre de saint Anselme de Cantorbéry*, 304 pages, 2010.

DI MARTINO C., Ratio particularis. *Doctrines des sens internes d'Avicenne à Thomas d'Aquin*, 192 pages, 2008.

BERMON P., *L'assentiment et son objet chez Grégoire de Rimini*, 432 pages, 2007.

RICKLIN Th. (éd.), Exempla docent. *Les exemples des philosophes de l'Antiquité à la Renaissance*, 432 pages, 2007.

CASTEIGT J., *Connaissance et vérité chez Maître Eckhart. Seul le juste connaît la justice*, 480 pages, 2006.

JOLIVET J., *Perspectives médiévales et arabes*, 320 pages, 2006.

VIAL M., *Jean Gerson, théoricien de la théologie mystique*, 256 pages, 2006.

GRELLARD C., *Croire et savoir. Les principes de la connaissance selon Nicolas d'Autrécourt*, 340 pages, 2005.

KÖNIG-PRALONG C., *Avènement de l'aristotélisme en terre chrétienne*, 288 pages, 2005.

CAIAZZO I., *Lectures médiévales de Macrobe. Les* Glosae colonienses super Macrobium, 352 pages, 2003.

SIRAT C., KLEIN-BRASLAVY S., WEIJERS O. (éds.), *Les méthodes de travail de Gersonide et le maniement du savoir chez les scolastiques*, 392 pages, 2003.

SUAREZ-NANI T., *Connaissance et langage des anges selon Thomas d'Aquin et Gilles de Rome*, 272 pages, 2003.

CÔTÉ A., *L'infinité divine dans la théologie médiévale (1220-1255)*, 272 pages, 2002.

SUAREZ-NANI T., *Les anges et la philosophie. Subjectivité et fonction cosmologique des substances séparées à la fin du XIIIe siècle*, 208 pages, 2002.

FALQUE E., *Saint Bonaventure et l'entrée de Dieu en théologie*, 224 pages, 2001.

ÉTUDES DE PHILOSOPHIE MÉDIÉVALE

CXI

L'ÉTHIQUE DE PIERRE DE JEAN OLIVI

LIBERTÉ, PERSONNE ET CONSCIENCE

Par

Stève Bobillier

Ouvrage publié avec l'aide du Centre national du livre

PARIS

LIBRAIRIE PHILOSOPHIQUE J. VRIN

6 place de la Sorbonne, V^e^

2020

Imprimé en France

ISSN 0249-7921
ISBN 978-2-7116-2954-1

www.vrin.fr

À mon épouse Franziska,
À qui je renouvelle sans cesse mon vœu

Comment se faisait-il toujours qu'à l'instant même où j'étais le mieux capable d'apprécier toutes les nuances du beau, du sublime, il m'arrivait non seulement de penser, mais aussi de faire des choses si incongrues, que je commettais précisément lorsque je me rendais parfaitement compte qu'il fallait s'en abstenir. […] L'homme n'aspire qu'après une volonté indépendante, quel qu'en soit le prix et quels qu'en soient les résultats. Mais le diable sait ce que vaut cette volonté… Elle conserve en effet, le principal, ce qui nous est le plus cher, c'est-à-dire notre personnalité.

Dostoïevski, *Le sous-sol*

AVANT-PROPOS

Il n'est pas besoin de considérer le contexte particulier des guerres ou des génocides pour aborder la question du mal. Chaque jour nous apporte la preuve que l'homme est capable de mal agir, « sans autre mobile à la malice que la malice elle-même »[1], comme le dit Augustin d'Hippone (354-430). Il n'est pas nécessaire non plus d'envisager les cas pathologiques. Nous avons tous déjà accompli une action en sachant pertinemment qu'elle était mauvaise. Le fumeur ne sait-il pas que la cigarette est nocive pour la santé et qu'il serait mieux pour lui de ne pas fumer ? Pourquoi continue-t-il ? A cause de sa dépendance, dira-t-on. Or, dans ce cas, personne ne pourrait arrêter de fumer puisqu'il n'y aurait pas de liberté de choix. On répliquera que c'est par envie ou par désir. C'est alors en vue d'un certain bien que le fumeur persiste. Or, cela est contradictoire avec le fait qu'il affirme dans le même temps que ce qu'il fait est mal.

Ces cas où l'homme choisit librement l'option qu'il comprend comme étant la mauvaise, sont désignés sous le terme d'acrasie. La littérature regorge de ces situations dans lesquelles un personnage opte pour le mal, non par pure méchanceté, ni même par folie, mais alors qu'il reconnaît que son action est mauvaise et qu'il souhaiterait ne pas l'accomplir. Les meilleurs exemples en sont certainement *Le démon de la perversité* d'Edgar Allan Poe, *La chute* d'Albert Camus et les *Carnets du Sous-Sol* de Fiodor Dostoïevski. Le cas le plus éloquent de cette sorte de schizophrénie de l'action reste toutefois celui de la *Médée* d'Ovide (43 av. J.-C.-17 ap. J.-C.). Tentant de lutter contre sa passion dévastatrice pour Jason, Médée se sent obligée de tuer ses enfants de ses propres mains, malgré l'amour qu'elle leur porte. Elle formule alors une des descriptions les plus célèbres de l'acrasie :

> Je vois des actes meilleurs, je les approuve, et pourtant je fais ceux qui sont moins bons[2].

1. Augustin, *Confessions*, II, IV, 9, *Œuvres de Saint Augustin*, trad. fr. A. Solignac, E. Tréhorel, A. Bouissou, Paris, Desclée de Brouwer, 1962, p. 346-347.

2. Ovide, *Métamorphoses*, VII, 20-2, trad. fr. G. Lafaye, Paris, Gallimard, 1992, p. 220 : « Video meliora proboque, deteriora sequor ».

Si ce choix incohérent étonne les penseurs au moins depuis Platon (c. 428-c. 348), la philosophie contemporaine s'est emparée à bras-le-corps de cette problématique, en soulignant son opposition à la raison. L'usage de l'expression « faiblesse de la volonté » (*weakness of the will*) pour traduire la notion d'acrasie est en ce sens symptomatique : il dénote un défaut de la volonté par rapport à la justesse du jugement de la raison[1]. Cependant, il n'est pas certain que cette faiblesse (*a-kratos*) soit plus imputable à la volonté qu'à la raison. La simple absence de consensus autour de la traduction du terme d'*akrasia* (absence de modération, manque de maîtrise de soi, incontinence, voire même intempérance), indique toute la difficulté qu'engendre cette notion. Cette indécision dans la terminologie n'est pas récente, comme le relève Risto Saarinen, puisqu'elle avait déjà largement cours du temps de Robert Grosseteste (c. 1175-1253)[2]. Au-delà des problèmes terminologiques, la réflexion contemporaine sur l'acrasie se heurte à de lourdes difficultés, puisqu'elle fait intervenir la question des motivations personnelles dans la prise de décision. Elle semble, de ce point de vue, par trop casuistique. Si nous devons en effet considérer les volitions propres d'un individu pour saisir les motifs de l'action acratique, nous risquons de tomber dans un relativisme moral au sein duquel chaque individu n'agit selon des valeurs d'action qui n'appartiennent qu'à lui. Par conséquent, il semble qu'il faille de prime abord dégager une norme d'action universelle pour pouvoir discriminer le comportement vertueux du comportement acratique. Or, si nous acceptons ce postulat, une question bien plus complexe surgit : comment s'assurer du bien-fondé de cette norme universelle ?

Que ce soit dans notre quotidien, dans la littérature, la philosophie ou l'histoire, la question du mal se pose de manière récurrente, tant elle est essentielle à la compréhension de l'homme et du fonctionnement de nos sociétés. En prenant pour fil conducteur l'acrasie, choix volontaire pour le mal, ce livre traite de la question de l'autonomie, au sens étymologique du terme : comment la volonté personnelle fixe-t-elle ses propres normes éthiques ? La liberté est-elle à ce point absolue qu'elle permet à l'homme de mal agir en toute connaissance de cause ? Pourquoi la conscience ne s'oppose-t-elle pas à ce choix ? Se réfère-t-elle seulement à une norme individuelle pour juger de la valeur d'un acte ? Ces questions trouveront leurs réponses dans les définitions novatrices de la liberté, de la conscience et de la personne, proposées par Pierre de Jean Olivi (1248-1298). Abordant pour la première fois la pensée éthique de ce Francisain, ce livre explicite l'impact conséquent de cet auteur sur la pensée médiévale et moderne, et permet d'envisager des solutions, si ce n'est en vue d'agir justement, du moins pour éviter le comportement acratique.

1. *Cf.* R. Ogien, *La faiblesse de la volonté*, Paris, P.U.F., 1993, p. 39.

2. *Cf.* R. Saarinen, *Weakness of the Will in Medieval Thought, from Augustine to Buridan*, Leiden-New York-Köln, Brill, 1994, p. 87-89.

INTRODUCTION

Pourquoi l'homme fait-il le mal? Agit-il de cette manière de façon consciente ou du seul fait de son ignorance? Cette possibilité est-elle inhérente à la liberté? Si nous pensons à notre expérience personnelle, nous pouvons trouver de nombreuses explications à ce comportement : la jalousie, l'égoïsme, la vengeance, le sadisme, le goût de l'interdit, voire le désœuvrement. Toutefois, ses réponses n'enlèvent rien à la difficulté et à la pertinence de la question du mal. Elles donnent au mieux une indication sur la motivation d'une action particulière, dans un contexte spécifique. Elles ne peuvent toutefois apporter une réponse satisfaisante à la problématique du mal volontaire. L'énigme de ce que les philosophes depuis Aristote nomment l'acrasie, consiste dans la préférence apparemment insensée de l'option qui apparaît être la mauvaise. Aucune motivation particulière ne permet d'expliquer cette incohérence dans laquelle l'homme s'obstine, en accomplissant ce qu'il sait pertinemment être mauvais, tant pour lui que pour les autres. Ce ne sont pas les émotions qui le poussent à agir de cette manière. Il ne faut pas confondre l'intempérant qui agit sous le coup d'une émotion ou l'emprise d'une passion, de l'acratique qui pose un choix délibéré à l'encontre de ce qu'il considère comme étant la meilleure option.

D'entrée de jeu, nous souhaitons souligner que l'hypothèse selon laquelle l'homme est égoïste par nature et qu'il n'agit dans l'intérêt d'autrui que s'il en retire un bénéfice est un parti pris qui requiert démonstration. Michel Terestchenko montre, dans son ouvrage *Un si fragile vernis d'humanité*, que ce paradigme formulé par Thomas Hobbes (1588-1679), François de La Rochefoucauld (1613-1680), Jeremy Bentham (1748-1832) ou John Rawls (1921-2002), semble dominer la pensée depuis plus de trois siècles[1]. Cette position paraît s'être renforcée à la suite de la division des sciences humaines opérée au XIXe siècle. En effet, la sociologie, la psychologie et surtout l'économie ont eu tendance à croire – voire à prendre pour principe anthropologique – que la nature humaine est égoïste. Toutefois, Terestchenko rappelle

1. *Cf.* M. Terestchenko, *Un si fragile vernis d'humanité, banalité du mal, banalité du bien*, Paris, La Découverte, 2007.

que Francis Hutcheson (1694-1746), David Hume (1711-1776) ou Adam Smith (1723-1790) ont défendu l'hypothèse inverse. L'homme possède selon ces auteurs un « sens moral » qui lui permet de spontanément juger des actions des hommes. Il est ainsi bienveillant par nature, la délibération sur l'action à accomplir étant antérieure à toute réflexion calculatrice. Dans une des pages les plus célèbres de la philosophie chinoise, Mencius (Meng Tzeu), souligne au IVe siècle avant notre ère, l'inclination naturelle qui pousse tout un chacun à se précipiter pour sauver un enfant qui risque de tomber dans un puits[1]. La recherche actuelle tend à démontrer la même hypothèse. Michael Slote, professeur d'éthique à l'Université de Miami, affirme que la morale repose sur un sentimentalisme empathique et non sur un calcul rationnel[2]. La psychologie et les neurosciences tendent de même à prouver le mouvement empathique naturel de l'enfant en bas âge et nous pourrions multiplier les exemples particuliers allant en ce sens[3].

Le but de notre ouvrage n'est pas de démontrer la validité d'une de ces positions. Toutefois, nous devons constater que s'il fallait se départir du préjugé selon lequel la nature humaine est égoïste, soutenir que le mal est à ce point inné que l'homme ne peut s'en détacher revient alors à le réduire à l'état d'animal, soumis à ses instincts. En d'autres termes, cela nie la problématique du choix du mal. En effet, si l'individu est contraint à l'action, il n'y a dès lors ni volonté, ni responsabilité, ni mal. Or, si nous pouvons juger de la valeur des actes de quelqu'un, c'est qu'il est libre et par conséquent responsable. La liberté touche ainsi au cœur de la problématique du mal : si nous sommes véritablement libres, pourquoi ne pas toujours choisir l'option que nous comprenons être la meilleure ? Le nœud gordien se noue dans cette opposition : soit l'intellect ne saisit pas pleinement le sens du bien et par conséquent, la volonté, faible, succombe à ses désirs, soit, *a contrario*, la volonté, source de la liberté, est à tel point autonome qu'elle est capable d'accomplir tout ce qu'elle souhaite.

1. *Cf.* Mencius, *Livre de Mencius*, II A 6, trad. fr. A. Lévy, Paris, You-Feng, 2003.

2. *Cf.* M. Slote, *A Sentimentalist Theory of the Mind*, Oxford, Oxford University Press, 2014.

3. *Cf.* M. Tomasello, « Helping and cooperation at 14 Months of Ages », *Infancy*, 11, 2007, p. 271-294 ; F. Warneken, « The Roots of Human Altruism », *British Journal of Psychology*, 100, 2009, p. 455-471 ; M. Hoffman, *Empathie et développement moral. Les émotions morales et la justice*, Grenoble, Presses Universitaires de Grenoble, 2008.

LES SOURCES DE LA PROBLÉMATIQUE DE L'ACRASIE

Bien que la notion de volonté soit centrale, remarquons que celle-ci ne fait que tardivement son apparition dans le débat concernant l'acrasie. Auparavant, la solution de l'eudémonisme ou de l'intellectualisme moral emportait la faveur de la plupart des philosophes antiques. Affirmant que le choix du mal relève d'un manque de connaissance, voire d'une erreur de jugement, ceux-ci font du mal un acte involontaire. Ainsi, Platon – quoiqu'il n'use pas encore du terme d'acrasie – affirme dans le *Protagoras* qu'il est impossible qu'une personne agisse à l'encontre de ce qui lui semble être l'option la meilleure[1]. A en croire Socrate (c. 470-399), l'expression « être vaincu par son désir » est impropre : celui qui agit mal le fait par manque de connaissance, puisqu'il confond le bien avec le plaisir ou avec l'agréable[2]. Toutefois, si cet individu persévère dans la connaissance et acquiert ainsi l'idée du bien en soi, il agira nécessairement en fonction de ce dernier :

> Si donc l'agréable est bon, il n'est personne qui, sachant ou croyant qu'il y a des choses meilleures à faire que celles qu'il fait, et qu'il est en son pouvoir de les faire, fasse cependant les moins bonnes, alors qu'il dépend de lui de faire les meilleures ; et être inférieur à soi-même n'est autre chose qu'ignorance, comme être supérieur à soi-même est sagesse[3].

Platon nie ainsi simplement la possibilité du choix acratique. Celui qui se domine et qui connaît le bien ne peut agir à son encontre. Certes, il existe des individus intempérants qui ne parviennent pas à maîtriser leurs passions, mais si de tels hommes étaient éduqués, ils choisiraient toujours d'accomplir ce que leur raison leur désigne comme étant un bien.

Aristote (384-322) revient sur le propos de Socrate dans son *Ethique à Nicomaque*. Il propose d'utiliser le terme de faiblesse (α-κράτος) pour désigner un manque de maîtrise de soi – ce qui conduira les latins à traduire cette notion par le terme d'*incontinentia*. Plus précisément, l'acrasie est selon lui une préférence pour l'option contraire à celle que l'intellect considère comme un bien[4]. Au-delà de l'aspect terminologique, Aristote entreprend non pas de réfuter la position de Socrate, mais de la préciser[5]. En effet, la

1. *Cf.* K. Dorter, « Weakness and Will in Plato's *Republic* », *in* T. Hoffmann (ed.), *Weakness of Will from Plato to the Present*, Washington D. C., The Catholic University of America Press, 2008, p. 1-21.

2. *Cf.* Platon, *Protagoras*, 345 d-e ; *Gorgias*, 468 c ; 480 d ; 509 e ; *Lois*, III, 691 c ; V, 731 c ; *République*, II, 382 a ; III, 413 a ; IV, 443 a ; *Timée*, 86 d-87 b.

3. Platon, *Protagoras*, 358 b 3-5, trad. fr. E. Chambry, Paris, GF Flammarion, 2016.

4. Aristote, *Ethique à Eudème*, II, 7, 1223 a 38-40 ; *Ethique à Nicomaque*, VII, 2, 1145 b 11-14.

5. *Cf.* Aristote, *Ethique à Nicomaque*, VII, 5, 1147 b 14-19 ; N. O. Dahl, *Practical Reason, Aristotle and Weakness of Will*, Minneapolis, University of Minnesota Press, 1984 ; A. MacIntyre, *Quelle justice ? Quelle rationalité ?*, Paris, P.U.F., 1993, p. 135-157 ; B. Kent, *Virtues of the Will, The Transformation of Ethics in the Late Thirteenth Century*, Washington D. C., Catholic University of America Press, 1995, p. 151-155.

formulation que propose Socrate déresponsabilise, du moins en partie, l'agent. Ce dernier semble en effet ne pas avoir une pleine conscience de son acte au moment d'agir. Aristote utilise, pour présenter sa pensée, un adage d'un auteur inconnu qui, selon les commentateurs, se trouverait être Solon ou Epicharme :

> La maxime selon laquelle *Nul n'est volontairement pervers, ni malgré soi bienheureux* est, semble-t-il, partiellement vraie et partiellement fausse. Si personne en effet n'est bien heureux à contre-cœur, par contre la perversité est bien volontaire. Ou alors, il faut remettre en question ce que nous avons déjà soutenu, et refuser à l'homme d'être principe et générateur de ses actions [1].

La référence à la maxime socratique selon laquelle « Nul n'est méchant volontairement » [2] est évidente. Aristote critique ainsi – du moins en partie – cette position, affirmant que chaque individu est toujours responsable de ses actes et de ses dispositions et que c'est donc volontairement qu'il faute [3]. Néanmoins, il rend également raison à Socrate en précisant que ces cas ne concernent pas l'acrasie, mais ce qu'il désigne alors comme de l'intempérance (*akolasia*). Ce n'est que plus loin, au livre VII de son *Ethique à Nicomaque*, qu'Aristote introduit la notion d'acrasie. Il suppose alors l'existence d'individus qui ne sont pas intempérants, qui possèdent une connaissance du bien, mais qui agissent cependant à l'encontre de ce qui leur semble être le meilleur choix [4].

Aristote se veut plus pragmatique que ses prédécesseurs, puisque selon lui, l'expérience (τὰ φαινόμενα) montre par exemple qu'un moraliste n'agit pas nécessairement selon le bien qu'il connaît. Il est donc des cas où le manque de connaissance ne suffit pas à expliquer l'option pour le mal [5]. Aristote est ainsi amené à définir l'acrasie comme l'action d'un individu qui possède l'idée de ce qu'est le bien pour soi et en général, qui a l'habitude de discipliner ses passions, mais qui cède néanmoins à sa pulsion. Pour saisir avec plus de clarté la définition aristotélicienne, il faut procéder par comparaison et souligner que l'intempérant n'est pas l'acratique. En effet, si l'intempérant est un homme vicieux et par conséquent responsable de l'acquisition de cette mauvaise

1. Aristote, *Ethique à Nicomaque*, III, 7, 1113 b 15-20, trad. fr. J. Tricot, Paris, Vrin, 1998, p. 140-141.

2. *Cf.* Platon, *Protagoras*, 345 d-e ; 357 c-e.

3. *Cf.* Aristote, *Ethique à Nicomaque*, III, 7, 1114 a 7-14.

4. *Ibid.*, VII, 3, 1145 b 20-30.

5. C'est l'introduction de ce point qui fait affirmer à la majorité des commentateurs contemporains qu'Aristote conserve une position intellectualiste. *Cf.* H. H. Joachim, *Aristotle. The Nichomachean Ethics. A Commentary by the Late H. H. Joachim*, Oxford, Clarendon, 1951 ; R.-A. Gauthier, J.-Y. Jolif, *Aristote, L'éthique à Nicomaque, op. cit. ;* R. Robinson « Aristotle on *Akrasia* », *in* J. Bames, M. Schofield, R. Sorabji (eds.), *Articles on Aristotle*, London, Duckworth, 1977, p. 79-91 ; D. Bostock, *Aristotle's Ethics*, Oxford, Oxford University Press, 2000 ; S. Vergnières, *Ethique et politique chez Aristote*, Paris, P.U.F., 2002. Toutefois, d'autres auteurs, plus rares, lui attribuent une position anti-intellectualiste. *Cf.* D. Charles, *Aristotle's Philosophy of Action*, Ithaca, Cornell University Press, 1984 ; N. O. Dahl, *Practical reason..., op. cit.*

disposition durable, l'acratique ne l'est pas à proprement parler. Il semble en effet ne pas être libre de s'opposer à cette pulsion (ὄρεξις) ponctuelle, ce qui fait dire à Aristote que l'acrasie est un « demi-vice »[1]. Comme le relèvent René-Antoine Gauthier et Jean-Yves Jolif dans leur commentaire de l'*Ethique*, le verbe « survenir » (γινεται) est essentiel, puisqu'il permet de désigner l'acrasie comme un *état passager* d'ignorance[2]. Par conséquent, si l'intempérant agit délibérément, mais en se trompant sur la nature du bien, l'acratique connaît le bien, mais agit à son encontre de façon non délibérée. Aristote explique ce phénomène en arguant que l'acratique n'est pas prudent (φρονίμως) au sens aristotélicien du terme, c'est-à-dire qu'il ne possède pas une science assurée de ce qu'est le bien. Il en a seulement une opinion faible, comparable au cas où un individu ne sait comment agir lorsqu'il est saisi par le doute, ce qui implique qu'il peut parfois s'en détourner[3].

Cependant, il arrive que des individus possèdent une opinion tellement forte qu'elle acquiert la même valeur de conviction que la science assurée. Partant, Aristote précise qu'il est possible que l'acratique possède une connaissance de ce qu'est le bien en général et en particulier, mais qu'il manque de l'appliquer au cas présent. Autrement dit, un individu peut connaître qu'une chose est bonne en général – par exemple que « les aliments secs sont bons pour tout homme » –, mais ignorer la connaissance du particulier, – parce qu'il ne saisit pas que l'aliment qui lui est présenté est de cette nature[4]. Ce point permet de sauver ce que les commentateurs d'Aristote ont nommé « le syllogisme pratique », qui se compose d'une première prémisse qui définit le bien sous un principe général, d'une seconde qui décrit l'action particulière à accomplir pour acquérir ce bien et d'une conclusion qui est l'action elle-même[5]. Aristote soutient que si les deux premières prémisses sont réunies, la conclusion qui en résulte suit nécessairement de manière immédiate[6]. Pour l'illustrer de manière simple, si je sais que l'eau désaltère et que j'ai soif, la conclusion qui s'impose est que je vais boire le verre d'eau présent devant moi[7]. Par conséquent, si les cas d'acrasie semblent contredire le syllogisme pratique, il n'en est rien : puisque l'acratique se trouve dans l'ignorance du cas particulier – cet aliment est sec ; ce verre contient de l'eau potable –, il ne peut agir en conséquence. Aristote, de ce point de vue, rend raison à Socrate : nul n'agit mal volontairement et l'acrasie à strictement parler n'existe pas.

1. *Cf.* Aristote, *Ethique à Nicomaque*, VII, 11, 1152 a 17. L'explication de ce « demi » vice, réside dans le fait que l'acratique est en partie responsable de son acte, mais que son intention est vertueuse.

2. *Cf.* R.-A. Gauthier, J.-Y. Jolif, *Aristote, L'éthique à Nicomaque*, II, 2, *op. cit.*, p. 593.

3. *Cf.* Aristote, *Ethique à Nicomaque*, VII, 3, 1145 b 35-1146 a 2.

4. *Ibid.*, VII, 5, 1146 b 31-1147 a 9.

5. *Cf.* Aristote, *De anima*, 434 a 16-21 ; *Ethique à Nicomaque*, 1146 b 35-1147 a 7 ; 1147 a 25-31.

6. Cf. *idem*, *Ethique à Nicomaque*, VII, 5, 1147 a 25-30.

7. Cf. *idem*, *Du mouvement des animaux*, 701 a 30 *sq.*

Aristote propose un second argument pour expliquer le comportement acratique. Il se peut que l'agent n'agisse pas selon le bien, non parce qu'il ne possède pas la science, mais du fait qu'il ne l'exerce pas [1]. En effet, il est possible d'avoir la science sous un certain rapport et ne pas l'avoir sous un autre. Tel est par exemple le cas de l'homme qui est pris d'une passion violente, de l'ivrogne ou du fou. L'ivrogne peut réciter des vers d'Empédocle sans en saisir le sens. De façon semblable, l'acratique paraît ne pas avoir acquis la science du bien en acte, mais seulement en puissance seconde. Il est en effet incapable de l'appliquer, quoiqu'il en connaisse les principes. Le Stagirite a montré au livre II de son *Ethique à Nicomaque* que pour acquérir pleinement une science, il faut la mettre en œuvre, de la même manière qu'un cithariste ne doit pas seulement connaître théoriquement la musique, mais pratiquer son instrument [2]. Par conséquent, Aristote, du fait de cette connaissance passive du bien, soutient à nouveau un intellectualisme moral, selon lequel c'est par ignorance que l'homme agit mal.

Le troisième argument est de loin le plus intéressant. Après avoir présenté le syllogisme pratique, Aristote donne un exemple qui deviendra célèbre : s'il faut goûter tout ce qui est sucré et que cette chose est sucrée, alors l'agent est nécessairement mené à goûter cette chose. Or, nous pouvons affirmer que manger sucré est mauvais pour la santé (PG1), mais que tout ce qui est sucré est agréable (PG2). Aristote affirme que l'agent qui comprend ces deux prémisses générales contradictoires, s'il se trouve en présence d'une chose sucrée (P3), la goûtera. En effet, bien que la première prémisse générale (PG1) indique qu'il faut s'en éloigner, le désir porte au contraire l'agent vers cet objet et ne lui fait considérer que la seconde prémisse générale (PG2). Autrement dit, selon Aristote, le raisonnement ou l'opinion n'est pas contraire au bien en tant que tel, mais seulement par accident, en tant que le désir particulier s'oppose à la prémisse selon laquelle ce qui est sucré doit être évité (PG1). Pour le dire plus simplement, l'acratique use d'un raisonnement correct – à savoir qu'il sait universellement que le sucré est mauvais pour la santé –, mais ne voit pas que cette chose sucrée entre dans la catégorie des choses qui ne doivent pas être goûtées (PG1), parce qu'il la considère seulement dans la catégorie des choses agréables (PG2). Aristote peut ainsi expliquer la manière dont l'acratique possède à la fois une règle droite et n'agit toutefois pas en conséquence.

La cause de cette préférence est à rechercher dans la philosophie de la nature, raison pour laquelle le syllogisme pratique est également présenté dans le *De anima* et le *De motu animalium*, comme moteur de l'action [3]. En effet, au moment du choix acratique, l'âme est mue par un appétit, une compulsion (ὄρεξις) qui empêche l'homme d'agir selon ce que lui dicte sa raison. Cette explication physiologique permet de soutenir la comparaison avec l'homme

1. *Cf.* Aristote, *Ethique à Nicomaque*, VII, 5, 1146 b 30-35.
2. Cf. *ibid.*, II, 1, 1103 a 33.
3. Cf. *idem*, *De anima*, 434 a 18 ; *De motu animalium*, 701 a 1.

ivre : lorsque ce dernier retrouve sa sobriété, il possède à nouveau la science et peut en user. De même l'acratique, après son action, en éprouve du remords.

Pour éviter l'acrasie, l'individu doit conformer son désir à la raison et acquérir ainsi une *proaïrésis*, c'est-à-dire une faculté rationnelle du vouloir[1]. Autrement dit, le désir d'un bien particulier dans telle situation doit être dirigé par la prudence (φρόνησις). Pour résumer, l'homme vertueux est ainsi celui qui raisonne et agit de manière prudente selon le bien qu'il considère ; l'homme vicieux est celui qui raisonne mal à partir de fausses prémisses concernant le bien ; et l'acratique est celui qui sachant ce qu'est le bien en général, ignore les arguments qui devraient le mener à ce bien ou cède momentanément à sa passion du fait d'une compulsion forte[2]. Le choix acratique trouve ainsi son explication lorsque la science n'est pas actualisée, comme c'est le cas pour l'homme ivre, qui agit de manière *non volontaire*, à savoir qu'il peut regretter son action une fois sobre, mais non *involontairement*, puisqu'il est responsable de son état[3] :

> Il y a aussi une différence entre agir *par* ignorance et agir *dans* l'ignorance : ainsi, l'homme ivre ou l'homme en colère, pense-t-on, agit non par ignorance mais par l'une des causes que nous venons de mentionner, bien qu'il ne sache pas ce qu'il fait mais se trouve en état d'ignorance. Ainsi donc, tout homme pervers ignore les choses qu'il doit faire et celles qu'il doit éviter, et c'est cette sorte d'erreur qui engendre chez l'homme l'injustice et le vice en général. Mais on a tort de vouloir appliquer l'expression *involontaire* à une action dont l'auteur est dans l'ignorance de ce qui lui est avantageux[4].

Ainsi, Aristote nuance la position socratique, en parvenant à maintenir une responsabilité de l'action, tout en montrant que la pulsion particulière explique le manque de réalisation pratique de la connaissance de ce qui doit être fait, puisque l'action a été accomplie *dans* un état actuel d'ignorance, mais non *par* ignorance de ce qui doit être fait.

Pour conclure, remarquons qu'Aristote refuse d'envisager les cas d'acrasie stricte. Il est selon lui impossible qu'un individu prudent, qui reconnaît qu'une option est meilleure et qui est capable de l'éviter, choisisse délibérément d'agir de façon contraire à cette option. Aristote refuse même d'accorder une intentionnalité à l'acratique, la réservant à l'intempérant[5]. Accepter l'existence de tels cas, pour Aristote, reviendrait à une contradiction dans les termes et rendrait impossible la correction de l'action acratique. En effet, si l'agent

1. *Cf. idem*, *Ethique à Nicomaque*, III, 2, 1111 b 19-30 ; F. Farago, *La volonté*, Paris, Arman Collin, 2002 ; P. Rodrigo, *Aristote, une philosophie pratique, praxis, politique et bonheur*, Paris, Vrin, 2006 ; G. Jeanmart, « La dramatique de la volonté chez Augustin », *in* G. Jeanmart, L. Ucciani (éd.), *Saint Augustin*, Besançon, Presses Universitaires de Franche-Comté, 2005, notamment p. 74-76.

2. *Cf.* Aristote, *Ethique à Nicomaque*, VII, 8, 1150 b 19.

3. *Ibid.*, III, 2, 1110 b 18-24.

4. *Ibid.*, III, 2, 1110 b 24-31, p. 123-124.

5. *Ibid.*, VII, 6, 1148 a 15-18.

acratique était prudent, il serait difficile de saisir quelle règle pourrait lui être donnée pour améliorer son action. Le proverbe qu'utilise alors Aristote pour signifier cette impossibilité est éloquent : « quand l'eau vous étouffe, que faut-il boire par-dessus ? »[1].

DOUTES SUR LA MÉTHODE DE LA RÉFLEXION CONTEMPORAINE À PROPOS DE L'ACRASIE

La problématique de l'acrasie connaît en philosophie analytique un regain d'intérêt depuis quelques décennies. En effet, l'ouvrage de Donald Davidson, *Actions, Reasons and Causes*, paru en 1963, a ouvert un important débat contemporain[2]. Contrairement à Aristote, Davidson admet la possibilité d'acrasie stricte[3] : « En faisant *x* un agent agit de manière incontinente si et seulement si : a) l'agent fait *x* intentionnellement ; b) l'agent croit qu'il y a une autre action possible *y* à sa portée ; et c) l'agent juge que, tout bien considéré, il serait meilleur de faire *y* que de faire *x* »[4]. La réflexion qu'introduit Davidson est d'autant plus complexe qu'elle fait intervenir l'influence des passions et des émotions dans la prise de décision[5]. La passion amoureuse – comme dans le cas de Médée –, la tentation, la procrastination, la non-observance, l'impatience, l'addiction ou encore la rigidité font partie des arguments invoqués pour expliquer le choix acratique. Mais Davidson, ainsi que la plupart des auteurs à sa suite, refusent toute considération axiologique (sur le bien ou le mal) ou déontologique (sur ce que nous devons ou non faire), afin de se concentrer sur la philosophie de l'action[6]. Or, ce postulat méthodologique est pour le moins contestable. Pour élaborer une théorie de l'action valide, ne faut-il pas premièrement saisir quels en sont les fondements sous-jacents ?

1. Aristote, *Ethique à Nicomaque*, VII, 3, 1145 b 34, p. 325.

2. *Cf.* D. Davidson, *Actions et événements*, trad. fr. P. Engel, Paris, P.U.F., 1993 ; J. Elster, *Agir contre soi, la faiblesse de la volonté*, Paris, Odile Jacob, 2007 ; R. Ogien, *La faiblesse de la volonté*, *op. cit.* ; R. Dunn, *The Possibility of Weakness of Will*, Indianapolis, Hackett, 1987 ; J. Gosling, *Weakness of the Will*, London-New-York, Routledge, 1990 ; T. Hoffmann (ed.), *Weakness of Will from Plato to the Present*, *op. cit.*

3. *Cf.* O. Boulnois, « Religions et philosophies dans le christianisme au Moyen-Age », *École pratique des hautes études, Section des sciences religieuses, Annuaire*, 113, 2004, p. 285. Il faut signaler qu'Augustin également voit dans ce phénomène un fait monstrueux, comme il l'indique aux *Confessions*, VIII, IX, 21.

4. D. Davidson, *Actions et événements*, *op. cit.*, p. 38.

5. *Cf.* J. Elster, *Agir contre soi…*, *op. cit.*, p. 16-17.

6. *Cf.* D. Davidson, *Actions et événements*, *op. cit.*, n. II, p. 32 ; G. Watson, *Free Will*, Oxford, Oxford University Press, 1982 ; R. De Sousa, « Rational Homunculi », in A. Oksenberg Rorty (ed.), *The Identities of Persons*, Berkeley-Los Angeles-London, University of California Press, 1976, p. 217-238.

Le deuxième doute que nous émettons repose sur le fait que Davidson affirme que l'action acratique repose sur un jugement pratique qui n'est pas contraire à ce qui est meilleur *simpliciter*, mais selon un jugement conditionnel, relatif, ou *tout bien considéré*. Or Davidson réduit de cette façon l'acrasie à une forme d'irrationnalité ou de manque de considération du bien. Ne doit-on pas différencier le jugement pratique des motivations ou des désirs qui conduisent à l'action [1] ? La question du libre-arbitre ne doit-elle pas être réintroduite pour véritablement expliquer les cas d'acrasie, comme le relève Harry Frankfurt [2] ? Pour répondre à ces questions, il semble ainsi nécessaire d'éliminer, du moins dans un premier temps, la question des passions et des émotions telle que proposée dans la philosophie analytique. Il semble en effet trop complexe de saisir pourquoi tel individu est motivé à telle action sous l'emprise de telle émotion [3]. Il convient par conséquent d'analyser ce qui se passe dans un cas d'acrasie stricte, méthode que Kant (1724-1804) prône lorsqu'il tente de définir les raisons du mal radical :

> Le fondement de ce mal ne peut pas être placé comme on a ordinairement coutume de le faire, *dans la sensibilité* de l'homme et dans les inclinations naturelles qui naissent d'elle. Car non seulement ces inclinations n'ont aucun rapport direct avec le mal (mais donnent bien plutôt l'occasion de pratiquer ce qui peut prouver la force de l'attitude morale, à savoir la vertu), ce qui fait que nous ne saurions être responsables de leur existence [...], alors que nous le sommes du penchant au mal, qui, en tant qu'il concerne la moralité du sujet et est par là même trouvé en lui comme être agissant librement, doit pouvoir lui être imputé comme quelque chose dont il porte la faute [4].

Notre réflexion se limitera ainsi à comprendre pourquoi un individu choisit de faire le mal intentionnellement, indépendamment de toutes motivations « sensibles », telles que la faiblesse du corps ou de l'esprit. Deux raisons expliquent ce choix : la première concerne le souci méthodologique que nous venons d'exposer. La seconde est plus pratique. Notre réflexion s'appuyant principalement sur l'histoire de la pensée, il faut souligner que ce n'est que récemment – depuis la naissance de la psychologie contemporaine – que les

1. *Cf.* R. Audi, « Weakness of Will and Rational Action », *Australasian Journal of Philosophy*, 68, 1990, p. 270-281 ; A. MacIntyre, « Is Akratic Action Always Irrational », *in* O. Flanagan, A. Rorty (eds.), *Identity, Character and Morality*, Cambridge, MIT Press, 1993, p. 379-400 ; R. Ogien, *La faiblesse de la volonté*, *op. cit.*

2. *Cf.* H. Frankfurt, « Freedom of the Will and the Concept of a Person », *Journal of Philosophy*, 68, 1971, p. 5-20.

3. Certains philosophes contemporains n'hésitent ainsi pas à nier toute forme d'acrasie, puisque les actions faites sous le coup de la passion ne seraient par conséquent plus intentionnelles. C'est ce que Davidson appelle « le principe de Médée ». *Cf.* D. Davidson, « Paradoxes of Irrationality », *in* R. Wolheim, J. Hopkins (eds.), *Philosophical Essays on Freud*, Cambridge, Cambridge University Press, 1982, p. 294.

4. E. Kant, *Sur le mal radical dans la nature humaine*, III, 23, trad. fr. F. Gain, Paris, Ed. Rue d'Ulm, 2010, p. 39.

motivations d'ordre individuelles sont prises en compte dans l'analyse du processus de décision. Malgré cela, il nous semble plus pertinent de tenter de prime abord de comprendre le fonctionnement de cas « simples », qui ne font pas intervenir les passions ou les émotions particulières, avant de complexifier l'analyse.

Enfin, réintroduire la discussion sur les passions semble nous faire retomber dans l'équivoque qu'avait pourtant résolue Aristote : l'intempérant n'est pas l'acratique ! Nous nous concentrerons ainsi sur le fonctionnement des facultés supérieures de l'âme humaine, à savoir l'intellect et la volonté, pour analyser la problématique de l'acrasie, demandant si l'option pour le mal est due à un défaut de connaissance, comme l'affirmaient les doctrines intellectualistes de l'Antiquité, ou si, au contraire, la volonté est libre et pleinement responsable de son option.

Relevons pour terminer que la réflexion de Davidson a toute son importance. Elle permet en effet de prendre au sérieux la question de l'acrasie, en demandant si des cas stricts sont possibles : contrairement à la pensée de Socrate et d'Aristote, peut-on affirmer que l'homme est capable de librement mal agir en toute connaissance de cause ?

L'IMPORTANCE DE LA QUESTION DE L'ACRASIE AU XIIIe SIÈCLE

Si nous avons émis quelques réserves sur la méthodologie contemporaine, le lecteur pourra s'étonner que nous plongions au cœur du Moyen Âge pour traiter de la question de l'acrasie. Qu'est-ce que les réflexions qui eurent lieu à la fin du XIIIe siècle ont de si particuliers, qu'elles puissent retenir notre attention ?

Au-delà du fait qu'elles nous permetttent d'acquérir un certain recul, il faut de prime abord remarquer que la notion d'acrasie prend à cette époque une signification philosophique particulière. Les traducteurs d'Aristote, René-Antoine Gauthier et Jean-Yves Jolif, relèvent en effet que les théologiens chrétiens des premiers siècles avaient transformé la notion de continence – traduction latine de la notion d'acrasie – en une idée de chasteté et en un idéal évangélique de virginité[1]. Le terme retrouve au milieu du XIIIe siècle sa signification aristotélicienne, ce qui créera une certaine équivoque et de nombreux problèmes d'interprétation. Cette ambiguïté se lit par exemple en 1277 dans la condamnation de la proposition « quod continentia non est virtus ». Etienne Tempier (1210-1279) se réfère à cette notion en tant que chasteté et condamne la pensée d'Aristote, qui considère que la continence est

1. *Cf.* Aristote, *Ethique à Nicomaque*, IV, 15, 1128 b 34; R.-A. Gauthier, J.-Y. Jolif, *Aristote, L'éthique à Nicomaque*, II, 2, trad. cit., p. 579; R.-A. Gauthier, « Trois commentaires "averroïstes" sur l'*Ethique à Nicomaque* », *Archives d'histoire doctrinale et littéraire du Moyen Age*, 16, 1947-1948, p. 300.

un demi-vice. Cela dit, le terme *incontinentia* est progressivement introduit à cette époque pour signifier soit une action commise sous l'effet de la passion telle que la définissait Aristote, soit, dans un usage plus général, pour désigner la possibilité d'agir à l'encontre de son meilleur jugement [1].

En plus du renouveau de la conception aristotélicienne de l'acrasie, l'étude du XIIIe siècle est d'autant plus appropriée pour notre recherche que celui-ci constitue un « tournant » pour reprendre le mot d'Emile Bréhier [2]. Tournant premièrement dans la conception du rapport entre intellect et volonté. La redécouverte des écrits aristotéliciens et leurs commentaires progressifs, notamment par Thomas d'Aquin (c. 1224-1274), a en effet ouvert la voie à la défense d'une prééminence de l'intellect sur la volonté [3]. Les cas d'acrasie stricte semblent niés, puisqu'ils trouvent leur explication soit dans une ignorance du bien réel, soit dans l'emprise de passions qui aveuglent le jugement. La position de Thomas d'Aquin ne semble pas se différencier de celle d'Aristote.

> Il apparaît de manière évidente que certains font ce qu'ils savent être mal; et s'il en est ainsi qu'ils pèchent en raison de l'ignorance qui leur arrive quand ils sont dans une passion, par exemple celle de la concupiscence ou de la colère, le mieux est de chercher quelle sorte d'ignorance c'est. Il est évident en effet que l'incontinent, avant que la passion ne survienne, ne juge pas qu'il faut faire ce qu'il fait ensuite par passion [4].

Toutefois, cette position aristotélicienne est fortement attaquée, particulièrement après les condamnations de 1277. Par suite du décret de l'évêque de Paris, il devient impossible de soutenir que l'intellect détermine le meilleur parti dans la décision. Le rôle de la volonté gagne ainsi en importance. L'apport de ces deux facultés au sein de la décision acratique restait cependant à définir. Pour reprendre le vocabulaire – utile, mais délicat à manier –, d'une certaine historiographie, deux positions peuvent principalement se dégager : d'une part « l'intellectualisme modéré » (Albert le Grand, Thomas d'Aquin, Gilles de Rome) considère que l'intellect possède une certaine supériorité sur la volonté. L'homme ne peut ainsi librement et intentionnellement agir contre son meilleur jugement; d'autre part, la position « volontariste » (Olivi, Henri de

1. *Cf.* T. Hoffmann, « Henry of Ghent's Voluntarist Account of Weakness of Will », *in* T. Hoffmann (ed.), *Weakness of Will from Plato to the Present, op. cit.*, p. 116.

2. *Cf.* E. Bréhier, *La philosophie du Moyen Age*, Paris, Albin Michel, 1971, p. 225-328.

3. *Cf.* O. Boulnois, « Libertas indifferentiae, figures de la liberté d'indifférence au Moyen-Âge », *in* I. Atucha, D. Calma, C. König-Pralong, I. Zavattero (éd.), *Mots médiévaux offert à Ruedi Imbach*, Porto, Fédération internationale des Instituts d'études médiévales, 2011, p. 409.

4. Thomas d'Aquin, *Sententia libri Ethicorum*, XLVII, 2, éd. R.-A. Gauthier, Roma, Ed. Leonine, 1969, p. 385, cité dans la trad. d'O. Boulnois, « Religions et philosophies dans le christianisme au Moyen-Âge », art. cit., p. 287-288. *Cf.* D. Bradley, « Thomas Aquinas on Weakness of the Will », *in* T. Hoffmann (ed.), *Weakness of Will from Plato to the Present, op. cit.*, p. 82-114.

Gand, Duns Scot, Ockham), qui affirme que la volonté est une faculté libre et autonome vis-à-vis de l'intellect [1].

L'auteur qui retiendra le plus notre attention dans les pages à venir est le Franciscain Pierre de Jean Olivi (1248-1298). Etant le penseur qui défend avec le plus de radicalité l'absolue autodétermination de la volonté, il nous semble en effet intrigant d'envisager la manière dont il aborde la question de la faiblesse de la volonté. Qui plus est, Olivi est l'un des premiers auteurs, au côté de Richard de Mediavilla (c. 1243-1308), à s'intéresser de façon systématique à ce qui constitue le second tournant du XIIIe siècle, qu'Alain Boureau nomme « le tournant démoniaque » [2]. Les réflexions sur la démonologie prennent en effet une importance telle à cette époque, que de véritables traités sont constitués pour expliquer les motivations des anges à opter pour le péché [3]. Ainsi, les questions 40 à 48 de la *Summa* d'Olivi analysent les raisons de la prévarication angélique. Cet intérêt naissant pour la démonologie fait partie des conséquences directes des condamnations de 1277. Il est révélateur d'un changement profond en ce qui concerne la définition de la personne humaine, désormais considérée comme un être à la fois libre face à son créateur et capable de faiblesse [4].

Ce « tournant démoniaque » nous intéresse particulièrement, puisque les substances séparées peuvent servir de remarquables expériences de pensée. En effet, étant dénués de corps, les anges n'éprouvent ni passions, ni fatigue ou faiblesses « sensitives » qui pourraient les inciter au mal [5]. Ils possèdent de surcroît un intellect parfait qui leur permet de saisir réellement ce qu'est le bien et d'agir en fonction [6]. Or, les révélations bibliques nous indiquent que certains anges ont pourtant délibérément choisi l'option du mal et sont devenus des démons [7]. Il s'agit par conséquent d'un cas d'acrasie stricte, dont l'analyse peut nous permettre de saisir les modalités des choix humains. Olivi affirme en effet que les esprits (*mentes*) angéliques et humains sont similaires et que, de ce fait,

1. *Cf.* O. Boulnois, « Religions et philosophies dans le christianisme au Moyen-Age », art. cit., p. 279 et p. 293.

2. *Cf.* A. Boureau, *Satan hérétique, naissance de la démonologie dans l'Occident médiéval* (*1280-1330*), Paris, Odile Jacob, 2004, p. 12.

3. *Cf.* Richard de Mediavilla, *Questions disputées*, q. 23-31, « Les Démons », désormais cité dans la trad. fr. d'A. Boureau, Paris, Les Belles Lettres, 2011 ; Pierre de Jean Olivi, *Traité des démons, Summa II, Questions 40-48,* désormais cité dans la trad. fr. d'A. Boureau, Paris, Les Belles Lettres, 2011.

4. *Cf.* S. Piron, « Démonologie et anthropologie scolastique », *Les cahiers du Centre de Recherches Historiques* [En ligne], 37, 2006, mis en ligne le 20 septembre 2011. URL : http://ccrh.revues.org/3255.

5. *Cf.* O. Lottin, « La composition hylémorphique des substances spirituelles. Les débuts de la controverse », *Revue néo-scolastique de philosophie*, 34, 1932, p. 21-41.

6. *Cf.* T. Suarez-Nani, « angélologie », *in* C. Gauvard, A. De Libera, M. Zink (éd.), *Dictionnaire du Moyen-Age*, Paris, P.U.F., 2002, p. 58 ; P. J. Olivi, *La Matière,* désormais cité dans la trad. fr. C. König-Pralong, O. Ribordy, T. Suarez-Nani, Paris, Vrin, 2009, p. 42.

7. *Cf.* Ez. 28, 11-16.

leurs fonctions et leur motivation sont semblables[1]. Plus encore, il souligne que toute affirmation à propos des raisons de la chute angélique correspond à des « images familières empruntées aux réalités inférieures »[2] et sert par conséquent d'analogie. Analyser le cas « simple » du choix des démons, et particulièrement de Lucifer, permet donc d'apporter un éclairage sur les raisons qui poussent parfois l'homme à l'action mauvaise.

Biographie de Pierre de Jean Olivi

La pensée de certains auteurs semble parfois indissociable de leur vie, tant cette dernière coïncide avec la construction de leur réflexion. Ce cas semble s'appliquer à Pierre de Jean Olivi. En effet, les événements qui marquèrent sa vie et sa formation ont sans aucun doute forgé certaines de ses positions, raison pour laquelle il nous semble important de poser quelques repères biographiques.

Petrus Iohannis Olivi (aussi dénommé Olieu ou Oliou) est né à Sérignan dans l'Hérault vers 1248. Il rejoint l'ordre des frères Mineurs de Béziers à l'âge de douze ans, à la suite du Chapitre général de l'ordre franciscain qui eut lieu à Narbonne en 1260. Quelques années plus tard, de 1267 à 1272, le jeune Franciscain entend à l'Université de Paris les *collationes* de Bonaventure de Bagnoregio (c. 1221-1274), alors que Guillaume de la Mare (?-c. 1290), Jean Peckham (c. 1230-1292) et Guillaume de Baglione (maître régent à Paris en 1266-1267) y sont aussi présents[3]. Selon les propos d'Olivi lui-même, c'est l'impact du Docteur séraphique qui fut le plus déterminant pour l'élaboration de sa pensée. En effet, bien qu'il ne cite jamais de manière explicite le nom de Bonaventure – conformément à l'usage appliqué alors, lorsque les « moderni » sont évoqués – Olivi fait preuve d'une profonde admiration à l'égard « du plus grand docteur de son époque et de son ordre »[4]. Nous verrons toutefois que, malgré sa volonté de s'intégrer dans la continuité de Bonaventure, Olivi n'hésite pas à se mettre en porte-à-faux et à critiquer les propos de son maître.

1. *Cf.* P. J. Olivi, *Quaestiones in secundum librum Sententiarum* [désormais *Summa*], 1, ed. B. Jansen, Quaracchi, S. Bonaventurae, 1922, q. XLVIII, p. 759.

2. *Idem*, *Traité des démons*, q. XLIII, *op. cit.*, p. 139.

3. Pour l'influence de Guillaume de Baglione, maître régent à Paris de 1266 à 1267, sur Olivi *cf.* S. Piron, « Olivi et les averroïstes », *in* D. Calma, E. Coccia (éd.), *Les « sectatores Averrois ». Noétique et comologie aux* XIIIe-XIVe *siècles*, *Freiburger Zeitschrift für Philosophie und Theologie*, 53, 2006, p. 265 *sq.* Quant à l'enseignement de Jean Peckham, *cf.* P. F. Callaey, « Olieu », *in* A. Vacant, E. Mangenot, E. Amann (éd.), *Dictionnaire de théologie catholique*, Paris, Letouzey et Ané, 1931, p. 982.

4. P. J. Olivi, *Quaestio IX de perfectione evangelica : an usus pauper includatur in consilio seu in voto paupertatis evangelice, ita quod sit de eius substantia et integritate* [désormais *QPE*], *in* D. Burr (ed.), *De usu paupere*, Firenze/University of W. Australia, Olschki Editore/Press Perth, 1992, p. 34 : « Frater etiam Bonaventura, summus nostri temporis et ordinis doctor ».

Relevons que nous nous trouvons à une période charnière de l'histoire franciscaine pour ce qui concerne la formation des frères mineurs : auparavant, les étudiants accomplissaient leurs études à la faculté des Arts de l'Université de Paris. Olivi, pour sa part, fait partie des premiers théologiens à effectuer tout d'abord son éducation dans les centres d'études franciscains, les *studia*, où il est initié à l'idéal de la vie évangélique, mais surtout où il est confronté à l'arrivée en Occident latin de la philosophie naturelle d'Aristote[1]. Plus tard, durant ses années d'études parisiennes, il sera formé par Bonaventure à la lecture des textes péripatéticiens. Le maître pense en effet que, pour lutter contre la diffusion de l'aristotélisme et des erreurs philosophiques à la faculté des Arts, mieux vaut fournir aux jeunes Franciscains une connaissance approfondie de cette pensée[2]. Pierre de Jean Olivi et Richard de Mediavilla furent vraisemblablement les premiers à avoir bénéficié de cette formation spécifique. Cela apparaît avec évidence à la lecture des sources qu'Olivi utilise. Si nous nous référons par exemple à sa *Summa*, nous constatons que l'auteur le plus cité n'est autre qu'Aristote. Le *Doctor speculativus*, comme le nommera Ubertin de Casale (1259-1330), possède donc un accès privilégié aux textes et aux divers courants de pensée qui se développent autour de la seconde moitié du XIIIᵉ siècle, ce qui lui permet de dénoncer avec force les erreurs de l'aristotélisme latin[3].

Nous ne savons pas pourquoi Olivi n'obtint que le grade de bachelier à l'Université de Paris. Il est toutefois certain qu'à son retour dans le Languedoc, où il enseigne comme lecteur dans les couvents de Narbonne et de Montpellier, des attaques personnelles s'élèvent rapidement contre lui. Jérôme d'Ascoli (1227-1292), devenu ministre général en 1274, s'en prend à ses questions sur la Vierge et lui ordonne de les brûler. Olivi s'exécute sans protestation. Il ne semble guère se préoccuper des accusations qu'on porte à son encontre, du moins les premières années, car les controverses vont s'intensifier[4].

En 1282, lors du Chapitre général des Franciscains de Strasbourg, l'ordre est donné « à tous les Ministres de signaler au Supérieur général s'il se trouvait dans leur administration des défenseurs d'opinions non conformes, avec leurs

1. *Cf.* S. Piron, « Pierre de Jean Olivi (1248-1298) : esquisse », *in* C. Coulot, F. Storne (éd.), Ens infinitum. *A l'école de saint François d'Assise*, Strasbourg, Presse universitaire de Strasbourg, 2009, p. 77-81.

2. Cf. *idem*, « Le métier de théologien selon Olivi. Philosophie, théologie, exégèse et pauvreté », *in* C. König-Pralong, O. Ribordy, T. Suarez-Nani (éd.), *Pierre de Jean Olivi – Philosophe et théologien, Actes du colloque de Philosophie médiévale, 24-25 octobre 2008, Université de Fribourg*, Berlin-New-York, Walter de Gruyter, 2010, p. 34-35.

3. Nous retrouvons chez Ubertin de Casale ce pseudonyme dans son *Arbor vitae crucifixae Jesu*, Venise, 1485, repr. : Toronto, Ed. Bottega d'Erasmo, 1961, Prol. I, 4b, cité par D. Burr, *The Spiritual Franciscans : From Protest to Persecution in the Century after Saint Francis*, Pennsylvania, Penn State University Press, 2001, p. 39-41.

4. *Cf.* par exemple, Gratien de Paris, « Une lettre inédite de Pierre de Jean Olivi », *Etudes franciscaines*, 29, 1913, p. 422.

preuves »[1]. C'est dans une lettre datée du 22 avril 1283 à Montpellier et adressée à un certain *frater R.* – vraisemblablement Raymond Geoffroy –, qu'on apprend qu'Olivi est accusé par un autre Franciscain enseignant à Montpellier, Arnaud Gaillard, de dix-neuf thèses erronées[2]. Ses écrits sont confisqués et on les confie à l'examen de quatre maîtres en théologie et de trois bacheliers franciscains, parmi lesquels on trouve Arlotto de Prato (?-1286), Jean de Murrovalle (c. 1290-c. 1351) et Richard de Mediavilla. A la suite de l'investigation rapide de cette commission, une lettre du 17 mai 1283, adressée au ministre général Bonagrazia de Saint-Jean-en Persiceto (?-1283), déclare fausses ou erronées vingt-deux propositions, qu'aurait soutenues Olivi. Ce dernier n'a pas l'occasion de se défendre et est tenu de signer cette *Lettre des sept sceaux*. Il souligne toutefois avec vigueur que certaines de ses thèses furent mal comprises et que celles qui concernent la philosophie ne touchent en rien au dogme.

Malgré cette explication, la réputation d'Olivi est entachée. Il est interdit d'enseignement pendant quatre ans et incarcéré quelque temps à partir du printemps 1283. En 1285, c'est le ministre de Provence lui-même, Arnaud de Roquefeuil, qui prend l'initiative d'une nouvelle dénonciation, laquelle est remise au Chapitre général de Milan. Les partisans d'Olivi sont nombreux et celui-ci semble devenir le « chef d'une secte superstitieuse qui semait la division et l'erreur », selon la lecture qu'en fait Callaey[3]. Olivi n'est réhabilité qu'en 1287, lors du Chapitre général de Montpellier. C'est Matthieu d'Aquasparta (c. 1237-1302), récemment nommé ministre général de l'Ordre, qui approuve ses positions théologiques et son opinion en matière de pauvreté. Olivi est même nommé lecteur de théologie au couvent de Santa Croce à Florence. C'est là que Pierre de Trabibus devient son étudiant et qu'il rencontre Ubertin de Casale[4]. Deux ans plus tard, Olivi est promu à la chaire de théologie du *Studium generale* de Montpellier. Cette nomination ravive les querelles, notamment à cause de la position d'Olivi concernant l'*usus pauper*. Olivi se retire dans un couvent à Narbonne, où il meurt le 14 mars 1298.

1. Cité par P. Peano, « Ministres provinciaux de Provence et Spirituels », *Franciscains d'Oc. Les Spirituels ca 1280-1324, Cahiers de Fanjeaux*, 10, 1975, p. 46.

2. *Cf.* S. Piron, « Censures et condamnation de Pierre de Jean Olivi : enquête dans les marges du Vatican », *Mélanges de l'École française de Rome-Moyen Âge*, 118/2, 2006, p. 319-320 ; *idem*, « Les studia franciscains de Provence et d'Aquitaine (1275-1335) », *Philosophy and Theology in the Studia of the Religious Orders and at the Papal and Royal Courts. Acts of the XVth International Colloquium of the Société Internationale pour l'Etude de la Philosophie Médiévale, University of Notre Dame, 8-10 October 2008*, Leiden, Brill, 2012, p. 308 *sq.*

3. P. F. Callaey, « Olieu », art. cit., p. 983.

4. *Cf.* S. Piron, « Le Poète et le Théologien : une rencontre dans le *studium* de Santa Croce », *Picenum Seraphicum*, XIX, 2000, p. 87-134.

L'importance du *vir angelicus*, comme le nommait Bernardin de Sienne (1380-1444), est alors telle que ses partisans se rendent en pèlerinage sur sa tombe afin de le vénérer comme un « saint non canonisé »[1]. Selon le témoignage d'Ange Clareno (1255-1337), le 14 mars 1313, la foule qui est assemblée pour commémorer la mort d'Olivi ne peut être comparée qu'à celle qui se presse annuellement à la Portioncule pour célébrer François d'Assise[2]. Les Spirituels du Midi de la France et de Toscane proclament Olivi plus grand docteur de l'Eglise. Les Béguins et Béguines de ces régions reconnaissent en lui un guide et un maître. Mais les détracteurs d'Olivi poursuivent la polémique. L'année qui suit son décès, l'ensemble de ses œuvres sont prohibées par un Chapitre général et les Ministres Jean de Murrovalle (?-1312) et Gonzalve d'Espagne (c. 1255-1313) livrent au feu ses écrits. Quelques années plus tard, Michel de Césène (c. 1270-1342), nommé à la tête de l'Ordre, et le Pape Jean XXII (1244-1334) considèrent les « Spirituels » comme des rebelles. Leur ayant retiré les couvents de Narbonne et de Béziers, les frères de la « communauté de l'Ordre » détruisent la tombe d'Olivi et dispersent ses cendres.

L'histoire est loin d'être achevée puisqu'en mai 1318, quatre Franciscains jugés d'inspiration olivienne sont brûlés vifs à Marseille, après avoir été interrogés par l'inquisiteur franciscain Michel Lemoine. Le même Jean XII, après avoir poursuivi encore plus durement les Béguins, condamne en 1326 le *Commentaire de l'Apocalypse* rédigé par Olivi et met ainsi fin à toute velléité de se réclamer d'inspiration olivienne. Ce n'est qu'au XVe siècle, que le Pape Sixte IV décide de lever l'interdiction de la lecture des œuvres d'Olivi, recommandant de choisir « la rose après l'avoir débarrassée de ses épines »[3]. Toutefois, le Chapitre général des Conventuels qui se tient à Terni en 1500 répète l'interdiction de lire les ouvrages d'Olivi. A part quelques éditions éparses, notamment celle de Soardi en 1505, il a ainsi fallu attendre le début du XXe siècle pour que les œuvres d'Olivi soit redécouvertes, notamment par les travaux de Franz Ehrle et de Livarius Oliger.

Si le nom d'Olivi n'est aujourd'hui familier qu'à certains spécialistes, il fut pourtant sans nul doute le penseur qui suscita à la fois le plus de controverses et d'admiration au XIIIe siècle. La lecture de ses écrits révèle qu'il est un métaphysicien puissant et un fin psychologue qui tente de s'inscrire dans la

1. Le manuscrit de Pesaro, Biblioteca Oliveriana, cod. 1444 – dont la transcription nous a été aimablement mise à disposition par Sylvain Piron, que nous remercions ici –, comporte en ce sens deux indications intéressantes. Le folio 12r contient une prière au « vénérable père Pierre de Jean », qui bien qu'il ne soit jamais mention de sainteté, demande toutefois une intercession auprès de Dieu. L'ajout d'une dernière phrase au traité D*e missa* ose toutefois le terme de saint pour parler d'Olivi : « Explicit hic tractatus de missa, edita a sancto P. I. sancte matris ecclesie eximio doctore. Deo gratias amen », fol. 11vb.

2. *Cf.* P. F. Callaey, « Olieu », art. cit., p. 983.

3. Cité par L. Oliger, « Petri Iohannis Olivi de renuntiatione papae Coelestini V quaestio et epistola », *Archivum Franciscanum Historicum*, 11, 1918, p. 319-320 : « Sixtus tamen concessit opera dicti Petri Ioannis legi et ex illis rosam exerpi, spinis obmissis ».

tradition de ses prédécesseurs, tout en inaugurant de nouvelles solutions, lesquelles influenceront Jean Duns Scot (c. 1266-1308), Bernardin de Sienne ou encore Francisco Suarez (1548-1617) [1].

CHRONOLOGIE DES TEXTES D'OLIVI
ET DE SES CONTEMPORAINS

	Pierre de Jean Olivi	**Henri de Gand**	**Matthieu d'Aquasparta**	**Richard de Mediavilla**
1275-1276	De perlegendis philosophorum libris ; II Sent. 9-10	Quodlibet I (Noël)		
1276-1277	II Sent. 1-3, 11-14, 54	Quodlibet II (Noël)	Quaestiones disputatae de Christo II ; Quaestiones disputatae de anima XIII	
1277-1278	II Sent. 16, 31, 33, 34-37, 50, 51, 53, 55, 57-59	Quodlibet III (Pâques)	Quaestiones de anima beata VIII ; Quaestiones de anima separata IX ; Quaestiones de fide VIII	
1278-1279	II Sent. 4-6, 8, 17, 22, 27, 28, 30, 83, 84	Quodlibet IV (Pâques)	Quaestiones de cognitione	
1279-1280	QPE 1-4, 6-15, 17	Summa 34-38, Quodlibet V (Noël)	Quaestiones de ieiunio III	
1280-1281	Quid ponat ius, De usu paupere, De novissimis	Quodlibet VI (Noël)	Quaestiones de incarnatione IX	

1. *Cf.* C. Bérubé, « Olivi, critique de Bonaventure et d'Henri de Gand », *in* R. S. Almagno, C. L. Harkins (eds.), *Studies honoring I. C. Brady*, New-York, The Franciscan Institute, 1976, p. 57-121.

	Pierre de Jean Olivi	**Henri de Gand**	**Matthieu d'Aquasparta**	**Richard de Mediavilla**
1281-1282	II Sent. 60-77, 87-89	Quodlibet VII (Noël)		
1282-1283	Impugnatio, Lettre à R., Lettre des sept sceaux		Quaestiones de legibus VI ; Quaestiones de providentia VI	
1284		Quodlibet VIII (Noël)	Quaestiones disputatae de gratia X	
1285	Apologia			
1286		Quodlibet IX (Pâques), Quodlibet X (Noël)		De gradu formarum
1287-1289		Quodlibet XI (Noël) ; Quodlibet XII (Noël) ; Quodlibet XIII (Noël)		
1290	II Sent 40-48	Quodlibet XIV (Noël)		
1291-1292		Quodlibet XV		Quaestiones disputatae (entre 1292 et 1298)
1293	De contractibus			
1294-1296	*Edition de la* Summa			Quodlibet I-III

CHAPITRE PREMIER

CONNAISSANCE DE SOI ET CONSCIENCE MORALE

La conscience est un trait d'union entre ce qui a été
et ce qui sera, un pont jeté entre le passé et l'avenir

Henri Bergson,
L'énergie spirituelle

LA NÉCESSITÉ D'UNE VOLONTÉ LIBRE

Si l'acrasie est définie comme une faiblesse de la volonté, il semble premièrement nécessaire de préciser quelle est la nature ainsi que la fonction de cette volonté. Un des débats majeurs de la fin du XIIIe siècle concerne justement ce thème : quelle est la faculté première et rectrice en l'homme ? S'agit-il de la volonté ou de l'intellect ? De cette interrogation découlent de nombreux problèmes : l'objet de la connaissance détermine-t-il la volonté ? Qu'en est-il de la connaissance spécifique du sujet ? Quel rapport entretient cette dernière avec la conscience morale ? Avant d'aborder ces questions, soulignons que la volonté est une notion qui a été tardivement engagée dans la réflexion philosophique par Augustin d'Hippone.

Aux origines de la volonté : Augustin d'Hippone

Augustin, abandonnant les théories eudémonistes antiques, introduit la notion de volonté libre [1]. Poursuivant la réflexion qu'avait inaugurée Paul de

1. *Cf.* A. MacIntyre, *Quelle justice ? Quelle rationalité ?*, *op. cit.* ; H. Arendt, *La crise de la culture*, Paris, Gallimard, 1972, p. 203 *sq.* ; *idem*, *Le concept d'amour chez Augustin*, Paris, Rivage, 1996 ; *idem*, *La vie de l'esprit II, le vouloir*, trad. fr. L. Lotringer, Paris, P.U.F., 2000 ; A. Dihle, *The Theory of Will in Classical Antiquity*, Berkeley, University of California Press, 1982 ; C. Kahn, « Discovering the Will, from Aristotle to Augustine », *in* J.-M. Dillon, A. A. Long (eds.),

Tarse, il affirme dans ses *Confessions* que la connaissance fournie par l'intellect ne suffit pas à produire l'action juste. Seul l'amour – Augustin use tant du terme *amor* que *dilectio* – peut nous faire atteindre la justice qui se trouve en Dieu [1]. Qu'entend-t-il par cette notion ? De manière générale, l'évêque considère que l'amour correspond à la somme des désirs naturels, qui visent *in fine* l'obtention du bonheur [2]. Il souligne ainsi qu'il est illusoire de placer son bonheur dans la satisfaction des biens mondains, puisque ces derniers sont appelés à disparaître. Pour atteindre le bonheur véritable – à savoir un bonheur éternel, qui n'est pas altéré par la crainte de le perdre –, il convient de placer son désir en Dieu [3]. L'homme doit par conséquent régler ses désirs et ses passions en vue d'une fin bonne et juste, qui correspond au vouloir divin [4]. Or, selon Augustin, c'est à la volonté qu'il revient de contrôler les passions et de choisir quels sont les désirs bons ou mauvais [5]. Les historiens de la pensée, tels qu'Arendt, MacIntyre ou Dihle, ont amplement souligné que c'est par cette découverte de la nécessité de la volonté pour parvenir au bien et au bonheur, qu'Augustin rompt avec la tradition antique et que le christianisme introduit la question de la primauté des facultés dans l'homme.

L'apparition de cette nouvelle faculté dans le champ de la réflexion renouvelle profondément la question de l'acrasie. En effet, la volonté est toujours libre et l'action, bien qu'elle puisse paraître contrainte, demeure délibérée :

> Même ce que quelqu'un est contraint de faire malgré lui, il le fait cependant avec sa volonté : mais parce qu'il préfèrerait autre chose, on dit qu'il fait quelque chose malgré lui, c'est-à-dire en ne voulant pas. Il est forcé d'agir par quelque chose de mal, et tout en voulant l'éviter ou l'écarter de lui, il fait ce à quoi il est contraint. Car s'il a assez de volonté pour choisir de ne pas faire ceci [cette action] plutôt que ne pas subir cela [ce mal], il résiste à celui qui le contraint, et il ne le fait pas. C'est pourquoi, s'il le fait, il ne le fait pas par une volonté pleine et libre, mais il ne le fait que par sa volonté : et puisque cette volonté est suivie d'effet, nous ne pouvons pas dire que le pouvoir a manqué à l'agent [6].

Ce que nous faisons donc « malgré nous », c'est-à-dire sous la menace ou la contrainte, ne signifie pas une absence de vouloir. Même si nous eussions préféré une autre option, nous avons accompli librement et donc volontairement « ce que nous ne voulions pas ». Augustin relève ainsi qu'il existe deux

The Question of Eclectism, Berkeley-Los Angeles-London, University of California Press, 1988, p. 234-259.

1. *Cf.* Augustin, *Confessions*, X, 6, 17 ; *De Trinitate* IX, 11, 16. Sur la nécessité de l'amour, *cf.* L. Alici, « Le lieu d'Augustin : l'interprétation de Jean-Luc Marion », *Revue de métaphysique et de morale*, 63, 2009, p. 295-315 ; J. Chevalier, *De saint Augustin à saint Thomas d'Aquin : histoire de la pensée*, vol. III, Ed. Universitaires, 1992, p. 7-83.

2. *Cf.* Augustin, *De diversis Quaestionibus 83*, q. 35, 1 et 2.

3. Cf. *idem*, *De Trinitate*, XII, 8, 11.

4. Cf. *idem*, *Confessions*, IV, 12 ; *Serm*on XXXIV, 2.

5. Cf. *idem*, *Du libre arbitre*. I, 11, 21 ; III, 1, 2-3.

6. *Idem*, *De l'esprit et de la lettre*, 31, 53.

types de volonté : l'une est totale – il s'agit du libre arbitre –, l'autre assujettie – c'est le serf arbitre [1].

Augustin de ce fait dépasse les hypothèses qu'avait avancées Aristote pour expliquer le comportement acratique : un individu peut en toute connaissance de cause refuser le bien qu'il saisit de manière assurée, sans pour autant être emporté par ses passions. Celles-ci peuvent en effet être mal orientées par la volonté de l'individu. La crise mystique que décrit Augustin dans ses *Confessions* est en ce sens révélatrice. Augustin sait que sa conversion lui serait bénéfique, il la désire, mais ne parvient toutefois pas à la réaliser :

> En réalité, non seulement y aller, mais encore y parvenir, ce n'était pas autre chose que vouloir y aller, j'entends le vouloir fortement, entièrement, et non tourner de-ci de-là et balloter une volonté à demi blessée dans une lutte où une partie d'elle-même s'élève contre l'autre qui succombe [2].

Pour comprendre cette dichotomie qu'Augustin décrit comme un prodige monstrueux, il convient de différencier la liberté du libre arbitre. Face au manichéisme, Augustin devait penser l'origine du mal et ne pouvait l'attribuer à Dieu. Il admet ainsi l'existence d'un libre arbitre, qui rend l'homme capable d'agir en fonction du bien comme du mal. Toutefois, pour les raisons que nous avons indiquées plus haut, Augustin soutient que la pleine liberté consiste à agir en fonction du vouloir divin. Elle est en ce sens seulement une capacité à faire le bien [3]. Autrement dit, la liberté est le bien visé par le libre arbitre et le libre arbitre, en tant que pouvoir aux opposés, est la condition de possibilité pour parvenir à une pleine liberté.

Cette introduction du libre arbitre n'est pas sans conséquence. Elle permet d'affirmer que la volonté n'est pas obligée de suivre le dictamen de la raison [4]. Bien que l'intellect soit nécessaire pour rendre les désirs de l'homme conformes à la vertu, la volonté est ce qui détermine l'action. Toutefois, Augustin ne détermine pas quelle faculté, dans ce concours, est première. La question n'avait alors pas lieu d'être. Elle surgira pourtant avec force lorsque les auteurs du XIIIe siècle se disputeront la juste interprétation d'Augustin.

1. *Cf.* Augustin, *Confessions*, IX 12.

2. *Ibid.*, VIII, 8, 19, p. 49. *Cf.* également, VIII, 10, 23-24 et 11, 27.

3. *Cf.* Augustin, *Du libre arbitre*, I, 15, 32 ; *Enchiridion*, 9, 30 ; E. Gilson, *Introduction à l'étude de saint Augustin*, Paris, Vrin, 1929, p. 212 ; J. Ball, « Libre arbitre et liberté dans s. Augustin », *L'année théologique*, 6, 1945, p. 368-382 ; K. Trego, « De l'éthique de la sagesse à l'éthique de la liberté. La doctrine de la liberté d'Augustin à la lumière de ses sources philosophiques antiques », *Revue des sciences philosophiques et théologiques*, 89/4, 2005, p. 641-653.

4. *Cf.* R. A. Markus, « Human Action : Will and Virtue », *in* A. H. Armstrong (ed.), *Cambridge History of Later Greek and Early Medieval Philosophy*, Cambridge, Cambridge University Press, 1967.

La volonté libre selon Anselme de Cantorbéry

Sept siècles plus tard, Anselme de Cantorbéry précise la pensée d'Augustin en établissant une distinction entre la volonté en tant qu'instrument du vouloir (*instrumentum*) et la volonté en tant que son œuvre (*opus*). Selon lui, si l'acte de la volonté peut parfois être contraint, la volonté en tant qu'instrument du vouloir ne peut être dominée par aucune autre force, qu'elle soit extérieure ou intérieure à l'homme :

> Quelqu'un veut du fond du cœur servir la vérité parce qu'il comprend qu'il est droit d'aimer la vérité [...]. Arrive une autre personne la menaçant de mort si elle ne ment. [...] Quoiqu'il soit nécessaire d'abandonner soit la vie, soit la rectitude, aucune nécessité ne détermine cependant ce qui est conservé ou abandonné. La seule volonté détermine ici ce qui est gardé et la force de la nécessité ne fait rien là où le seul choix de la volonté opère. [...] C'est là la liberté, en effet, dont j'ai dit qu'elle est le pouvoir d'observer la rectitude de la volonté pour elle-même [1].

Anselme montre ainsi – à l'instar d'Augustin – que nous parlons de façon impropre lorsque nous affirmons que la volonté est parfois contrainte. Rien ne peut soumettre la volonté, pas même le dictat de l'intellect. Anselme souligne de plus ce primat de la volonté, en relevant que si la connaissance est nécessaire, elle ne peut toutefois être vertueuse tant qu'elle n'a pas été complétée par l'acte de la volonté :

> Jamais on n'agira convenablement en vue du salut, si l'on ne sait pas découvrir la nature du bien qu'il importe de réaliser ; mais si la volonté ne s'ajoute point à la science, ou encore si l'on n'en vient pas effectivement à l'acte, quoiqu'on le connaisse et qu'on puisse l'accomplir, on ne sera pas véritablement bon [2].

Ainsi, la vertu ou l'acte vertueux requiert le libre choix de la volonté. L'intellect peut même devenir une faculté dangereuse, si elle n'est pas guidée par une volonté qui, *in fine*, s'identifie avec celle de Dieu :

> Mais comme [la science] enfle si la charité ne concourt à élever l'édifice, on peut dire qu'elle ne sert absolument de rien sans la volonté de bien faire. Or, la volonté est bonne quand elle est soumise à celle de Dieu, et elle se trouve dans cette disposition lorsqu'elle est précisément telle que Dieu la veut : on la nomme alors juste ou droite, parce qu'elle s'attache à ce que Dieu lui fait actuellement une obligation de vouloir [3].

1. Anselme de Cantorbéry, *De Concordia*, chap. VI, trad. fr. P. Rousseau, *Œuvres philosophiques de Saint Anselme*, Paris, Aubier, 1947, p. 308. Cf. *Traité du libre choix.*, chap. IX, trad. fr. A. Galonnier, M. Corbin, R. Ravinel, *L'œuvre d'Anselme de Cantorbéry : Le Grammairien, De la Vérité, La liberté de choix, La chute du Diable*, éd. M. Corbin, Paris, Cerf, 1986, p. 237.

2. Anselme de Cantorbéry, *Entretiens spirituels*, CLIII, Abbaye de Maredsous, Desclée de Brouwer, 1924, p. 152.

3. *Ibid.*, CLIX, p. 157.

De même que dans la *Cité de Dieu*, Anselme suppose que pour être droit, l'intellect doit se soumettre à une volonté qui s'ordonne au vouloir divin. Mais l'intellect peut se gonfler d'orgueil et l'homme a la possibilité soit de conformer sa volonté aux exigences de la raison, soit de l'orienter vers la satisfaction de ses désirs sensibles. L'homme peut devenir « charnel » ou « spirituel », selon le vocabulaire de l'archevêque, ressemblant tantôt aux animaux, tantôt aux anges, selon les décisions de sa volonté [1]. Pour agir droitement, la volonté doit tendre vers la justice qui se définit comme une « droiture de la volonté gardée pour elle-même » [2] et ce, toujours de sa propre motion. La position d'Anselme est donc intransigeante : la rectitude de la volonté ne peut provenir de la science ou de l'œuvre, mais de la volonté elle-même [3]. Anselme conclut ainsi que seule la volonté est active et meut toutes les puissances de l'âme, l'intellect y compris, en vue de la rectitude.

On pourrait objecter à Anselme que la rectitude détermine la volonté par son objet. Mais il n'en est rien puisque ce que la volonté cherche ne consiste pas tant à faire le bien qu'à réaliser ce pour quoi elle est faite. Or sa finalité est de faire et de vouloir ce qui doit être accompli, ce qui lui fait viser la rectitude [4]. Autrement dit, la droiture provient de ce que la volonté humaine se conforme librement au vouloir divin [5]. Par conséquent, aucune faculté, ni aucun objet ne détermine la volonté à agir en vue du bien ou à l'encontre de ses décisions. La volonté décide par elle seule quelles options choisir :

> Dès lors, de même celui qui ment pour sa vie, est dit improprement mentir malgré lui, puisqu'il ment en le voulant, de même, ce n'est pas proprement qu'on dit qu'il veut mentir malgré lui, puisqu'il ne le veut qu'en le voulant. Car, de même que lorsqu'il ment, il veut l'acte de mentir même, de même quand il veut mentir, il veut l'acte de vouloir même [6].

Ainsi, pour Anselme, la volonté est la source du libre arbitre. L'intellect, ainsi que toutes les autres facultés de l'âme, dépendent de son mouvement. En plus de la distinction entre la volonté œuvre et instrument, un apport important d'Anselme par rapport aux propos d'Augustin est ainsi de formuler clairement la question de la primauté de la volonté, soulignant son absolue autodétermination.

1. *Ibid.*, CLXX, p. 165.

2. Anselme de Cantorbéry, *De la vérité*, chap. XII, *op. cit.*, p. 166 : « Justitia igitur est rectitudo voluntatis propter se servata ».

3. *Ibid.*, p. 164 : « Ergo non est ista iustitia rectitudo scientitiae aut rectitudo actionis, sed rectitudo voluntatis ».

4. *Cf.* E. Briancesco, *Un triptyque sur la liberté, la doctrine morale de Saint Anselme*, Paris, Desclée de Brouwer, 1982, p. 42.

5. *Ibid.*, p. 72.

6. Anselme de Cantorbéry, *La liberté de choix*, chap. V, *op. cit.*, p. 224-225.

L'AUTONOMIE ABSOLUE DE LA VOLONTÉ SELON PIERRE DE JEAN OLIVI

Il est difficile d'expliquer pourquoi le débat sur la primauté des facultés émergea avec tant de force au XIIIe siècle au sein de l'Université parisienne. Si plusieurs hypothèses ont été avancées à ce propos, nous nous préférons considérer que la formulation du débat qui oppose les penseurs de la fin du XIIIe siècle ne provient pas d'une origine unique, mais d'un ensemble de facteurs, telles que les diverses condamnations, les controverses sur les questions trinitaires, la redécouverte des traités d'Aristote et la volonté de certains auteurs de l'intégrer aux questions de la théologie chrétienne [1].

Ce qui importe pour notre propos est de conserver à l'esprit qu'Olivi, lorsqu'il rédige ses principaux écrits, se trouve au cœur de ce débat. Il est présent à Paris dès 1266, alors que Guillaume de Baglione, maître régent entre 1266 et 1267, critique les artiens pour leur usage des textes d'Aristote dans le cadre universitaire et ce, malgré les interdictions du synode de Paris en 1210 et de la bulle de Grégoire IX, *Parens scientiarum*, en 1231. C'est vraisemblablement cette critique qui pousse Bonaventure, alors ministre général, à combattre de manière similaire certaines prétentions rationalistes [2]. En 1268, dans ses *Conférences sur les sept dons de l'Esprit Saint*, le Docteur séraphique dénonce les thèses sur l'éternité du monde, sur l'unité de l'intellect et sur la détermination astrale qui sont, selon lui, véhiculées par la pensée aristotélicienne. Deux ans plus tard, Etienne Tempier s'inspire directement de ces critiques pour censurer treize propositions [3].

1. *Cf.* W. Duba, *Seeing God: Theology, Beatitude and Cognition in the Thirteenth Century*, University of Iowa, ProQuest, 2006; C. Trottman, « Vision béatifique et intuition d'un objet absent: des sources franciscaines du nominalisme aux défenseurs scotistes de l'opinion de Jean XXII sur la vision différée », *Studi medievali*, 34/3, 1993, p. 635-715; I. Iribaren, « Theological Authority at the Papal Court in Avignon: the Beatific Vision Controversy », *in* J. Hamesse (éd.), *La vie culturelle, intellectuelle et scientifique à la cour des Papes d'Avignon*, Paris, Brepols, 2005, p. 277-301; R. L. Friedman, *Medieval Trinitarian Thought from Aquinas to Ockham*, Cambridge, Cambridge University Press, 2010; *idem*, *Intellectual Traditions at the Medieval University: The Use of Philosophical Psychology in Trinitarian Theology among the Franciscans and Dominicans, 1250-1350*, Leiden, Brill, 2013; A. MacIntyre, *Quelle justice? Quelle rationalité?*, *op. cit.*

2. *Cf.* I. Brady, « Questions at Paris, c. 1260-1270 (cod. Flor. Bibl. Naz. Conv. Soppr. B. 6. 912) », *Archivum Franciscanum Historicum*, 61, 1968, p. 434-461; L. Bianchi, « Guglielmo di Baglione, Tommaso d'Aquino e la condanna del 1270 », *Rivista di Storia della Filosofia*, XXXIX, 1984, p. 503-520; S. Piron, « Olivi et les averroïstes », art. cit., p. 251-309.

3. *Cf.* M. M. Gorce, *L'essor de la pensée au Moyen-Age, Albert le Grand-Thomas d'Aquin*, Genève, Slatkine, 1978, p. 164-166; J. G. Bougerol, *Introduction à saint Bonaventure*, Paris, Vrin, 1988, p. 230-235; D. Piché, C. Lafleur, *La condamnation parisienne de 1277*, Paris, Vrin, 1999, p. 151-176; S. Piron, « Le plan de l'évêque, pour une critique interne de la condamnation du 7 mars 1277 », *Recherches de Théologie et Philosophie médiévales*, LXXVIII, 2011, p. 383-415.

Nous savons de manière certaine qu'Olivi assiste aux conférences de Bonaventure de 1267 et qu'il aurait également pu entendre ses *Collationes in Hexameron* en 1273 [1]. Au moment même où Tempier proclame sa seconde condamnation, Olivi entreprend la rédaction de son importante question LVII sur la liberté [2]. Le lien doctrinal qui unit ces deux textes est évident. Si nous considérons les articles condamnés, deux nous semblent particulièrement importants : le troisième qui dénonce le fait « que la volonté de l'homme veut et choisit par nécessité » et le neuvième qui condamne l'affirmation selon laquelle « le libre arbitre est une puissance passive et non active ; et qu'il est nécessairement mû par le désir » [3]. Olivi ne le dit pas autrement dans sa question LVII : prétendre que la volonté est mise en mouvement par son objet en tant qu'il est appréhendé par l'intellect revient à signifier que la volonté n'est pas libre, ce qui est faux et impie [4]. En interprète maximaliste des condamnations de 1277, il en va pour lui de l'orthodoxie catholique. Seuls les païens peuvent soutenir la théorie de la passivité de la volonté. Olivi rejette ainsi Thomas d'Aquin dans les ténèbres sarrasines et soutient, à la suite d'Augustin et d'Anselme, que la volonté choisit librement l'objet sur lequel l'intellect porte son attention et qu'elle se détermine *per se* à ses options [5]. Par voie de conséquence, la liberté provient de la volonté, qui est tout entière active et qui ne dépend aucunement de la puissance de l'intellect :

> Cette [puissance] de l'essence de notre liberté qu'il convient d'affirmer selon la foi et la raison droite, clame avec évidence que la volonté, en tant qu'elle est libre, est totalement active [6].

A la question LVIII de la *Summa* qui concerne l'activité du libre arbitre, Olivi affirme qu'il existe deux voies pour prouver sa position : la première dépend de la foi chrétienne, la seconde de la raison droite [7]. Pour ce qui est de la foi, Olivi propose de résumer les diverses positions des docteurs chrétiens par rapport à la question de la liberté de la volonté. Il ressort de cette énumération que tous les maîtres s'accordent pour dire que l'homme possède le libre arbitre. Toutefois, les opinions divergent lorsqu'il s'agit de préciser quelles en sont les modalités. Olivi en distingue principalement trois : soit la volonté est

1. *Cf.* S. Piron, « Olivi et les averroïstes », art. cit., p. 252 ; C. König-Pralong, *Le bon usage des savoirs : scolastique, philosophie et politique culturelle,* Paris, Vrin, 2011, p. 166.

2. Nous remercions Sylvain Piron pour la datation de cette question.

3. *Chartularium Universitatis Parisiensis*, I, n. 437, *op. cit*., p. 487 : « Quod voluntas hominis ex necessitate vult et eligit » ; « Quod liberum arbitrium est potentia passiva, non activa ; et quod necessitate movetur ab appetibili ».

4. *Cf.* P. J. Olivi, *Summa,* q. LVII, *op. cit*., p. 310.

5. *Ibid*., q. LVIII, p. 409.

6. *Ibid*., p. 411 : « Ipsa [potentia] igitur essentiae nostrae libertatis quam secundum fidem et rationem rectam oportet ponere clamat evidenter quod voluntas, in quantum est libera, est totaliter activa ».

7. *Ibid*., p. 410.

une faculté passive, soit elle demande le concours de l'intellect, soit elle est totalement active [1].

Pour ce qui est de la première position, nous pouvons supposer qu'Olivi vise en premier lieu les philosophes grecs et arabes, ainsi que certains auteurs contemporains qu'il nomme les *averroistae*. Sylvain Piron a montré toute la difficulté de cerner qui sont ces derniers [2]. Si les noms d'Aubry de Reims (c. 1085-1141), de Siger de Brabant (c. 1235-c. 1281) ou de Thomas d'Aquin sont avancés, leur différence de positions concernant l'unité de l'intellect ne permet pas d'affirmer catégoriquement leur appartenance à ce groupe. A ces noms, nous pouvons ajouter ceux de Godefroid de Fontaines (c. 1250-1309) et de Thomas de Sutton (c. 1250-c. 1320) qui ont défendu Thomas d'Aquin dans son affirmation de la primauté de l'intellect. Mais de toute évidence, c'est la position de Thomas d'Aquin qu'Olivi critique en première ligne, lorsqu'il démontre l'absurdité de poser une distinction entre l'intellect agent et l'intellect possible [3]. Il s'agit par conséquent pour Olivi, d'une part, de lutter contre les propositions qui ont été condamnées par l'évêque de Paris et d'autre part, de s'attaquer à la position intellectualiste, que défendent certains de ses contemporains.

Olivi relève ensuite que certains auteurs soutiennent que la volonté est à la fois passive – en ce qu'elle nécessite l'aide de l'intellect pour saisir son objet – et à la fois active – au sens où elle porte de manière délibérée son attention sur l'objet qu'elle souhaite. Nous pouvons penser aux noms de Matthieu d'Aquasparta, Richard de Mediavilla, Gérard d'Abbeville (c. 1225-1272), Pierre de Falco, Roger de Marston (?-1303) ou encore Bonaventure [4].

1. P. J. Olivi, *Summa*, q. LVIII, *op. cit.*, p. 410.

2. *Cf.* S. Piron, « Olivi et les averroïstes », art. cit.

3. *Cf.* P. J. Olivi, *Summa*, q. LVIII, *op. cit.*, p. 458. Pour ce qui concerne la lecture intellectualiste de Thomas d'Aquin, *cf.* M. Perkams, « Aquinas on Choice, Will, and Voluntary Action », *in* T. Hoffmann, J. Müller, M. Perkams (ed.s), *Aquinas and the Nichomachean Ethics*, Cambridge, Cambridge University Press, 2013, p. 72-90. Perkams cite notamment les positions de Bradley, Westberg, Pasnau, Irwin et Rhonheimer pour soutenir son interprétation. Dans ce même ouvrage, *cf.* également B. Kent, « Losable Virtue : Aquinas on Character and Will », p. 91-109 et M. Pickavé, « Aquinas on Incontinence and Psychological Weakness », p. 184-202.

4. *Cf.* Matthieu d'Aquasparta, *Quaestiones disputate de fide et de cognitione*, q. 8, ad. 22, Quaracchi, S. Bonaventurae, 1903, p. 218; Richard de Mediavilla, *Questions disputées*, q. 44, art. 1, *op. cit.*, p. 453-455; Gauthier de Bruges, *Quaestiones disputatae*, q. IV, éd. E. Longpré, Louvain, Institut supérieur de philosophie de l'Université, 1928, p. 40; Gérard d'Abbeville, *Quodlibet*, XVIII, q. 2 et 3, *in* A. Pattin (éd.), *L'anthropologie de Gérard d'Abbeville*, Louvain, Leuven University Press, 1993, p. 111-120; Pierre de Falco, *Questions disputées*, *Bruges Bibl. Comm.* 185, f. 60vb : « Ad hoc respondeo quod ratio hoc modo non dat voluntati libertatem, imo voluntas voluntate propria potest libere velle et secundum rationis consensum et contra judicum rationis. Unde habet libertatem sibi inditam a creatore, non datam a ratione », cité *in* O. Lottin, « Le libre arbitre au lendemain de la condamnation de 1277 », *Revue néo-scolastique de philosophie*, 29, 1927, p. 214; S. Belmond, « La théorie de la connaissance d'après Roger Marston », *La France franciscaine*, VXII, 1934, p. 153-187; F.-X. Putallaz, *Connaissance de soi de Matthieu d'Aquasparta à Thierry de Freiberg*, Université de Fribourg, 1990, p. 135-190.

Finalement, Olivi remarque que certaines autorités mineures ont défendu une troisième opinion, affirmant que la volonté est absolument active. C'est un procédé qu'Olivi use fréquemment pour faire référence à sa propre position. Loin d'être une fausse modestie, il s'agit sans doute d'une allusion au fait qu'il n'a jamais obtenu sa maîtrise [1]. Efrem Bettoni propose même d'interpréter cette énumération des positions comme un stratagème de la part d'Olivi afin de présenter une théorie qui n'appartient qu'à lui seul [2]. Toutefois, parmi les défenseurs de l'autonomie absolue de la volonté à la suite des condamnations de 1277, nous pouvons au moins reconnaître Gauthier de Bruges [3] (c. 1220-1307), Henri de Gand [4], Jacques de Viterbe [5] (c. 1255-1307) et Gonzalve d'Espagne [6]. Voyons donc comment Olivi définit l'activité de la volonté et ce qui le particularise.

La volonté, seule faculté « se ipsam movens »

La défense de l'absolue liberté de la volonté chez Olivi n'est plus à démontrer tant elle est reconnue par tous les chercheurs [7]. La formulation la plus explicite qu'Olivi utilise pour démontrer la précellence de la volonté sur l'intellect se trouve sans doute dans la première question annexe de sa *Summa* portant sur la science divine. Le Franciscain y affirme que : « la liberté ne relève pas de la raison d'intellect, mais uniquement de celle de volonté » [8]. A maintes reprises, notamment aux questions LIV et LVII-LVIII de la *Summa*, il souligne la parfaite supériorité et l'autodétermination de la volonté. Si Augustin – et à travers lui Anselme – reste l'autorité principale, Olivi s'appuie également sur la

1. *Cf.* D. Burr, *L'histoire de Pierre Olivi, franciscain persécuté*, Fribourg, Cerf, 1997, p. 3-4.

2. *Cf.* E. Bettoni, *Le dottrine filosofische di Pier di Giovanni Olivi*, Milano, Vita e Pensiero, 1959, p. 426.

3. *Cf.* Gauthier de Bruges, *Questions disputées*, q. IV-VI.

4. *Cf.* Henri de Gand, *Quodlibet*, I, q. 14-16 et *Summa* (*quaestiones ordinariae*), q. 3, art. 45, éd. L. Hödl, Louvain, Leuven University Press, 1998 ; G. Alliney, *Il nodo nel giunco : le questione sulla libertà di Enrico di Gand*, Bari, Di Pagina, 2009 ; R. Macken, « La volonté humaine, faculté plus élevée que l'intelligence selon Henri de Gand », *RTAM*, 42, 1975, p. 5-51 ; *idem*, « Heinrich von Gent im Gesprach mit seinen Zeitgenossen über die menschliche Freiheit », *Franziskanische Studien*, 59, 1977, p. 125-182.

5. *Cf.* Jacques de Viterbe, *Disputatio prima de quolibet*, q. VII, « Utrum motus voluntatis in finem sit actus volontatis vel intellectus », ed. E. Ypma, Augustinus, Würzburg, 1968, p. 79 ; F. Ruello, « Les fondements de la liberté humaine selon Jacques de Viterbe O.E.S.A. *Disputatio* 1a *de Quolibet*, q. VII (1293) », *Augustiniana*, 24, 1974, p. 283-347 ; *Augustiniana*, 25, 1975 p. 114-142.

6. *Cf.* Gonzalve d'Espagne, *Quaestiones disputatae et de quodlibet*, q. 8, ed. L. Amoros, Grottaferata, St-Bonaventure, 1935, p. 114-123.

7. *Cf.* notamment E. Bettoni, *Le dottrine filosofische di Pier di Giovanni Olivi*, *op. cit.* ; D. Burr, *L'histoire de Pierre Olivi, franciscain persécuté*, *op. cit.* ; O. Boulnois, « Vouloir, vœu et noblesse de la volonté selon Olieu », *Cahier du centre de recherches historiques*, 16, 1996, p. 64 ; S. Piron, « Vœu et contrat chez Pierre de Jean Olivi », *Cahiers du Centre de Recherches Historiques*, 16, 1996, p. 43-56

8. P. J. Olivi, *Question disputée sur la science divine et les idées en Dieu*, trad. fr. S. Piron, *in* J.-C. Bardout, O. Boulnois (éd.), *Sur la science divine*, Paris, P.U.F., 2002, p. 209.

théologie de Denys l'Aréopagite, pour démontrer que l'intellect ne peut avoir recours qu'à une réflexion discursive pour exercer sa fonction et qu'en ce sens, il ne peut atteindre l'ordre de la contemplation qui est plus élevé. Seule la volonté peut parvenir à cette perception du divin :

> Dans la contemplation, là où l'opération de l'intellect fait défaut et cesse, l'amour croît et nous envahit selon l'affirmation des contemplatifs qui ont éprouvé cela : c'est pourquoi Denys dit au livre *De la théologie mystique* et en plusieurs autres endroits, que le plus haut degré de contemplation qui est appelé le brouillard, se situe dans l'arrêt de toute opération intellectuelle et dans une ignorance et négation totale de toute connaissance, puisque, selon lui, on l'appelle dans les Ecritures ténèbres, brouillard et silence [1] ; mais à ce moment-là, l'esprit sent au plus haut point la divinité : donc ce sens est l'acte de la volonté et non de l'intellect [2].

Olivi fournit également des arguments philosophiques pour soutenir sa position. Le plus convaincant se trouve sans doute à la question LVII. Le Franciscain y souligne que l'activité de l'intellect est limitée, puisque déterminée par son objet. L'intellect ne peut en ce sens fournir une véritable liberté de choix :

> Jamais, à ce que je sache, la connaissance ne possède un autre acte que celui de savoir [3].

L'intellect est obligé de reconnaître la vérité ou le bien d'une proposition et il ne peut se déterminer à son encontre. La motion libre est par conséquent réservée à l'autre faculté supérieure de l'homme qu'est la volonté. Cette position n'est pas exclusive à la *Summa*. Les conclusions de la seconde *Question sur la perfection évangélique* sont explicites : non seulement, la volonté est la source fondamentale de la liberté, mais elle est également supérieure à l'intellect [4].

Pour autant, il serait faux de croire que l'intellect ne revêt aucune importance pour Olivi. Cette faculté confère une dignité insondable à l'homme, et ce, au même titre que la volonté [5]. Qui plus est, l'intellect possède un rôle essentiel pour la délibération, en ce qu'il propose les solutions les plus convenables.

1. *Cf.* Joël 2, 2

2. P. J. Olivi, *Summa*, q. LIV, *op. cit.*, p. 241 : « In contemplatione, ubi operatio intellectus deficit et cessat, amor crescit et intrat secundum sententiam contemplativorum qui hoc experti sunt ; unde dicit Dionysius, libro De mystica theologia et in aliis locis pluries, quod supremus gradus contemplationis qui caligo dicitur est in cessatione omnium intellectualium operationum acsi in omnimoda ignorantia et negatione omnis cognitionis, propter secundum eum in Scripturis vocatur tenebra, caligo et silentium ; sed tunc temporis mens supreme sentit divina ; ergo ille sensus est actus voluntatis et non intellectus ».

3. *Ibid.*, q. LVII, p. 340: « Nusquam enim, quod sciam, scientia habet alium actum quam scire ».

4. Cf. *idem*, *Question sur la perfection évangélique* [désormais *QPE*] *II*, ed. A. Emmen, F. Simoncioli, *Studi francescani*, 61, 1964, p. 113-167, notamment p. 120-121.

5. Cf. *idem*, *Summa*, q. LIV, *op. cit.*, p. 250.

La volonté ne peut donc correctement s'orienter si elle n'est pas aidée par l'intellect. La collaboration de ces deux facultés est en ce sens indispensable.

Cela dit, plus que la radicalité de son propos sur la volonté libre, la spécificité de la pensée d'Olivi par rapport à celle de ses contemporains est qu'il n'oppose plus l'intellect et la volonté comme deux facultés de même rang. Il fait de la volonté libre l'essence même de l'être humain [1]. La connaissance est reléguée en second rang, car elle dépend de l'intention de la volonté, seule faculté proprement *se ipsam movens* [2]. Nous assistons donc à un complet renversement de la position que défendait, entre autres, Thomas d'Aquin :

> Ni l'intellect, ni sa disposition ne possèdent une quelconque liberté, puisqu'ils ne peuvent se mouvoir d'eux-mêmes. Celui-ci tend toujours de manière nécessaire par soi à son objet et il est nécessairement assujetti aux mouvements de la volonté [3].

Si l'intellect possède une certaine forme de liberté, elle n'est qu'accidentelle. Elle ne lui est conférée que, comme par ricochet, par l'intermédiaire de la volonté [4].

Comme nous pouvons l'imaginer, cette conception a de fortes répercussions sur la question de l'acrasie. En effet, l'intellect ne peut se déterminer qu'à l'égard d'un seul des opposés, qu'il juge le meilleur. *A contrario*, la volonté est capable d'opter, selon son bon vouloir, pour celui qu'elle préfère :

> L'intellect ne peut comprendre les opposés qu'au travers des divers actes et dispositions de la connaissance. [...] Mais la volonté a le pouvoir des opposés sur des modes similaires et, de plus, sur un mode grâce auquel nous nous dirigeons vers le terme choisi [5].

Olivi va plus loin : la volonté peut *à chaque instant* choisir les opposés sur des modes similaires. Cette précision permet de poser les prémisses d'un concept qui se développera plus tard sous le nom de « contingence synchronique » [6]. Si la notion a déjà été largement traitée par Stephen Dumond et par

1. *Cf.* O. Boulnois, « Vouloir, vœu et noblesse de la volonté selon Olieu », art. cit.

2. Nous pouvons noter ici le rapprochement avec Augustin, *Traité du libre arbitre*, III, 3, 7, *Œuvres philosophiques: De magistro, De libero arbitrio*, trad. fr. G. Madec, Paris, Desclée de Brouwer, 1976, p. 396-397.

3. P. J. Olivi, *Summa*, q. LVII, *op. cit.*, p. 309: « Intellectus nec eius habitus nullam habent libertatem, cum non possint movere se ipsos, et semper necessario, quantum est ex se, tendat in suum objectum et motionibus voluntatis sit necessario subiectus ».

4. Cf. *idem*, *Traité des démons*, q. XL, *op. cit.*, p. 4-5.

5. *Idem*, *Summa*, q. LVII, *op. cit.*, p. 355-356 « Ponamus enim quod intellectus non nisi per diversos actus et habitus scientiae possit intelligere opposita. [...] Voluntas autem consimilibus modis potest in opposita, et ultra hoc per modum de quo in proposito intendimus ». *Cf.* également p. 348 : « Et respectu eiusdem nunc et secundum illam prioritatem naturalem in ipso eodem nunc fuit prius naturaliter potens ad exeundum in actum oppositum ».

6. *Cf.* S. D. Dumont, « The Origin of Scotus's Theory of Synchronic Contingency », *The Modern Schoolmann*, 72, 1995, p. 149-167; W. Duba, « Pierre de Jean Olivi et l'action instantanée », *Pierre de Jean Olivi – Philosophe et théologien...*, *op. cit.*, p. 169-180.

William Duba, il convient toutefois de souligner la radicale nouveauté du propos d'Olivi dans l'histoire de la métaphysique. Les auteurs avaient jusqu'alors adhéré à la proposition logique d'Aristote, qui considère que le présent, lorsqu'il se réalise, est nécessaire (*omne quod est, quando est, necesse est esse*). Pour la première fois, Olivi soutient la possibilité réelle de choisir l'option contraire, même au moment de son actualisation, rendant ainsi le présent contingent. Par conséquent, à l'instant où l'actualisation du choix « A » se produit, la possibilité d'une actualisation de « non-A » persiste. Pour éclaircir cette notion de contingence synchronique, il peut être utile de recourir à la définition du jésuite Luis de Molina (1535-1600) :

> Un agent est dit agir librement lorsque, étant données toutes les conditions prérequises à l'action, il peut à la fois agir et non agir, ou que, agissant d'une certaine façon, il peut également agir dans le sens contraire [1].

Avant Molina et Duns Scot – à qui l'on attribue généralement la création de cette notion –, Olivi affirme ainsi que les opposés sont possibles dans le même instant. Le vouloir qui réalise un acte a la possibilité au même moment de vouloir son contraire. Sans cela, il n'y aurait ni véritable liberté, ni réelle puissance de la volonté.

La contingence synchronique revêt une importance toute particulière pour l'acrasie[2]. En effet, elle implique que la volonté n'est *jamais* déterminée par ses choix. Ce pouvoir des opposés offre ainsi une véritable liberté, au sein de laquelle le mal peut trouver son origine :

> Il ne convient pas que ce qui a le pouvoir des opposés sous la disjonction, c'est-à-dire qui peut au même instant opter pour l'un ou l'autre des opposés, de sorte que, s'il accomplit l'un, il abandonne l'autre, il ne convient pas, dis-je, qu'il accomplisse ou qu'il abandonne les deux simultanément; il en résulte plutôt qu'au moment même où il accomplit l'un, il aurait pu accomplir l'autre en abandonnant le premier et inversement. Cela n'implique aucune contradiction, mais procure plutôt une véritable liberté des puissances [3].

Précisons toutefois que la *libertas oppositorum* est secondaire pour Olivi [4]. La liberté d'indifférence, qui est le fruit d'une raison percevant les diverses possibilités de choix, est en effet déterminée, après une délibération rationnelle,

1. Luis de Molina, *Concordia*, q. 14, art. 13, disp. 2, § 3, trad. fr. J. Schmutz, « Du péché de l'ange à la liberté d'indifférence, les sources angélologiques de l'anthropologie moderne », *Etudes philosophiques*, 61, 2002, p. 172.

2. *Cf.* B. Forthomme, *Les aventures de la volonté perverse*, Bruxelles, Lessius, 2010.

3. P. J. Olivi, *Summa*, q. LVII, *op. cit.*, p. 341 : « Non enim oportet quod illud quod potest in opposita sub disiunctione, hoc est quod in eadem hora habet potentiam pro quocunque illorum, ita tamen quod, si unum agit, tunc ab altero cesset, non, inquam, oportet quod simul agat utrumque vel simul cesset ab utroque ; sed potius sequitur quod sic agat alterum quod potuerit pro eodem nunc agere aliud cessando a primo et e contrario. In hoc autem nulla contradictio implicatur, sed potius vera libertas potentiae astruitur ».

4. *Cf.* O. Boulnois, « Vouloir, vœu et noblesse… », art. cit., p. 4.

à ne vouloir que la possibilité qui lui semble la plus appropriée. Nous retomberions dès lors dans les travers de l'intellectualisme. Cette possibilité de choix ne constitue pas l'essence de la liberté. Elle est seulement la conséquence de l'autodétermination radicale de la volonté [1]. Autrement dit, ce qui est primordiale, c'est la volonté libre, constitutive de l'essence de l'homme. La liberté n'est pas une simple possibilité, elle est une fonction propre de l'esprit. En ce sens, Olivi préfère l'expression « puissance de péché » (*potestas peccandi*) à celle de « peccabilité ». Cette puissance – que nous devons quasiment comprendre en un sens aristotélicien –, définit la fonction propre de la créature volontaire. Nous sommes bien loin de la conception contemporaine d'une « faiblesse de la volonté ». Pour Olivi, la volonté est si puissante qu'elle peut choisir de manière autonome et libre ce qu'elle souhaite, même à l'encontre de ce que la raison lui indique de suivre comme la meilleure solution.

Enfin, certains chercheurs soulignent la similitude qui existe entre la position d'Olivi et celle d'Henri de Gand, tous deux soutenant une totale indétermination de la volonté [2]. Si ce jugement est en partie correct, il faut toutefois relever que leur point de vue diffère fondamentalement sur la question de l'absolue indétermination de la volonté dans le temps. Pour le Gantois, une fois la volonté déterminée, la décision ne peut être changée. Même le choix acratique, pour autant qu'il provienne d'une libre décision, ne peut être modifié, une fois le consentement donné. Comme le souligne Risto Saarinen, la position d'Henri de Gand ressemble de ce point de vue à la position intellectualiste à laquelle il s'oppose [3]. Cette concordance des conclusions est pour Olivi marque de contradiction, raison pour laquelle il est nécessaire de conserver, au sein même du consentement acratique, la possibilité des contraires. Ce serait par trop réduire la puissance de la liberté que de l'orienter vers le choix unique du bien. S'opposant à Henri de Gand, Olivi relève donc que la volonté libre est un principe essentiel à l'homme et, par voie de conséquence, que la puissance aux opposés peut être *à chaque instant* invoquée.

La volonté n'est pas contrainte par ses objets

Après avoir montré qu'elle est une faculté autonome et supérieure à l'intellect, reste à démontrer que la volonté n'est pas déterminée par les objets vers lesquels elle porte son attention. Pour Olivi, cela est une évidence que l'expérience nous prouve aisément : l'homme ne se trouve jamais dans la position de l'âne de Buridan, immobilisé entre deux objets de valeur

1. *Cf.* E. Bettoni, *Le dottrine filosofische…*, *op. cit.*, p. 400.

2. *Cf.* C. Bérubé, « Olivi, critique de Bonaventure et d'Henri de Gand », *op.cit.* ; G. Alliney, *Il nodo nel giunco…*, *op. cit.* ; C. König-Pralong, *Le bon usage des savoirs…*, *op. cit.*

3. *Cf.* R. Saarinen, *Weakness of Will…*, *op. cit.*, p. 35.

identique [1]. Sa volonté, par l'intermédiaire du jugement, est toujours portée vers un objet plutôt que vers un autre :

> La volonté possède une indétermination absolue par rapport à ses objets, ses actes et ses modes d'action. [...] Si on affirme à ce propos que la même chose peut être dite d'une bête qui préfère un objet à un autre, alors que tous deux ont un attrait parfaitement similaire et qu'ils sont placés à égale distance, il est évident que la situation n'est pas identique, puisque la bête ne délibère pas sur l'équivalence de ces objets qu'elle peut choisir, ni qu'elle la discerne formellement, comme l'homme le fait [2].

Un animal ne saisit pas formellement, ni ne délibère réellement, comme le fait l'homme. S'il possède une forme de raisonnement logique et qu'il peut choisir entre deux objets identiques, sa décision est toutefois soumise à ses sens [3]. Par *reductio ad absurdum*, on peut prétendre que si la volonté était contrainte par les objets extérieurs – comme cela semble être le cas pour la bête –, l'homme ne pourrait réellement choisir entre deux objets égaux. Il resterait figé, ne pouvant se décider de lui-même vers lequel se diriger ou, au mieux, son action ne serait pas réellement délibérée. La volonté libre est par conséquent la cause efficiente de l'option. Elle permet à l'homme de délibérer et de choisir librement l'option qui lui plaît.

On pourrait toutefois prétendre que la préférence accordée trouve *in fine* son explication dans l'objet lui-même, en tant que cause finale. Pour répondre à cette objection, Olivi formule un nouveau type de causalité, affirmant que l'objet extérieur n'est que la « cause terminative » [4] de la volition [5]. Autrement dit, il est le terme sur lequel aboutit l'intention ou la visée (*aspectus*) de la volonté. S'il est indispensable, c'est seulement en qualité de terme auquel la connaissance aboutit. De ce point de vue, l'objet ne produit pas l'acte de

1. *Cf.* S. M. Kaye, « Why the Liberty of Indifference is Worth Wanting : Buridan' Ass, Friendship and Peter John Olivi », *History of Philosophy Quartely*, 21, 2004, p. 21-42.

2. P. J. Olivi, *Summa*, q. LVII, *op. cit.*, p. 326-327: « Voluntas enim habet summam indeterminationem respectu obiectorum et actuum et modorum agendi. [...] Si dicatur quod quantum ad hoc idem posset dici de bestia, quando praeeligit alterum duorum quoad omnia sibi aeque appetibilium et aeque distantium : patet quod non est simile, quia bestia super aequalitate eligibilitatis illorum non deliberat nec eam affirmatione diiudicat, sicut homo facit ».

3. *Cf.* J. Toivanen, *Animal Consciousness, Peter Olivi on Cognitive Functions of the Sensitive Soul*, Jyväskylä, Jyväskylä University Printing House, 2009 ; *idem*, *Perception and the Internal Senses : Peter of John Olivi on the Cognitive Functions of the Sensitive Soul*, Leiden-Boston, Brill, 2013.

4. Cette notion est présentée dans les q. LVIII, LXXII et LXXV de la *Summa* d'Olivi. *Cf.* E. Bettoni, *Le dottrine filosofiche...*, *op. cit.*, p. 471 ; C. Bérubé, *La connaissance de l'individuel au moyen âge*, Paris, P.U.F., 1964, p. 100 ; D. Perler, *Théorie de l'intentionnalité au Moyen-Age*, Paris, Vrin, 2003, p. 61-62.

5. P. J. Olivi, *Summa*, q. LIX, *op. cit.*, p. 543 : « Aspectum autem hic voco conversionem virtualem seu intentionalem potentiae ad objectum ».

volonté à la manière d'une cause efficiente [1]. Ce sont les actes d'intellection ou de volition qui en sont la cause efficiente, tandis que l'objet n'en est que la cause terminative externe :

> L'objet, en tant qu'il termine seulement la visée de la puissance cognitive et de sa connaissance actuelle, ne possède pas de manière absolue et à proprement parler de raison efficiente. En effet, le terme formel de la visée précitée n'est pas une certaine essence qui diffère réellement de cette visée. Tout du moins, elle n'est pas influencée ou dirigée par l'objet, puisque celui-ci est seulement le terme (*terminus*) de cette visée et de cet acte cognitif [2].

Pour expliquer le fonctionnement de cette cause terminative, Olivi use d'une métaphore optique. A la question LVIII de la *Summa*, il définit le fonctionnement de la visée (*visus*) en prenant l'exemple d'un vase en verre : de la même façon qu'un rayon de lumière qui traverse un vase sphérique s'adapte au contour de la sphère, la connaissance se modèle sur l'objet qui intéresse la volonté [3]. Si le vase n'est en rien cause de la luminosité, la lumière prend toutefois sa forme :

> Lorsque le soleil illumine un vase rond ou triangulaire, la lumière qui est dans le vase prend une forme ronde ou triangulaire, non que ce vase produit en lui cette figure de manière effective, mais seulement de façon terminative. [...] Cet exemple général vaut également pour tout agent et pour tout patient : il est en effet certain que le patient ou le récipient ne fait dans l'effet que ce qui est reçu de l'agent, sans quoi le patient, en tant que patient, serait efficient [4].

S'il en va de même pour chaque agent, ainsi, dans l'action de la volonté, l'objet ne détermine pas la connaissance en lui imposant sa forme. C'est l'intellection ou la volition qui se calque sur l'objet désiré et y ajuste sa connaissance. Cette dernière s'assimile donc à son objet, sans pour autant être causée de manière efficiente par lui [5] :

1. *Ibid.*, q. LVIII, p. 419: « Objectum enim non est terminus intrinsecus, sed solum extrinsecus ».

2. *Ibid.*, q. LXXII, p. 10 : « Objectum, pro quanto solum terminat aspectum virtutis cognitivae et suae actualis cognitionis, non habeat simpliciter et proprie rationem efficientis, quia formalis terminatio praedicti aspectus non est aliqua essentia realiter differens ab ipsu aspectu et saltem non est influxa vel educta ab objecto, in quantum est solum terminus ipsius aspectus et actus cognitivi ». *Cf.* également q. LXXII, p. 38.

3. *Ibid.*, p. 36 : Remarquons qu'Olivi reste prudent sur l'usage de ce terme de « cause » objective ou terminative : « Si proprio nomine vis (causam objectivam) vocare vocetur causa terminativa ».

4. *Ibid.*, q. LVIII, p. 415 : « Cum enim sol illuminat unum vasis rotundum aut triangulare, lumen quod est in vase habet figuram rotundam vel triangulare, non quod ipsum vas effective produxerit in eo hunc figuram, sed solum terminative. [...] Est etiam adhuc exemplum generale de omni agente et patiente : certum est enim quod patiens seu recipiens nihil efficit in effectu quem ab agente recipit, alias patiens, in quantum patiens, esset efficiens ».

5. Boèce déjà dans sa *Consolatio*, affirmait que c'est une erreur de croire que « omnia quisque novit, ex ipsorum tantum vi atque natura cognosci » (*Consolatio*, V, 4, 24). Cette thèse négative

> Cet objet n'est pas considéré comme le patient, à savoir qu'il reçoit ainsi en soi les actes, mais il est seulement considéré comme le terme terminatif (*terminus terminativus*) tant de la visée de la volonté agente que de cet acte [1].

L'objet ne détermine donc en aucune façon la volonté. Olivi conclut cette réflexion de la question LVIII en présentant un argument tiré du *De musica* d'Augustin : aucun objet corporel ne peut agir directement sur les puissances de l'âme immatérielle [2]. La volonté reste donc absolument indéterminée vis-à-vis de ses objets. Qui plus est, l'introduction de cette causalité terminative permet à Olivi de soutenir deux thèses nécessaires au rapport entre connaissance et volonté :

1) Il doit nécessairement exister une relation entre l'acte de connaissance et l'objet pour que la connaissance soit valide, puisque la connaissance porte sur le singulier [3]. Ainsi, la volonté n'est pas autosuffisante, puisqu'elle exige l'appui de l'objet et de l'intellect pour délibérer.

2) Cela dit, le principe d'autodétermination de la volonté prévaut en toute circonstance. En effet, le mouvement premier de la connaissance provient entièrement de la volonté. On ne peut ainsi parler d'une influence de l'objet sur les puissances de l'âme, mais seulement d'une adaptation de l'intellection et de la volition à l'objet, terme indispensable de la connaissance.

En définitive, le concept de cause terminative qu'introduit Olivi, permet d'expliquer comment la volonté n'est pas nécessairement mue par un objet extérieur, puisqu'elle dirige son intention là où elle le désire, tout en maintenant un rapport direct avec l'objet, ce qui lui permet d'assurer une connaissance objective.

La puissance délibérative de la volonté

Pour conclure ce rapide aperçu sur la question de la primauté des facultés, remarquons qu'Olivi identifie absolument le libre arbitre avec la volonté. En effet, force est de constater que leur définition respective sont identiques.

rejette un objectivisme immédiat, tel que le défendaient les Stoïciens. En effet, selon la théorie de la connaissance du stoïcisme, la connaissance est essentiellement et fondamentalement causée par l'objet : par la sensation, l'individu reçoit une image et sa connaissance est vraie et objective dans la mesure où ce reflet subjectif correspond à l'objet lui-même. Or, il faut conclure à partir de cette théorie de la réceptivité que l'objet extérieur agit sur le sujet, ce que Boèce réfute en *Consolatio*, V, 4, 25.

1. P. J. Olivi, *Summa*, q. LVIII, *op. cit.*, p. 415 : « Objectum hic non exigitur ut patiens, ut scilicet recipiat in se huiusmodi actus, sed solum exigitur ut terminus terminativus tam aspectus voluntatis agentis quam ipsius actus ».

2. *Cf.* Augustin, *Dialogues philosophiques*, *De Musica*, trad. fr. G. Finaert, F.-J. Thonnard, Paris, Desclée de Brouwer, 1947, p. 376-378. *Cf.* également P. J. Olivi, *Summa*, q. LVIII, *op. cit.*, p. 437.

3. *Cf.* P. J. Olivi, *Summa*, q. LXXII, *op. cit.*, p. 37.

Toutes deux désignent une puissance libre, capable de mouvoir les autres puissances, même à l'encontre de leurs inclinations propres :

> Le libre arbitre possède le statut de moteur premier de telle manière qu'il peut s'inciter, se mouvoir et se retenir, et qu'il peut faire de même vis-à-vis des autres puissances et des vertus actives qui lui sont soumises, et cela non seulement lorsqu'aucune n'est incitée à son contraire, mais également lorsque l'une d'elle y est encline [1].

Cette dernière remarque fait derechef référence à l'acrasie. Olivi affirme que le libre arbitre se fonde dans un pouvoir de choisir l'option que la volonté désire, et ce, même si elle s'oppose aux prescriptions de la raison. Héritier de la tradition franciscaine, Olivi reprend donc à sa manière la formule de Bernard de Clairvaux (1090-1153) : « Où est la volonté, là est la liberté » [2], à cette différence toutefois qu'il fait de la volonté son propre moteur. L'intellect, de même que toutes les facultés de l'âme, est par conséquent mû et soumis à la puissance de la volonté :

> Il faut donc dire que le libre arbitre, en tant qu'il est dit être une faculté libre et possédant un pouvoir sur toute l'âme, est essentiellement la volonté rationnelle. Cela est patent puisque seule celle-ci se meut par soi, puisque seule celle-ci ne peut être contrainte et puisqu'elle seule domine les autres puissances, de sorte que lorsque je le veux, j'intellige, lorsque je le veux, je marche, et ainsi de suite [3].

Ce qui était précédemment sous-entendu devient dès lors explicite : lorsque la volonté souhaite quelque chose, cela revient à dire « *je* le veux ». Et cela ne concerne pas seulement les puissances de l'âme, telles que l'intellection et la volition, mais également les puissances du corps, qui permettent par exemple de marcher, de manger, *etc.* Autrement dit, lorsque la volonté veut une chose, le sujet tout entier la veut. Cela signifie qu'Olivi confère à la volonté la capacité de délibération, l'intellect ne faisant que soumettre l'objet à la décision de la volonté :

1. *Ibid.*, q. LVIII, p. 411 : « Liberum arbitrium habeat rationem primi motoris et talis quod possit se et alias potentias et virtutes activas sibi subiectas impellere et movere et retrahere, et hoc non solum, quando nullum est impellens ad contrarium, sed etiam quando est ibi aliquis inclinans ad contrarium ».

2. Bernard de Clairvaux, *De gratia et libero arbitrio*, 1, 2, trad. fr. F. Callerot, M.-I. Huille, J. Christophe, P. Verdeyen, *Sources chrétiennes*, 393, Paris, Cerf, 2010, p. 248. L'expression se retrouve également chez Gauthier de Bruges dans ses *Quaestiones disputatae*, *op. cit.*, p. 38 : « Ubi est necessitas, jam non est voluntas. [...] Ubi est necessitas, non est ibi libertas ».

3. P. J. Olivi, *Commentarius super Sententias*, II, dist. 24, art. 2, Padova, Bibl. Univ., cod. 637, f. 156va-156vb, cité *in* F.-X. Putallaz, « Entre grâce et liberté : Pierre de Jean Olivi, Geistesleben im 13. Jahrhundert », *in* J. Aertsen, A. Speer (Hrsg.), *Miscellanea Mediaevalia*, 27, Berlin-New-York, Walter de Gruyter, 2000, p. 106 : « Dicendum igitur quod liberum arbitrium, quantum ad hoc dicit facultatem liberam et dominium habentem super totam animam, essentialiter est voluntas rationalis. Quod patet, tum quia illa sola a se movetur. Tum illa sola compelli non potest. Tum quia illa sola dominatur aliis viribus ; unde quando volo intelligo, quando volo ambulo, etc. ».

> Plus un acte libre est accompagné de délibération, de raisonnement et de jugement qui proviennent de l'intellect, plus il exige quelque chose de la part de l'intellect ; toutefois, la liberté ne consiste pas moins essentiellement en la volonté, et le consentement libre est son acte immédiat et total, à propos duquel l'intellect ne fait rien si ce n'est par accident, à savoir en lui présentant un objet ; et il n'est pas nécessaire que la délibération, le jugement et le raisonnement concourent à chaque acte libre, bien qu'il le fasse parfois. Il peut toutefois être dit que l'acte libre est proprement celui qui vient seulement de la volonté et qui n'est pas dans l'intellect. Mais la liberté de la volonté veut parfois rechercher et délibérer, et alors l'intellect entreprend une enquête avant qu'elle n'y consente librement [1].

Puisque Olivi accorde à la volonté la prérogative de consentir à ce qui est bon ou à ce qui est vrai, il semble que cette faculté soit capable de juger (*inquirire et deliberare*) de ce à quoi elle souhaite consentir. De ce point de vue, elle ne diffère pas essentiellement de l'intellect. Risto Saarinen avait déjà repéré cette ambivalence chez Henri de Gand et chez Gauthier de Bruges [2]. Nous la retrouvons chez Olivi. Ce point peut facilement s'expliquer puisque ces auteurs souhaitent prouver que la volonté ne requiert aucunement l'intervention de l'intellect pour choisir son option. Il faut donc que la volonté puisse d'elle-même consentir et délibérer. L'idée était déjà sous-entendue chez Bonaventure, lorsque ce dernier affirmait que le *judicium definitivum* ne pouvait revenir à l'intellect. Olivi affirme clairement qu'il revient à la volonté. Ainsi, la volonté peut, pour choisir, demander à l'intellect d'effectuer une enquête et de lui fournir un jugement sur la valeur d'un objet. Mais elle peut également se passer de tout jugement et opter librement sans que l'intellect n'intervienne. Pour expliquer cette capacité de délibération, Olivi compare l'âme à un roi entouré de ses conseillers [3]. Puisque le monarque possède un plein pouvoir décisionnel, il peut, de son propre chef, suivre ou ignorer les indications de ses conseillers :

1. P. J. Olivi, *Commentarius super Sententias*, II, dist. 24, art. 2, Padova, Bibl. Univ., cod. 637, f. 156va-156vb : « Dicendum quod pro quanto actus liber est cum deliberatione et discursu ac judicio que sunt a parte intellectus, pro tanto exigit aliquid ab intellectu ; nichilominus tamen libertas essentialiter est voluntas, et libere consentire est actus eius immediatus et totalis, ad quem nichil facit intellectus nisi per accidens, scilicet presentare objectum ; nec est necesse quod semper ad omnem liberum actum concurrat deliberatio et judicium ac discursus, licet aliquando fiat. Posset tamen dici quod liber actus est proprie illud quod a voluntate tantum est ; quod autem est in intellectu non. Libertas autem voluntatis aliquando vult inquirere et deliberare, et tunc premittit disquisitionem intellectus ante quam libere consentiat ».

2. *Cf.* R. Saarinen, *Weakness of Will...*, *op. cit.*, p. 35 ; D. Demange, « Accidents et relations non convertibles selon Thomas d'Aquin, Pierre Olivi et Jean Duns Scot », *Revue Thomiste*, 112, 2012, p. 103-120.

3. *Cf.* P. J. Olivi, *QPE II*, *op. cit.*, p. 113-167.

> La raison ne dirige pas, si ce n'est en indiquant, quasiment à la manière d'un conseiller, tandis que la volonté dirige en étant mouvement et cause, presque à la manière d'un roi ou d'un chef [1].

Les métaphores de la volonté comme pouvoir royal sont un topos littéraire à l'époque. Nous les trouvons par exemple dans les textes de Guillaume d'Auvergne, évêque de Paris de 1228 à 1249 [2] et Roland Teske a montré que certains arguments avancés par les Franciscains, et notamment par Olivi, à l'encontre de l'intellectualisme y trouvaient leur source. Les mêmes comparaisons se retrouvent ainsi chez Richard de Mediavilla [3] et chez Gauthier de Bruges [4]. Toutefois, les auteurs que nous venons de citer soulignent les limites de la comparaison : certes, la volonté doit être comprise comme une faculté architectonique, qui considère l'ensemble des propositions de l'intellect et qui, de manière générale, les embrasse, bien qu'elle puisse s'y opposer si elle le souhaite. Elle possède en ce sens un jugement délibératif. Toutefois, la volonté n'agit pas seule. Ainsi, le débat sur la primauté des formes ne doit pas s'en tenir à une opposition binaire entre volonté et intellect. Il doit être élargi à l'ensemble de l'être humain, de la même manière que la réflexion politique ne concerne pas que le roi, mais tout le corps social. Gauthier de Bruges explique ainsi la question de la primauté des facultés par le fait qu'*in fine* ce n'est pas la volonté qui choisit, mais l'homme :

> À proprement parler, l'intellect n'intellige pas et la volonté ne veut pas, mais l'homme intellige par l'intellect et l'homme veut par la volonté, de sorte que l'homme veut presque de manière effective, et la volonté de manière formelle [5].

Pour saisir correctement le fonctionnement et les choix de l'homme, c'est donc l'ensemble de ses facultés qui doit être considéré. La volonté n'est aucunement une puissance isolée, un roi dans une tour d'ivoire, qui prend seul ses décisions. Les motivations, les volitions et les jugements de l'homme forment un ensemble complexe qui ne peut être réduit au fonctionnement d'une seule faculté. Il en va de même pour Olivi. Lorsque la volonté veut une chose, c'est l'homme tout entier qui la souhaite. Il suffit de relever l'insistance de la

1. *Idem*, *Quaestiones de incarnatione et redemptione*, q. IV, ed. A. Emmen, E. Stadter, Grottaferrata, S. Bonaventurae, 1981, p. 232 : « Ratio etiam non regulat nisi solum ostendendo et quasi per modum consiliarii; voluntas vero regulat movendo et causando, et quasi per modum regis et ducis ».

2. *Cf.* T. J. Teske, « The Will as King over the Powers of the Soul : uses and Sources of an Image in the Thirtennth Century », *Vivarium*, 32, 1994, p. 62-71 ; *idem*, « William of Auvergne on the Eternity of the World », *The Modern Schoolman*, 67, 1990, p. 187-205.

3. *Cf.* Richard de Mediavilla, *Questions disputées*, q. 15, *op. cit.*, p. 81-83.

4. *Cf.* Gauthier de Bruges, *Questions disputées*, q. V, *op. cit.*, p. 60.

5. *Idem*, *Quaestiones disputatae*, q. V, ad. 2, *op. cit.*, p. 53 : « Proprie intellectus non intelligit, nec voluntas vult, sed homo intelligit per intellectum et homo vult per voluntatem, ita tamen quod homo velit quasi effective, voluntas autem formaliter ».

terminologie employée par Olivi, lorsque celui-ci traite de l'origine des intentions à la question LVII de la *Summa*, pour le comprendre :

> La raison ou la puissance intellective est mue par nous (*a nobis*) à se porter sur un objet et elle y est tenue, en tant qu'il nous plaît (*nobis*) et qu'il nous semble utile (*nobis*) pour la recherche de la vérité [...]. Il est certain que l'intellect n'y est mû et tenu que du fait de notre volonté (*nostra*) [1].

Cette accentuation de l'appartenance au sujet indique que c'est l'homme tout entier qui, selon Olivi, est à l'origine de ses intentions et de sa liberté. Plus exactement, c'est dans la personne qu'il faut trouver *in fine* ce fondement. Pour prouver cette hypothèse, nous devons premièrement cerner les contours d'une notion connexe, à savoir la conscience.

De la connaissance de soi à la conscience morale

Le terme de conscience relève d'une polysémie large dans l'œuvre d'Olivi. Le développement de ce concept apparaît particulièrement au sein des questions LXXII à LXXXVI de sa *Summa*. Ces questions font partie d'un ensemble qu'Olivi regroupe dans la table des matières sous la rubrique « De actibus et habitibus potentiarum animae » [2]. L'agencement final de ces questions, défini par Olivi vers la fin de sa vie nous permet de saisir quel est l'objectif poursuivi par le Franciscain : partant des puissances appréhensives et appétitives de l'âme, il développe des questions sur l'amour et sur la connaissance de soi, pour aboutir à des réflexions proprement éthiques. Olivi relie ainsi la connaissance de soi à la conscience morale. C'est donc naturellement que nous emprunterons le même chemin, tentant de saisir comment Olivi parvient à établir les différentes définitions de la conscience.

Les sources augustiniennes

L'autorité fondamentale des réflexions sur la connaissance de soi qui se développent au XIIIe siècle est sans équivoque celle d'Augustin qui démontre comment l'âme possède une compréhension directe d'elle-même, qui lui fait dire que, même dans les cas où elle doute ou se trompe, elle existe de manière certaine [3]. Ainsi, l'idée de la perception du sujet cogitatif ne remonte certes pas

1. P. J. Olivi, *Summa*, q. LVII, *op. cit.*, p. 323 : « Inveniemus quod ratio seu potentia intellectiva movetur a nobis nunc ad intuendum unum objectum et tenetur ibi, quantum nobis placet et quantum nobis utile videtur ad inquisitionem veritatis [...]. Certum est autem quod intellectus non movetur tunc nec tenetur nisi a voluntate nostra ».

2. *Ibid.*, p. 1-197. *Cf.* S. Piron, « Les premières leçons d'Olivi sur les restitutions », *Oliviana*, 4, 2012, mis en ligne le 14 mars 2013, URL : http://oliviana.revues.org/527.

3. C'est le Livre X du *De Trinitate* qui fournit le développement le plus explicite de cette notion, mais il faut aussi repenser aux formules « Si fallor, sum » de la *Cité de Dieu,* 11, 26 et « Dubito ergo sum » du *De Trinitate*, 20, 21.

à Descartes. Dans le *De Trinitate*, nous trouvons déjà l'idée selon laquelle le sujet possède une connaissance évidente de son existence :

> Celui qui dit : « je sais que je vis » dit qu'il sait une première chose. Qu'il dise à partir de là : « Je sais que je sais que je vis », et en voilà deux. Et le fait qu'il sache ces deux choses en fait connaître une troisième. Et l'on peut leur ajouter de la sorte une quatrième, une cinquième et un nombre innombrable d'autres choses, et cela ne serait pas encore assez [1].

Si ce passage est souvent utilisé par les commentateurs pour montrer que, selon Augustin, la connaissance est infinie [2], une idée connexe semble toutefois se dégager de cet extrait : comme le fera remarquer Olivi plus tard, Augustin signifie également que la puissance intellective de l'homme est trop faible et imparfaite pour saisir l'ensemble de la chaîne des causes [3]. Il est donc nécessaire, pour ne pas tomber dans une régression à l'infini, de poser un premier objet de connaissance, à partir duquel tout savoir découle. Le *De vera religione* montre que ce premier objet de connaissance ne peut être autre que le sujet lui-même : « Au lieu d'aller au dehors, rentre en toi-même : c'est au cœur de l'homme qu'habite la vérité » [4]. Cette *admonitio* est le fondement gnoséologique de toute connaissance et par voie de conséquence, de la connaissance de soi.

Cette connaissance est indubitable. En effet, puisque le maître intérieur est la source de tout savoir, par *reductio ad unum*, l'âme se connaît parce qu'elle perçoit en elle un principe encore plus intime, à savoir la présence de Dieu, comme cela est formulé de manière concise au livre II du *Traité du libre arbitre* :

> Car de même que toute la vie du corps est l'âme, de même la vie heureuse de l'âme est Dieu [5].

L'âme se connaît comme une « présence intérieure réelle » [6]. Ainsi, lorsqu'elle se tourne vers elle-même, elle n'appréhende pas sa réalité comme elle le fait pour les objets extérieurs par *cogitatio*, mais elle connaît de manière certaine sa substance par *notitia sui* directe [7] :

1. Augustin, *De Trinitate*, XV, 12, 21, *Œuvres de Saint Augustin : la trinité* [désormais *De Trinitate*], trad. fr. P. Agaësse, Paris, Desclée de Brouwer, 1955, p. 481. *Cf.* également P. J. Olivi, *Summa*, q. LXXIX, *op. cit.*, p. 163.

2. *Cf.* E. Bermon, *Le cogito dans la pensée de Saint Augustin*, *op. cit.*, p. 289.

3. *Cf.* P. J. Olivi, *Summa*, q. LXXIX, *op. cit.*, p. 163-164 ; *Summa*, *Appendix*, q. II, p. 510.

4. Augustin, *De vera religione*, 39, 72, trad. J. Lössl, F. Schöningh, München-Wien-Zürich, Paderborn, 2007, p. 200 : « Noli foras ire, in teipsum redi ; in interiore homine habitat veritas ; et si tuam naturam mutabilem inveneris, transcende et teipsum ».

5. *Idem*, *Traité du libre arbitre*, II, 16, 41, *op. cit.*, p. 353.

6. Cf. *idem*, *De Trinitate*, X, 16, *op. cit.*, p. 149.

7. La différence entre *nosse* et *cogitare* chez Augustin est problématique. Pour Olivi, *nosse* semble désigner une connaissance implicite de l'âme par elle-même, qui ne suppose toutefois pas une connaissance complète de son essence.

> Toute âme se connaît elle-même avec certitude. [...] Nul ne doute qu'il ne se souvienne, qu'il ne comprenne, qu'il ne veuille, qu'il ne pense, qu'il ne sache, qu'il ne juge. Puisque, même s'il doute, il vit ; s'il doute, d'où vient son doute, il se souvient ; s'il doute, il comprend qu'il doute : s'il doute, il veut arriver à la certitude ; s'il doute, il pense ; s'il doute, il sait qu'il ne sait pas ; s'il doute, il sait qu'il ne faut pas donner son assentiment à la légère. On peut donc douter du reste, mais de tous ces actes de l'esprit, on ne doit pas douter [1].

Autrement dit, la doctrine augustinienne selon laquelle la *notitia* est nécessaire à toute recherche implique d'une certaine manière que le sujet possède une connaissance de lui-même, avant de pouvoir entreprendre quelque recherche que ce soit à son sujet ou à propos des objets extérieurs [2].

Toutefois, si la perception de l'âme en tant que sujet actif et unique semble étroitement liée pour Augustin à l'intellect et à la volonté, celui-ci ne définit pas avec exactitude quels rapports le sujet entretient avec ses deux facultés [3]. Cette ouverture d'interprétation alimentera au XIIIe siècle les débats sur la connaissance de l'âme par elle-même. En effet, l'introduction de la théorie de la connaissance aristotélicienne va engendrer une relecture de la pensée d'Augustin dans une tentative de synthèse entre les deux gnoséologies qui trouvera sa pleine maturité au XIIIe siècle [4]. Le débat s'élabore dès lors en ces termes : le sujet possède-t-il une connaissance intuitive directe de lui-même, qui se trouve à l'origine de toutes les autres connaissances ou se perçoit-il à partir de la connaissance du monde qui l'entoure ?

La connaissance de soi selon Thomas d'Aquin et Matthieu d'Aquasparta

Pour saisir l'originalité d'Olivi, présentons la gnoséologie de deux contemporains emblématiques : Thomas d'Aquin et Matthieu d'Aquasparta. Puisque la connaissance de soi chez Thomas d'Aquin a déjà été largement analysée par nombre de chercheurs, nous ne ferons que mentionner quelques points centraux de sa doctrine [5]. Selon Thomas, si le sujet se connaît avant tout

1. Augustin, De *Trinitate*, X, 10, 14, *op. cit.*, p. 149. Cf. *ibid.*, X, 9, 12, p. 145.

2. L'exemple que donne Augustin est celui de la femme de l'Evangile qui a perdu son argent : « La femme qui avait perdu la drachme la chercha avec sa lampe (Luc, XV, 8), et, si elle ne l'avait pas eue en mémoire, elle ne l'eût pas retrouvée ; car, supposé qu'elle l'eût retrouvée, comment aurait-elle su que c'était bien elle, si elle ne l'avait pas eue en mémoire ? ». Augustin, *Confessions*, X, 18, 27, *op. cit.*, p. 191. Ainsi, la distinction que pose Augustin entre la *notitia*, à savoir la connaissance évidente et intuitive de soi et la *cognitio*, connaissance discursive de l'âme et de ses propriétés lui permet de lever le paradoxe de la connaissance de l'âme par elle-même. Cf. *De Trinitate*, X, 3, 5 ; *De Genesi ad litteram* [désormais *De Gen. ad litt.*], VII, 21, 28 ; E. Bermon, *Le cogito dans la pensée de Saint Augustin*, *op. cit.*, p. 190-191.

3. *Cf.* Augustin, *Confessions*, XIII, 11, 12, *op. cit.*, p. 442-445.

4. *Cf.* M.-D. Chenu, *L'éveil de la conscience dans la civilisation médiévale*, Paris, Vrin, 1969, p. 9-32.

5. *Cf.* Thomas d'Aquin, *De veritate*, q. 10, art. 8 ; q. 10, art. 9 ; q. 18, art. 2, ad. 7 ; *Quaestiones disputatae de anima*, q. un, art. 3, ad. 4 ; art. 16, ad. 8 ; Th. Scarpelli Cory, *Aquinas on Human Self-Knowledge*, Cambridge, Cambridge University Press, 2013 ; *idem*, « The Reflexivity of Incorporeal

comme sujet ressentant, jugeant et visant intentionnellement un objet extérieur à lui-même, toute connaissance débute dans la sensation que perçoit l'organe. S'opposant à Avicenne, Thomas relève que la connaissance de soi requiert le contact avec le monde extérieur [1]. En effet, s'inspirant de la gnoséologie aristotélicienne, Thomas affirme que « personne ne perçoit qu'il connaît, s'il ne connaît quelque chose (*aliquid*) » [2]. Il existe donc une première connaissance de soi par les actes.

Thomas d'Aquin, dans la continuation de la pensée d'Augustin, admet que l'âme humaine possède également une connaissance habituelle de soi [3]. Cela dit, cette connaissance n'est pas actuelle, mais existe seulement en disposition. Pour que cet *habitus* se réalise, l'intellect doit intelliger en acte, ce qui lui permet d'acquérir une connaissance immédiate et intuitive de lui-même en tant que connaissant. Autrement dit, dès que l'intellect appréhende un objet extérieur, il saisit qu'il est lui-même en train de connaître cet objet. C'est ainsi qu'il possède une connaissance par son essence de lui-même.

Si la position de Thomas peut paraître antinomique, l'âme possédant d'une part une connaissance immédiate d'elle-même et nécessitant d'autre part la connaissance de l'objet extérieur pour s'actualiser, il faut comprendre que l'âme est effectivement connaissable de soi, mais que cette connaissance habituelle n'est pas suffisante; l'intellect possible doit être actualisé pour que l'âme puisse pleinement réaliser cette connaissance :

> L'âme est présente à elle-même comme intelligible, c'est-à-dire en tant qu'elle peut être intelligée; elle ne s'intellige pourtant pas par elle-même, mais par son objet [4].

Cette théorie de la connaissance en tant que présence à soi permet ainsi à Thomas de maintenir la position augustinienne d'une possibilité de connaissance immédiate du sujet, tout en conservant la nécessité de la

Acts as Source of Freedom and Subjectivity in Aquinas », *in* J. Kaukua, T. Ekenberg (eds.), *Subjectivity and Selfhood in Medieval and Early Modern Philosophy*, Springer, Dordrecht, 2016, p. 125–141 ; *idem*, « Diachronically Unified Consciousness in Augustine and Aquinas », *Vivarium*, 50, 2012, p. 354–381 ; C. De Belloy, *Dieu comme soi-même, Connaissance de soi et connaissance de Dieu selon Thomas d'Aquin : l'herméneutique d'Ambroise Gardeil*, Paris, Vrin, 2014 ; F.-X. Putallaz, *Le sens de la réflexion chez Thomas d'Aquin*, Paris, Vrin, 1991 ; G. Salatiello, *L'autoconscienza come riflessione originaria del soggetto su di sè in Tommaso d'Aquino*, Roma, Pontificia Università Gregoriana, 1996 ; G. Busiello, « Conoscenza abituale di sé e cognoscenza immediata dell'esistenza di Dion el pensiero di Tommaso d'Aquino », *Sapienza*, 52, 1999, p. 317-356 ; M. Lambert, *Self-Knowledge in Thomas Aquinas : the Angelic Doctor on the Soul's Knowledge of Itself*, Bloomington, Authorhouse, 2007 ; A. Petagine, *Matière, corps, esprit. La notion de sujet dans la philosophie de Thomas d'Aquin*, Paris, Cerf, 2014.

1. *Cf.* Avicenne, *De anima*, I, 1 ; V, 7.

2. Thomas d'Aquin, *De veritate*, q. 10, art. 8, *op. cit.*, p. 903 : « Nullus autem percipit se intelligere nisi ex hoc quod aliquid intelligit ».

3. *Ibid.*, q. 10, art. 8, ad. 1, Le Barroux, Ed leon., 2011, p. 322 ; *Somme de théologie*, Ia, q. 93, art. 7, ad. 4, *op. cit.*, p. 410.

4. *Idem, De veritate*, q. 10, art. 8, ad. 4, *op. cit.*, p. 325.

connaissance objective, imposée par la théorie de la connaissance aristotélicienne.

Matthieu d'Aquasparta, élève de Bonaventure, prétend pour sa part que la théorie de l'abstraction aristotélicienne ne peut rendre compte de la vérité. Le sensible, puisqu'il est contingent, ne peut amener à l'universalité nécessaire des principes de vérité. C'est la raison pour laquelle Matthieu d'Aquasparta fonde la connaissance dans une théorie de l'illumination proche de celle proposée par Augustin et par Bonaventure [1].

Pour ce qui est de la connaissance de soi, Matthieu d'Aquasparta affirme la possibilité d'une connaissance directe de l'âme par elle-même. Cela dit, l'âme ne peut, dans un premier temps, se connaître par elle-même, trop prise par le flot des informations sensibles. Elle perçoit donc en premier lieu les réalités extérieures qui l'influencent. Si ce point de vue semble aristotélicien, Matthieu affirme qu'Augustin ne disait pas autre chose, se référant au *De Trinitate* XIV, 4, 5 :

> Faut-il croire qu'elle [l'âme] aussi se connaît elle-même, mais que, trop attentive aux objets des sensations corporelles qu'elle commence à ressentir avec un plaisir d'autant plus grand qu'il est plus neuf, s'il est en son pouvoir de ne pas s'ignorer, il n'est pas en son pouvoir de se penser ? Avec quelle avidité elle se porte vers les objets sensibles qui sont au-dehors [2].

Augustin, se questionnant sur la conscience que l'âme de l'enfant éprouve d'elle-même, formulait de manière interrogative ce que Matthieu d'Aquasparta considère comme une question rhétorique. Ainsi pour Matthieu, les réalités extérieures distraient l'âme de la connaissance d'elle-même, mais lui sont à la fois nécessaires pour garantir une certaine objectivité à la connaissance de soi. Orientant son intention sur ces réalités extérieures, l'âme perçoit, par l'intermédiaire des phantasmes, son acte propre. De cette connaissance, elle engendre une *species* d'elle-même, de ses facultés et de ses dispositions. Elle parvient ainsi finalement à connaître par abstraction sa propre essence [3]. Autrement dit, l'âme ne peut se connaître que lorsqu'elle actualise ses facultés, ce qui requiert l'intervention de l'objet extérieur.

Si l'âme acquiert une connaissance abstraite et générale de sa nature spirituelle, elle peut également entreprendre une recherche plus approfondie (*complementum*) sur sa nature propre. Se connaissant alors en tant qu'objet,

1. *Cf.* P. Mazzarella, *La dottrina dell'anima e della conoscenza in Matteo d'Aquasparta*, Gallarate, Gregoriana, 1969 ; G. Bonafede, « La gnoseologia di Matteo d'Aquasparta », *Filosofia e cultura in Umbria tra medioevo e rinascimento, Atti del IV Convegno di Studi Umbri*, Perugia, Ed. Università du Perugia, 1967, p. 249-269 ; F.-X. Putallaz, *La connaissance de soi au XIIIe siècle...*, *op. cit.*, p. 13-84.

2. Augustin, *De Trinitate*, XIV, 4, 5, *op. cit.*, p. 361.

3. *Cf.* Matthieu d'Aquasparta, *Quaestiones disputatate de fide et de cognotione*, q. V, *op. cit.*, p. 304 ; P. Mazzarella, *La dottrina dell'anima...*, *op. cit.*, p. 7 ; H. M. Beha, « Matthew of Aquasparta's Theory of Cognition », *Franciscan Studies*, 21, 1961, p. 5-7.

elle jouit d'une intuition (*intuitio*) intérieure qui lui permet de se voir directement elle-même. Il ne s'agit plus d'un processus discursif, mais d'une véritable saisie directe de son essence. En effet, Matthieu insiste maintes fois dans ses *Questions disputées* sur la nécessité de la proportionnalité dans le savoir. Pour qu'une connaissance soit possible, il faut qu'il y ait similitude entre l'objet de connaissance et la faculté connaissante. Or, rien n'est plus connaissable à l'esprit que l'esprit lui-même, comme l'affirmait déjà Augustin dans le *De Trinitate* [1]. L'âme peut ainsi directement se connaître par elle-même. En plus de cette vision directe, Matthieu rappelle la nécessité d'une illumination divine, pour que l'âme puisse juger correctement de sa nature propre [2]. En effet, tout jugement ou toute connaissance exige l'illumination (*refulgentia*) de la lumière incréée, ce qui vaut également pour la connaissance de soi [3].

La connaissance de soi selon Pierre de Jean Olivi

Thomas d'Aquin et de Matthieu d'Aquasparta s'accordent ainsi avec la position d'Aristote, affirmant la nécessité d'une connaissance issue de la perception et de *species*. Le développement de cet aristotélisme est alors telle que certains auteurs, comme Siger de Brabant, soutiennent la véracité de la thèse averroïste de l'unicité d'un intellect séparé pour tous les hommes [4].

Si la plupart des auteurs du XIIIe siècle – Thomas d'Aquin en tête – ont combattu les propos d'Averroès qui ne laissent aucune possibilité de subsistance de l'âme individuelle après la mort, Olivi se méfie de la tentative d'introduction des doctrines aristotéliciennes de manière générale. Contrairement à ce qu'on a pu dire, il ne s'agit pas pour Olivi de combattre à tout prix Aristote et ses « cultores », mais d'offrir une juste lecture et un respect des positions d'Augustin. Il en va également du respect des condamnations de 1277. Or, Olivi constate que la position d'Aristote est non seulement soumise à de

1. *Cf.* Matthieu d'Aquasparta, *Quaestiones disputatate de fide et de cognotione*, q. V, *op. cit.*, p. 305; Augustin, *De Trinitate*, XIV, 5.

2. *Cf.* Augustin, *De Trinitate*, XIV, 15, 24; Bonaventure, *Questions disputées sur le savoir chez le Christ*, q. 4.

3. *Cf.* L. Schumacher, *Divine illumination, the History and Future of Augustine's Theory of Knowledge*, Oxford, Wiley/Blackwell, 2011; C. Trotmann, *Théologie et noétique au XIII*e *siècle, à la recherche d'un statut*, Paris, Vrin, 1999; H. Nagakura, « Abstraction et illumination, une théorie de la connaissance chez Saint Bonaventure », *Intellect et imagination dans la philosophie médiévale, Actes du XI*e *congrès international de philosophie médiévale de la SIEPM, Porto du 26 août au 31 août 2002*, Turnhout, Brepols, 2006, p. 1243-1254.

4. *Cf.* P. Mandonnet, *Siger de Brabant et l'averroïsme latin au XIII*e *siècle*, Louvain, Librairie de l'Université, 1911; A. De Libera, *Penser au Moyen Âge*, Paris, Seuil, 1996; D. Calma, *Etudes sur le premier siècle de l'averroïsme latin. Approches et textes inédits*, Tunhout, Brepols, 2011; R. Imbach, F.-X. Putallaz, *Profession : Philosophe. Siger de Brabant*, Paris, Cerf, 1997; F. Van Steeberghen, *Maître Siger de Brabant*, Louvain, Publications Universitaires, 1977.

nombreux doutes, mais surtout qu'elle s'oppose au Père de l'Eglise [1]. Ainsi, lorsqu'il aborde les difficultés concernant l'acquisition de la connaissance de soi, ce n'est pas sous une forme interrogative qu'Olivi formule le titre de la question LXXVI de la *Summa*, mais comme une remarque à l'encontre des aristotéliciens [2] :

> Il est facile de voir que beaucoup cherchent de manière laborieuse et que certains examinent de façon erronée comment l'âme se connaît elle-même, à savoir par espèce ou par essence, et par une conversion immédiate de sa visée sur elle-même ou plutôt en dirigeant premièrement sa visée vers les phantasmes, c'est-à-dire vers les espèces de l'imagination reçues par l'acte des sens extérieurs [3].

Olivi entreprend ainsi de comprendre par quel moyen une âme peut posséder la connaissance d'elle-même. Deux questions classiques pour l'époque sont ainsi synthétisées dans l'énoncé de sa question : premièrement, l'âme se connaît-elle par son essence ou par abstraction ? Deuxièmement, requiert-elle l'intermédiaire de la *species* pour se connaître ou peut-elle se connaître par un acte réflexif immédiat ?

La connaissance réflexive immédiate de l'âme

Olivi débute son analyse de la connaissance de soi par l'exposé de la position aristotélicienne, s'opposant explicitement aux « cultores Aristotelis ». Sylvain Piron a souligné toute la difficulté de déterminer avec certitude qui sont les auteurs ainsi désignés [4]. Finalement, l'attaque d'Olivi semble principalement s'adresser à Thomas d'Aquin, pour qui la connaissance réflexive ne

1. Olivi insiste sur l'autorité d'Augustin dans ses sources, mais également sur cette volonté de continuité : « Haec dicta sunt prosequendo sententiam Augustini »., P. J. Olivi, *Summa*, q. LXXIX, *op. cit.*, p. 166. Pour ce qui concerne l'idée selon laquelle Olivi n'est pas réfractaire à toute philosophie païenne, faisant parfois un usage conscient d'Averroès, dont les théories sont selon lui moins erronnées que celles d'Aristote, *cf.* Th. Schneider, *Die Einheit des Menschens. Die anthropologische Formel « anima forma corporis » im sogenannten Korrektorienstreit und bei Petrus Johannis Olivi. Ein Beitrag zur Vorgeschichte des Konzils von Vienne*, Münster, Aschendorf, 1973 ; C. König-Pralong, « Olivi et le formalisme ontologique. Lectures d'Aristote d'Averroès et critique d'Henri de Gand ? », *Pierre de Jean Olivi – Philosophe et théologien*, *op. cit.*, p. 135-168.

2. *Cf.* O. Boulnois, *Etre et représentation, une généalogie de la métaphysique moderne à l'époque de Duns Scot*, Paris, P.U.F., 1999 ; F.-X. Putallaz, *La connaissance de soi au* XIII *e siècle…*, *op. cit.* ; A. De Libera, *L'archéologie du sujet : L'invention du sujet moderne*, Paris, Vrin, 2015 ; E. Bettoni, « I fattori della conoscenza umana secondo l'Olivi », *Rivista di Filosofia Neo-Scolastica*, 47, 1955, p. 8-29.

3. P. J. Olivi, *Summa*, q. LXXVI, *op. cit.*, p. 145 : « Ex praedictis autem facile est videre quod a multis laboriose quaeritur et a quibusdam erronee pertractatur, quomodo scilicet anima sciat se ipsam, an scilicet per speciem seu per essentiam et an per immediatam reflexionem sui aspectus super se aut primo dirigendo aspectum ad phantasmata, id est, ad species imaginarias per actus sensuum exteriorum acceptas ».

4. *Cf.* S. Piron, « Olivi et les averroïstes », art. cit.

peut être directe [1]. En effet, si la connaissance de soi est comprise comme une *reditio completa*, dans le sens d'un retour complet de la *mens* sur elle-même, Thomas définit cette conversion immédiate comme un signe de perfection, qu'il n'accorde qu'aux substances séparées [2]. A l'opposé, Olivi octroie cette réflexivité directe à l'être humain, arguant qu'il est difficile de comprendre le *De Trinitate* X, 9, 12 d'Augustin en un autre sens que celui d'une possibilité de connaissance directe de soi-même.

Olivi débute sa réflexion en considérant certains cas limites qui mettront en évidence les erreurs de la position aristotélicienne. Aristote lui-même avait admis que certains individus – tels que le fou, l'enfant en bas-âge ou le dormeur – ne peuvent se connaître en acte, ce qui a conduit Thomas d'Aquin à affirmer la nécessité d'une connaissance dispositionnelle de l'âme. Ainsi, Olivi souligne que, pour la théorie aristotélicienne, la seule présence de l'âme ne suffit pas à la connaissance de soi [3]. Il y a par conséquent nécessité pour les aristotéliciens, de poser l'existence d'un intellect agent pour abstraire les *species* intelligibles à partir des phantasmes :

> Selon les adorateurs d'Aristote, notre intellect possible n'est pas de soi intelligible. Aussi, les espèces intelligibles sont-elles abstraites par celui-ci à partir des espèces de l'imagination grâce à la lumière qui lui est conjointe et qu'ils appellent l'intellect agent. Et par ces espèces ainsi abstraites, l'intellect possible saisit premièrement les objets sensibles, puis en raisonnant, il recherche quelle est la nature du principe, du sujet et du suppôt de cet acte et il trouve ainsi en raisonnant, que ce principe et ce sujet est simple, incorporel et qu'il est le principe formel de la vie. Et c'est de cette manière que l'âme parvient à une connaissance de soi [4].

Reprenant la méthode d'Aristote, Olivi rappelle les différentes thèses qui eurent cours à propos de la nature de l'esprit [5]. Beaucoup de penseurs,

1. *Cf.* F.-X. Putallaz, *La connaissance de soi au* XIII *e siècle…*, *op. cit.*, p. 127-128.

2. *Cf.* Thomas d'Aquin, *Commentaire sur le livre des causes*, 15 ; T. Suarez-Nani, *Connaissance et langage des anges selon Thomas d'Aquin et Gilles de Rome*, Paris, Vrin, 2002, p. 43.

3. P. J. Olivi, *Summa*, q. LXXVI, *op. cit.*, p. 145. *Cf.* Aristote, *Ethique à Nicomaque*, VII, 4-5, 1145 a 15-1149 a 23 : « Qui videns animam infantis ac dementis et dormientis nescire actu se ipsam, aestimavit hoc esse impossibile, si anima esset ex se obiectum sufficiens gignere suam speciem in suo intellectu, aut si ipse intellectus esset ex se sufficiens scire ipsam et se ipsum ».

4. P. J. Olivi, *Summa*, q. LXXVI, *op. cit.*, p. 145 : « Secundum istos noster intellectus possibilis non est ex se intelligibilis, etiam sibi ipsi, per lucem tamen sibi annexam, quam vocant intellectum agentem, abstrahuntur species intelligibiles a speciebus imaginariis. Et per illas sic abtractas intelligit primo res sensibiles ac deinde ratiocinando investigat naturam principii ac subjecti et suppositi huius actus, invenitque sic ratiocinando quod illum principum et subjectum est simplex et incorporeum et formale principium vitae. Et hoc modo anima pervenit in notitiam sui ». *Cf.* Thomas d'Aquin, *Commentaire du De anima*, II, 6 ; *Quaestiones disputatae De anima*, art. 16, ad. 8.

5. *Cf.* Aristote, *De Anima*, I, 2, 405a25 *sq.*, où Aristote rappelle les différentes positions de ses prédécesseurs, comme celles de Démocrite et de Leucippe qui considère que l'âme est ignée.

notamment les Présocratiques et Platon, se sont trompés à son propos, affirmant qu'elle était de nature ignée ou qu'elle était une forme corporelle étendue ou encore un moteur lié au corps par punition [1]. Selon les aristotéliciens, une telle diversité d'opinions apporte une preuve supplémentaire que l'âme ne peut se connaître elle-même directement en voyant sa propre essence, ce qui renforce la nécessité de l'intervention des *species*. Dans le cas contraire, si l'âme pouvait se connaître directement elle-même, tous s'accorderaient de façon évidente sur sa nature.

Une fois ces positions rappelées, Olivi énonce de manière péremptoire sa propre position : il est faux de dire que l'âme requiert l'intermédiaire des *species* ou de tout autre moyen pour se connaître. Deux raisons vont montrer avec clarté l'erreur des aristotéliciens. Celles-ci résident dans l'analyse de la connaissance que l'âme possède d'elle-même. Olivi commence sa démonstration en demandant en quoi consiste la nature de l'âme [2]. A l'instar d'Augustin, il affirme que celle-ci diffère absolument du corps, ce qui lui permet de se comprendre comme une entité particulière, différente des autres réalités. Cette différence spécifique ne réside pas seulement dans la possibilité d'actes rationnels et volitifs, mais également dans la présence d'actes appétitifs, non pas en eux-mêmes, mais du fait qu'ils sont perçus par un individu qui se sent posséder ces facultés :

> Pourtant l'esprit sait bien qu'il diffère de tout être non vivant et de toute nature qui ne peut d'aucune manière posséder en elle les actes d'appréhension, d'appétit et de mouvement que lui-même se sent posséder [3].

Les facultés dites « inférieures » sont tout aussi essentielles à l'homme que les facultés supérieures de l'âme. Cela est d'autant plus prégnant pour Olivi que c'est, selon lui, par l'âme sensitive que s'établit l'union de l'âme et du corps. L'homme possède une *colligantia naturalis*, une liaison naturelle, une structure d'interdépendance qui permet à l'âme sensitive de se réaliser à travers

La dernière position proposée ici semble être celle de Platon qui soutient que le corps est une prison, comme on peut le lire dans le *Cratyle* 400c-d.

1. P. J. Olivi, *Summa*, q. LXXVI, *op. cit.*, p. 146 : « Quidam crediderunt eam esse ignem vel aliud corpus, quidam vero esse formam corpoream et extensam et mortalem, quidam vero non esse formam corporis, sed tantum motorem corpori poenaliter alligatum ».

2. *Cf.* D. Perler, *Théorie de l'intentionnalité…*, *op. cit.* ; *idem*, *Ancient and Medieval Theories of Intentionality*, Leiden-Boston-Köln, Brill, 2001 ; R. Pasnau, *Theories of Cognition in the Middle-Ages*, Cambridge, Cambridge University Press, 1997 ; J. Toivanen, *Perception and the Internal Senses…*, *op. cit.* ; *idem*, *Animal Consciousness…*, art. cit. ; S. Brower-Toland, « Olivi on Consciousness and Self-Knowledge : The Phenomenology, Metaphysics, and Epistemology of Mind's Reflexivity », *Oxford Studies in Medieval Philosophy*, 1, 2013, p. 136-171.

3. P. J. Olivi, *Summa*, q. LXXVI, *op. cit.*, p. 146 : « Bene tamen scit se differre ab omni non vivo et ab omni natura quae nullo modo potest in se habere actus apprehensivos et appetitivos et motivos quos ipsa se sentit habere ».

le corps [1]. Ainsi, la solution de la *colligantia potentiarum* permet de montrer que la composition de la forme corporelle et de la forme spirituelle – elle-même divisée entre la partie sensitive et la partie intellective –, constitue une entité totale qui se trouve être la forme humaine, comme le montre la question XLVIII du *Traité des démons* :

> [Certains] disent en effet que la même nature formelle peut se composer en divers étants et diverses matières avec les formes de diverses espèces pour constituer une troisième nature, comme, en tout cas, les formes corporelles du corps humain, la forme d'une partie de l'âme sensitive et la forme intellective achèvent une forme totale de l'homme. Ainsi, toute la connexion de ces formes, prise dans son ensemble, peut être dite forme humaine [2].

Autrement dit, afin de conserver une unité du composé humain, Olivi refuse l'idée, pourtant répandue alors chez les Franciscains, d'une pluralité des formes au sein de laquelle chaque forme inférieure sert de matière à la forme supérieure [3]. Pour lui, l'âme est une et liée au corps de manière substantielle, grâce aux facultés inférieures qui trouvent leur racine dans une matière spirituelle :

> Des deux côtés [à savoir dans le rapport entre l'âme et la matière corporelle et dans le rapport entre l'âme et ses facultés dans la matière spirituelle], l'identité est cause de la matière par laquelle, à partir de l'impression produite directement dans le corps, un effet est engendré dans l'âme. Et si la première impression est produite dans le corps, un certain mouvement s'ensuit dans l'âme [4].

Ce rapport entre l'âme et le corps explicité, nous pouvons mieux saisir comment l'âme possède une connaissance d'elle-même. L'âme se perçoit de manière presque tangible, quasi sensitive, dit-il. L'âme perçoit et a conscience de l'activité sensible, en tant qu'elle se sent sentir le corps [5]. La connaissance de soi provient ainsi du fait que l'âme ressent qu'elle est un sujet de manière

1. Depuis Bonaventure, cette *colligantia potentiarum* semble devenir une position prépondérante pour l'école franciscaine. *Cf.* J.-P. Muller, « Colligantia naturalis. La psychologie humaine d'après saint Bonaventure et son école », *L'homme et son destin d'après les penseurs du Moyen Âge. Actes du Premier Congrès Internationale de Philosophie Médiévale*, Louvain-Paris, Nauwelaetrs, 1960, p. 495-503 ; A. Boureau, « Les cinq sens dans l'anthropologie cognitive franciscaine », *Micrologus*, 10, 2002, p. 291.

2. P. J. Olivi, *Traité des démons*, q. XLVIII, *op. cit.*, p. 202-203 : « Dicunt enim [quidam] quod eadem natura formalis potest in diversis entibus et materiis cum formis diversarum specierum ad constituendam tertiam naturam componi, sicut utique formae corporales corporis humani et forma partis animae sensitivae et forma intellectivae complent unam totalem formam humanis, unde tota connexio ipsarum in simul sumpta potest dici forma humana ».

3. *Cf.* Th. Schneider, *Die Einheit des Menschens...*, *op. cit.*, p. 227-232.

4. P. J. Olivi, *Summa*, q. LXXII, *op. cit.*, p. 34-35 : « Ubitroque autem est identitas materiae causa quare ad impressionem directe factam in corpore sequatur aliquis effectus in anima, acsi prima impressio facta in corpus esset quaedam motio ipsius animae ».

5. *Cf.* E. Bettoni, *Le dottrine filosofische...*, *op. cit.*, p. 363.

directe et interne grâce à l'effet engendré en elle par les sensations corporelles et par les facultés inférieures. A toute fin utile, nous insistons ici sur l'opposition radicale qu'Olivi met en place par rapport à la position aristotélicienne. L'âme ne se connaît pas par le sensible, mais de manière sensible. Ce point permet ainsi à Olivi de garantir une connaissance objective réelle, tout en affirmant que l'origine de la connaissance n'est aucunement l'objet, mais l'âme elle-même. Derechef, l'objet n'est que la cause terminative de la connaissance.

Pour illustrer sa position, Olivi propose à la question LXXIII de la *Summa* une expérience de pensée, qui n'est pas sans rappeler celle de l'homme volant d'Avicenne : imaginons un homme qui existe avant la création. Celui-ci n'a évidemment rien sur quoi porter son regard. Toutefois, cela n'implique pas pour autant que le fait de regarder ne soit pas réel. Cet homme ressent qu'il possède la vision et qu'il peut porter son intention sur quelque chose, mais cette vision ne peut se réaliser parfaitement, en trouvant son terme sur un objet extérieur [1] :

> Admettons l'existence d'un homme seul qui se tiendrait les yeux ouverts avant qu'aucune création ne soit réalisée. Par tout ce qu'il collecte, il s'efforcerait (*intendere*) par ses yeux de voir, comme s'il existait des choses visibles au dehors : il est clair que sa visée (*aspectus*) n'aurait pas alors de terme et ne porterait pas de manière déterminée sur un quelconque objet extrinsèque. Et si, peu après, toutes les réalités extérieures étaient créées, la première visée de ses yeux serait fixée vers ces objets extérieurs [2].

Jouant sur le vocabulaire de la vision et de l'intention, Olivi montre ainsi que l'existence des choses extérieures n'est pas nécessaire pour que le regard ait lieu. L'intention du sujet suffit à la perception de soi, ce qui contrevient aux prémisses aristotéliciennes. Bien plus, si l'âme est capable de se percevoir en train de percevoir, elle peut également s'affirmer directement en tant que sujet. En effet, quoique l'âme forme une unité, la partie supérieure de l'âme est, selon Olivi, la racine de la subsistance de l'homme et, en réalisant une synthèse avec les actes sensibles, seule cette partie supérieure est capable de s'affirmer avec certitude et même de sentir qu'elle est le sujet de ses actes. Remarquons ainsi qu'Olivi n'attribue pas au sujet le sens aristotélicien de suppôt des accidents, mais qu'il le conçoit comme un principe actif à l'origine de toute connaissance. Le terme de *subjectum activum* utilisé par Olivi pour parler de quelqu'un qui ressent sa propre identité, est en ce sens représentatif [3]. Par conséquent,

1. Olivi précise d'ailleurs que tout regard porte nécessairement sur quelque chose et ne peut trouver son terme dans le néant. *Cf.* P. J. Olivi, *Summa*, q. LXXIV, *op. cit.*, p. 115.

2. *Ibid.*, q. LXXIII, p. 69 : « Ut verbi gratia, detur quod solus homo apertis oculis esset ante omnia creatus et sic toto collatu niteretur per oculos intendere ad videndum acsi essent visibilia extra : constat quod tunc aspectus eius non terminaretur nec determinate ferretur in aliquod extrinsecum obiectum, et si paulo post omnia exteriora sicut nunc sunt crearentur, eo ipso primus aspectus oculi determinaretur ad obiecta exteriora ».

3. *Ibid.*, q. LXXIV, p. 126.

prétendre que la partie sensitive, comme le pensaient les commentateurs arabes, n'est pas enracinée dans la partie intellective, est hérétique et faux. C'est l'évidence du sens intime qui en fournit en premier lieu la preuve, comme le soutient le propos avancé dans la question LI de la *Summa* :

> [Cette position] s'oppose à notre expérience intime et la plus certaine, par laquelle nous sentons en nous que la faculté sensitive est maintenue, conduite et dirigée par la partie supérieure comme étant quelque chose d'intimement implanté dans sa nature. [...] Ainsi, elle dit : « C'est moi qui comprend, qui voit ou qui mange ». Et en tout cas, elle ne peut le dire que grâce à la puissance intellective, puisqu'aucune autre puissance ne peut appréhender l'un et l'autre actes. Ainsi, s'ils examinent rapidement ses diverses opérations et passions, il deviendra très évident que [la partie sensitive] est enracinée dans la partie supérieure [1].

Par conséquent, tous les actes posés par le sujet – même ceux qui découlent de la partie sensitive de l'âme, comme le fait de manger pour reprendre l'exemple d'Olivi – trouvent leur fondement dans la partie supérieure de l'âme. En effet, seule la partie intellective est capable de comprendre et d'affirmer que ce qui est en train de manger, c'est l'individu lui-même. Autrement dit, l'âme humaine diffère par nature de la matière, mais forme une unité substantielle avec le corps. Cette âme est une, mais se réalise au travers de plusieurs facultés, les parties supérieures étant la racine qui permet au sujet de s'affirmer en tant que tel et de percevoir les changements de la partie sensitive de façon quasi sensible. L'analyse de la nature de l'âme, selon Olivi, nous permet ainsi de saisir que la connaissance de soi peut se réaliser de manière intime et directe, au travers de la sensation que l'âme éprouve d'elle-même et de ses actes.

Olivi poursuit sa critique de la position aristotélicienne, montrant que celle-ci ne peut en aucune façon conduire à la certitude du sujet :

> Si quelqu'un examinait bien ce mode, il trouverait non seulement qu'il contient quelques incertitudes, mais également que jamais par cette voie nous ne pouvons être certain que nous existons, que nous vivons et que nous comprenons. Il convient en effet que nous soyons certains que ces actes persistent par quelques puissances et qu'ils sont dans un certain sujet [2].

1. P. J. Olivi, *Summa*, q. LI, p. 122 : « Primum etiam est contra experimentum intimum et certissimum quo intra nos sentimus sensitivam teneri et regi et dirigi a parte superiori tanquam aliquid in sua natura intime plantatum [...]. Unde dicit : ego qui intelligo video vel comedo ; et utique non potest dicere nisi per potentiam intellectivam, quia nulla alia potentia potest apprehendere utrosque actus nisi ipsa. Si autem diligenter inspiciantur mutuae operationes et passiones earum, evidentissimum erit ipsam esse radicatam in parte superiori ».

2. *Idem*, *Impugnatio quorundam articulorum Arnaldi Galliardi, art. 19* [désormais *Impugnatio*], *in* S. Piron (éd.), *Pierre de Jean Olivi – Philosophe et théologien...*, *op. cit.*, p. 457 : « Si quis autem bene inspexerit istum modum, reperiet quod non solum potest in eo contingere aliqua dubietas, sed etiam quod nunquam per hanc viam possemus esse certi nos esse et nos vivere et intelligere, licet enim certi simus quod illi actus manant ab aliqua potentia, et sunt in aliquo subiecto ».

Tout au plus, par ce mode d'introspection qui suppose la connaissance de l'objet, nous pouvons déduire qu'il existe une certaine chose qui pense, mais pas que ce quelque chose coïncide avec un moi qui garantit la persistance des actes cognitifs dans le temps. Or, pour qu'une connaissance soit fondée, elle doit reposer sur un principe indubitable, ce dont les phantasmes ne peuvent tenir lieu. Il est par conséquent faux pour Olivi de fonder un savoir sur des espèces intelligibles qui tiennent plus de l'imagination que de la raison :

> Ce raisonnement ne commence d'aucune façon par des espèces de l'imagination, sauf lorsqu'il est faux et brut, de sorte qu'il consiste alors davantage en une estimation de l'imagination qu'en un raisonnement intellectuel. Donc, il commence premièrement par ces principes que l'âme connaît d'elle-même et qu'elle tient par le premier mode de connaissance comme étant premiers, infaillibles et indubitables, par exemple, qu'elle est elle-même une chose vivante, principe et sujet de tous les actes que nous avons cités [1].

L'intellect agent ne peut être le fondement incontestable de la connaissance de soi. L'intermédiaire des espèces intelligibles ne fait que voiler la connaissance des réalités, puisque l'intellect n'est en lien qu'avec leur représentation [2]. Ainsi, Olivi les exclut de sa théorie de la connaissance [3]. S'opposant à Aristote et à « ses sectateurs », il rejette par la même occasion la distinction superflue entre intellect agent et intellect passif. Cela dit, Olivi ne critique pas seulement la théorie de la connaissance aristotélicienne. Contre l'avis d'Augustin et de Bonaventure, il réfute également la théorie de l'illumination et de l'exemplarité des idées divines [4]. Seule l'existence de *species memoriales* est admise, lorsqu'il s'agit de se souvenir d'un objet absent [5]. Dans un souci de simplification et d'immédiateté, Olivi supprime ainsi tous les intermédiaires dans la théorie de la connaissance, pour permettre de parvenir à une évidence immédiate et indépendante du sujet.

1. P. J. Olivi, *Summa*, q. LXXVI, *op. cit.*, p. 147 : « Ista autem ratiocinatio nequaquam incipit a speciebus imaginariis, nisi cum est falsa et bestialis, ita quod potius est imaginatio quam intellectualis ratiocinatio. Incipit ergo primo ab iis quae per primum modum sciendi tanquam prima et infaillibilia principia de se novit et tenet, puta, quod ipsa est res viva et principium et subiectum omnium actuum praedictorum ».

2. *Ibid.*, q. LVIII, p. 469 ; q. LXXIV, p. 123.

3. Cf. *ibid.*, q. LVII, p. 365 : « Secundum omnem enim statum, scilicet gloriae, innocentiae, gratiae et poenae possunt mentis nostrae reflecti immediate super se absque adiutorio alicuius phantasmatis, immo potius ad hoc phantsmata eas impediunt quam iuvent, sicut in quaestione an anima possit se intelligere per se et immediate plenius habet tangi. Ne curo si Aristoteles et eius sequaces contrarium dicant, quia sicut ibi plenius ostendetur, hoc non solum nobis aufert libertatem, sed etiam multa alia nostrae fidei contraria in se includit ».

4. *Ibid.*, q. LVII, p. 365.

5. Cf. *ibid.*, q. LXXIV, p. 113-114 ; D. Perler, *Théorie de l'intentionnalité…*, *op. cit.*, p. 73-74 ; E. Bettoni, *Le dottrine filosofische…*, *op. cit.*, n. 84, p. 493 ; F.-X. Putallaz, *La connaissance de soi au XIII e siècle…*, *op. cit.*, p. 119-121.

Toutefois, si Olivi critique la théorie de l'illumination divine, c'est pour mieux se référer à l'argumentation et à l'autorité du *De Trinitate* d'Augustin : l'âme sait qu'elle existe, et ce de manière certaine et directe, puisqu'elle est à la fois le connaissant et le connu :

> On doit donc tenir avec certitude que toute chose que nous connaissons co-engendre en nous la connaissance que nous avons d'elle. C'est à la fois le connaissant et le connu qui engendrent en effet la connaissance. Donc, quand l'âme se connaît elle-même, elle seule engendre sa connaissance : elle est à la fois le connaissant et le connu [1]. Du fait qu'elle se connaît, elle engendre une connaissance de soi égale à soi : car elle ne se connaît pas moins que sa connaissance, non seulement parce que c'est elle qui connaît [2], mais aussi parce qu'elle se connaît elle-même [3].

Cette identité entre le connaissant et le connu apporte à Olivi la preuve de sa position : il ne peut y avoir d'intermédiaire à la connaissance. Par voie de conséquence, il faut affirmer que l'âme se connaît elle-même de manière directe.

Cette affirmation de l'identité entre le connaissant et le connu se trouve *verbatim* dans le *Liber de causis*. Mais Olivi, ne le cite que rarement et, s'il le fait, c'est toujours dans le but de le réfuter [4]. Il semble par conséquent qu'il ne veuille pas tenir compte de cette source, faisant d'Augustin la seule autorité qui prouve que l'identité entre le connaissant et le connu en l'âme supprime la nécessité d'intermédiaires dans la connaissance de soi. Nous avons ainsi répondu à la première interrogation que formulait l'énoncé de la question LXXVI : l'âme se connaît par une réflexivité directe sur elle-même.

1. Olivi omet une partie du texte d'Augustin qui dit : « Elle était connaissable pour soi avant même de se connaître : mais elle n'avait pas connaissance de soi, quand elle ne se connaissait pas ». S'il est difficile de savoir si cette omission est volontaire, elle pourrait toutefois indiquer qu'Olivi considère que l'âme possède toujours une connaissance actuelle de soi. En effet, l'âme étant créée libre et la connaissance de soi étant une condition nécessaire pour la liberté, l'âme ne peut en aucun cas ne pas posséder cette connaissance d'elle-même.

2. Là aussi, nous rencontrons une légère modification du texte. Le texte d'Augustin dit : « car elle ne se connaît pas moins qu'elle n'est et sa connaissance n'est pas celle d'une autre essence, puisqu'elle est non seulement le sujet, mais encore l'objet de sa connaissance ».

3. P. J. Olivi, *Summa*, q. LXXVI, *op. cit.*, p. 148 : « Liquido tenendum est quod omnis res quamcunque cognoscimus congenerat in nobis notitiam sui ; ab utroque enim notitia paritur, scilicet, a cognoscente et cognito. Itaque mens, cum se ipsam cognoscit, sola parens est notitiae suae, quia cognitum et cognitor ipsa est. Cum ergo cognoscit se, parem sibi notitiam sui gignit, quia non minus se novent quam est notitia eius, non solum quia ipsa novit, sed etiam quia se ipsam, sicut supra diximus ».

4. Dans la *Summa*, seules deux occurrences apparaissent, à la q. XVI, *ibid.*, p. 300 et à la q. XLIX, p. 26. B. Jansen, dans l'apparat critique, puis S. Piron, dans « Olivi et les averroïstes… », art. cit., p. 288-289, ont toutefois relevé l'influence du *Liber de causis* dans la critique qu'Olivi entreprend dans ses questions portant sur la connaissance de Dieu.

La connaissance expérientielle de soi

Puisque l'intellect agent – et *a fortiori* la connaissance des objets extérieurs – n'est pas la source de la connaissance de soi, il reste à définir ce qui assure la validité de cette réflexivité. C'est ainsi la seconde interrogation qu'Olivi suggérait dans l'énoncé de la question LXXVI de la *Summa* que nous devons maintenant aborder : l'âme se connaît-elle par son essence ou par abstraction ? Pour le formuler en d'autres termes, sa connaissance est-elle une évidence immédiate ou découle-t-elle du raisonnement de l'intellect ?

Pour répondre, nous devons revenir sur le mode d'appréhension de l'âme par elle-même. Nous avons indiqué qu'Olivi prétend que le sujet se connaît de manière presque sensitive. En ce sens, Olivi dépasse la pensée d'Augustin, même si, selon lui, il ne s'agit que d'en livrer une juste lecture [1]. Augustin affirme en effet que la compréhension que le sujet possède de lui-même est rationnelle : le sujet *sait* qu'il existe [2]. Comme nous l'avons indiqué, cette connaissance ne s'apparente pas à une représentation sensible, puisque les sens extérieurs peuvent être l'objet d'erreurs et de tromperie [3]. Il faut donc que cette connaissance de soi, que nous pourrions apparenter à une *reditio completa*, soit fondée dans un savoir de type discursif :

> C'est par une science intime (*intima scientia*) que nous savons que nous vivons, si bien qu'un philosophe de l'Académie ne peut plus même objecter : « Peut être dors-tu sans le savoir et, ce que tu vois, est-ce en songe que tu le vois ». Qui ne sait en effet que les choses vues en songe sont très semblables aux choses vues à l'état de veille ? Mais celui qui, de science certaine, sait qu'il vit ne dit pas, fort de cette science : « Je sais que je suis éveillé », mais bien « je sais que je vis » : qu'il dorme donc ou qu'il soit éveillé, il vit [4].

Augustin multiplie les occurrences de cette *intima scientia*, soulignant ainsi le caractère rationnel qui fonde la certitude de cette connaissance fondamentale. Or, Olivi opère un glissement lexical et modifie le mode d'appréhension que le sujet possède de lui-même : le sujet *ressent* qu'il existe [5]. Ainsi, si pour les

1. *Cf.* C. Bérubé, *De l'homme à Dieu, selon Duns Scot, Henri de Gand et Olivi*, Roma, Collegio S. Lorenzo da Brindisi, 1983, p. 10.

2. *Cf.* Augustin, *De Trinitate*, XV, 12, 21, *op. cit.*, p. 480-481.

3. *Cf.* E. Bermon, *Le cogito dans la pensée de Saint Augustin*, *op. cit.*, p. 191.

4. Augustin, *De Trinitate*, XV, 12, 21, *op. cit.*, p. 478-479 : « Intima scientia est qua nos vivere scimus, ubi ne illud quidem Academicus dicere potest : fortasse dormis, et nescis, et in somnis vides. Visa quippe somniantum simillima esse visis vigilantium quis ignorat ? Sed qui certus est de vitae suae scientia, non in ea dicit, Scio me vigilare, sed Scio me vivere : sive ergo dormiat, sive vigilet, vivit ».

5. Il faut relever que ce changement de vocabulaire s'effectue également par rapport à Bonaventure. Si le maître affirmait dans l'*Itinerarium* que l'esprit est capable de porter son regard sur soi-même et en soi, cet aspect était la prérogative du *spiritus*, la *mens* portant son regard sur le transcendant. *Cf.* Bonaventure, *Itinéraire de l'esprit vers Dieu*, trad. fr. H. Duméry, Paris, Vrin, 2001, p. 30. Olivi prétend au contraire que c'est la *mens* qui effectue cette conversion directement sur soi.

deux auteurs la perception directe de soi est primordiale, le mode de perception diffère. Selon Olivi, la réalité du sens interne est appréhendée sous le mode de l'expérience (*quasi experimentaliter*). La connaissance réflexive de l'âme s'apparente ainsi à l'ordre sensoriel. Elle est *quasi tactualis* [1]. Olivi veut signifier par cette image d'une connaissance quasi empirique de l'âme par elle-même que, de même que les sens possèdent une certitude dont on ne peut douter, de même l'âme possède la ferme assurance d'être le sujet de ses actes. La réponse à la seconde interrogation de l'énoncé de la question LXXVI est ainsi limpide : le sujet se connaît de manière indubitable par son essence.

Le toucher

Ouvrons à présent une parenthèse nécessaire à la compréhension de l'analogie avec le toucher qu'utilise Olivi pour parler de la connaissance de soi [2]. Il faut premièrement relever que le toucher est le seul sens qui permette de connaître à la fois l'objet extérieur qui provoque la sensation et l'impression sensible qui y correspond. Olivi affirme à la question LXI de la *Summa* que cette appréhension de la sensation rend le toucher similaire au sens interne. Et puisque le toucher est capable de juger directement de chaque ressenti, il semble être la racine de tous les autres sens particuliers [3] :

> Il se considère sous une raison judicative selon qu'il est le juge intime de tous les actes des sens particuliers et de leurs objets, en tant qu'ils sont ordonnés à ces actes ou selon qu'il est presque la racine et le centre primordial des sens particuliers [4].

Le jugement du toucher est certain, car son opération met en œuvre une certaine réflexivité intime qui semble immédiate :

> De même que le toucher sent de façon plus intime que les autres sens, de même il revient de façon plus intime sur sa visée potentielle et sur son organe [5].

Nous retrouvons ainsi dans le toucher la même structure de jugement réflexif que l'âme possède sur elle-même. Pour l'expliciter, nous pouvons utiliser les exemples qu'Olivi lui-même propose : lorsqu'un individu touche la pointe d'une aiguille, il découvre certes de manière objective que celle-ci est pointue. Mais, dans le même temps et de manière subjective, il ressent à cet

1. *Cf.* P. J. Olivi, *Summa*, q. LXXVI, *op. cit.*, p. 146.

2. *Cf.* D. Heller-Roazen, *Une archéologie du toucher*, Paris, Seuil, 2011.

3. *Cf.* J. Toivanen, *Perception and the Internal Senses…*, *op. cit.* ; *idem*, « Peter Olivi on Internal Senses », *British Journal for the History of Philosophy*, 15, 2007, p. 427-454 ; *idem*, « Perceptual Self-Awareness in Seneca, Augustine and Olivi », *Journal of the History of Philosophy*, 51/3, 2013, p. 355-382 ; J. F. Silva, J. Toivanen, « The Active Nature of the Soul in Sense Perception : Robert Kilwardby and Peter Olivi », *Vivarium*, 48, 2010, p. 245-278.

4. P. J. Olivi, *Summa*, q. LXI, *op. cit.*, p. 583.

5. *Ibid.*, q. LXI, p. 581-582 : « Pro quanto autem tactus intimius sentit quam ceteri sensus, pro tanto virtualem aspectum suum et sui organi intimius reflectit super suum organum ».

endroit une sensation qu'il estime douloureuse, à savoir que l'aiguille est piquante. De même, lorsque nous ressentons la chaleur d'un corps, nous découvrons dans le même temps qu'il est nécessaire que celui-ci soit objectivement chaud [1]. Ainsi, l'intérêt du toucher est double. En premier lieu, il ne nécessite aucune distance intermédiaire [2]. Cette immédiateté de la sensation par rapport aux propriétés de l'objet fait de lui un sens particulier, puisqu'il permet de porter un jugement direct sur l'objet extérieur. En second lieu, le toucher semble moins sujet à l'erreur que les autres sens, voire que le sens interne qui réclame l'intermédiaire des sens extérieurs pour avoir une connaissance des particuliers. Par conséquent, affirmer que la connaissance réflexive est *quasi tactualis* signifie que la connaissance de soi est une connaissance directe et en cela, indubitable, comme Olivi le soutient dans l'*Impugnatio* :

> [La connaissance directe de soi] démontre la certitude infaillible de son être. En effet, l'homme sait qu'il est et qu'il vit de manière infaillible en sorte qu'il ne peut en douter [3].

Toutefois, nous savons que le toucher, bien qu'il puisse nous faire connaître de manière immédiate l'objet qui provoque la sensation, n'est pas parfait. Il ne peut nous fournir qu'une connaissance générale et grossière de l'objet qu'il perçoit. Si la connaissance est certaine, elle ne peut cependant être totale et parfaite. Augustin déjà affirmait que l'âme, bien qu'elle ne se connaisse pas totalement (*totum*), se connaît toutefois par tout son être (*tota*) [4]. Olivi reprend cette distinction à son compte pour montrer que le toucher ne peut fournir une connaissance pleine de l'âme, mais seulement une certitude de son existence. C'est derechef l'*Impugnatio* qui permet de préciser que le toucher est, de même que l'intellect, inapte à nous faire comprendre la nature totale de l'âme :

> Notre intellect s'appréhende lui-même ainsi que la substance de notre esprit presque sur le mode du toucher ou comme sur le mode d'une vision fortement obscurcie et caligineuse, et ceci est dû au fait que de même que le toucher sent de manière intime qu'il est présent à son objet, bien qu'il ne discerne pas ses propriétés visibles, de même nous savons de manière la plus certaine et intime que nous sommes, bien que nous ne discernons pas clairement et visiblement nos propriétés intellectuelles et si nous en connaissons quelques-unes en général, de façon indéterminée et bien obscure, nous le faisons sur le mode d'une vision obscurcie [5].

1. P. J. Olivi, *Summa*, *op. cit.*, q. LXI, p. 579.

2. Notons qu'il en va de même pour le goût qui sera aussi considéré par les Franciscains comme un sens privilégié. *Cf.* A. Boureau, « Les cinq sens dans l'anthropologie cognitive franciscaine », art. cit.

3. P. J. Olivi, *Impugnatio*, *op. cit.*, p. 457 : « Hoc ostendit certitudo infaillibilis sui esse. Scit enim homo se esse et vivere sic infaillibiliter quod de hoc dubitare non potest ».

4. *Cf.* Augustin, *De Trinitate*, X, 4, 6, *op. cit.*, p. 131.

5. P. J. Olivi, *Impugnatio*, *op. cit.*, p. 460 : « Noster [intellectus] apprehendit se et substantiam mentis nostre quasi per modum tactus, aut quasi per modum visus valde lippi et caliginosi, et hinc

Si Olivi modifie la position d'Augustin, montrant que la connaissance de soi s'établit non pas de manière rationnelle, mais plutôt sensitive, son analogie avec le sens du toucher correspond toutefois parfaitement à la position augustinienne. Elle rend à la fois compte du fait que l'âme ne peut parvenir à une connaissance parfaite d'elle-même, et à la fois que la connaissance d'elle-même est certaine. A l'instar du toucher, la structure réflexive immédiate de l'âme permet de rendre sa connaissance indubitable.

« *Ego scio vel opinior hoc vel ego dubito de hoc* »

La comparaison avec le toucher étant explicitée, nous pouvons répondre à la question du *quomodo* de la connaissance de soi. Après avoir prouvé que la position d'Aristote et de ses *cultores* est sujette à de nombreuses erreurs, Olivi distingue deux modes d'appréhension dans la connaissance de soi. Si une distinction entre une connaissance abstraite de la nature de l'âme en général et une connaissance particulière de l'âme se retrouve déjà présente dans le *De Trinitate* d'Augustin et dans le *De veritate* de Thomas d'Aquin, la solution que propose Olivi diffère, puisqu'elle indique deux modalités de connaissance de l'âme particulière [1] : premièrement, l'âme peut se connaître en tant qu'individuelle et particulière soit de manière expérientielle, soit par raisonnement :

> L'âme se connaît ou peut se connaître selon deux modes. Le premier mode est celui du sens expérientiel et s'apparente au toucher. De cette manière, l'âme sent indubitablement qu'elle est, qu'elle vit, qu'elle pense, qu'elle veut, qu'elle voit, qu'elle entend, qu'elle meut le corps et ainsi de tous ses autres actes dont elle sait et sent qu'elle est le principe et le sujet [2].

Par ce premier mode de connaissance, l'âme se considère directement comme sujet propre de tous ses actes. Comment se produit cette connaissance ? En dirigeant son intention sur sa propre existence, la *mens* engendre une image d'elle-même (*imago mentis*) qui lui permet de devenir à la fois sujet et objet de sa connaissance [3] :

est quod sicut tactus intime sentit sibi adesse suum objectum, non tamen discernit visibiles proprietates eius, sic et nos certissime et intime scimus nos esse quamvis non discernamus clare et visibiliter nostras intellectuales proprietates et si aliquas earum cognoscimus in generali et indeterminate, et subobscure ad modum visus lippi hoc facimus ».

1. *Cf.* Augustin, *De Trinitate*, IX, 6, 9 ; Thomas d'Aquin, *De veritate*, 10, 8 ; *Somme de théologie*, Ia, q. 87, art. 1.

2. P. J. Olivi, *Summa*, q. LXXVI, *op. cit.*, p. 146 : « Sciendum quod anima scit se vel potest scire duplici modo. Primus est per modum sensus experimentalis et quasi tactualis. Et hoc modo indubitabiliter sentit se esse et vivere et cogitare et velle et videre et audire et se movere corpus et sic de aliis actibus suis quorum scit et sentit se esse principium et subiectum ».

3. Précisons à toute fin utile qu'Olivi entend parler de la *mens* au sens augustinien et inclut ainsi en elle la *memoria* (*sui*) et principalement la *voluntas*. *Cf.* A. De Libera, *L'invention du sujet moderne*, *op. cit.*, p. 269-277.

> Trois conditions sont nécessaires au premier mode de connaissance. La première est la présence de l'objet, qui est l'esprit lui-même. La seconde est la visée de son intellect qui revient ou qui se retourne sur l'esprit lui-même. La troisième est l'acte de connaissance même qui, selon Augustin, est l'image de l'esprit [1].

Olivi use du vocabulaire augustinien, montrant que la *mens* est à la fois verbe et image, pour signifier que c'est l'âme elle-même qui engendre sa propre connaissance (et non un intellect séparé ou des *species* intelligibles) [2]. La *mens,* lorsqu'elle produit cette conversion sur soi, opère dans un premier temps une distance nécessaire à toute connaissance objective. Cette distanciation peut être décrite comme une aliénation, la *mens* se pensant elle-même comme un objet d'étude différente d'elle-même. Toutefois, dans un second moment, au travers de cette prise de distance, la *mens* se reconnaît elle-même comme identique à cet objet de connaissance [3]. C'est alors qu'intervient un processus d'identification. Pour éviter de parler dans un vocabulaire trop hégélien, il y a dans la *mens* une identité entre le connaissant et le connu, entre le sujet connaissant et l'objet connu [4]. Ce mouvement de conversion et de reconnaissance de soi est ce qu'Olivi appelle l'*intimatio* ou l'adhésion intime (*intima adhaesio*) :

> L'intimité ou l'adhésion intime à soi n'est pas la même chose que l'identité à soi. En effet, cette dernière ne dit pas la relation ou la conversion réelle que l'intimité dont nous avons parlé exprime surtout [5].

L'adhésion intime définit donc une réflexivité de la *mens*, ainsi qu'une reconnaissance d'elle-même en tant que sujet. Elle se distingue de la simple identité par une relation réelle qui est celle de la réflexivité. Si Olivi détaille à ce point le mouvement de retour sur soi, c'est sans doute pour réfuter l'idée d'une conscience préréflexive de l'âme que soutient Thomas d'Aquin. En effet, pour Olivi cette dernière ne possède pas de contenu objectif [6]. La relation qui existe

1. P. J. Olivi, *Summa,* q. LXXVI, *op. cit.*, p. 148 : « In primo autem modo sciendi exiguntur tria. Primum est praesentia objecti, quod est ipsa mens. Secundum est aspectus sui intellectus super se ipsam reflexus seu conversus. Tertium est ipse actus sciendi, qui secundum Augustinum est imago mentis ».

2. La source de ce passage d'Augustin se trouve dans le *De Trinitate*, IX, 12, 18, *op. cit.*, p. 109. *Cf.* également, *De Trinitate*, X, 8, 11 ; 9, 12 ; XIV, 5, 7 ; 6, 9.

3. Cette présence de l'objet est nécessaire, mais seulement en tant qu'elle procure un terme au processus de connaissance. *Cf.* Olivi, *Summa,* q. LXXVI, *op. cit.*, p. 146.

4. Une proposition tirée du *Liber de causis* peut également être rapprochée de cet extrait : « Et, de la même façon, celui qui connaît ne connaît une chose meilleure que lui et une chose plus basse et moins bonne que lui, sinon selon le mode de sa propre substance et de son propre être, et non selon le mode suivant lequel ces choses sont », *Liber de causis, op. cit.*, p. 53. *Cf.* G. Stancato, *Le concept de désir dans l'œuvre de Thomas d'Aquin, analyse lexicographique et conceptuelle du mot desiderium*, Paris, Vrin, 2011, p. 151.

5. P. J.Olivi, *Summa*, q. LXXIV, *op. cit.*, p. 129 : « Intimatio enim seu intima adhaesio sui ad se non est idem quod identitas sui ad se ; haec enim non dicit relationem et reflexionem realem, quam utique praedicta intimatio dicit ».

6. *Cf.* F.-X. Putallaz, *Conscience et connaissance de soi…, op. cit.*, p. 136-148.

dans l'identité absolue (A = A) n'est que fictive et purement imaginée. Pour qu'une relation soit réelle, elle doit impliquer un troisième terme, (A = B = A) afin qu'il y ait une reconnaissance réelle du sujet. C'est par cette prise de distance envers soi-même que le sujet peut s'affirmer en tant que tel. Ainsi, à la question XVIII des *Quaestiones logicales*, Olivi formule par une expression des plus modernes que c'est la saisie interne directe de l'expérience de soi qui fournit la preuve indubitable que nous sommes une chose vivante et pensante :

> Il en est de même de l'expérience interne de notre être par lequel nous ne pouvons douter que nous sommes une chose (*res*) vivante, qui pense (*cogitans*) et qui peut beaucoup penser [1].

L'âme possède ainsi une évidence d'être le propre sujet de ses actes, de sorte qu'elle peut s'affirmer en tant que « Je » :

> L'âme ne peut connaître ou considérer actuellement aucun objet ni aucun acte, sans qu'alors elle sache et sente toujours par là qu'elle est le suppôt de cet acte par lequel elle connaît et considère ces derniers. Et c'est pourquoi elle forme toujours dans sa pensée la force de cette proposition : « Moi (*Ego*), je sais », « je pense ceci », ou « moi, je doute de cela ». Or, l'âme possède cette connaissance de soi par une conversion immédiate de sa visée intellectuelle sur elle-même et sur ses actes. En effet, tant que quelqu'un est dans un usage vigilant de son libre arbitre, il se tient toujours et de manière continue tourné vers celle-ci [2].

Le redoublement du sujet grammatical par l'utilisation du *Ego*, n'est évidemment pas nécessaire à la syntaxe latine. Cette insistance sur le sujet grammatical indique clairement l'existence d'un individu qui se perçoit lui-même comme une entité consciente et comme unique source de connaissance de ses actes. Si cette position et les exemples même qu'Olivi utilise font clairement référence au livre X du *De Trinitate*, il convient de souligner que cette terminologie de l'« Ego » n'était pas présente chez Augustin [3]. L'apport d'Olivi à l'histoire du développement du sujet est ainsi remarquable, puisqu'il est sans doute le premier à souligner la possibilité de sa perception immédiate

1. P. J. Olivi, *Quaestiones Logicales*, q. XVIII, ed. St. F. Brown, *Traditio*, 42, 1986, p. 382 : « Et idem est interna experientia nostri esse de quo non possumus dubitare, quin nos simus quaedam res vivens, et multa cogitans et cogitare potens ». Pour comparaison, nous pouvons citer le texte de Descartes : « Sum igitur praecise tantum res cogitans, id est, mens, sive animus, sive intellectus, sive ratio, voces mihi prius significationis ignotae. Sum autem res vera, et vere existens ; sed qualis res ? Dixi, cogitans. [...] Sed quid igitur sum ? Res cogitans. Quid est hoc ? Nempe dubitans, intelligens, affirmans, negans, volens, nolens, imaginans quoque, et sentiens », R. Descartes, *Meditationes de prima philosophia*, II, trad. fr. Duc de Luynes, Paris, Vrin, 1970, p. 28-29.

2. P. J. Olivi, *Summa*, q. LXXVI, *op. cit.*, p. 146 : « Nullum obiectum nullumque actum potest actualiter scire vel considerare, quin semper ibi sciat et sentiat se esse suppositum illius actus quo scit et considerat illa. Unde et semper in suo cogitatu format vim huius propositionis, scilicet, "ego scio vel opinor hoc vel ego dubito de hoc". Hanc autem scientiam sui habet anima per immediatam conversionem sui intellectualis aspectus super se et super suos actus. Qui quidem, quamdiu est in pervigili usu liberi arbitrii, semper et continue stat super eam conversus ».

3. Augustin, *De Trinitate*, X, 8, 5, *op. cit.*, p. 128-131

et de son affirmation en tant que « je » [1]. Il est également notable que la saisie de ce sujet requiert l'application d'une conscience pleine pour se réaliser. En effet, l'appréhension de soi n'est pas constamment présente à l'esprit. Pour que l'individu se perçoive comme le sujet de ses actes, il doit porter une attention consciente sur sa propre réalité. Ainsi, dès qu'il entreprend de viser son âme de façon réflexive par cet « usage vigilant », l'homme se sent être le sujet propre de ses actes d'appréhension et de volonté, comme nous pouvons le lire également dans l'*Impugnatio* :

> Jamais en effet je n'appréhende mes actes, à savoir l'acte de voir, de parler et de même pour d'autres actes, à moins que par cela je n'appréhende que je vois, que j'entends, que je pense et ainsi de même pour les autres actes. Et dans cette appréhension, l'appréhension de son propre sujet semble être première dans l'ordre naturel. Ainsi, lorsque nous voulons énoncer ces actes, nous plaçons premièrement le suppôt en disant : moi, je pense cela ou je vois cela et ainsi de même pour les autres actes. Et de façon certaine dans l'ordre naturel, le sujet est appréhendé avant le prédicat qui lui est attribué en tant que tel [2].

Il faut donc reconnaître que s'il n'existait pas d'identité entre le connaissant et le connu dans la représentation de soi, l'âme ne s'aimerait et ne se connaîtrait pas elle-même en tant que « Je », mais elle chercherait seulement une image artificielle de soi. Olivier Boulnois trouve dans l'image de Narcisse une belle explication à ce propos : l'image du moi est toujours forgée et factice. Croire qu'elle représente la réalité du sujet est une erreur qui peut s'avérer fatale. La connaissance de soi intervient avant toute représentation [3]. Pour Olivi, la connaissance de soi ne résulte par conséquent ni d'une connaissance discursive (*cogitare*), ni d'un jugement sur la sensation, mais d'une connaissance intuitive immédiate (*nosse*) que le sujet possède de lui-même. Cette *notitia* que l'âme possède d'elle-même est la plus certaine et la plus adéquate pour l'homme, n'étant ni la simple connaissance de son corps, qui lui est inférieure, ni la présence de Dieu en lui, qui lui est supérieure. A nouveau, c'est Augustin qui est évoqué à la question LXXVI de la *Summa*, en référence au livre IX du *De Trinitate* [4] :

1. *Cf.* O. Boulnois, *Etre et représentation…*, *op. cit.*, p. 167-174 ; A. De Libera, « *Sujet* », *in* B. Cassin (éd.), *Vocabulaire européen des philosophies. Dictionnaire des intraduisibles*, Paris, Seuil, 2004, p. 1239-1242.

2. P. J. Olivi, *Impugnatio*, *op. cit.*, p. 457-458 : « Nunquam enim apprehendo actus meos, actus scilicet videndi et loquendi et sic de aliis, nisi per hoc quod apprehendo me videre, audire, cogitare et sic de aliis. Et in hac apprehensione videtur naturali ordine preire apprehensio ipsius suppositi. Unde et quando volumus hoc aliis annunciare, premittimus ipsum suppositum dicentes : ego hoc cogito vel hoc video, et sic de aliis. Et certe naturali ordine prius apprehenditur subiectum quam predicatum ei attributum in quantum tale ».

3. *Cf.* O. Boulnois, *Etre et Représentation…*, *op. cit.*, p. 162.

4. Le *Liber de causis* – bien qu'on ne parle pas ici de connaissance de soi, mais d'une limitation dans le mode de connaissance – avance des arguments qui vont également dans le sens d'une connaissance la plus adéquate par le mode de sa propre substance. Cependant, Olivi, bien qu'il y

> Quand l'âme se connaît, cette connaissance est alors son verbe, de sorte qu'elle lui est totalement égale et identique : car elle n'est pas la connaissance d'une essence inférieure, comme l'est celle du corps, ni supérieure, comme l'est celle de Dieu. Et puisque la connaissance ressemble à ce qu'elle connaît, c'est-à-dire à ce dont elle est la connaissance, cette connaissance, par laquelle l'esprit qui connaît est connu, possède une similitude parfaite et équivalente. Cette connaissance est à la fois son image et son verbe, car elle en est l'expression, dans la mesure où, en la connaissant, elle s'égale à elle et que ce qui est engendré est égal à ce qui engendre [1].

Olivi fournit par conséquent une réponse au problème de la certitude de soi dans la connaissance : d'une part, la réflexivité directe que le sujet possède de lui-même rend la connaissance de soi indubitable, d'autre part, la connaissance de soi est la connaissance la plus appropriée et la plus certaine que peut établir l'être humain. Elle ne peut ainsi être l'objet de tromperie. C'est pour cette raison que cette connaissance de soi permet d'exprimer avec certitude l'existence d'un sujet capable de s'affirmer au travers de ses actes intellectifs ou sensitifs – je comprends, je vois, je mange, je sais, je pense, je doute et j'entends, pour reprendre les exemples fournis par Olivi – en tant que « Je ».

La connaissance intellective de l'âme

Si le premier mode permet de définir que la *mens* est, vit et pense, il ne peut toutefois pas appréhender les caractéristiques précises de la *mens*. Cette intuition sensitive résiste au modèle de définition par espèce et par genre tel qu'il est défini dans les *Topiques* d'Aristote, comme le souligne Olivi à la question LXXVI de la *Summa* :

> Puisque cela n'est pas suffisamment clair pour atteindre et discerner toutes les raisons et les propriétés essentielles de l'âme, bien que l'esprit par lui-même se sente et se touche de manière immédiate, celui-ci ne sait pas discerner sa nature par genres et différences de tous les autres genres et des différences des autres choses [2].

Aussi, Olivi affirme-t-il qu'un second mode de connaissance de l'âme s'avère nécessaire pour appréhender les actes prédicatifs de l'âme :

fasse mention ailleurs – P. J. Olivi, *Summa*, q. XVI, *op. cit.*, p. 300 et q. L, p. 26 – ne cite pas explicitement le *Liber de causis* quant à ces questions et il est ainsi difficile de tirer plus loin le parallèle.

1. P. J. Olivi, *Summa*, q. LXXVI, *op. cit.*, p. 148 : « Cum se mens novit, sic est eadem notitia verbum eius ut ei sit omnino par et aequale, quia non est notitia inferioris essentiae sicut corporis, nec superioris sicut Dei. Et cum notitia habeat similitudinem ad eam rem quam novit, hoc est, ad illud cuius notitia est : haec, qua mens ipsa quae novit est nota, habet perfectam similitudinem et aequalem. Et ideo imago et verbum est, quia de illa exprimitur, cum cognoscendo eidem coaequatur et est gignenti aequale quod genitum est ».

2. *Ibid.*, q. LXXVI, p. 146 : « Quia tamen non est sufficienter clarus ad omnes essentiales rationes et proprietates animae contuendas et discernendas : ideo, licet mens per ipsum immediate sentiat se et palpet, non tamen scit suam naturam per genera et differentias discernere ab omnibus aliis generibus et differentiis aliarum rerum ».

> Le second mode de connaissance de soi consiste dans un raisonnement par lequel l'âme enquête sur les genres et les différences qui ne sont pas connus par le premier mode [1].

Le second mode fait ainsi appel à l'intellect qui, par raisonnement, peut enquêter sur les états mentaux du sujet [2]. Olivi reste cependant succinct sur le fonctionnement de ce second mode de raisonnement. Son but n'est en effet pas de montrer comment l'intellect procède, mais de prouver que l'individu ne requiert pas la connaissance des réalités extérieures pour parvenir à une connaissance de soi. Deux points peuvent toutefois être précisés à propos de ce raisonnement de l'âme sur sa nature. Premièrement, celui-ci peut être source d'erreurs. Olivi réfute ainsi l'objection des aristotéliciens qui avait été exposée au début de la question LXXVI. Si de nombreuses erreurs ont été énoncées en ce qui concerne la nature de l'âme, il ne faut pas en déduire que l'âme ne peut se connaître elle-même directement. Au contraire, si certains penseurs ont été trop enclins à suivre leurs impressions sensibles, c'est qu'ils ont négligés de considérer que la nature particulière de l'âme diffère absolument de la matière, comme le montre le premier mode de connaissance. Deuxièmement, Olivi affirme qu'il est impossible que le second mode soit à l'origine de la connaissance de soi [3]. Son savoir découle du premier mode de connaissance : avant de déduire des connaissances à propos de l'âme, il convient premièrement de savoir ce qu'elle est. Le même argument est repris dans l'*Impugnatio*. Olivi affirme que la connaissance propre du sujet est toujours nécessairement première à tout acte de connaissance :

> Assurément, nous appréhendons en premier selon l'ordre naturel le sujet avant le prédicat et l'attribut en tant que tel. Mais nous n'appréhendons nos actes que s'ils nous sont prédiqués ou attribués. Aussi, quand nous appréhendons nos actes par un certain sens interne et de manière presque expérientielle, nous posons une distinction entre la substance par laquelle ils persistent et dans laquelle ils existent, et entre ces actes eux-mêmes. C'est pourquoi nous percevons de manière sensible que ces actes demeurent et dépendent de cette substance, que celle-ci ne dépend pas d'eux et qu'elle est d'une certaine manière fixe et persistante en soi, mais que ces actes se produisent avec une certaine continuité [4].

1. P. J. Olivi, *Summa*, q. LXXVI, *op. cit.*, p. 147 : « Secundum modum se sciendi est per ratiocinationem per quam investigat genera et differentias quae per primum modum non novit ».
2. *Cf.* S. Brower-Toland, « Olivi on Consciousness and Self-Knowledge », art. cit.
3. *Cf.* P. J. Olivi, *Summa*, q. LXXVI, *op. cit.*, p. 147.
4. *Idem*, *Impugnatio*, *op. cit.*, p. 457-458 : « Et certe naturali ordine prius aprehenditur subjectum quam praedicatum et attributum inquatum tale. Actus autem nostri non apprehenduntur a nobis nisi tamquam predicta vel nobis attributa; quando etiam nos apprehendimus nostros actus quoddam interno sensu et quasi experimentaliter distinguimus inter substantiam a qua manant et in qua existunt et inter ipsos actus; unde et sensibiliter percipimus quod ipsi manant et dependent ab ea, non ipsa ab eis et quod ipsa est quoddam fixum et in se manens, ipsi vero actus in quoddam continuo fieri. »

Ainsi, non seulement la connaissance de soi est la source et l'origine de toute connaissance, mais il faut également préciser que, sur le plan ontologique, la substance propre de l'âme ne dépend aucunement de ses actes. Il faut dès lors conclure que la substance de l'âme est appréhendée avant ses prédicats ou ses attributs [1].

L'intuition intime du sujet

Ayant cerné comment procède la connaissance spécifique du sujet, Olivi peut revenir à une gnoséologie générale. Dans la question LXXIII de la *Summa*, Olivi montre que, de même que la connaissance de soi procède par un mouvement de distanciation puis d'identification, toute connaissance procède de et par cette réflexivité. La terminologie utilisée par Olivi permet de distinguer ces deux mouvements : l'*aspectus actualis* désigne une visée intentionnelle de la *mens* qui porte vers un objet; la *conversio* relève d'une attention initiale sur soi nécessaire à toute intentionnalité :

> Ainsi la puissance cognitive se tient parfois comme recluse et enroulée sur elle-même, de sorte que sa puissance intentionnelle ne tend vers aucun objet, mais parfois elle se dirige vers l'intérieur d'elle-même. Et en se dirigeant ainsi, elle est aiguillonnée parce qu'elle est tendue de manière aigüe vers quelque chose qui lui est objecté. Cette manière d'exister et de se comporter, nous l'appelons sa visée (*aspectus*) actuelle. Cependant, le mouvement qui précède et qui cause cette visée est appelé conversion (*conversio*) de la puissance vers l'objet. En effet, cette conversion n'est pas la visée elle-même, puisqu'elle cesse d'être par une visée persistante sur cet objet [2].

Ainsi, la connaissance particulière de l'âme en tant que sujet n'est pas seulement antérieure à la connaissance de ses attributs. Elle est nécessaire à toute connaissance, même de la réalité extérieure, puisque la conversion sur soi est première à toute visée intentionnelle. Nous pouvons schématiser cette dépendance épistémologique de la façon suivante :

1. Alain de Libera, dans *l'Archéologie du sujet*, désigne cette reconnaissance première du sujet sous la notion d'*attributivisme**, qui considère que les actes mentaux sont des attributs du « je » ou de la conscience et qu'elle annonce une des conceptions « modernes » du sujet. *Cf.* A. De Libera, *L'invention du sujet moderne, op. cit.*, p. 225.

2. P. J. Olivi, *Summa*, q. LXXIII, *op. cit.*, p. 64 : « Sic potentia cognitiva aliquando stat velut reclusa et in se involuta, ita quod sua vis intentiva in nullum objectum intendit, aliquando vero sic intra se protenditur et protendendo acuitur quod est acute ad aliquod sibi objectum intenta. Hunc autem modum existendi et se habendi vocamus eius actualem aspectum. Motio tamen istum aspectum praecedens et causans vocatur conversio potentiae ad obiectum; non enim haec conversio est ipse aspectus, quia ipsa cessat esse perseverante aspectu super eodem obiecto ».

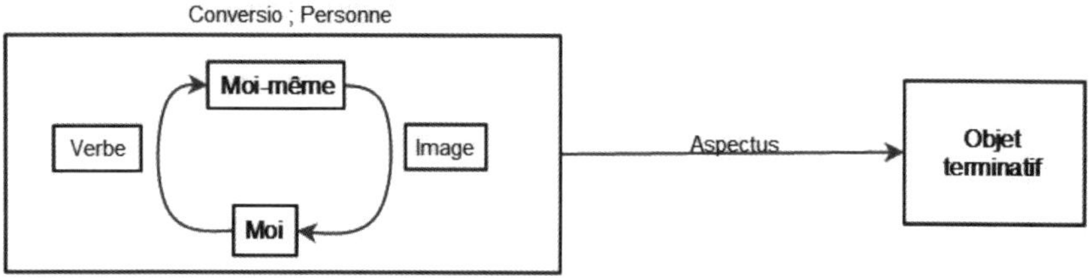

La notion de *conversio* se trouve donc au centre de la théorie olivienne de l'intentionnalité. Celle-ci se réalise dans une relation à deux termes, pour reprendre la terminologie de l'époque. Le « terme formel et intrinsèque », qui se trouve dans la faculté cognitive, établit une relation qui trouve sa finalité dans « le terme objectif », à savoir la chose extérieure vers laquelle l'attention se dirige [1]. Cette *conversio* fondamentale permet non seulement de fonder une connaissance première et certaine, mais également de développer une théorie de l'intentionnalité qui sauvegarde l'activité libre de la *mens* [2]. Ainsi, l'objet premier de tout acte de connaissance réside dans une expérience de son Soi (*experimentum suae suitatis*) et ne peut être autre que le sujet lui-même :

> L'acte de connaissance ne peut être connu sans son objet premier. [...] De même que l'acte de connaissance qui consiste à savoir que le soleil existe diffère de l'acte de se savoir connaître cela, de même l'énoncé affirmant que le soleil existe diffère de celui affirmant « moi, je sais que le soleil existe ». Le premier énoncé est formé par le premier acte de connaissance, le second énoncé par le second acte de connaissance accompagné du premier. Or, le second acte, selon le mode présupposé dans la question précédente, contient en soi plusieurs actes de connaissance, c'est-à-dire l'acte par lequel je me connais, l'acte par lequel je sais que je connais le soleil, et l'acte par lequel je sais que je suis le suppôt de cet acte. Toutefois, à ce propos, ce troisième acte ne diffère peut-être pas réellement du second, car connaître ceci ou cela est essentiellement lié à son suppôt ou à son sujet qui ne peut être connu sans la relation à celui-ci [3].

1. *Cf.* D. Perler, *Théorie de l'intentionnalité...*, *op. cit.*, p. 73.

2. Ceci nous semble fournir une explication à la difficulté que soulevait Dominik Perler à propos de la théorie de l'intentionnalité d'Olivi : « Il me semble que ce problème est une des difficultés majeures de la théorie d'Olivi. Cet auteur franciscain affirme que l'intentionnalité des actes intellectuels est due à l'attention que l'intellect porte sur certain objet, mais il n'explique pas la genèse d'une telle attention à un objet précis. En effet, même si l'on concède que l'attention à des objets forme en général un trait fondamental et non-réductible de l'intellect, il faut toujours expliquer comment cette attention peut être fixée sur quelque chose de précis, sans pour autant présupposer un processus passif », *ibid.*, p. 72.

3. P. J. Olivi, *Summa*, q. LXXIX, *op. cit.*, p. 164-165 : « Et hoc modo actus sciendi non potest sciri absque suo obiecto primo [...] Dicendum quod sicut alius actus sciendi est scire solem esse et alius scire se hoc scire : sic alia dictio est dicere quod sol est, et alia dicere : "ego scio solem esse". Et prima dictio formatur a primo actu sicendi, secunda a secundo cum primo. Secundus autem actus

Pour reprendre l'exemple d'Olivi, lorsqu'un individu affirme : « je sais que le soleil existe », trois connaissances interviennent. Premièrement, l'énonciation suppose que « je sais que je suis », autrement dit le sujet doit avoir une connaissance de son existence : S_x Existe(x) [1].

Deuxièmement intervient la connaissance particulière que ce sujet possède; il sait que le soleil existe : $S_x (\exists \text{ (Soleil)})$

Troisièmement, une méta-connaissance vient compléter les précédents savoirs : il sait qu'il est ce sujet qui sait que le soleil existe :
$S_x (S_y (\exists \text{ (Soleil)}) \wedge x = y))$

Olivi précise que la seconde proposition ne diffère pas réellement de la troisième, car tout acte de connaissance suppose déjà que le sujet se connaisse. Ainsi, tout prédicat n'a de valeur qu'à partir du moment où il est fondé dans la réalité d'un sujet qui se comprend comme tel [2] : $S_{x (\ldots x \ldots)}$ [3].

Nous trouvons la même position reformulée à la question CIII de la *Summa* :

> Dans tout acte de connaissance est incluse la relation au suppôt, non seulement en tant que suppôt, mais également en tant que connaissant, puisque personne ne sait quelque chose, à moins qu'il ne se sache savoir ceci. Or cela inclut de se savoir être et de se savoir être quelqu'un qui connaît [4].

Olivi conclut dans l'*Impugnatio* que cette structure gnoséologique qui a la connaissance du sujet pour principe permet, par effet de cascade, d'obtenir les connaissances les plus assurées :

> [La connaissance directe de soi] montre la certitude par laquelle nous sommes assurés du suppôt de tous les actes de connaissance. En effet, personne n'est plus certain de quelque chose que lorsqu'il se sait savoir cela, c'est-à-dire

iuxta modum in praecedenti quaestione praemissum continet in se plures actus sciendi, scilicet, actum quo scio me, et actum quo scio scire solem, et actum quo scio esse suppositum illius actus. Quamquam forte in proposito hic tertius non differat realiter a secundo, quia hoc vel illud scire sic essentialiter relatum ad suum suppositum vel subjectum quod non potest sciri nisi in relatione ad ipsum ». *Cf.* également p. 160.

1. Sx est l'opérateur épistémique qui signifie « x sait que… ».

2 Nous retrouvons le même développement quand Olivi réfute la connaissance des idées divines. *Cf.* P. J. Olivi, *Summa, Appendix*, q. I, *op. cit.*, p. 481. *Cf.* C. Bérubé, *De l'homme à Dieu…*, *op. cit.*, p. 230.

3. Les points de suspension (…x…) se réfèrent à toutes les phrases qui signifient que x apparaît à la fois comme objet de connaissance et comme objet à propos duquel quelque chose est connu.

4. P. J. Olivi, *Summa*, q. CIII, *op. cit.*, p. 236 : « Praeterea, sicut in omni actu sciendi includitur relation ejus ad suum suppositum non solum ut ad suppositum, sed etiam ut ad scitum, quia nullus scit aliquid nisi sciat se scire illud, in hoc autem includitur scire se esse et scire se esse scientem ».

> lorsque lui-même est celui qui sait cette chose. Et cette certitude du sujet abonde universellement dans toutes les appréhensions de nos actes [1].

Cette théorie de l'intentionnalité nous permet de souligner qu'il est faux de croire que la connaissance de soi est innée. Si tel était le cas, l'âme n'entreprendrait pas cette recherche sur son identité. Si nous devions qualifier cette connaissance de soi, puisque celle-ci ne provient ni de la sensation, ni du jugement de l'intellect, nous nous accorderions avec Camille Bérubé pour dire qu'elle est intuitive. Cela dit, si ce terme est employé par Matthieu d'Aquasparta et que Duns Scot définira ainsi la connaissance de soi quelque vingt ans plus tard, il faut remarquer qu'il est inexistant dans le corpus olivien [2]. La notion semble toutefois être présente, lorsqu'Olivi affirme que chaque être humain est doué d'une sensation interne qui lui permet de savoir qu'il est un sujet. Ce sentiment possède une telle valeur d'évidence que le nier reviendrait à supprimer une part de la liberté humaine et toute réalité du sens intime :

> Dire que ces actes, pour lesquels nous sentons intimement et au plus haut point qu'ils proviennent de nous et qu'ils sont en notre pouvoir, ne proviennent pas de nous revient à nier tout sens intime, qui nous est le plus certain [3].

Invoquer l'intuition intime peut paraître faible pour fonder une théorie de la connaissance. Il est d'ailleurs relativement rare à l'époque d'Olivi d'invoquer des expériences introspectives pour justifier une position [4]. C'est pourquoi Dominik Perler, en parlant de la théorie de l'intentionnalité, affirme que de telles réponses ne sont pas suffisantes [5]. Cependant, Sylvain Piron, en revenant sur la notion de sens intime, a montré que des propositions qui se réfèrent à l'expérience intime reçoivent pour Olivi la plus grande valeur démonstrative [6]. Nous abondons en son sens, en soulignant que sa gnoséologie ne doit pas seulement être comprise dans la relation du sujet au monde qui l'entoure, mais également dans le rapport épistémique du sujet à lui-même. La théorie de la connaissance olivienne trouve un fondement assuré dans l'évidence intime du sujet, du fait que toute connaissance découle de la certitude d'en être le sujet actif. La certitude première du sujet devient ainsi la pierre d'angle qui permet

1. P. J. Olivi, *Impugnatio*, *op. cit.*, p. 457 : « Ostendit hoc certitudo qua sumus certi de supposito omnis actus scientialis. Nullus enim est certus scientialiter de aliquo nisi sciat se scire illud, hoc est nisi sciat quod ipse est ille quod hoc scit. Et hec certitudo de supposito currit universaliter in omni apprehensione actuum nostrorum ».

2. *Cf.* C. Bérubé, *La connaissance de l'individuel au moyen âge*, *op. cit.*, p. 106.

3. P. J. Olivi, *Summa*, q. LVIII, *op. cit.*, p. 413 : « Illi enim actus quos intime sentimus esse a nobis et quos summe sentimus esse in potestate nostra dicere quod non sunt a nobis est negare omnem sensum intimum et certissimum nobis ».

4. *Cf.* E. Bettoni, *Le dottrine filosofische…*, *op. cit.*, p. 410.

5. *Cf.* D. Perler, *Théorie de l'intentionnalité…*, *op. cit.*, p 47.

6. *Cf.* S. Piron, « L'expérience subjective selon Pierre de Jean Olivi », *in* O. Boulnois (éd.), *Généalogies du sujet. De saint Anselme à Malebranche*, Paris, Vrin, 2007, p. 46.

de fonder tous les autres savoirs [1]. Si les espèces intelligibles sont refusées, toute l'épistémologie d'Olivi repose donc sur cette première connaissance indubitable que le sujet possède de lui-même.

Pour conclure cette partie, précisons la réponse de la seconde interrogation de la question LXXVI : l'absence de *species* dans la connaissance de soi signifie-t-elle que l'âme se connaît par son essence ? La réponse d'Olivi propose une distinction qui repose sur la compréhension de la préposition « par ». Si celle-ci signifie une cause formelle par laquelle l'essence tient lieu d'une espèce représentative qui informe l'esprit, alors l'âme ne se connaît pas par son essence, puisque cette position qui fait intervenir la *species* a été rejetée [2]. Cependant, si « par » indique que l'objet de la connaissance est l'essence de l'âme, faisant ainsi référence au premier mode de connaissance qu'Olivi a exposé, il faut en effet dire que l'âme se connaît « par » son essence :

> Si nous voulons signifier que son essence est par soi l'objet de sa connaissance, de sorte qu'elle ne soit pas un obstacle pour elle-même par l'intermédiaire de l'espèce de la mémoire, alors, dans le premier mode de connaissance, l'âme se connaît par essence, c'est-à-dire par une visée et par un acte ancré immédiatement dans son essence [3].

Enfin, une troisième interprétation offre également la possibilité de se connaître « par » son essence, au sens d'une cause efficiente, si l'on considère le second mode d'appréhension de soi :

> Mais si « par » signifie la disposition d'une cause efficiente, alors il est vrai que l'âme se connaît par l'essence de son intellect, comme par la cause efficiente de son acte de connaître [4].

Que ce soit le second ou le troisième mode qui est retenu, la conclusion qui s'impose est qu'Olivi renverse totalement la théorie aristotélicienne de la connaissance du sujet : l'âme ne se connaît pas en tant que sujet au travers des objets qu'elle appréhende, mais, à l'inverse, elle connaît la réalité qui l'entoure par l'intermédiaire de cette première certitude d'être présente à elle-même. Cette certitude de soi permet de fonder une théorie de la connaissance sur un

1. Toute connaissance dérive donc de celle du sujet. Nous ne développerons pas cette importante théorie de la connaissance olivienne car elle a déjà été largement exposée par C. Bérubé, *La connaissance de l'individuel au moyen âge*, *op. cit.* ; E. Bettoni, *Le dottrine filosofiche...*, *op. cit.* ; K. Tachau, *Vision and Certitude in the age of Ockham. Optics, Epistemology and the Foundation of Semantics, 1250-1345*, Leiden, Brill, 1988 ; R. Pasnau, *Theories of Cognition...*, *op. cit.* ; D. Perler, *Théorie de l'intentionnalité...*, *op. cit.*

2. *Cf.* P. J. Olivi, *Summa*, q. LXXVI, *op. cit.*, p. 149.

3. *Ibid.*, q. LXXVI, p. 149 : « Si vero intendatur quod, sua essentia sit per se obiectum suae scientiae, ita quod non obiciatur sibi per intermediam speciem memorialem : sic in primo modo sciendi scit se per essentiam, id est, per aspectum et actum in suam essentiam immediate defixum ».

4. *Ibid.*, « Si vero le per significat ibi habitudinem causae efficientis, tunc verum est quod scit se per essentiam sui intellectus tanquam per causam efficientem sui actus sciendi ».

principe indubitable, tout en s'opposant aux théories au sein desquelles le phantasme et la *species* jouent un rôle essentiel et dans lesquelles la différence qualitative entre la connaissance intellectuelle et la connaissance sensible est exagérée.

Cinq définitions de la conscience

Nous avons jusqu'ici présenté le processus de retour sur soi en prenant garde d'utiliser le champ sémantique de la connaissance de soi. Or, à la question LXXXI, Olivi désigne cette conversion comme étant celle de la conscience. Il utilise ainsi ce terme pour désigner différentes réalités, telles que le fait d'être éveillé, la conscience d'être un sujet ou encore la conscience morale [1]. Ce n'est nullement que ces significations se confondent. Olivi joue sur leur ambivalence afin de montrer leur implication respective. Cela se perçoit parfaitement dans le développement de ses questions. Après avoir démontré, au travers des questions LXXVI à LXXX, que l'âme se connaît elle-même directement, Olivi demande, à la question LXXXI, si la conscience (*conscientia*) correspond à une puissance unique, à un acte ou à une disposition. Or, cette question au sein de laquelle nous trouvons une explication de ce qu'est la conscience, est regroupée avec la question LXXXII qui traite de la loi naturelle. Il est ainsi remarquable de constater le glissement qui s'opère au sein de la même question entre la conscience considérée du point de vue gnoséologique et la conscience d'un point de vue morale. Ce déplacement s'accentue au fil des questions suivantes qui portent sur la finalité du choix éthique et sur l'influence des passions dans l'élection. Il s'agit donc à présent d'exposer quels sont les liens qu'Olivi tisse entre la théorie de la connaissance et l'éthique à travers la notion de conscience.

La conscience gnoséologique

Comme le rappelent Dominik Perler et Sonja Schierbaum, dans un ouvrage commun recueillant divers textes du XIIIe et XIVe siècles sur la connaissance de soi, le terme de conscience diffère de la simple *cognitio sui* et s'utilise alors principalement pour désigner une connaissance éthique [2]. Thomas d'Aquin, par exemple, définit la *conscientia* comme l'examen de la valeur d'un acte [3]. Toutefois, dans la *Somme de théologie*, Thomas rappelle que cette conscience morale n'est pas une puissance ou une faculté de l'âme, comme le laisse sous-

1. D'importantes études ont été entreprises sur la conscience gnoséologique. *Cf.* J. Toivanen, « Perceptual Self-Awareness… », art. cit., p. 355-382 ; *idem*, « Peter Olivi on Internal Senses », art. cit., p. 427-454 ; M. Yrjönsuuri, « Perceiving One's Own Body », *in* S. Knuuttila, P. Kärkkäinen (eds.), *Theories of Perception in Medieval and Early Modern Philosophy*, Helsinki, Springer, 2008, p. 101-116.

2. *Cf.* D. Perler, S. Schierbaum, *Selbstbezug und Selbstwissen…*, *op. cit.*, p. 21-22.

3. *Cf.* Thomas d'Aquin, *De veritate*, q. 17, art. 1.

entendre le langage populaire, mais qu'elle est, selon une certaine étymologie, toujours un acte de connaissance :

> D'après le nom d'abord, conscience marque le rapport d'une science avec quelque chose. En effet, *conscientia* signifie *cum alio scientia* [1].

Cela apparaît encore plus clairement dans le *De veritate* :

> La conscience n'est rien d'autre qu'une application de la science à un acte particulier [2].

Ainsi, la conscience morale dépend de la connaissance du particulier. Thomas poursuit en montrant que si celle-ci peut parfois être considérée en tant qu'*habitus*, c'est seulement par métonymie, se référant à la syndérèse en tant que premier *habitus* naturel. Dans tous les autres cas, elle est un acte. Contrairement à son habitude, Thomas ne propose aucune autorité pour asseoir son propos, mais s'appuie seulement sur l'étymologie. Or, l'ajout du terme « alio » pour définir ce qu'est la conscience n'est pas anodin. Il implique que la connaissance porte sur une réalité extérieure, raison pour laquelle elle est un acte. Selon Thomas d'Aquin, la conscience peut ainsi se réaliser de trois manières : soit lorsqu'il y a perception de la réalisation d'un acte, soit lorsqu'il y a reconnaissance de la droiture d'un acte. Cette deuxième possibilité se divise elle-même en deux : la connaissance se produit soit lorsque la conscience incite ou oblige à accomplir ou à éviter une action à venir, soit lorsque nous jugeons de la valeur d'un acte passé. Si le premier cas fait seulement appel à la mémoire, les deux seconds exigent qui plus est l'intervention de la syndérèse. Or, pour Thomas, les principes de cette dernière ne peuvent être saisis par les hommes que grâce à leur intellect pratique. Par conséquent, quel que soit l'acte de connaissance invoqué, la conscience requiert toujours l'intellect pour se réaliser.

A l'instar de la plupart des auteurs de son époque, lorsqu'Olivi utilise le terme « conscientia » dans ses ouvrages, il se réfère généralement à la notion morale. Toutefois, les premières lignes de la question LXXXI – qui a justement pour but de définir ce concept – portent sur des faits gnoséologiques, Olivi y parlant de différents états de conscience. Olivi inaugure cette question en affirmant que, de même que l'intellect ou que la volonté définit parfois un acte et parfois une puissance ou une disposition de l'esprit, il en va de même pour la conscience [3]. Si l'opposition à la conception de Thomas d'Aquin est évidente, ce n'est pas là la finalité de son argumentation. Partant d'exemples concrets, Olivi souhaite lister toutes les occurrences de la notion de conscience qui ont cours à son époque. De cette énumération, il parviendra à mettre en exergue le lien qui existe entre connaissance de soi et conscience morale :

1. Thomas d'Aquin, *Somme de théologie*, Ia, q. 79, art. 13, *op. cit.*, p. 708.
2. *Idem*, *De veritate*, q. 17, art. 2, *op. cit.*, p. 1379.
3. *Cf.* P. J. Olivi, *Summa*, q. LXXXI, *op. cit.*, p. 174.

1) Premièrement, la conscience peut définir un acte, comme par exemple lorsqu'un homme affirme qu'il est conscient de faire quelque chose, par exemple de parler ou non : « Moi, j'ai maintenant conscience (*conscientia*) de ne pas parler » [1]. Olivi parle d'un état mental actuel (*nunc*). Soulignons que celui-ci suppose la connaissance du suppôt de l'acte. L'insistance sur l'« ego » est explicite en ce sens. Olivi se réfère donc à une connaissance de soi selon le second mode définit à la question LXXVI. Le français étant pauvre pour distinguer les différentes occurrences de la conscience, nous pouvons nous référer au terme anglais de *consciousness* pour nommer ce retour immédiat de la *mens* sur elle-même qui permet à l'individu de se comprendre comme étant le sujet propre de ses actes [2].

2) La seconde occurrence de *conscientia* définit une disposition, comme « lorsque nous disons de celui qui dort qu'il a conscience de mentir » [3]. L'exemple que propose Olivi semble plus compliqué à saisir : comment quelqu'un en état de sommeil peut-il avoir conscience de mentir ? Olivi fait peut-être référence aux *Confessions* d'Augustin, puisque l'évêque se trouve dans une situation similaire. Augustin avoue que d'anciennes dispositions à la volupté le pourchassent parfois dans ses rêves. Ce n'est qu'au moment du réveil qu'il prend conscience de la tromperie des songes. Il peut alors déduire qu'il ne s'agit pas ici d'un cas éthique, puisqu'il n'y a pas à avoir de remords pour la volonté qui dormait. En effet, sans volonté, il n'y a pas de responsabilité morale :

> Dans le sommeil, [les images de la concupiscence] vont non seulement jusqu'à la délectation mais même jusqu'au consentement et à quelque chose qui ressemble fort à l'acte lui-même. [...] Il y a une telle différence de moi à moi-même, durant que je passe du sommeil à la veille ! Où est alors la raison qui permet de résister à de telles suggestions quand on est éveillé, et, si les réalités elles-mêmes, se présentent, de rester inébranlable ? [...] Et pourtant il y a une telle différence que, si cela se passe autrement, nous retrouvons au réveil le repos de la conscience : la distance même entre les deux états nous découvre que ce n'est pas nous qui avons fait cela [4].

La distance qui se crée entre moi et moi-même, comme l'exprime l'évêque, indique que ce dernier entend parler d'une conscience gnoséologique. Lors du réveil, il y a connaissance de la tromperie des songes, mais il n'y a pas de faute morale, puisque la volonté n'est pas engagée dans ce processus. L'exemple d'Olivi peut être interprété dans le même sens : prétendre que le dormeur n'a

1. P. J. Olivi, *Summa*, q. LXXXI, *op. cit.*, p. 174 : « Ego nunc habeo conscientiam non loquendi ».

2. *Cf.* H. Arendt, *Considérations morales*, trad. fr. M. Ducassou, D. Maes, Paris, Rivages, 1996, p. 64-66.

3. P. J. Olivi, *Summa*, q. LXXXII, *op. cit.*, p. 174 : « Cum de dormiente dicitur quod habet conscientiam mentiendi vel sui oppositi aut consimilium ».

4. Augustin, *Confessions*, livre X, 30, 41, *op. cit.*, p. 213-215.

pas conscience de mentir signifie que le dormeur ne ment pas réellement, bien qu'il conserve une disposition qui peut l'affecter dans son sommeil, lui faisant croire qu'il ment dans son rêve. L'exemple d'Olivi ne porte par conséquent pas sur une disposition morale, mais derechef sur un cas gnoséologique. En ce sens, le terme de conscience se comprend en opposition à l'état de sommeil.

3) Troisièmement, la conscience peut être une puissance, « comme lorsque quelqu'un dit “ceci est ou n'est pas dans ma conscience (*in conscientia mea*)” »[1]. Le cas est ici évident : il est le pendant de la conscience en acte, telle qu'Olivi l'a premièrement définie. Un individu possède la puissance d'avoir des états mentaux, en sorte qu'il puisse dire qu'il a conscience d'un fait ou non. Le cas du dormeur précédemment évoqué par Olivi apporte la preuve que la conscience est également une puissance. A ce propos, remarquons qu'Olivi qualifie le somnambule de « semidormiens », le préférant au terme traditionnellement utilisé de *dormiens*[2]. Cette précision est d'importance, puisque le Franciscain signifie ainsi que le somnambule continue de percevoir les sensations extérieures par l'intermédiaire des sens – raison pour laquelle il peut, par exemple, se réveiller lorsqu'un bruit trop fort parvient à ses oreilles –, mais qu'il n'est pas conscient de ses actes[3]. Il existe en effet une différence entre le fait de percevoir et le fait d'être conscient de cette perception. C'est ce qui explique que sa responsabilité dans les cas juridiques doit être limitée[4]. Ainsi, bien que le dormeur perçoive certaines informations des sens, il n'en est pas conscient – raison pour laquelle il ne peut se souvenir des sensations qu'il a eues durant son sommeil :

> On constate que [dans le cas du] dormeur, puisque ses oreilles et ses narines sont ouvertes et qu'il touche alors les vêtements qu'il porte, les espèces se seront écoulées des objets présents dans les organes bées des sens. Et cependant, cela ne suffit pas pour voir ou entendre, ni pour l'odorat et le toucher, à moins que l'intention actuelle des sens les vise ici de manière consciente (*pervigiliter*)[5].

Deux notions sont essentielles pour saisir cet extrait : l'*aspectus* et la vigilance. L'absence d'*aspectus* indique qu'il n'y a pas d'intentionnalité de la part du dormeur. Sa conscience, en tant que saisie active des actes, se trouve réduite

1. P. J. Olivi, *Summa*, q. LXXXII, *op. cit.*, p. 174 : « Potentia vero, ut, cum quis dicit “hoc est vel non est in conscientia mea” ».

2. *Cf.* A. Boureau, « Pierre de Jean Olivi et le semi-dormeur. Une élaboration médiévale de l'activité inconsciente », *Nouvelle Revue de Psychanalyse*, 48, 1993, p. 231-238; *idem*, *Satan hérétique*, *op. cit.*, p. 214; *idem*, « Satan et le dormeur », *Chimères*, 14, 1991, p. 41-61; *idem*, « Un sujet agité. Le statut nouveau des passions de l'âme au XIIIe siècle », *in* P. De Nagy, D. Boquet (éd.), *Le sujet des émotions au moyen âge*, Paris, Beauchesne, 2009, p. 187-200.

3. *Cf.* P. J. Olivi, *Summa*, q. LVIII, *op. cit.*, p. 500.

4. *Cf.* A. Boureau, « Satan et le dormeur », art. cit.

5. P. J. Olivi, *Summa*, q. LXXIII, *op. cit.*, p. 89 : « Constat enim quod dormiens, auribus apertis et naribus et tactu praesente vestibus sibi iunctis, habebunt fluere species a praesentibus obiectis in aperta organa sensuum; et tamen non sufficit ad videndum et audiendum vel ad sensum odoratus et tactus, nisi actualis aspectus sensuum pervigiliter ibi intedat ».

à l'état de puissance. La réalisation de cette intention est ainsi liée à son usage vigilant. Nous avons déjà eu l'occasion de souligner l'importance de cette vigilance pour ce qui concerne la connaissance de soi. L'exemple qu'Olivi fournit ici complète ce qui a précédemment été démontré : la connaissance de soi, puisqu'elle peut être en disposition seulement, n'est pas toujours pensée dans un usage vigilant et pleinement conscient. Autrement dit, il n'est pas nécessaire d'entreprendre cette recherche du sujet et l'affirmation du « Je » à chaque action de l'âme. Le sujet peut se trouver réellement présent, à la manière d'un acte premier, sans pour autant qu'il se pense lui-même activement, à la manière d'un acte second. La troisième occurrence traite donc de la conscience dispositionnelle à connaître les actes qui dépendent d'un sujet propre.

4) Quatrièmement, Olivi affirme que le terme de conscience peut également se référer à la mémoire ou à la connaissance des actes qui se sont produits :

> Parfois, plus rarement, nous le considérons comme acte de réminiscence ou de connaissance de ses actes propres ou de ceux d'autrui, comme il est dit au livre de la Genèse, chapitre 43 : « nous n'avons pas conscience de qui a fait cela », c'est-à-dire, nous ignorons et nous ne savons pas qui a fait cela [1].

Si les trois premières définitions de la conscience se référaient à un état actuel (« *ego nunc* habeo conscientiam »), cette quatrième occurrence se rapporte au passé. Relevons que Thomas d'Aquin utilise la même référence biblique dans son *De veritate* pour montrer que la conscience peut être comprise en tant que réminiscence d'un acte [2]. Les deux auteurs semblent ainsi s'accorder sur cette signification, à la différence toutefois que Thomas juge qu'il est d'usage courant de se référer à cette occurrence, tandis qu'Olivi affirme qu'elle n'est utilisée qu'en de rares cas.

Parmi toutes les occurrences évoquées, Olivi présente la conscience comme une connaissance gnoséologique. Nous dirions aujourd'hui qu'il se réfère aux actes mentaux du sujet. Olivi insiste d'ailleurs sur la nécessité de la perception première du sujet pour parvenir à ces connaissances : quel que soit le sens donné à la notion de conscience, celle-ci est comprise comme l'attestation des actes propres du sujet :

> La conscience ne signifie pas communément une puissance, si ce n'est par rapport à l'acte ou à la disposition de celui qui est conscient ou qui atteste de ses propres actes passés ou à venir [3].

1. P. J. Olivi, *Summa*, q. LXXXII, *op. cit.*, p. 175 : « Aut aliquando, licet rarius, pro actu reminiscentiae vel scientiae facti proprii vel alieni, ut, cum Genesis capitulo 43 dicitur non *est in conscientiis nostris quis hoc fecerit*, id est, nescimus nec scivimus quis hoc fecerit ». *Cf.* Gen, 43, 22.

2. *Cf.* Thomas d'Aquin, *De veritate*, q. 17, art. 1.

3. P. J. Olivi, *Summa*, q. LXXXII, *op. cit.*, p. 174 : « Sciendum tamen quod communiter non significat potentiam nisi sub respectu ad actum vel habitum consciendi seu contestificandi de propriis actibus factis vel fiendis ».

Olivi conclut cette première énumération en relevant qu'il existe un seul cas qui puisse être défini comme un acte n'engageant pas la totalité de la volonté. Il s'agit du cas, classique depuis Alexandre de Halès, de l'obligation de la conscience erronée, à savoir si la loi divine oblige plus que l'ordre d'un prélat [1] :

> Il n'est toutefois qu'un seul cas où nous la considérons comme un acte conscient et approuvé du fait d'un autre, pour autant qu'il dépende en quelque sorte de celui qui est conscient, c'est-à-dire lorsque nous disons que le sujet fait quelque chose sous la direction de conscience de son prélat ou de son confesseur [2].

Du fait de l'obédience, il peut arriver qu'un supérieur exige une action qu'un religieux n'aurait pas souhaitée de lui-même. Bien que l'individu y consente, on ne peut pas dire, selon Olivi, qu'il le fasse en toute âme et conscience. Deux conséquences peuvent être tirées de cette dernière remarque : premièrement, si Olivi se situe clairement à un niveau gnoséologique, c'est la perception propre du sujet qui semble être au cœur de cette appréhension. La conscience n'est plus seulement la connaissance appliquée à un acte particulier, comme le soutient Thomas d'Aquin, mais elle est la connaissance de ses propres actes. Aussi, si les distinctions qu'établissent Olivi et Thomas d'Aquin semblent de prime abord similaires, leur opposition dans la théorie de la connaissance se retrouve dans la conscience de soi. Deuxièmement, la conscience gnoséologique que propose Olivi ne repose pas principalement sur l'intellect, mais sur la volonté. En effet, elle seule est capable de ce retour sur soi ou sur ses actes qu'est la conscience et elle seule possède un rôle délibératif, l'intellect étant seulement considéré comme un conseiller.

La conscience morale

Olivi poursuit ses définitions de la question LXXXI en passant sur le plan éthique. Il affirme que la conscience peut également se référer à un jugement sur les actes, qu'ils soient approuvés ou réprouvés, qu'ils aient déjà eu lieu ou qu'ils soient à venir :

> De même, nous ne comprenons pas communément [le terme de conscience] par rapport à chaque attestation actuelle ou dispositionnelle de ses actes propres, sauf lorsqu'elle est réalisée avec une certaine approbation ou réprobation de ces actes et avec un jugement, une sentence ou l'idée d'une tension vers les actes à accomplir ou à éviter, s'ils sont à venir, ou d'une tension vers ceux qui auraient dû être accomplis ou évités, et une tension vers le châtiment, s'ils ont déjà été accomplis ou si on les considère par rapport au passé [3].

1. *Cf.* Alexandre de Halès, *Summa theologica*, IIa-IIae, inq. 3, tract. 3 s. 1, q. 3, c.3, II.

2. P. J. Olivi, *Summa*, q. LXXXII, *op. cit.*, p. 175 : « In uno solo casu sumatur pro actu conscitivo et approbativo facti alieni, pro quanta aliqualiter dependet a consciente, ut, cum dicitur quod subditus non faciat hoc vel illud nisi de conscientia sui praelati vel sui confessoris ».

3. *Ibid.* : « Non etiam communiter sumitur per respectum ad quamcunque actualem vel habitualem contestificationem propriorum actuum, nisi cum fit cum quadam approbatione vel repro-

Ainsi, la conscience incite à agir avec droiture ou ronge de remords le sujet qui l'éprouve [1]. Thomas d'Aquin ne le disait pas autrement. Toutefois, l'aspect remarquable de la pensée d'Olivi réside en ce que la conscience morale possède la même structure réflexive que la connaissance de soi. L'unique différence entre ces deux connaissances est que le sujet ne se prend plus pour objet de jugement, mais qu'il considère ses actes propres. C'est pourquoi l'intervention de la volonté et de l'intellect est à nouveau requise : la volonté dirige premièrement l'intention sur les actes du sujet et fournit la possibilité de réflexivité ; l'intellect, dans le cas d'un acte passé, rappelle ces actes à la mémoire et indique ce qu'il aurait été bon d'accomplir ou, dans le cas d'un acte futur, ce qu'il serait bon d'accomplir ; il revient finalement à la volonté de délibérer sur le remords à éprouver ou sur l'action à accomplir. Autrement dit, si la conscience dépend de la connaissance, il faut souligner que, selon Olivi, l'intellect n'a pour fonction que de produire des faits, tandis que la volonté décide de leur valeur. Olivi affirme ainsi que, dans les cas de conscience morale, l'individu est le témoin réflexif de ses propres actes, la conscience morale étant plus liée à la volonté qu'à l'intellect :

> Puisqu'en de telles sentences et exhortations, l'esprit se reflète également sur soi en rapport à ses actes ou à ce qui doit être accompli, il s'ensuit que la conscience est plus comprise sous la raison d'attestation secondaire ou réflexive que sous la raison de témoin premier ou d'appréhension première, et qu'ainsi elle peut plus être nommée conscience que science [2].

Par conséquent, tout un chacun a la possibilité de revenir sur ses actes et, à la manière d'un témoin extérieur, de poser un jugement moral sur eux. Ainsi, en tant que connaissance, la conscience exige l'intervention de l'intellect, et en tant qu'elle est de surcroît réflexive et délibérative, elle requiert la puissance de la volonté.

batione illorum actuum et cum iudicio sive sententia vel opinione tentionis ad illos actus agendos vel vitandos, si tamen sunt futuri, vel tentionis quod debuerunt fieri vel vitari et tentionis ad poenam, si iam sunt facti vel respectu praeteriti temporis sumpti ».

1. P. J. Olivi, *Summa*, q. LXXXII, *op. cit.*, p. 175 : « remordente aut ad agenda stimulante ».

2. *Ibid.* : « Quia etiam in huiusmodi sententiis et stimulationibus mens super se respectu actorum vel agendorum reflectitur : hinc est quod conscientia potius accipitur sub ratione contestis secundarii seu reflexi quam sub ratione primarii testis seu primi apprehendentis, et hinc est quod potius dicitur conscientia quam scientia ».

Dans un souci de conserver une autonomie morale, Olivi conclut la question LXXXI en affirmant que la conscience morale peut être plus ou moins intense pour chaque individu selon ses dispositions particulières et sa compréhension de ce qu'est le juste :

> Puisque les dispositions de l'intellect et de l'affect peuvent croître ou diminuer par la doctrine et l'exercice, et qu'elles peuvent de multiples manières dévier et se corrompre quant à la disposition de l'opinion et du sentiment, il s'ensuit que la conscience de certains est dite déformée et souillée, tandis que celle d'autres est dite bonne et droite. [...] Nous disons aussi qu'elle est nulle, grande ou pauvre : elle est nulle par exemple lorsqu'on dit que certains n'ont aucune conscience de ce qui concerne la fornication, à savoir qu'il s'agit d'un péché, qu'il faut le fuir puisqu'il est mortel, et quand ce genre de péchés a été commis, qu'ils devraient s'estimer coupables ou mériter un châtiment [1].

Par conséquent, l'analyse de la terminologie de la conscience nous indique qu'il existe un lien fort pour Olivi entre gnoséologie et éthique. Au-delà de la simple ambivalence, Olivi perçoit une similitude dans la structure du mouvement de la connaissance de soi et de la conscience morale. La nécessité de l'intervention de l'intellect pour se souvenir des actes passés et pour inciter au bien, renforce ce lien. Bien plus qu'une énumération des occurrences de la conscience, la question LXXXI est centrale pour comprendre l'éthique d'Olivi. Si elle insiste sur la nécessité de l'intellect, elle souligne surtout le rôle de la volonté qui permet d'acquérir un mouvement réflexif qui permet à la fois au sujet de se comprendre comme l'auteur de ses actes, et à la fois d'en juger la valeur. Le jugement moral est ainsi intimement lié, selon Olivi, à la connaissance réflexive immédiate de soi.

Conclusion

Il faut souligner l'aspect novateur pour l'histoire des idées de certaines conclusions auxquelles Olivi parvient : novateur dans sa défense de l'autodétermination de la volonté. A l'encontre d'Anselme et de la majorité des théologiens médiévaux, il prétend en effet que la volonté est à ce point libre et autonome que l'homme conserve à tout instant la possibilité de choisir entre les opposés et de décider de ses propres fins. La volonté possède ainsi une fonction délibératrice qui lui permet d'être pleinement libre, l'intellect ne faisant que

1. *Ibid.*, p. 176 « Quia etiam praedicti habitus intellectus et affectus per doctrinam et exercitium excrescere vel minui possunt et quantum ad habitus opinionis et affectionis possunt multipliciter obliquari et depravari : hinc est quod conscientia quorundam dicitur prava et polluta, quorundam vero bona et recta. [...] Quorumdum etiam dicitur nulla aut magna vel parva, nulla quidem, ut de quibusdam dicitur quod nullam habent conscientiam de fornicatione, scilicet, quod sit peccatum vel quod sit fugienda tanquam mortale vel quod de iis quas iam fecerunt se reputent reos vel obnoxios poenae ».

proposer et conseiller les voies qui lui semblent les plus convenables. Inventant une nouvelle forme de causalité, la causalité terminative, Olivi démontre de surcroît que la volonté est libre par rapport à ses objets, puisque si ceux-ci peuvent l'inciter, ils ne consistent que dans le terme de sa visée.

Novateur également dans sa théorie de la connaissance. En opposition à Aristote, il prétend que la connaissance du sujet est première. L'analyse des questions sur la connaissance de soi permet en effet de montrer que la volonté consiste en un retour immédiat de la *mens* sur elle-même. Ce mouvement réflexif rend possible l'affirmation du sujet actif. De cette intuition première découlent trois types de connaissance. La première consiste en une conversion directe de l'âme sur elle-même, qui lui permet d'acquérir une connaissance vigilante et consciente de soi, de manière quasi sensitive. L'âme *ressent* qu'elle est un sujet (*Ego*) vivant, pensant, sentant et agissant. Cette première réflexivité est primordiale et nécessaire à toute connaissance subséquente. La seconde connaissance consiste en une enquête de la *mens* sur la nature de ses prédicats et de ses états mentaux. Si celle-ci procède de l'intellect, elle dépend toutefois de l'appréhension première du sujet par lui-même et par conséquent de l'intention de la volonté. Cette conscience existe en acte (par exemple dans la conscience de ne pas parler actuellement), en disposition (par exemple dans l'habitus du mensonge durant le sommeil) ou en puissance (lorsque nous disons que nous avons conscience d'une chose). Enfin, elle est parfois liée à la mémoire. Enfin, la troisième connaissance se produit lorsque l'âme revient non pas sur elle-même, mais sur les actes qu'elle a accomplis afin de les juger. Il s'agit alors des cas de conscience morale. Cette dernière réflexivité dépend également de l'appréhension première du sujet, qui se prend à témoin pour qualifier son action.

Pour finir, Olivi est également novateur dans son éthique, puisqu'il prétend que l'appréhension du sujet est première et nécessaire pour porter un jugement moral sur ses actes. Ce n'est qu'à partir du moment où la *mens* s'est perçue comme sujet de l'action que l'individu, par ce témoignage réflexif, peut être pris de remords ou incité à agir. Faire du sujet la source du jugement éthique implique une profonde responsabilisation. Par conséquent, ce qu'Olivi développe dans ses œuvres morales n'est autre qu'une éthique du sujet et, plus précisément, de la personne.

Chapitre II

LA NOTION DE PERSONNE SELON OLIVI

La personnalité ne s'affirme jamais plus qu'en se renonçant

André Gide, *Journal*

Dès ses origines, au travers des diverses traductions et contextes d'énonciation, la définition de la notion de personne a entraîné de profondes difficultés. La tâche se complique d'autant plus si nous souhaitons intégrer les idées de sujet ou d'individu, puisque leurs significations respectives se recoupent en partie. Retracer l'histoire de ces concepts – et notamment si on s'attarde à la question de l'émergence du « Je » au sens « moderne » – est une gageure qui ne peut se faire qu'avec des simplifications et une sélection arbitraire d'auteurs. Cela dit, la majorité des panoramas historiques qui tentent de retracer l'histoire de la notion de personne soulignent le rôle clef de René Descartes (1596-1650). Un véritable mythe s'est en effet rapidement constitué à son endroit, puisqu'en 1647 déjà, le libraire de l'édition française des *Méditations métaphysiques* souligne que Descartes a su se départir de la langue et des termes de l'Ecole. Descartes aurait ainsi révolutionné la notion de sujet en philosophie, le sortant du « faste pédantesque » que sont la scolastique et l'aristotélisme [1]. Ce n'est que quelques années plus tard, en 1663, que Spinoza (1632-1677) prétend que seule la connaissance de la pensée de Descartes est nécessaire pour saisir sa propre philosophie. Spinoza balaie ainsi d'un trait de plume l'autorité d'Aristote qui était jusqu'alors l'auteur de référence en matière de philosophie [2]. Cette image d'un Descartes initiateur d'une pensée nouvelle,

1. *Cf.* J.-M. Beyssade, « Descartes », *in* F. Châtelet (éd.), *La philosophie du nouveau monde, XVIe et XVIIe siècle*, Paris, Hachette, 1999.

2. *Cf.* B. Spinoza, *Œuvres*, I, *Principes de la philosophie de René Descartes*, trad. fr. C. Appuhn, Paris, GF Flammarion, 1964; F. Coadou, « Descartes et Aristote. Essai de réflexion concrète sur les rapports entre philosophie et histoire de la philosophie », *Le Philosophoire*, 20, 2003, p. 155-170.

en rupture totale avec l'aristotélisme, perdure et se rencontre notamment chez Leibniz, Voltaire ou Rousseau. C'est dans cette optique qu'Hegel (1770-1831) le sacrera « père de la philosophie moderne », affirmant qu'il est « un héros qui a repris les choses entièrement par le commencement, et a constitué à nouveau le sol de la philosophie » [1]. Pour Hegel, le renouveau initié par Descartes consiste dans la saisie que la pensée déterminée est le socle de la connaissance, autrement dit qu'il existe une primauté épistémologique du sujet. La philosophie semble ainsi caractériser le passage du « sujet antique » au « sujet moderne » par sa capacité à se comprendre comme le suppôt propre de ses actes et de ses opérations, ou pour le dire en termes analytiques, par l'identification du sujet à l'agent conscient.

Dans cet ouvrage, nous ne souhaitons pas traiter du « sujet moderne », comme le conçoit une partie des historiographes, en tant qu'être doué d'intériorité et relevant d'un caractère ou d'une psychologie propre, ce qui, selon les analyses de Marcel Gauchet, repousserait ce passage à la « modernité » au tournant du XIXe siècle [2]. Mais si nous définissons d'un point de vue philosophique la conscience d'être un sujet comme l'élément essentiel de la notion « moderne » du sujet, il faut constater que cette idée a été formulée bien avant Descartes, comme nous l'avons démontré dans le chapitre précédent. Si la théologie et la philosophie médiévale emploient le terme de sujet principalement pour désigner ce sur quoi une qualité repose (*sub-jectum*), à savoir le « suppôt » – le sujet désignant alors tout substrat pouvant recevoir des accidents –, il se retrouve également dans les débats sacramentels du XIIe et XIIIe siècles dans le sens d'une opposition avec l'objet (*subjective/objective*) [3]. Le sujet se définit ainsi au Moyen Âge soit par l'idée de *sujétion*, soit par celle de *subjectité*, à savoir d'un être qui a conscience de lui-même en tant que sujet.

Parallèlement à cette question du sujet, la notion d'individu et d'individualisation semble également jouer un rôle important si nous souhaitons entreprendre l'histoire de ces concepts. Barbara H. Rosenwein a produit une excellente synthèse des débats à ce propos, notamment sur la question de l'individuation et de la perception de soi au XIIe siècle [4]. Sans vouloir revenir à ces considérations, nous soulignons qu'au sein du présent ouvrage, nous considérons le terme « individu » en son sens étymologique (*in-divisus*),

1. G. W. F. Hegel, *Leçons sur l'histoire de la philosophie*, 6, trad. fr. P. Garniron, Paris, Vrin, 1985, p. 331.

2. *Cf.* M. Gauchet, « Personne, individu, sujet, personnalité », *in* M. Gauchet, J.-C. Quentel (éd.), *Histoire du sujet et théorie de la personne, la rencontre de Marcel Gauchet et de Jean Gagnepain*, Rennes, PUR, 2009, p. 12 ; P. Michon, *Eléments d'une histoire du sujet*, Paris, Les Belles Lettres, 1999.

3. *Cf.* B. Bedos-Rezak, D. Iogna-Prat (éd.), *L'individu au Moyen Age, individuation et individualisation avant la modernité*, Paris, Aubier, 2005, p. 27.

4. *Cf.* B. H. Rosenwein, « Y avait-il un "moi" au haut Moyen Âge ? », *Revue historique*, 633, 2005, p. 31-52 ; B. Bedos-Rezak, D. Iogna-Prat, *L'individu au Moyen Age…*, *op. cit.* ; M. Gauchet, « Personne, individu, sujet, personnalité », art. cit., p. 15.

comme une réalité biologique indivisible, mais qui peut toutefois être le sujet du droit.

Cependant, plus que les termes de sujet et d'individu, nous préférons de beaucoup parler de la notion de personne. En effet, Jean-Claude Schmitt a fait remarquer que ce débat sur la naissance de l'« individu » au XIIe siècle se trompe de cible, puisque ce terme est une construction moderne [1]. Mieux vaut le remplacer par celui de personne, plus approprié pour le Moyen Âge, comme le préfère d'ailleurs l'historiographie allemande, dont nous citerons l'influence à ce propos de Théo Kobusch et de Christian Rode [2].

Si la notion de sujet occupe une place importante au sein des écrits d'Olivi – recoupant à la fois les dimensions de suppôt et de sujet de droit –, celui-ci, lorsqu'il définit la conscience comme l'activité d'un esprit qui se pense lui-même, affirme qu'elle est le propre de la « personne ». Par conséquent, si nous désirons entreprendre une analyse de la conscience dans la pensée olivienne, il semble qu'il faille préférer la notion de personne à celle de sujet ou d'individu. Le concept de personne possède par ailleurs une polysémie riche que les significations de la notion de sujet ne permettent pas de rendre compte. Aussi, lorsqu'Olivi tente de définir la personne, utilise-t-il des éléments issus de contextes aussi divers que ceux de la théologie, du droit, de l'éthique ou encore de la théorie de la connaissance. Nous verrons ainsi que la redécouverte du droit romain permettra au Franciscain d'intégrer l'idée de charges ou de fonctions sociales au sein de la définition de la personne. La théologie lui fournira également des définitions de la personne correspondant tant à Dieu qu'aux hommes et qu'il n'hésitera pas à appliquer au cas des anges. Pour terminer, nous verrons que la conscience de soi qui définit la personne aura des répercussions au sein du domaine éthique, puisque la conscience morale dépend du fait de se connaître comme personne responsable de ses actes.

1. *Cf.* J.-C. Schmitt, « La découverte de l'individu : une fiction historiographique ? », dans P. Mengal, F. Parot (éd.), *La fabrique, la figure et la feinte : fictions et statut des fictions en psychologie*, Paris, Vrin, 1989, p. 213-236 ; *idem*, *Le corps, les rites, les rêves, le temps. Essais d'anthropologie médiévale*, Paris, Gallimard, 2001.

2. *Cf.* Th. Kobusch, *Die Entdeckung der Person : Metaphysik der Freiheit und modernes Menschenbild*, Darmstadt, Herder, 1997 ; *idem*, « Person – die verkörperte Selbstreflexivität. Grundstrukturen der Personenlehre des Petrus Johannis Olivi », *in* G. Mensching (ed.), *Selbstbewusstsein und Person im Mittelalter*, *Contradictio*, VI, 2005, p. 67-79 ; C. Rode, *Zugänge zum Selbst. Innere Erfahrung in Spätmittelalter und Früher Neuzeit*, Münster, Aschendorff, 2015 ; *idem*, « Peter of John Olivi on Representation and Self-Representation », *Quaestio*, 10, 2010, p. 155-166 ; J. A. Aertsen, A. Speer (ed.), *Individuum und Individualität im Mittelalter*, Berlin-New-York, Walter de Gruyter, 1996.

HISTOIRE DE LA NOTION DE PERSONNE

Si le terme de « personne » se confond aujourd'hui souvent avec les notions de suppôt, d'individu et de sujet, cet amalgame avait déjà cours au Moyen Âge. Abélard (1079-1142) dans sa *Théologie chrétienne*, souligne les différentes occurrences du terme de « personne », voulant mettre en garde le lecteur contre des compréhensions erronées :

> Nous comprenons ce nom de personne selon trois, voire quatre modes, et peut-être plus : évidemment il est compris différemment par les théologiens, par les grammairiens, par les rhéteurs ou dans les comédies [1].

Comme l'a montré Marcel Mauss, l'émergence de ce concept est issue d'une construction sociale lente et progressive, qui engendra ainsi un certain manque de clarté quant à sa définition [2]. De l'ensemble des précisions linguistiques et historiques qui peuvent être retenues par rapport à ce terme, nous relevons principalement la portée relationnelle, voire sociale de ce concept [3]. De même que dans les rapports trinitaires où Dieu est par nature « en relation » avec ses personnes, la personne humaine ne semble exister dans la société médiévale que dans le rapport qu'elle entretient avec autrui, ne serait-ce qu'avec Dieu. La personne humaine se définit dans la communauté ou par son appartenance sociale. Ainsi, par exemple, nous trouvons chez Richard de Saint-Victor (c. 1100-1173) ou Guillaume de Saint-Thierry (1085-1148) une insistance sur la structure interpersonnelle. Il appartient à la définition même de la « personne », qui est comprise comme *ad aliquid*, d'être en relation, et ceci de manière non pas accidentelle, mais essentielle :

> Dans les termes qui marquent des relations, une personne n'est en aucune façon désignée en particulier sans qu'il soit indiqué, par son nom même, qu'elle a relation à une autre personne [4].

Si la théologie a offert au XIIIe siècle un cadre de pensée au travers des questions portant sur la Trinité et sur la validité des sacrements, il faut également souligner l'importance de la portée juridique de la notion de

1. Abélard, *Theologia christiana*, 3, 181, *in* M. Buytaert (ed.), *Petri Abaelardi, Opera Theologica*, II, Turnhoult, Brepols, 1969, p. 263 : « Tribus itaque seu quatuor modis et pluribus fortasse hoc nomen persona sumitur : aliter videlicet a theologis, aliter a grammaticis, aliter a rhetoribus vel in comoediis, ut supra determinatum est ».

2. *Cf.* M. Mauss, « Une catégorie de l'esprit humain : la notion de personne celle de "moi" », *Sociologie et Anthropologie*, Paris, P.U.F., 1970, p. 333-362.

3. Afin de lever toute ambiguïté, lorsque nous parlerons dans la suite du texte d'individu ou de sujet, nous ferons toujours référence à l'individu ou au sujet humain. Si nous entendons toutefois parler d'autres entités, tels que les personnes divines ou angéliques, nous préciserons à chaque fois l'appartenance de ces dernières.

4. Guillaume de Saint-Thierry, « L'énigme de la foi », *in* M.-M. Davy (éd.), *Deux traités sur la foi*, Paris, Vrin, 1959, p. 155-157. Bien que cette citation caractérise les personnes divines, Guillaume de Saint-Thierry affirmera qu'elle définit également la personne humaine.

personne [1]. En effet, le droit des obligations qui s'élabore aux XIIe et XIIIe siècles, notamment dans l'élaboration des théories du contrat, révèle l'importance de la responsabilité personnelle et de l'engagement pris envers autrui [2]. C'est alors que s'établissent les notions de droit divin, naturel et positif [3]. Qui plus est, la fin du Moyen Âge central semble caractérisée par une volonté de systématisation des procédures. Quelle que soit le domaine d'application, la tendance est à la recherche de structuration et de méthodologie, qui se traduit par l'introduction du droit canonique, de la *Somme des confesseurs* ou encore du *Commentaire des Sentences* [4].

Ce mouvement général de convergence qui eut lieu, lors de la seconde moitié du XIIIe siècle, dans la théologie, dans le droit et également dans la philosophie, aura des répercussions conséquentes pour l'élaboration de la notion de personne. Pour mettre en exergue l'importance de ce siècle quant à cette réflexion, nous proposons d'indiquer quelques positions clefs dans la construction de la notion de personne.

Mais pour parvenir à l'analyse de cette notion au XIIIe siècle, nous ne pourrons pas échapper à l'écueil de la simplification en restituant ici certains jalons historiques qui paraissent essentiels pour saisir l'émergence du concept de personne [5]. Aussi, après avoir présenté des généralités sur la vision antique, nous devrons choisir quelques auteurs médiévaux, afin de parvenir à saisir la position spécifique d'Olivi. Notre lecteur nous pardonnera ainsi d'avance de ne pas aborder les positions pourtant remarquables de certains Stoïciens, de ne pas plus approfondir la pensée des Victorins ou pire encore, d'éluder le nom d'Abélard, qui mérite à lui seul un ouvrage sur cette question.

1. Le maître dominicain Richard Fishacre affirme que le baptême, pour être valide, demande un engagement volontaire, un aspect relationnel. *Cf.* Richard Fishacre, *Commentaire sur les Sentences*, IV, 1, cité par A. Boureau, « Pierre de Jean Olivi et l'émergence d'une théorie contractuelle de la royauté au XIIIe siècle », *in* J. Blanchard (éd.), *Représentation, pouvoir et royauté à la fin du moyen-âge, Actes du colloque de l'Université du Maine, 25 et 26 mars 1994*, Paris, Picard, 1995, p. 171-172.

2. *Cf.* S. Piron, « Marchands et confesseurs, le traité des contrats d'Olivi dans son contexte (Narbonne, fin XIIIe-début XIVe siècle) », *Actes des congrès de la Société des historiens médiévistes de l'enseignement supérieur public, 28e congrès*, Clermont-Ferrand, 1997, p. 289-308 ; P. J. Olivi, *Traité des contrats*, désormais cité dans la trad. fr. de S. Piron, Paris, Les Belles Lettres, 2012.

3. *Cf.* E. Cortese, *Il rinascimento giuridico medievale*, Roma, Bulzoni, 1996, p. 7-14 ; J. Canning, *Histoire de la pensée politique médiévale* (300-1450), Paris, Cerf, 2003.

4. *Cf.* A. Boureau, « Droit et théologie au XIIIe siècle », *Annales ESC*, 6, 1992, p. 1116.

5. *Cf.* R. Benjamin, *Notion de personne et personnalisme chrétien*, Paris-La Haye, Mouton, 1972 ; O. Boulnois (éd.), *Généalogies du sujet. De saint Anselme à Malebranche*, Paris, Vrin, 2007 ; A. Boureau, *De Vagues individus, la condition humaine dans la pensée scolastique*, Paris, Les Belles Lettres, 2008 ; E. Housset, *La vocation de la personne…, op. cit.*

L'Antiquité

Nous savons que le terme de « personne » est traditionnellement associé au mot grec *prosôpon*, qui signifie le visage ou le masque de théâtre de l'acteur antique, voire même l'aspect antérieur d'un objet [1]. Dans l'antiquité grecque, la notion de personne fait donc référence au monde de la représentation. Elle a pour but de désigner le rôle d'un acteur, que ce soit au théâtre ou dans la société civile, la *polis*. En ce second sens, la notion de personne a pour fonction d'exprimer le lien social existant entre les individus d'une même cité. Se présenter en donnant sa filiation et son rôle dans la cité appuie le fait qu'un individu n'était alors pas considéré comme quelqu'un d'isolé, mais comme faisant partie de manière intégrante de la *polis* [2]. Ainsi, l'individu construisait son existence par les liens sociaux qu'il tissait. Nous pouvons citer le contre-exemple de l'ostracisme, cette mort sociale qui apparaissait comme l'annihilation même de la personne laquelle, dans l'exil, ne pouvait plus se définir par rapport aux autres ou par sa fonction dans la société [3]. La même idée peut se déduire des concepts de civilisation et de barbarie. Ni Platon, ni Aristote ne remirent en question le fait que pour être un homme, il fallait être civilisé. Ainsi, le mot « barbare », qui signifie littéralement « qui ne parle pas grec », dénote une pensée commune aux sociétés antiques : plus on s'éloigne de la cité, plus on s'excentre de la vie en communauté, moins on est civilisé, moins on est humain. L'opposition entre le monde des hommes et celui de la nature sauvage, entre *nomos* et *physis*, est ainsi un lieu commun qui se retrouve tant dans la mythologie traditionnelle – le cyclope Polyphème est un monstre qui vit à l'écart, mange de la viande crue et ne connaît pas la culture du vin –, que dans la philosophie – Socrate souligne l'importance de la justice civile dans le *Gorgias* et s'oppose à Calliclès qui défend une loi de la *physis*. L'individu se doit ainsi de faire partie intégrante de la vie sociétale.

Nous savons ensuite que les Latins associèrent le *prosôpon* au mot *persona,* qui dans un premier temps signifiait également le masque de l'acteur. Ce lien fut renforcé par la mise en place d'une fausse étymologie développée par Aulu-Gelle (c. 130-c. 180) avec le verbe *per-sonare.* Le masque de théâtre servant également de porte-voix, la personne devenait ainsi l'attribut qui fait résonner le propos du personnage. Il n'y avait dès lors qu'un pas pour que le terme prenne la signification de personne juridique et responsable [4]. Ainsi, chez Cicéron (106-43) le terme signifie :

1. *Cf.* E. Housset, *La vocation de la personne*, *op. cit.*, p. 36.
2. Homère, *l'Odyssée*, chant 8 et 9, trad. fr. F. Mugler, *Œuvres*, 2, Paris, Ed. de la Différence, 1991, p. 237-241.
3. *Cf.* Platon, *Gorgias*, 482b-488b, trad. fr. M. Canto, Paris, GF Flammarion, 1993, p. 211-220.
4. *Cf.* E. Housset, *La vocation de la personne*, *op. cit.*, p. 38-39.

le rôle en justice, personnage ou rôle social, réalité ou dignité collective, personnalité marquante ou constituée en dignité, personne juridique par opposition aux choses [1].

Les débuts du christianisme

Avec l'arrivée du christianisme, et notamment au travers de l'*Adversus Praxean* de Tertullien (c. 150-c. 220), le premier théologien de langue latine, la notion se modifie à nouveau [2]. Les significations liées au théâtre vont progressivement disparaître, notamment parce que l'Eglise dénonce son impudicité. Nous assistons dès lors à un déplacement du centre d'intérêt de la notion de personne de l'homme vers Dieu. Ce sont en effet les controverses trinitaires qui, en voulant clarifier comment le Père, le Fils et l'Esprit sont réellement distincts les uns des autres et pourtant ne sont qu'un, vont souligner la relation essentielle qui se noue entre la personne humaine, comprise comme un individu concret, et les Personnes divines (*una substantia, tres personae*). Parmi les théologiens grecs du IIIe siècle, Origène (c. 185-c. 253) le premier a préféré le terme d'hypostase à celui de personne, laissant ainsi moins de possibilités d'interprétations sabelliennes, selon lesquelles la Trinité consisterait en différents modes ou aspects divins, et traduisant tant l'essence de Dieu (*ousia*) que son substrat (*hypokeimenon*). Toutefois, l'utilisation du terme d'hypostase engendra lui aussi des difficultés, puisque certains auteurs, dont Arius (256-336), ont considéré qu'il était strictement synonyme de substance. C'est Basile de Césarée (329-379) qui différencie clairement l'*ousia*, à savoir ce qui caractérise les trois personnes, de l'hypostase, comme ce qui leur est spécifique. Mais Basile semble se méfier encore du terme de *prosôpon* et son introduction est due à Grégoire de Nysse (c. 331-394) qui, voulant spécifier que le Christ possède une double nature à la fois humaine et divine, utilise ce terme pour signifier qu'il reste toutefois une même personne. C'est par conséquent à partir des réflexions sur la Personne du Christ qu'il a été possible de rendre compte de la personne humaine comme d'un sujet personnel et digne [3]. Ainsi, dès les débuts de l'Eglise, la notion de personne renvoie à une humanité qui possède une valeur intrinsèque puisqu'elle est d'origine divine. Toute la tâche consistera à définir le lien qui s'établit entre l'individu particulier et l'humanité.

C'est justement à ce problème que furent confrontés les théologiens latins. En effet, la langue latine ne permettait pas de rendre compte des subtilités du grec. Aussi, les penseurs, ayant pris l'habitude de rendre *ousia* par *substantia* ou par *essentia*, n'avaient pas de termes pour parler de l'*hypostasis*, qui fut finalement traduit par *persona*. Ainsi, Augustin reprend la formule grecque « une

1. R. Benjamin, *Notion de personne…*, *op. cit.*, p. 13.

2. *Cf.* C. Erismann, *L'homme commun. La genèse du réalisme ontologique durant le haut moyen-âge*, Paris, Vrin, 2011 ; E. Weber, *Nature, singularité et devenir de la personne humaine chez Thomas d'Aquin*, Paris, Vrin, 2019.

3. *Cf.* E. Housset, *La vocation de la personne…*, *op. cit.*, p. 42.

essence, trois hypostases » en la rendant par « une essence, trois personnes » [1]. Or, les penseurs grecs virent dans cette traduction un retour au modalisme et la confusion demeura jusqu'à ce qu'hypostase fût traduit non plus par *substantia*, mais par *subsistentia*. La personne fut alors considérée comme la marque d'une réalité propre, mais en communication.

Boèce (c. 480-524) confirme cette notion de singularité de la substance et propose une des premières définitions de la personne humaine ainsi formulée : « Rationalis naturae individua substantia ». Même si Boèce reprend une fausse étymologie pour expliquer la provenance du mot, sa définition fait office d'autorité pour la pensée médiévale :

> C'est ce qui explique que si la personne se trouve dans les substances et seulement dans les substances rationnelles, et si toute substance est une nature qui n'existe que dans les individus et non dans les universels, alors la définition de la personne est toute trouvée : c'est « une substance individuelle de nature rationnelle ». Mais, par cette définition, nous, Latins, nous avons désigné ce que les Grecs appellent hypostase. En effet, le nom latin *persona* paraît être tiré d'une origine tout autre, je veux dire par là de ces masques qui, dans les comédies ou les tragédies représentaient les personnages qui y jouaient un rôle. *Persona*, avec l'accent sur l'avant-dernière syllabe, vient de *personare*, résonner [2].

C'est Isidore de Séville (c. 560-636) – selon les propos d'Alexandre de Halès (c. 1185-1245) et d'Albert le Grand, mais à propos d'un texte qui ne nous est pas parvenu – qui aurait ensuite porté l'attention sur l'individualité de la personne en proposant une étymologie dérivée de « per se una », qui permet de fonder l'unicité de la personne :

> Isidore dit que « la personne signifie presque un étant qui est un par soi », de là, ce qui est dit « un » désigne une substance, ce qui est dit un « par soi » désigne une distinction [3].

Deux étymologies se mettent ainsi en place, la personne étant à la fois indivisible et unique, *per se una*, et capable de se distinguer des autres par son rôle, *personare*. Cette seconde étymologie, bien que Boèce veuille porter l'accent sur la rationalité, semble avoir ouvert la voie à une autre interprétation que nous retrouvons formulée chez Bonaventure [4]. Ce dernier prolonge l'étymologie inventée par Boèce en insistant sur le fait que *personando* équivaut à *se*

1. *Cf.* Augustin, *De Trinitate*, XV, III.

2. Boèce, *Cours traités de théologie, Contre Eutychès et Nestor,* chap. III, trad. fr. H. Merle, Paris, Cerf, 1991, p. 59.

3. Albert le Grand, *Summa theologiae*, q. 44, 1, *in* D. Siedler *et al.* (eds.), *Opera omnia*, XXIV, Münster, Aschendorf, 1978, p. 343 : « Dicit Isidorus, quod "persona dicitur quasi per se unum ens", unde quod dicitur "unum" notat substantiam, quod dicitur "per se" unum, notat distinctionem » ; *cf.* Alexandre de Halès, *Glossa in quatuor libros sententiarum Petri Lombardi*, I, 23, 9.

4. Bonaventure, *Commentaria in I Sent.*, dist. 23, art. 1, q. 1, trad. fr. M. Ozilou, *Bonaventure, les Sentences, Questions sur Dieu*, Paris, P.U.F., 2002, p. 171-172.

resonando, l'importance étant mise sur l'ipséité, *a se*. Cette distinction, introduite sciemment par Bonaventure, marque la prééminence et la dignité de l'individu [1]. Toutefois, Bonaventure conclut qu'« il faut donc concéder qu'on use proprement et convenablement du nom de *personne* quand il s'agit de Dieu » [2]. Ainsi, la définition de Boèce ouvrait la voie à une sacralisation de l'âme humaine, celle-ci étant dépositaire de la substance divine [3]. Ainsi, au début du XIIIe siècle, chez Robert Grosseteste, nous percevons peu à peu l'introduction de la notion de dignité de l'homme par suite des réflexions sur la double nature du Christ, à la fois vrai Dieu et vrai homme [4].

Le rappel des différentes étymologies proposées nous indique donc que l'accent porte principalement sur deux aspects de la personne : à la fois sur l'individualité de sa substance et sur sa dignité. Si tous les penseurs médiévaux s'accordent pour dire que la personne forme une entité unique, le débat reste toutefois ouvert quant à savoir ce qui fonde sa dignité. S'agit-il de la raison, comme le laisse entendre Boèce, ou de la volonté, comme le souligne Bonaventure ?

La personne selon Anselme de Cantorbéry

Cette anthropologie rationnelle s'accentuera au XIe siècle avec Anselme de Cantorbéry qui soutient l'idée d'une ressemblance de l'âme humaine avec Dieu dans l'action intellective et volitive :

> Aucune nature n'est susceptible de justice hormis la nature raisonnable. [...] Or ne sont une nature raisonnable que Dieu, l'ange et l'âme de l'homme, par laquelle l'homme est dit raisonnable et sans laquelle il n'y a pas d'homme [5].

La formule d'Anselme est forte, allant jusqu'à dire que sans la raison, l'homme n'est pas. C'est dans ce contexte rationaliste que la notion de personne intervient lorsque le théologien tente de distinguer la nature des péchés. De prime abord, celle-ci paraît porteuse d'une connotation négative si nous lisons ces lignes du *De casu diaboli* :

> Autant la nature qui a possédé et qui tient la [rectitude] se montre plus digne de louange, autant la personne qui ne possède pas ce qu'elle doit est plus digne de

1. Bonaventure se réfère à Richard de Saint Victor, qu'il oppose à Boèce, en insistant sur le caractère incommunicable ou singulier de la personne. *Cf.* Bonaventure, *Commentaria in I Sent.*, dist. 25, art. 1, q. 1., *op. cit.*, p. 221.

2. *Ibid.*, dist. 23, q. 1, art. 1, p. 172. « Nomen personae convenienter et proprie in divinis dicitur ad significandam distinctionem et proprietatem nobilissimam suppositorum ».

3. *Cf.* A. Boureau, « Droit et théologie au XIIIe siècle », art. cit., p. 1118.

4. *Cf.* Pic de la Mirandole, *De la dignité de l'homme*, trad. fr. Y. Hersant, Combas, Ed. de l'Eclat, 1991, p. XX-XXI.

5. Anselme de Cantorbéry, *La conception virginale et le péché originel*, chap. III, trad. fr. A. Galonnier, M. Corbin, R. Ravinel, Paris, Cerf, 1990, p. 143 : « Nec ista rectitudo potest esse nisi in rationali natura. [...] Rationalis autem natura non est nisi Deus et angelus et anima hominis, per quam homo dicitur rationalis et sine qua non est homo ».

> blâme. [...] Le fait de posséder [la rectitude] ou de devoir démontre la dignité naturelle, et celui de ne pas posséder rend la personne plus digne de blâme [1].

Toutefois, ce caractère mauvais ne tient pas à la notion de personne en soi, mais au fait que celle-ci n'a pas conservé la rectitude. Ce n'est pas en effet la personne en tant que telle qui est digne de blâme, mais seulement en tant qu'elle n'a pas agi selon la justice. Anselme clarifie sa position dans le *De conceptu virginali et de originali peccato*, dans lequel il demande si le péché originel intervient dès le commencement de la *nature* humaine, à savoir depuis la faute originelle, ou dès le commencement de la *personne*. Exprimée ainsi en opposition à l'humanité en général, la notion de personne semble prendre une coloration qui n'était que peu présente jusqu'alors : elle désigne l'individu singulier. Ce point s'accentue par la suite dans ce contexte théologique de l'analyse des péchés, puisque le terme intervient à plusieurs reprises, non pour marquer une ignominie, mais pour signaler une individualité et une incommunicabilité :

> Bien qu'il y ait en chaque homme et la *nature* par lequel il est homme, et la *personne* par laquelle il se distingue des autres, de sorte qu'en disant : « un tel » et « un tel », ou en l'appelant par son nom propre, ainsi Adam et Abel, [...] il y a pourtant le péché que chacun traîne avec sa nature, dans son origine même, et le péché qu'il ne traîne pas avec sa nature même, mais que lui-même fait une fois qu'il est une personne distincte des autres personnes. Celui qu'il traîne dans l'origine même est appelé « originel » et peut aussi être dit « naturel », non qu'il soit de l'essence de la nature, mais parce qu'il est assumé avec celle-ci à cause de sa corruption. Quant au péché que chacun fait une fois qu'il est une personne, il peut être nommé « personnel » puisqu'il se fait par le vice de la personne [2].

Et plus loin :

> Mais qu'il ait mangé de l'arbre défendu, ce n'est pas la volonté naturelle qui le fit, mais la volonté personnelle, c'est-à-dire propre (*propria*). Ce qu'elle accomplit toutefois, la personne ne le fit pas sans la nature. Car la personne était

1. Anselme de Cantorbéry, *La chute du diable*, chap. XVI, trad. fr. A. Galonnier, M. Corbin, R. Ravinel, Paris, Cerf, 1986, p. 337 (trad. mod.) : « Quanto natura quae hoc habuit et debet monstratur laudabilior ; tanto persona quae non habet quod debet convincitur vituperabilior. [...] Habuisse vel debere monstrat naturalem dignitatem, et non habere facit personam vituperabilior ».

2. *Idem*, *La conception virginale et le péché originel*, chap. I, *op. cit.*, p. 137 : « Licet enim in unoquoque homine simul sint et natura qua est homo, sicut sunt omnes alii, et persona qua discernitur ab aliis, ut cum dicitur "iste" vel "ille", sive proprio nomine, ut Adam aut Abel, et uniuscuiusque peccatum sit in natura et persona – fuit enim peccatum Adae in homine, quod est in natura, et in illo qui vocatus est Adam, quod est in persona – : est tamen peccatum quod non trahit cum ipsa natura, sed ipse facit illud postquam iam est persona discreta ab aliis personis. Illud quidem quod trahitur in ipsa origine vocatur "originale", quod potest etiam dici "naturale", non quod sit ex essentia naturae, sed quoniam propter eius corruptionem cum illa assumitur. Peccatum autem quod quisque facit postquam persona est, "personale" potest nominari, quia vitio personae fit ».

> ce qui est dit : Adam, et la nature, ce qui est dit : homme. La personne fit donc pécheresse la nature parce que l'homme pécha quand Adam pécha [1].

Nous constatons dans ces extraits que la notion de personne n'est pas conçue négativement par Anselme. Toutefois, la personne peut pécher et, en tant qu'individu particulier, elle est responsable des actes qu'elle commet. Dans ce cas, c'est la volonté propre qui fait pécher et non la nature (le péché originel) ou la personne. Le traducteur d'Anselme souligne avec raison dans ce passage que le terme « propria » ne désigne pas seulement ici le sens du possessif, *le sien*, mais également de l'adjectif *superbe* [2]. En effet, dans le *De casu diaboli* déjà, Anselme avait affirmé que c'est la superbe du démon qui, voulant être supérieur à Dieu, le fit chuter. Ainsi, selon que nous considérions la cause formelle ou efficiente, c'est l'orgueil ou la volonté propre qui œuvre au mal, mais non la personne. Cette notion ne revêt par conséquent pas de connotation négative pour Anselme.

Il faut ainsi constater qu'Anselme définit la personne comme un individu singulier, *per se unum*, qui se distingue des autres par son nom – ainsi, Adam est une personne différente d'Abel, même si tous deux appartiennent à une même nature humaine – et qui est libre par sa volonté [3]. Cette définition distingue ainsi clairement la personne humaine des personnes divines en mettant l'accent sur une volonté propre, capable de pécher.

La personne selon Richard de Saint-Victor

Richard de Saint-Victor est un auteur trop peu souvent cité dans les essais de reconstruction de la notion de personne. Un siècle après Anselme, son *De Trinitate* constitue pourtant une source essentielle d'inspiration pour les médiévaux. Richard de Saint-Victor commence par se plaindre de ne pas trouver de définitions précises parmi les écrits de ces prédécesseurs :

> C'est, à mon avis, pareille incompréhensibilité qui explique que le mot personne, au gré de certains, est susceptible d'être entendu en des sens très divers. Selon quelques-uns, le mot personne signifie tantôt la substance, tantôt les subsistances, tantôt les propriétés personnelles. [...] Cet exposé n'est pas satisfaisant pour le simple que je suis. Si vous voulez nous satisfaire, mes pareils et moi, il faut d'abord préciser avec soin la signification de substance et de subsistance [...]. Autrement, à quoi bon, dites-moi, m'expliquer l'obscur par le

1. *Ibid.*, chap. XXIII, p. 187 : « Quod vero de ligno vetito comedit, non hoc voluntas naturalis sed personalis, id est propria fecit. Quod tamen egit persona, non fecit sine natura. Persona enim erat quod dicebaur Adam ; natura, quod homo. Fecit igitur persona peccatricem naturam, quia cum Adam peccavit, homo peccavit ».

2. *Cf.* Anselme de Cantorbéry, *La conception virginale et le péché originel*, *op. cit.*, n. 31, p. 208.

3. Cf. *idem*, *Commentary on De grammatico*, chap. XII. trad. fr. P. H. Desmond, Boston-Dodrecht, Reidel, 1974, p. 64 ; E. Weber, *La personne humaine au XIIIe siècle, l'avènement chez les maîtres parisiens de l'acception moderne de l'homme*, Paris, Vrin, 1991, p. 48.

plus obscur? Le mot personne, tout le monde l'emploie, même les gens sans culture [1].

Il faut remarquer toute l'ironie dont use ici Richard de Saint-Victor pour affirmer que les théologiens et les philosophes qui l'ont précédé ont complexifié ces notions, les rendant obscures, plutôt que d'apporter des éclaircissements sur leur terminologie. Certes, le Victorin poursuit comme but de définir avec plus de finesse la relation qu'entretiennent les personnes divines entre elles, mais, pour ce faire, il parvient *mutatis mutandis* à définir la notion de personne humaine avec plus de précision [2]. Ainsi, il constate que les philosophes confondent deux questions : celle du *quis* et du *quid*. Lorsque ces derniers veulent définir ce en quoi consiste une personne, ils donnent la définition traditionnelle de Boèce : c'est une substance individuelle douée de raison. Or, ils expliquent par cette définition ce que c'est (*aliquid*) que la personne et non qui elle est (*aliquis*) :

> Lorsqu'un objet est si éloigné que nous ne pouvons le distinguer, nous demandons « Qu'est-ce que c'est? ». Et d'ordinaire, on nous répond « c'est un animal, c'est un homme, c'est un cheval », et ainsi de suite. Mais lorsque l'objet est assez près pour que nous puissions distinguer que c'est un homme, nous ne demandons plus : « Qu'est-ce que c'est? » mais : « Qui est-ce? ». Et on nous répond : « C'est Mathieu, c'est Barthélémy, c'est le père ou le fils d'un tel ». Vous le voyez, à la question : « Qu'est-ce que c'est? » la réponse est un terme générique ou spécifique, à la question : « Qui est-ce? » la réponse est un nom propre ou terme équivalent. En disant : « Qu'est-ce que c'est? », on s'enquiert d'une propriété commune; en disant : « Qui est-ce? », on s'enquiert d'une propriété personnelle [3].

Pour Richard de Saint-Victor, la personne correspond ainsi à une entité singulière. Elle possède des propriétés qui n'appartiennent qu'à elle, elle est

1. Richard de Saint-Victor, *De Trinitate*, 4, III-IV, trad. fr. G. Salet, Paris, Cerf, 1959, p. 235-239 : « Ex hac tamen, ut mihi videtur, incomprehensibilitate efficitur ut, secundum quosdam, personae significatio per multas acceptiones varietur. Nam sunt qui dicunt nomen personae aliquando substantiam, aliquando subsistentias, aliquando personarum porprietates significare. [...] haec eorum doctrina non satisfacit meae simplicitati. Si vultis mei similibus satisfacere, oportet primum tam substantiae significationem diligenter determinare [...]. Alioquium quaeso, quid prodest mihi ignotum per ignotus ostendi? Nomen personae in ore omnium, etiam rusticorum, versatur ».

2. *Cf.* T. Ebneter, *Existere, zur Persondefinition in der Trinitätslehre des Richard von St. Viktor*, Fribourg, Presse universitaire de Fribourg, 2005.

3. Richard de Saint-Victor, *De Trinitate*, 4, VII, *op. cit.*, p. 243-245 : « Cum aliquid tam longinquum a nobis fuerit ut discerni non possit, interrogamus quid sit. Et id quidem accipere solemus responsi, quod animal est homo aut equus aut aliquid hujusmodi. Cum autem adeo appropinquaverit ut quod homo sit discerni possit, interrogamus jam non quid, sed quis sit. Et respondetur nobis quod sit Mathaeus, Bartholomaeus, pater vel filius illius. Videtis quia ad interrogationem quid, repondetur nomen generale vel speciale, definitio, vel aliquid tale. Ad interrogationem autem quis, nomen proprium reddi solet, vel aliquid quod aequipollet. Per quid itaque inquiritus de proprietate communi, per quis de proprietate singulari ».

incommunicable. Pour l'expliquer, Richard développe une notion remarquable. Revenant sur la distinction opérée entre substance et subsistance, il crée le concept tout à fait original de *danielitas* :

> Nous n'avons pas de terme pour désigner cette substantialité individuelle, mais nous pouvons obtenir une définition bien meilleure en la faisant dériver du nom propre. Ainsi, de Daniel nous faisons « daniélité », de même que nous tirons « humanité » d'un être humain. La « daniélité » est donc cette substantialité ou, si vous préférez, cette subsistance à laquelle Daniel doit d'être la substance qu'il est, et à laquelle aucune autre substance ne peut participer. Ainsi, tandis que l'humanité, ou la corporéité, sont communes à beaucoup, la « daniélité » est totalement incommunicable parce qu'elle appartient à Daniel de telle manière qu'elle ne peut appartenir à personne d'autre [1].

La « daniélité » désigne ainsi le propre de cet individu singulier qu'est Daniel. Par extension, nous pourrions dire que ce sont les caractéristiques ou les traits propres de chaque individu qui marquent leur spécificité. Socrate est tel qu'il est, non pas parce qu'il est fait de cette chair et de cet os [2], mais parce qu'il est Socrate. Si Richard de Saint-Victor n'use pas ici du terme de personne pour définir la substantialité individuelle que représente la « daniélité », il fournit toutefois une première définition de l'individu qui ne repose pas sur des concepts aristotéliciens : être untel, par exemple Daniel ou Socrate, relève d'une propriété essentielle et incommunicable à tout autre être humain.

Nico de Bok remarque avec pertinence que cette « daniélité » s'entend toutefois en un double sens. Elle est à la fois substantielle et relationnelle. La personnalité, autrement dit le fait d'être une personne, est, en un sens, une propriété générale à tout être humain. Toutefois, la propriété personnelle, entendue sous le terme de « daniélité » n'appartient qu'à l'individu particulier qu'est Daniel [3]. Le fait d'être une personne contient donc cette ambiguïté d'être à la fois une propriété commune à tout être humain et en même temps une propriété incommunicable qui le différencie absolument des autres. Ainsi, la personne n'est pas un vague individu selon Richard de Saint-Victor, mais une

1. Richard de Saint-Victor, *De Trinitate*, chap. XII, trad. fr. N. De Bok, « Richard de Saint-Victor et la quête de l'individualité essentielle », *in* B. Bedos-Rezak, D. Iogna-Prat (éd.), *L'individu au Moyen Age…*, *op. cit.*, p. 123-143 : « Ad designandam individualem aliquam substantialitatem, nomen in usu non habemus, sed majorem dicendorum evidentiam ponere et a proprio nomine trahere possumus. Dicatur itaque a Daniele Danielitas, sicut ab homine humanitas. Danielitas itaque intelligatur illa substantialitas, vel, si magis placet, illa subsistentia ex qua Daniel esse habet illa substantia que ipse est et quam participare non potest aliqua alia. Humanitas itaque, sicut corporalitas, est multis communis. Danielitas vero omnino incommunicabilis ; incommunicabilem vero iccirco dicimus, quia sic est ejus ut non possit esse alterius ».

2. Cf. *De Ente et essentia* de Thomas d'Aquin, chap. II, dans lequel Thomas distingue l'homme en général et en particulier au moyen de cet exemple.

3. *Cf.* N. de Bok, « Richard de Saint-Victor et la quête de l'individualité essentielle », art. cit., p. 140-141.

identité réelle et concrète qui par son nom devient unique et se distingue des autres individus.

A toute fin utile, Richard insiste sur le fait que ce ne sont pas les propriétés accidentelles et matérielles qui définissent la personne. L'expérience sensible ne nous permet pas de comprendre cette incommunicabilité, mais seulement de percevoir des accidents changeants. Ce point lui permet d'englober Dieu et les anges dans sa définition :

> Ce qu'il y a de principal dans la substance, ce n'est pas de soutenir et d'être sujet d'inhérence, mais d'être telle réalité et de subsister en elle-même sans inhérer à un sujet. Tels sont les caractères communs à toute substance : humaine, angélique et divine [1].

Si le but du Victorin est de définir l'incommunicabilité de la substance divine, il apporte toutefois par sa définition de la « daniélité » une vision novatrice qui s'applique également aux hommes et aux anges [2]. Ayant défini cette propriété essentielle et incommunicable de chacun, Richard de Saint Victor peut réintroduire le vocable de la personne :

> Assurément, chaque personne humaine possède une nature qui lui est propre et qui la distingue sans ambiguïté de n'importe quelle autre [3].

L'entreprise de Richard consiste par conséquent à fournir *in fine* une définition de la personne valable pour l'ensemble du réel. Mais puisque le terme est porteur de trop d'ambiguïté, sa stratégie consiste à clarifier cette notion au travers de la création du concept de *danielitas*. Si ce paradigme ne trouvera pas de grands échos auprès de ses successeurs, nous souhaitons toutefois relever la forte similitude avec la notion d'*eccéité* développée un siècle et demi plus tard par Duns Scot [4]. Cependant, la nouvelle définition de la personne que propose Richard de Saint Victor aura *a contrario* un impact considérable, puisque, parallèlement à la proposition de Boèce, la proposition de Richard de Saint-Victor de définir la personne comme une *intellectualis naturae incommunicabilis existentia* fera également autorité [5].

1. Richard de Saint-Victor, *De Trinitate*, 4, XXIII, *op. cit.*, p. 284-285 : « Est autem ei [sc. substantialie esse] principale non quod habet subesse et quod aliquid habet ei velud subjecto inhere, sed quod tale qui est quod consistat in seipso et nulli inhereat velud in subjecto. Hoc utique commune est omni substantie humane, angelice, divine ».

2. Pour le cas de l'ange, Richard suppose que celui-ci est une personne, puisqu'il peut sous un certain aspect répondre à la question du *quis*. Cf. *ibid.*, VII, p. 244-245.

3. *Ibid.*, p. 258-259 : « Certe omni humanae personae est qualitas singularis et propria, per quam absque omni ambiguitate differt a qualibet alia ».

4. *Cf.* Duns Scot, *Le principe d'individuation*, trad. fr. G. Sondag, Paris, Vrin, 2005.

5. *Cf.* Richard de Saint Victor, *De Trinitate*, 4, 22.

La personne selon Thomas d'Aquin

Au XIIIe siècle, Thomas d'Aquin reprend la définition boécienne pour en souligner l'importance. En cherchant si l'emploi du terme convient à Dieu, Thomas affirme que la personne exprime « ce qu'il y a de plus parfait en toute nature : c'est une réalité individuée qui subsiste dans la nature rationnelle » [1]. L'accent est ainsi à nouveau mis sur la nature rationnelle du sujet, comme nous pouvons par exemple le lire dans le *De potentia* :

> De la même manière que le nom d'hypostase, selon les Grecs, et celui de substance première, selon les Latins, sont le nom spécial de l'individu dans le genre de la substance, ainsi celui de personne est le nom spécial de l'individu qui jouit d'une nature raisonnable. L'une et l'autre spécialités sont contenues dans ce mot *personne*. C'est pourquoi afin de montrer qu'elle est un individu dans le genre de la substance, on dit que la personne est une *substance individuelle*; pour montrer ensuite qu'elle jouit de l'intelligence, on ajoute *de nature raisonnable*. De cette manière, par le mot *substance*, on exclut de l'idée de personne les accidents dont aucun n'est une personne; par le mot *individu*, on exclut de cette même idée les genres et les espèces qui ne peuvent non plus s'appeler personne; enfin, en ajoutant *de nature raisonnable*, on exclut de cette idée les minéraux, les plantes, les brutes, toutes choses qui ne sont pas des personnes [2].

De cette précision établie à partir de la définition de Boèce entre la substance individuelle et la nature rationnelle, Thomas d'Aquin déduit trois composantes essentielles à la notion de personne, à savoir la subsistance, l'incommunicabilité et la rationalité, là où Bonaventure proposait pour sa part les notions de singularité, d'incommunicabilité et de dignité [3]. La personne, selon le Docteur angélique, se distingue ainsi du genre ou de l'espèce en général (l'humanité). Il faut toutefois remarquer qu'elle ne doit pas pour autant être identifiée à un singulier déterminé (Socrate). La personne correspond vraisemblablement pour Thomas d'Aquin à la nature individuée (l'individu vague) qui signifie avant tout l'essence, en ce qu'elle désigne l'existence

1. Thomas d'Aquin, *Somme de théologie*, Ia, q. 29, art. 3, *op. cit.*, p. 371 : « Persona significat id quod est perfectissimum in tota natura, scilicet subsistens in rationali natura ».

2. *Idem*, *De potentia*, q. 9, art. 2, trad. fr. A. Michel, « Hypostase », *Dictionnaire de théologie catholique*, VII, 1922, p. 425-426 : « Sicut ergo hoc nomen hypostasis secundum graecos, vel substantia prima secundum latinos, est speciale nomen individui in genere substantiae; ita hoc nomen persona, est speciale nomen individui rationalis naturae. Utraque ergo specialitas sub nomine personae continetur. Et ideo ad ostendendum quod est specialiter individuum in genere individua; ad ostendendum vero quod est specialiter in rationali natura, additur rationalis naturae. Per hoc ergo quod dicitur substantia, excluduntur a ratione personae accidentia quorum nullum potest dici persona, per hoc vero quod dicitur individua, excluduntur genera et species in genere substantiae quae etiam personae dici non possunt, per hoc vero quod additur rationalis naturae, excluduntur inanimata corpora, plantae et bruta quae personae non sunt ».

3. *Cf.* Thomas d'Aquin, *Commentaire des Sentences*, III, dist. 25, q. 1, art. 1; Bonaventure, *Commentaria in III Sent.*, *Opera Omnia*, III, Quarrachi, S. Bonaventurae, 1887, p. 132-133.

particulière d'un être subsistant par soi. Ainsi, il affirme, lorsqu'il s'interroge sur la pluralité des personnes en Dieu dans la *Somme de théologie*, que :

> Même en ces cas humains, « personne » est un nom commun, de cette communauté logique, qui est celle non pas du genre ou de l'espèce, mais de l'individu indéterminé. En effet, les noms de genre ou d'espèce, par exemple « homme », « animal », signifient formellement les natures communes mêmes, et non pas les intentions logiques des natures communes; ce sont les termes « genre » ou « espèce » qui signifient ces intentions. Tandis que l'individu indéterminé, par exemple « quelque homme », signifie une nature commune avec le mode indéterminé d'existence qui appartient au singulier, à savoir: d'être par soi subsistant à part des autres. Enfin, le nom d'un singulier déterminé comprend dans sa signification les caractères distincts déterminés : dans « Socrate », par exemple, on évoque cette chair et ces os [1].

Pourtant faut-il encore préciser une différence entre la notion de personne et celle de nature individuée :

> Si le nom de l'individu vague (un homme singulier) et le nom de la personne se rapprochent par une grande analogie, il y a pourtant une différence entre l'un et l'autre; le premier signale d'abord la nature, puis l'individu subsistant (puisque naturellement toute nature individuée doit subsister), le dernier, au contraire, dénote avant tout l'individu subsistant, puis la nature [2].

La personne est ainsi considérée par Thomas comme le suppôt de la nature humaine, puisque « dans la définition de la personne, le terme "substance" ne signifie pas l'essence, mais le "suppôt", puisqu'on ajoute "individuelle" » [3]. Or Thomas d'Aquin semble derechef souligner que ce qui est le plus essentiel à la personne n'est pas son incommunicabilité, mais sa rationalité. L'accomplissement de la personne requiert en effet une unité entre la matière, qui lui donne sa subsistance et son individuation, et la rationalité :

> L'âme et le corps constituent en chacun de nous une double unité : de nature et de personne. De nature en tant que l'âme s'unit au corps comme une forme qui

1. Thomas d'Aquin, *Somme de théologie*, Ia, q. 30, art. 4, *op. cit.*, p. 379 : « Et ideo dicendum est quod etiam in rebus humanis hoc nomen persona est commune communitate rationis, non sicut genus vel species, sed sicut individuum vagum. Nomina enim generum vel specierum, ut homo vel animal, sunt imposita ad significandum ipsas naturas communes; non autem intentiones naturarum communium, quae significantur his nominibus genus vel species. Sed individuum vagum, ut aliquis homo, significat naturam communem cum determinato modo existendi qui competit singularibus, ut scilicet sit per se subsistens distinctum ab aliis. Sed in nomine singularis designati, significatur determinatum distinguens, sicut in nomine Socratis haec caro et hoc os ».

2. *Ibid.* : « Hoc tamen interest, quod aliquis homo significat naturam, vel individuum ex parte naturae, cum modo existendi qui competit singularibus, hoc autem nomen persona non est impositum ad significandum individuum ex parte naturae, sed ad significandum rem subsistentem in tali natura ».

3. *Ibid.*, Ia, q. 30, art. 1, p. 374 : « Substantia non ponitur in definitione personae secundum quod significat essentiam, sed secundum quod significat suppositum, quod patet ex hoc quod additur individua ».

lui donne son achèvement [...]. Mais il y a aussi en nous une unité de personne en tant qu'un seul individu subsiste dans la chair et dans l'âme [1].

En insistant sur cet hylémorphisme de la personne, Thomas d'Aquin s'oppose à Hugues de Saint-Victor (1096-1141) qui affirmait, en s'appuyant sur Macrobe (c. 370-c. 430), que seule l'âme est une personne, puisqu'elle seule est de nature rationnelle [2].

Il est indéniable que l'impact de Thomas d'Aquin sur l'histoire de la notion de personne est considérable [3]. Cependant, certains chercheurs, tels que le Père Weber dans son ouvrage sur *La personne humaine au* XIIIe *siècle*, tendent à faire de Thomas d'Aquin un précurseur de la modernité, supposant qu'il est le premier à introduire le concept moderne de personne [4]. Non seulement il est plus que délicat de soutenir de telles affirmations, mais qui plus est, nous défendons au contraire la thèse selon laquelle la notion de personne n'est pas essentielle à la doctrine de Thomas d'Aquin.

En effet, le terme de personne s'identifie chez Thomas à celui de suppôt et les notions de substance ou d'individu possèdent une importance bien plus considérable dans le développement de sa pensée. Nous partageons ainsi l'avis de Cornelio Fabro qui affirme que Thomas d'Aquin ne fait que reprendre le vocabulaire de Boèce, pour en faire « un usage accommodant » et que la simple utilisation d'un mot ne suffit pas pour soutenir l'élaboration d'un concept [5].

Il est fort dommageable que le Père Weber ne définisse pas en quoi consiste la modernité de la notion de personne. Il souligne que celle-ci renvoie à la notion de singularité et d'incommunicabilité, et relève principalement de la notion de rationalité, en tant que faculté première de l'âme humaine. Or, comme nous l'avons indiqué, Thomas ne fait en ce sens que reprendre les définitions traditionnelles de la personne. Si nous devions définir la « modernité » de la notion de personne par l'introduction de la conscience de soi ou de la primauté du « Je » en tant que source de la connaissance ou de la morale, il faut constater que ces points sont absents de la définition thomasienne. Il ne s'agit

1. *Ibid.*, IIIa, q. 2, art. 1, p. 27 : « Dicendum quod ex anima et corpore constituitur in unoquoque nostrum duplex unitas, naturae e personae. Naturae quidem, secundum quod anima unitur corpori, formaliter perficiens ipsum [...]. Unitas vero personae constituitur ex eis, in quantum est unus aliquis subsitens in carne et anima ».

2. *Cf.* Hugues de Saint-Victor, *De sacramentis christiane fidei*, II, part. 1, 11, ed. R. Berndt, Münster, Aschendorff, 2008, p. 324.

3. *Cf.* C. De Belloy, « Personne divine, personne humaine selon Thomas d'Aquin : l'irréductible analogie », *Les Études philosophiques*, 81/2, 2007, p. 163-181 ; S. Chareton, *Subsistance et métaphysique de la personne humaine chez Thomas d'Aquin*, thèse soutenue le 16 janvier 2011, Sorbonne/Fribourg; Marie de l'Assomption, *L'homme, personne corporelle : la spécificité de la personne humaine chez saint Thomas d'Aquin*, Paris, Parole et Silence, 2014.

4. *Cf.* E. Weber, *La personne humaine au* XIIIe *siècle...*, *op. cit.*, p. 494-509.

5. *Cf.* C. Fabro, *Neotomismo e Suarezismo*, Roma, EDIVI, 2005, n. 13, p. 43 ; *idem*, *La nozione metafisica di partecipazione secondo San Tommaso d'Aquino*, Roma, EDIVI, 2005, p. 33 ; *idem*, « La distinzione tra "quod est" e "quo est" nella Summa De anima di Giovanni la Rochelle », *Divus Thomas*, 41, 1938, p. 508-522.

pas de polémiquer, mais de montrer qu'il convient de pondérer l'impact de Thomas d'Aquin sur la notion de personne, remarquant toutefois l'importance de son rôle dans la réaffirmation de la conception boétienne et de l'hylémorphisme de la personne humaine.

L'émergence de la notion de personne au sens « moderne »

A la suite de la remarque que nous venons de formuler, il semble nécessaire de s'interroger sur ce qui caractérise la modernité de la notion de personne. Théo Kobusch, dans un article paru en 2008, relève l'existence de deux traditions à ce propos. L'une, représentée par Locke et Leibniz, affirme que la personne est caractérisée par la conscience. L'autre tradition, incarnée par Pufendorf, Kant ou Hegel, souligne l'importance de la liberté [1]. Kobusch précise toutefois pour cette seconde tradition philosophique qu'il ne peut y avoir de liberté sans subjectivité. Ainsi, dans les deux cas, la personne « moderne » semble se définir par une intériorité qui se définit soit par la conscience, soit par la liberté et qui, en cela, s'oppose à l'objet.

La plupart des histoires de l'évolution de la notion de personne, de celle de Deman à celle de Renaut, en passant par Taylor, soulignent l'importance de Kant pour ce passage à la « modernité » de la personne, puisqu'elles prétendent que le philosophe allemand fut le premier à faire émerger le « Je » dans ses écrits, tout en utilisant le terme de personne. C'est en effet ce que nous pouvons lire dans l'*Anthropologie du point de vue pragmatique* [2] :

> Posséder le « Je » dans sa représentation : ce pouvoir élève l'homme infiniment au-dessus de tous les êtres vivants sur la terre. Par-là, il est une personne; et grâce à l'unité de sa conscience dans tous les changements qui peuvent lui survenir, il est une seule et même personne, c'est-à-dire un être entièrement différent, par le rang et la dignité, de *choses* comme le sont les animaux sans raison dont on peut disposer à sa guise; et ceci, même lorsqu'il ne peut pas dire Je, car il l'a dans sa pensée [3].

Or, les historiographies que nous avons citées affirment d'une certaine façon qu'entre Thomas d'Aquin et Kant, seul Descartes – voire John Locke – influença cette notion en relevant l'importance de la conscience. Certaines vont parfois même jusqu'à nier toute l'importance du Moyen Âge quant à cette question. Or, le développement de la perception de soi qui s'est opéré durant le Moyen Âge central n'est plus à remettre en question. En plus de la position de

1. *Cf.* Th. Kobusch, « L'être moral de la personne, la philosophie moderne et la doctrine de la liberté », *in* F.-X. Putallaz, B. Schumacher (éd.), *L'humain et la personne*, Paris, Cerf, 2008, p. 237-238.

2. *Cf.* Th. Deman, « Sur l'usage de la notion de personne en philosophie morale », *Studia Philosophica*, 7, 1947, p. 41-57; A. Renaut, *L'individu : réflexions sur la philosophie du sujet*, Paris, Hatier, 1995; C. Taylor, *Sources of the Self*, Cambridge, Harvard University Press, 1989.

3. E. Kant, *Anthropologie du point de vue pragmatique*, trad. fr. M. Foucault, Paris, Vrin, 1984, p. 17.

Morris et de Bynum que nous avons évoquée précédemment, il convient de citer plus particulièrement le propos d'Alain Boureau, qui relève au travers de l'ensemble de ses écrits que le XIIIᵉ siècle a connu d'importantes modifications quant aux statuts des passions, ou quant à la compréhension de la personne en relation à l'herméneutique biblique ou à la démonologie [1]. Non seulement il serait ainsi faux de croire que la notion n'a pas subi de développement depuis le milieu du XIIIᵉ siècle, mais surtout nous soutenons que la pensée d'Olivi constitue une étape clef dans l'émergence progressive du sujet « moderne ». Si nous avons déjà montré que les concepts de liberté et de conscience lui sont essentiels, Olivi donne à la notion de personne une importance capitale, en la plaçant à l'origine de la connaissance et de la décision éthique, ce qui facilitera le processus d'individualisation, caractéristique des sociétés modernes [2].

C'est à Olivier Boulnois qu'il revient d'avoir le premier souligné l'importance d'Olivi à ce propos au travers de l'analyse de l'article 19 de l'*Impugnatio*. En effet, Boulnois remarque que lorsqu'Olivi évoque « la certitude infaillible de sa propre existence » [3], il prétend que la pensée est subjective et que le « moi » se connaît d'emblée non pas par une réflexion, mais par une intuition de l'ordre de l'expérience. Quelques années plus tard, Sylvain Piron a relevé l'importance de la notion de personne dans le vocabulaire olivien dans son article sur *L'expérience subjective selon Pierre de Jean Olivi*. En effet, analysant la notion de vœux évangéliques, Piron constate non seulement l'introduction du terme de personnalité, mais surtout le changement de conception qu'a introduit Olivi en ce qui concerne la morale : le sujet se trouve investi d'une compétence normative inédite [4]. Notre recherche s'inscrit ainsi dans la continuité de ces réflexions, voulant toutefois analyser la notion de personne chez Olivi, ainsi que son rapport à la liberté et à la conscience, au sein non plus du cadre gnoséologique ou historique, mais éthique.

1. *Cf.* A. Boureau, « Un sujet agité ...», art. cit., notamment p. 189 ; *idem*, « L'individu, sujet de la vérité et suppôt de l'erreur, connaissance et dissidence dans le monde scolastique (vers 1270-vers 1330) », *in* B. Bedos-Rezak, D. Iogna-Prat (éd.), *L'individu au Moyen Age*, *op. cit.*, p. 289-363 ; *idem*, « Le sabbat et la question scolastique de la personne », *in* N. Jacques-Chaquin, M. Préaud (éd.), *Le sabbat des sorciers en Europe* (*XVᵉ-XVIIIᵉ siècle*), *Colloque international E.N.S., Fontenay/Saint-Cloud, 4-7 novembre 1992*, Grenoble, 1993, p. 33-46.

2. *Cf.* Th. Kobusch, « L'être moral de la personne... », art. cit., p. 239-240.

3. *Cf.* O. Boulnois, *Etre et Représentation...*, *op. cit.*, p. 167-174.

4. *Cf.* S. Piron, « L'expérience subjective selon Pierre de Jean Olivi », art. cit., p. 45.

VERS UNE DÉFINITION DE LA PERSONNE SELON PIERRE DE JEAN OLIVI

Remarquons en préambule que, si Olivi traite plus particulièrement de la problématique de la personne au sein de la question XV de sa *Summa*, les informations disponibles sur cette notion sont parsemées dans l'ensemble de sa production. Nous avons ainsi pu rencontrer plus de 150 occurrences du terme *persona* – les références à la personne du Christ mises à part – dans la seule *Summa*. Par conséquent, pour parvenir à saisir les contours de cette notion, il faut entreprendre la lecture de l'ensemble du corpus olivien. Ne prétendant pas parvenir à une connaissance exhaustive des textes d'Olivi, nous soulignerons toutefois l'importance capitale pour cette réflexion de l'*Impugnatio*, ainsi que de quelques questions tirées de la *Summa*, principalement les questions XV, LXXVI et LXXIX.

Théologie et philosophie de la personne

La question XV de la *Summa* d'Olivi tente de définir si la notion de suppôt ou de personne ajoute réellement quelque chose à la nature [1]. Cette interrogation s'intègre dans une réflexion générale portant sur les raisons d'étant et d'être créé et intervient après les réflexions portant sur l'individuation [2]. Par conséquent, bien que la majeure partie des arguments porte sur les personnes divines, le contexte nous permet de saisir qu'Olivi parle également ici des personnes créées. Le septième argument portant sur la dépendance des créatures en est la preuve. Le but d'Olivi consiste donc à produire une définition univoque, valable tant pour Dieu que pour les hommes et les anges.

L'énoncé de la question nous permet de saisir de manière immédiate que la notion de personne est *stricto sensu* équivalente à celle de suppôt [3]. Les termes sont en effet de parfaits synonymes et Olivi use des deux termes, *suppositum seu persona*, de manière indifférenciée. Cette équivalence se retrouve en de maints endroits, notamment lorsqu'Olivi aborde les questions trinitaires. Ainsi, dans la *Quaestio de Trinitate*, la personne du Père est définie comme le suppôt d'une relation de paternité avec le Fils :

> La personne du Père est par sa personnalité ce suppôt ou, ainsi que je l'ai dit, cette substance, mais elle est par la paternité associée à cette personnalité ou cette personne, relative au Fils [4].

1. P. J. Olivi, *Summa*, q. XV, *op. cit.*, p. 272-290.

2. Cf. *ibid.*, p. 133 : « Deinde quantum ad generales rationes entis et esse creati quaeruntur novem ».

3. *Cf.* L. Seidel, *Natur und Person. Metaphysische Probleme bei Petrus Johannis Olivi*, Würzburg, Mayr R., 1938.

4. P. J. Olivi, *Quaestio de Trinitate*, ed. M. Schmaus, « Der Liber propugnatorius des Thomas Anglicus und die Lehrunterschiede zwischen Thomas von Aquin und Duns Scotus », *Beiträge zur*

Dans le cas de Dieu, la personne désigne non seulement le suppôt, mais également sa substance. Si la définition que recherche Olivi se veut effectivement universelle, nous devons déterminer si Olivi, lorsqu'il désigne la personne humaine, entend également parler de sa substance. Le Franciscain d'Oc introduit plusieurs distinctions d'importance au sein de la détermination de la question XV, qui rendent difficile la compréhension de sa position. Toutefois, une longue remarque finale nous permet de mieux saisir sa pensée : à la question de savoir si la personne ajoute réellement quelque chose à la nature, deux réponses doivent être fournies, la première convenant à la théologie, la seconde à la philosophie.

En matière de théologie, Olivi conclut qu'il est préférable de ne pas se déterminer. Les arguments *pro* et *contra* semblent en effet tout autant valides les uns que les autres et aucun ne parvient à faire pencher la balance en faveur d'une position. La solution consiste *in fine* à montrer comment ces deux propositions – à savoir si le suppôt ajoute ou non quelque chose à la nature – servent toutes deux la vérité de la foi :

> Je pense qu'en ce qui concerne la théologie, il est plus sûr d'utiliser l'une et l'autre de ces deux propositions, une disant que [la personne] n'ajoute rien de réellement différent à la nature et l'autre le contraire et de montrer comment ces deux propositions ne s'opposent pas à la vérité de notre foi, mais plutôt la servent [1].

Mais après avoir volontairement laissé sa détermination ouverte, Olivi poursuit son propos en indiquant qu'il est plus vraisemblable que le suppôt n'ajoute rien de réellement différent à la nature. Il prend alors clairement parti en faveur de cette thèse :

> Cependant, pour certains autres, dont je fais partie, il semble être plus vraisemblable qu'il n'ajoute rien de réellement différent [2].

La stratégie a de quoi surprendre et nous pouvons à juste titre nous demander pourquoi Olivi ne se détermine pas directement pour l'identité de la personne et de la nature. Deux réponses peuvent être apportées à cette question, puisqu'Olivi distingue clairement à cet endroit la position philosophique de la position théologique. Premièrement, Catherine König-Pralong a montré que la seconde moitié du XIIIe siècle voit apparaître un nouveau genre de *Commentaire des Sentences* dont le but n'est pas de déterminer une position

Geschichte der Philosophie und Thelogie des Mittelalters, XXIX, Teil II, 1930, p. 199 : « Persona Patris per personalitatem suam est hoc suppositum aut, ut ita dicam, haec substantia, per paternitatem vero huic personalitati seu personae adiunctam est ad Filium relatus ».

1. P. J. Olivi, *Summa,* q. XV, *op. cit.*, p. 288 : « Puto autem in theologicis tutius esse uti utraque illarum duarum, quarum una dicit quod ad naturam nihil addit realiter diversum, altera vero quod immo, et monstrare quomodo utraque istarum veritati nostrae fidei non obest, sed potius famulatur ».

2. *Ibid.* : « Alias tamen quibusdam, inter quos et mihi, verisimilius esse videtur quod nihil addat realiter diversum ».

stricte, mais de proposer un panorama des solutions pour en faire émerger les propositions les plus vraisemblables [1]. Olivi agirait alors dans ce souci d'exposition des solutions probables. Deuxièmement, bien que la raison humaine soit limitée et ne puisse par elle-même parvenir à la vérité de la foi, rappelons qu'Olivi s'est engagé dans le *De perlegendis* à chercher les positions les plus cohérentes [2]. Ainsi, bien qu'il affirme qu'il est impossible de connaître avec certitude si la personne ajoute quelque chose de réel à la nature, il semble toutefois, pour ce qui est de la philosophie, qu'il convienne de défendre une identité de nature et de personne.

Personne, suppôt et substance

Cette précaution théologique explicitée, voyons comment Olivi énumère au sein de la question XV de la *Summa* les quatre options philosophiques concernant la définition de la personne, qu'il a pu lire ou entendre en diverses occasions, pour finalement n'en retenir qu'une seule [3] :

1) La première soutient l'idée d'une addition de réalité par rapport à la nature. La personne désignerait ainsi un mode d'être par soi (*per se*), différent de la substance [4]. Les trois propositions suivantes soutiennent l'idée que la personne n'ajoute rien de réel à la nature [5]. Toutefois, les trois dernières propositions diffèrent selon leur mode :

2) La seconde comprend la personne comme une partie de la nature. Ce sont dès lors les accidents qui permettent de distinguer le suppôt de la personne :

> Le suppôt ajoute à la nature un certain être informable qui est informé par les accidents [6].

1. *Cf.* C. König-Pralong, *Le bon usage des savoirs…*, *op. cit.*, p. 201-202.

2. *Cf.* P. J. Olivi, *De perlegendis, op. cit.*, p. 433 : « [Les philosophes] possédèrent en effet une parcelle de la lumière de l'intelligence naturelle et purent donc mettre par écrit quelque parcelle de la vérité. Ils la possédèrent cependant dans les ténèbres du péché originel et de la souillure actuelle et mêlèrent donc beaucoup de fausseté à la vérité ; ils la possédèrent aussi en quantité modique et grevée de beaucoup de matérialité, c'est pourquoi leurs recherches ne pouvaient accéder à la vérité que de manière fragmentaire ».

3. Cf. *idem*, *Summa*, q. XV, *op. cit.*, p. 279 : « Hac igitur sunt opiniones quas legere vel audire potui et forte sunt aliquae aliae quas nec audivi nec legi ».

4. Cf. *ibid.*, p. 276 : « Ad quaestionem istam dixerunt quidam quod suppositum addit ad naturam suam etiam individualiter acceptam seu individualem aliquid realiter differens ab ipsa ».

5. Cf. *ibid.*, p. 276-277 : « Alii vero istis contrarium senserunt, dixerunt enim quod suppositum nihil addit tale quod realiter differat a natura completa seu totali ipsius suppositi ».

6. *Ibid.*, p. 278 : « Tunc suppositum addit ad naturam aliquod ens informabile quod informatur ab accidentibus ».

3) La troisième affirme que la personne n'ajoute qu'un aspect négatif, selon lequel la personne ne peut se produire en une autre nature :

> Certains le supposent, puisqu'ils ont dit qu'il n'ajoute rien si ce n'est une certaine raison négative ou une privation, à savoir une négation de l'existence en un autre [1].

4) La quatrième enfin propose l'introduction d'une raison réelle positive, mais identique à la nature :

> La raison d'être consiste en la raison de l'essence, également complète, par une certaine addition. Elle n'ajoute pas une autre essence, mais seulement une raison réelle [2].

Puisque la définition que souhaite établir Olivi se veut universelle, elle doit être valable tant pour Dieu que pour le créé, raison pour laquelle Olivi fait intervenir des vérités d'ordre théologique pour apprécier la validité de ces définitions. Ainsi, la première proposition qui soutient l'addition d'une réalité à la nature n'est pratiquement pas développée, puisque le cas des personnes divines contredit cette hypothèse. Il est en effet absurde que, par exemple, le Père soit par nature différent de son essence divine. De même, la seconde position est rejetée pour des raisons de cohérence avec les doctrines trinitaires : il est impossible, si la personne se distingue de la nature par les accidents, de savoir avec certitude si, par exemple, le Fils est de même nature que le Père [3]. Les deux dernières propositions sont admissibles, mais puisque la troisième ne fournit qu'une définition négative, il faut lui préférer la quatrième [4]. Cette dernière affirme que la personne n'est pas différente de la nature, ni du point de vue objectif de la *res*, ni même du point de vue de l'esprit qui l'appréhende. La personne se distingue de la nature par une *ratio realis* positive, c'est-à-dire du point de vue de la chose elle-même, qui se présente sous un certain rapport d'appréhension [5]. Le simple usage de ce terme, que Sylvain Piron propose de traduire par « mode d'intelligibilité partielle », démontre que cette position est celle d'Olivi [6]. Alain Boureau explique que la *ratio realis* consiste en une appréhension d'une réalité qui se donne à saisir sous un certain point de vue

1. *Ibid.*, p. 277 : « Quidam enim istud posuerunt, quia dixerunt quod non addit nisi quandam rationem negativam seu privativem, scilicet negationem existendi in alio ».

2. *Ibid.*, p. 279 : « Ratio autem entis se habet ad rationem essentiae, etiam completae, per quandam additionem, non quod addat aliam essentiam, sed solum rationem realem ».

3. Cf. *ibid.*, p. 277 : « Non etiam secundum istos poterit dici quod ex natura et per se esse constituatur unum tertium, quod tertium non sit tertia natura, sed solum sit suppositum eorum ».

4. Cf. *ibid.*, p. 279 : « Oportet quod ratio suppositi addat quid vere positivum ».

5. Cette notion sera reprise *mutatis mutandis* par Duns Scot comme la *distinctio formalis a parte rei*. *Cf.* J. Biard, R. Rashed (éd.), *Descartes et le Moyen Âge*, Paris, Vrin, 1997, p. 356.

6. Sylvain Piron propose cette traduction en commentant les propos d'Alain Boureau dans « Une anthropologie historique de la scolastique », *Annales. Histoire, Sciences Sociales,* 2009, p. 210.

ou dans telle situation [1]. En ce sens, elle se rapproche d'une phénoménologie de l'objet, dont la connaissance est nécessairement liée au sujet qui en fait l'expérience [2].

Comment cette notion de *ratio realis* se comprend-t-elle dans la définition de personne ? La personne selon Olivi correspond *secundum rem* à la nature individuelle. Toutefois, *sub ratione reali*, la personne exprime à la fois le suppôt ou l'individu sous le mode de l'être et à la fois la substance ou la nature sous le mode de l'essence [3]. La distinction au sein de la personne entre le mode de l'être et celui de l'essence ne s'effectue donc que par la mise en œuvre des raisons réelles qui permet de poser une distinction entre le suppôt et la nature. Le suppôt concerne dans ce cas l'être dans sa totalité, tandis que la nature exprime l'essence :

> Le suppôt exprime ce qui est dit par le mode du tout et de l'être, mais la nature comprise en un second mode, exprime cela même, non par le mode de l'être, mais par le mode de l'essence [4].

La personne semble ainsi pouvoir s'envisager selon deux rapports. Soit l'on considère seulement sa nature ou sa substance, soit on considère le suppôt qui soutient cette substance. Pris en ce dernier sens, bien que la personne n'ajoute objectivement rien à la nature, le suppôt exprime l'être dans sa totalité :

> Rien n'est plus essentiel ou plus identique à l'être que l'être lui-même. Or la personne ou le suppôt n'exprime rien d'autre que cet être total [5].

Si rien n'est plus essentiel à l'être que l'être lui-même et que la personne exprime cet être dans sa totalité, nous comprenons ainsi que la personne définit ce qu'il y a de plus essentiel à un être. En bref, la personne correspond *secundum rem* à la nature individuelle, mais une distinction *sub ratione reali* permet de distinguer la nature ou la substance (cet homme) de l'individu ou du suppôt (Socrate). Nous pouvons ainsi schématiser la notion de personne sous cette forme :

1. *Cf.* A. Boureau, « Le concept de relation chez Pierre de Jean Olivi », *in* A. Boureau, S. Piron (éd.), *Pierre de Jean Olivi (1248-1298). Pensée scolastique, dissidence spirituelle et société*, Paris, Vrin, 1999, p. 45.

2. En ce sens, Lévinas souligne que « la phénoménologie, c'est l'intentionnalité, E. Lévinas, *En découvrant l'existence avec Husserl et Heidegger*, Paris, Vrin, 1969, p. 126.

3. Il faut mentionner également que la q. LIV qui demande si les puissances de l'âme ou de l'ange sont identiques avec leurs substances et entre elles, avait nié la différence entre substance et essence. Nous constatons donc que ce n'est que sous un certain aspect que nous pouvons distinguer ces notions.

4. P. J. Olivi, *Summa*, q. XV, *op. cit.*, p. 282 : « Suppositum enim dicit id quod dicit per modum totius et entis, natura vero secundo modo accepta dicit id ipsum non per modum entis sed per modum essentiae ».

5. *Idem*, *Quaestiones de incarnatione et redemptione*, q. I, *op. cit.*, p. 3 : « Nihil est essentialius aut magis idem enti quam ipsummet ens; persona autem sive suppositum non dicit aliud quam ipsum totum ens ».

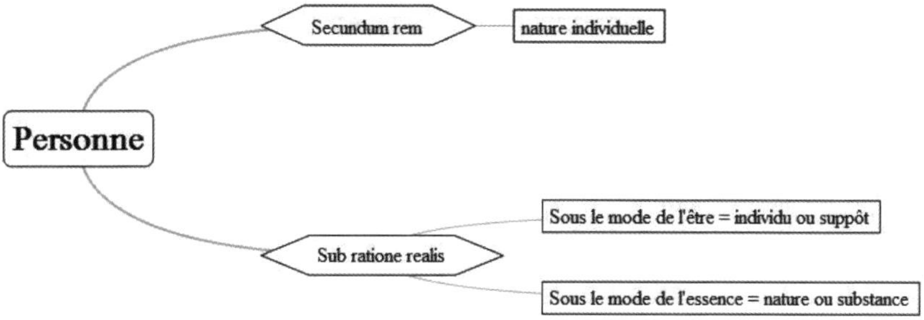

Le propos de la question XV est en parfaite cohérence avec celui de la question XII, qui concerne l'individuation [1]. Olivi y avait déterminé quatre groupes d'opinions : le premier correspond à la position de Porphyre et de Boèce et considère que l'individualité trouve son fondement dans les déterminations accidentelles ; le second, auquel Thomas d'Aquin appartient, explique l'individuation dans la quantité et la matière ; le troisième envisage l'ajout de quelque chose à la nature spécifique et le quatrième la nie. Olivi concluait cette question en affirmant que l'individuation ajoute quelque chose de spécifique à la nature. La question XIII portant sur les universaux permettait enfin de préciser qu'il existe une distinction de raison entre la nature spécifique et l'individualité. Nous trouvons par conséquent un développement et une conclusion similaires au sein de la question XV pour ce qui concerne la notion de personne et d'individu.

Que faut-il conclure de l'analyse de cette question XV ? Il semble premièrement évident que le suppôt est un synonyme de personne, l'utilisation de ces termes étant indistincte sous la plume d'Olivi. Deuxièmement, quoiqu'Olivi se réfère en dernière instance aux personnes divines, sa réflexion permet d'établir une définition valable universellement. En ce sens, la personne ne diffère pas objectivement de la nature ou de la substance. Troisièmement, la distinction permise par la notion de *ratio realis* positive permet de préciser que la personne signifie la nature, si elle est considérée du point de vue de l'essence, mais qu'elle est identique à l'individu, si elle est envisagée du point de vue de l'être. Enfin et surtout, selon Olivi, la personne, qu'elle soit comprise du point de vue de l'être ou de l'essence, exprime ce qu'il y a de plus essentiel à l'être.

1. *Cf.* P. J. Olivi, *Summa*, q. XII, *op. cit.*, p. 211-231.

Le statut des personnes

La personne des anges

Si la distinction entre nature, suppôt et personne relève d'un questionnement classique pour l'époque, Olivi engage une réflexion plus originale sur la question du statut des personnes. Jouant sur l'ambivalence juridique et ontologique du terme, il se demande si le changement de statut implique une modification de la nature même de la personne. Pour aborder cette question, nous proposons de l'envisager sous l'angle de l'angélologie. Les caractéristiques qu'Olivi attribue aux substances séparées sont en effet utiles à notre compréhension globale de la notion de personne. La question XLVIII de la *Summa* est en ce sens emblématique. Olivi y demande si la création a été achevée, puisque d'après la tradition qui remonte à Augustin, la hiérarchie angélique doit être restaurée par suite de la chute des démons. Cette complétude ne peut se réaliser que par l'intermédiaire d'hommes saints qui prendront la place des anges déchus. Olivi parvient à montrer que la création est complète, en donnant un sens tout à fait particulier au terme de « personne ». En effet, nous pouvons lire que la hiérarchie angélique est complète quant au nombre de personnes qui la composent [1] :

> [La création] fut achevée quant au nombre de personnes de cette nature, mais non quant au nombre des personnes d'une autre nature qui devait lui être associée [2].

Lorsqu'Olivi affirme que Dieu a créé un nombre fini de personnes d'une telle nature, il parle de la nature angélique, qui doit être restaurée par une autre nature qui lui est associée, à savoir la nature humaine. Le Franciscain affirme ainsi explicitement que les anges sont des personnes. Nous trouvons une confirmation de ce point à la *Quaestio de locutionibus angelorum*. Savoir comment les anges communiquent entre eux a fortement intéressé les médiévaux. Puisqu'ils sont de purs esprits, leur langage n'a pas besoin de la médiation des mots et ils peuvent transmettre de manière directe leur pensée aux autres anges. Dans ce cadre, une des questions classiques consiste à savoir si un ange peut cacher sa pensée à autrui. Olivi affirme que les anges peuvent se refermer sur eux-mêmes et ne plus dévoiler leurs pensées aux autres, notamment en raison de la singularité de leur personnalité :

> La grandeur de la liberté, du pouvoir et de la noblesse pouvant se tenir secret, la singularité de leur personnalité ou leur consistance singulière, ainsi que

1. Par la même occasion, Olivi montre que la création de l'homme n'est pas facultative, mais qu'elle fait partie dès l'origine du plan divin : « Natura enim humana de prima integritate universi esse videtur », P. J. Olivi, *Traité des démons,* q. XLVIII, *op. cit.*, p. 212-213.

2. *Ibid.*, p. 214-215 : « Primo scilicet, quod consummata fuit quantum ad numerum personarum illius naturae, sed non quantum ad numerum alterius naturae sibi associandae ».

> l'ampleur et la profondeur de leur nature intellectuelle clament que [les anges] peuvent se tenir fermer aux regards d'un autre [1].

Non seulement, il est ici affirmé que l'ange possède une personnalité – il faut comprendre ce terme dans le vocable olivien comme le fait d'être une personne et non dans sa signification psychique –, mais surtout que celle-ci est incommunicable. Un ange ne se distingue pas des autres parce qu'il épuise son espèce comme le soutient Thomas d'Aquin, mais parce qu'il est une personne à part entière [2].

L'attribution d'une personnalité aux anges est également explicite, lorsqu'Olivi demande pour quelles raisons les anges ont pu pécher. La réponse consiste dans l'affirmation d'une préférence plus marquée de l'amour de soi sur l'amour que les anges devaient porter à Dieu. En effet, leur affect naturel s'oriente plus facilement vers ce qui est proche et visible, à savoir la compagnie des autres anges, que sur Dieu, dont ils ne possèdent pas directement de connaissance visuelle et qui est comme absent (*ut absentem*). Leur affect se porte ainsi sur leur nature propre et personnelle :

> Le bien propre de la nature et de la personne, dans la mesure où il est lié de manière présentielle et visible à une certaine communauté [...] arrive de loin comme étant plus grand et plus glorieux que s'il était pris séparément comme étant seul. Et ainsi le premier ange eut plus de facilités à s'aimer lui-même au sein de la communauté des anges et de toutes les créatures qui lui étaient soumises qu'en se considérant sans eux, principalement parce qu'il se sentait comme dédoublé en chacun d'eux [3].

S'il faut encore apporter une preuve de cette attribution d'une personnalité à l'ange, Olivi affirme à la question CIII de la *Summa* que le premier péché, à savoir celui de Lucifer, a été commis par une personne qui se détourne de la fin due, c'est-à-dire de Dieu :

> Le premier péché mortel d'une telle personne inclut un certain retrait mesquin de sa fin ultime, à savoir de Dieu [4].

1. P. J. Olivi, *Quaestio de locutionibus angelorum*, 14, éd. S. Piron, *Oliviana*, 1, 2003, http://www.oliviana.org : « Nam altitudo libertatis et dominii et nobilitas possendi se tenere secretum et personalitatis singularitas seu singularis consistentia et intellectualis nature magnitudo et profunditas clamant quod ipsi possint se claudere alieno aspectui ».

2. *Cf.* Thomas d'Aquin, *Somme de théologie*, Ia, q. 50, a. 4

3. P. J. Olivi, *Traité des démons*, q. XLIII, *op. cit.*, p. 102-105 : « Constat autem quod bonum propriae naturae et personae ut praesentialiter, et visibiliter connexum cuidam magnae universitati bonorum in eius facultate existentium aut simpliciter aut quoad actum fruendi occurrit ut longe maius et gloriosius quam si separatim sumatur ut solum. Et ideo primus angelus facilior fuit ad se ipsum amandum in tota universitate angelorum et omnium creatorum sibi subiecta quam sumendo se sine illis, et praecipue quia in quolibet illorum sentiebat se quasi duplicari ».

4. *Idem*, *Summa*, q. CIII, *op. cit.*, p. 242 : « Ergo primum mortale peccatum talis personae includit aliquem parvum recessum a suo ultimo fine, scilicet, a Deo ».

Les questions de la structure angélique, de la communication et du péché prouvent qu'Olivi attribue une personnalité propre à l'ange et de façon originale, qu'il l'utilise très fréquemment et la popularise. En effet, s'il est possible de rencontrer cette attribution dans l'œuvre de Bonaventure et de Thomas d'Aquin, ce n'est que de manière sporadique [1]. De plus, la majorité des occurrences chez ces auteurs font référence à l'aspect présentiel ou à la fonction annonciatrice de l'ange (*angelos*) qui, pour reprendre l'exemple biblique délivre « en personne » certains messages. Rares sont les allusions à la personne singulière des anges. Nous n'avons ainsi pu repérer que trois occurrences de l'expression « personne des anges » chez Bonaventure [2]. Puisque Thomas d'Aquin insiste plutôt sur la différence qui existe entre l'homme et l'ange, la source d'Olivi semble donc se trouver dans les écrits de Bonaventure [3]. Aussi, lorsque le Docteur séraphique démontre que la distinction qui permet aux anges d'être individualisés est substantielle – puisque ceux-ci se distinguent entre eux quant à leur principe constituant et quant à leurs propriétés mentales –, use-t-il du terme de « distinction personnelle » :

> La raison de la distinction personnelle, provient en réalité des principes constituants et particularisants, et quant à la connaissance [de notre point de vue], elle provient des qualités. On peut trouver les deux chez les Anges, selon la diversité ; ils ont en effet des principes individuants divers et diverses propriétés innées. En effet, de même que les hommes ont des visages différents, de même ils ont un esprit (*mens*) et des propriétés mentales différents [4].

Bonaventure souligne également qu'il faut différencier cette nature personnelle de la nature individuelle :

> La distinction personnelle, même si elle semble désigner un accident, [...] désigne cependant par principe quelque chose de substantiel. [...] La distinction personnelle s'ajoute à la distinction individuelle ; or la distinction individuelle signifie deux choses, à savoir l'individuation et par suite la distinction. L'individuation provient des principes d'indivision et d'appropriation. [...] Et ainsi la distinction individuelle désigne quelque chose d'accidentel et quelque chose de substantiel [5].

1. *Cf.* Thomas d'Aquin, *In II Sent.*, dist. 3, q. 1, art. 2 ; a. 6 ; *In III Sent.*, dist. 2, q. 1, art. 1 ; dist. 5, q. 1, art. 3 ; *Somme de théologie*, Ia, q. 63, art 9.

2. Bonaventure, *Commentaria in II Sent.*, dist. 3, art. 2, q. 1 ; *Sermones de diversis, reportationes*, 2, sermo 55 (*de sanctis angelis*), 3 ; *Commentaria in quatuor libros Sententiarum Magistri Petri Lombardi*, I, dist. 23, art. 2, q. 3, concl.

3. *Cf.* T. Suarez-Nani, *Les anges et la philosophie, subjectivité et fonction cosmologique des substances séparées au* XVIII *e siècle*, Paris, Vrin, 2002.

4. Bonaventure, *Commentaria in II Sent.*, dist. 3, art. 2, q. 1, p. 104, trad. fr. L. Solignac, « Les personnes selon Saint Bonaventure », *Revue des sciences philosophiques et théologiques*, 94, 2010, p. 463.

5. *Ibid.*, dist. 3, q. 2, art. 2, p. 106-107, *op. cit.*, p. 465 : « Discretio personalis addit supra discretionem individualem ; discretio autem individualis duo dicit, scilicet individuationem et consequenter distinctionem. Individuatio autem est ex principiorum indivisione et appropriatione ; ipsa

Bonaventure sépare ainsi l'individu de la personne. La distinction individuelle signifie à la fois l'individuation, qui est substantielle, et la distinction (par rapport à autrui), qui est accidentelle. Au contraire, la distinction personnelle est tout entière substantielle. Ce qui la distingue de l'individuation est l'ajout d'une dignité spécifique :

> La personne désigne, par définition, un suppôt que distingue une dignité. On le voit par son étymologie [...] car le nom de *personne* veut dire à peu près être par-soi-un. Or on dit que ce qui est un par soi est proprement un, car il est totalement distinct des autres et indécomposable en soi. De plus, le nom de *personne* vient de résonner, ce qui veut dire à peu près retentir de soi-même. Or retentir se dit de ce qui surpasse les autres en sonorité. Pour cette raison, la personne désigne un suppôt qui se distingue par sa dignité [1].

Bonaventure propose un point de convergence entre les deux étymologies de la personne que nous avons abordées, conservant à la fois la tradition issue de Boèce, qui dérivait la personne du verbe *personare*, et intégrant dans le même temps la proposition d'Isidore de Séville, qui soutient que le terme de personne vient de *per se unum*. Il relie ainsi en la notion de personne l'idée d'une incommunicabilité à celle de dignité. La personne devient un suppôt unique qui se distingue des autres individus par une dignité intrinsèque.

Le rapprochement entre la pensée de Bonaventure et d'Olivi va plus loin : premièrement, Bonaventure soutient que la personne possède une dignité intrinsèque. Olivi accorde également cette dignité naturelle à la *mens*, qu'elle soit angélique ou humaine. Et bien qu'il préfère le terme *nobilitas* à celui de *dignitas*, Olivi parle de dignité personnelle dans sa *Postilla super Iob*, et dans la *Summa*, de ce qu'on pourrait désigner comme une « dignité intrinsèque de la personne (*condignitas personae*) » [2].

Deuxièmement, Bonaventure affirme que la personne exprime quelque chose de substantiel, au contraire de la distinction individuelle. La même opinion se rencontre chez Olivi, notamment à la question LIV, lorsqu'il affirme que la personnalité, au même titre que l'intellect et que la volonté, constitue un des principes les plus essentiels au sujet :

enim rei principia, dum coniungitur, invicem se appropriant et faciunt individuum. Sed ad hoc consequitur esse discretum sive esse distinctum ab alio, et surgit ex hoc numerus, et ita accidentalis proprietas, consequens ad substantiam. – Et sic individualis discretio dicit aliquid accidentale, et aliquid substantiale ».

1. *Idem*, *Commentaria in I Sent.*, dist. 23, art. 1, q. 1, *op. cit.*, p. 171-172 : « Dicendum quod *persona* de sui ratione dicit suppositum distinctum proprietate ad dignitatem pertinente. Et hoc patet in sua *etymologia*, et in *aequipollenti* suo. In *etymologia*, quia persona dicitur quasi *per se unum*. Per se autem unum proprie dicitur unum, quod est omnino distinctum ab aliis et in se indistinctum. *Rursum*, persona dicitur a *personando*, quasi a se resonando ; resonare autem dicitur quod in sono praeeminet aliis ; et ideo *persona* dicitur suppositum distinctum habens dignitatem ».

2. *Cf.* P. J. Olivi, *Summa*, q. CXIV, p. 310 ; *Postilla super Iob*, chap. XXI, ed. A. Boureau, Turnhout, Brepols, 2015, p. 308.

> Il est certain que la personnalité et que l'existence par soi ne peut provenir d'un quelconque accident, puisque lui-même reçoit plus l'existence du sujet qu'il ne la donne, et puisqu'être par soi est une condition substantielle du suppôt ou de la substance et une des plus nobles et des plus radicales conditions de l'être, et ce au plus haut point lorsqu'elle est personnelle. Si donc la personnalité ne peut pas être comprise sans l'intellect ou la volonté, il convient nécessairement qu'ils soient les principes les plus substantiels du suppôt auquel ils appartiennent [1].

Ainsi, la notion de personne proposée par Olivi semble tirer sa source de la conception bonaventurienne de la personne. Toutefois, nous savons qu'Olivi a un usage accommodant de certaines autorités. Aussi, n'hésite-t-il pas à s'opposer en partie à Bonaventure sur ce sujet : le maître affirmait qu'il existe une différence réelle entre le suppôt et la personne, ce qui, *secundum rem*, n'est pas vrai selon Olivi. Même sous la distinction de raisons réelles entre suppôt et personne, les positions divergent : là où pour Bonaventure, la raison de cette distinction consiste en l'ajout d'une dignité propre, pour Olivi, il ne s'agit que d'envisager la personne sous différents rapports.

Bien que la notion de personne des anges soit présente chez le Docteur séraphique, elle semble encore récente. Olivi, répandant l'usage de cette attribution, permet d'inscrire une nouvelle étape dans le développement du concept de personne. La notion de personne n'est plus réservée à Dieu ou aux êtres humains, mais s'étend à tout être rationnel.

La perfection de la personne

L'ange et l'homme ont donc ceci de commun qu'ils possèdent tous deux une âme intellective qui par soi est personnelle. A la question XVI de la *Summa*, Olivi montre de surcroît que toute la réalité créée est composée de matière et de forme et que ce cas s'applique par conséquent aux anges :

> Je crois, conformément à l'opinion plus commune, qu'il y a dans [les substances intellectuelles] une composition de matière et de forme [2].

Cette matière angélique n'est pas corporelle, mais spirituelle. Cette attribution matérielle à l'ange a pour fonction de rapprocher la nature angélique et humaine, afin d'éviter une idolâtrie des substances séparées. En effet, Olivi constate dans le *De perlegendis* que la plupart des philosophes païens croient que les anges sont des formes pures et les considèrent comme des divinités :

1. P. J. Olivi, *Summa*, q. LIV, *op. cit.*, p. 250 : « Certum est autem quod personalitas et per se existentia non potest esse ab aliquo accidente, cum ipsum potius suscipiat existere a subiecto quam det, et cum per se esse sit conditio substantialis suppositi vel substantiae et una de nobilissimis et radicalissimis conditionibus entis, maxime quando est personale. Si igitur personalitas non potest esse nec intelligi sine intellectu et voluntate : oportet necessario quod sint substantialissima supposito illius cuius sunt ».

2. *Ibid.*, q. XVI, trad. fr. C. König-Pralong *et al.*, *La Matière, op. cit.*, p. 105.

> Toutes propriétés qu'ils attribuent [aux anges] sont fortement erronées, puisqu'ils parlent d'eux comme de divinités, ainsi qu'on peut le trouver au livre de Proclus, dans le *Livre des causes*, ainsi que dans les ouvrages d'Avicenne, d'Averroès et de nombreux autres [1].

Nier l'existence de ce composé hylémorphique rendrait les substances séparées identiques à Dieu, ce qui est absurde et impie. Si Olivi prétend critiquer une position païenne, il est toutefois impossible qu'il n'ait pas alors à l'esprit la position de Thomas d'Aquin. Pour ce dernier, les êtres spirituels ne peuvent être sujets à la quantité et la substance intellectuelle ne peut être matérielle. Il est par conséquent obligé d'affirmer une immatérialité des substances séparées [2]. Pour Olivi, non seulement cette position est contraire à l'argumentation philosophique – et par conséquent même à Aristote ! – qui prône l'hylémorphisme de tout le créé, mais elle est également impie puisqu'elle assimile natures angélique et divine. Il ne s'agit pas seulement d'utiliser Aristote contre Thomas pour le confondre. La conception d'Olivi sur la transcendance divine est parfaitement opposée à la position thomasienne. Là où Thomas multiplie les degrés du créé en insistant sur la profonde différence qui sépare l'homme de l'ange, faisant de Dieu une réalité presque intangible, Olivi rapproche ces deux natures pour indiquer la différence essentielle qui existe entre le Créateur et le créé [3]. C'est ainsi dans ce procédé « d'humanisation de l'ange » [4] qu'Olivi affirme que les substances séparées doivent être composées de forme et de matière spirituelle.

Si ces positions sont connues, la notion de perfection ou de complétude de la personne est rarement abordée dans ce contexte par les chercheurs. Pourtant, à la question LII de la *Summa*, Olivi souligne l'importance de ce thème. Il précise que la personne se réalise pleinement dans cet hylémorphisme. Ainsi, pour les êtres humains, la personnalité consiste de manière pleine et parfaite dans l'union de l'âme et du corps qui se réalise grâce à l'intermédiaire de l'âme sensitive. Bien que ce qui prime dans la personne soit l'âme intellective, Olivi s'empresse de préciser qu'elle n'est pas exempte de lien avec le corps, puisque l'âme sensitive incline la personne vers la matière :

> La personnalité correspond à une existence par soi, impérieuse, libre et réflexive ou capable d'une réflexivité sur soi-même de façon possessive, c'est-à-dire qui se possède soi-même au moyen d'une certaine réflexivité libre. En effet, une telle

1. P. J. Olivi, *De perlegendis*, p. 446-447 : « Omnes etiam proprietates quas eis [angelis] attribuunt sunt ut plurimum erroneae, quia locuti sunt de eis quasi de quibusdam diis, sicut ex libro Proculi et ex libro De causis et ex libris Avicennae et Averroys et multis aliis aperte haberi potest ». Cf. *idem*, *Summa*, q. XXXIII, *op. cit.*, p. 600 : « sic indubitanter philosophi pagani senserunt et locuti sunt de eis tamquam de quibusdam diis aeternis et omnino invariabilibus ».

2. *Cf.* Thomas d'Aquin, *Somme de Théologie*, Ia, q. 50., art. 2.

3. *Cf.* D. Burr, « Petrus Iohannis Olivi and the Philosophers », *Franciscan Studies*, 31, 1971, p. 41-71.

4. *Cf.* T. Suarez-Nani, « Pierre de Jean Olivi et la subjectivité angélique », *Archives d'histoire doctrinale et littéraire du Moyen Age*, 70, 2003, p. 303-309.

existence ne peut être fondée en premier lieu et de manière immédiate dans la matière corporelle, ni dépendre principalement d'elle, bien qu'elle puisse lui être communiquée par une union de l'esprit à [la matière] et bien que cette dernière confère un mode plus parfait de personnalité à l'esprit qui lui est uni, pour autant qu'elle lui confère un mode intégral et total d'être [1].

Grâce à la notion de personnalité, Olivi parvient à formuler plus précisément ce que Richard de Saint-Victor exprimait par le concept de *danielitas*. La personnalité est ce qui fait le propre de l'individu, qui lui confère une dignité incommunicable et qui consiste en une existence maîtresse, libre et réflexive. La personnalité ne dépend par conséquent pas essentiellement de la matière, selon Olivi, puisque cette dernière ne peut fournir cette réflexivité ou cette liberté, propre à la volonté. Cela dit, il est nécessaire qu'une union entre l'âme et la matière ait lieu afin de parvenir à une *complétude* de la personne humaine. Olivi souhaite donc définir en quoi consiste la *perfection* de la personne, au sens d'une réalisation complète (*per-facere*). Pour que la définition de l'homme soit suffisante, elle doit prendre en compte la partie intellective de l'âme, mais pour qu'elle soit complète et que la personne se réalise pleinement, elle doit aussi comprendre la partie sensitive de l'âme, ainsi que le composé matériel de l'homme. L'homme ne peut former une unité substantielle que si nous prenons en considération ces deux parties de lui-même dans sa définition. Pour l'expliquer, Olivi utilise l'image d'un arbre sans branches : le tronc et les racines constituent la part essentielle de l'arbre. Mais pour qu'il soit pleinement reconnu comme tel, cet arbre doit posséder des branches. Olivi précise toutefois que si l'arbre est imparfait, il n'en reste pas moins un arbre. De même, un homme sans mains et sans pieds reste un homme. Il en est également ainsi pour l'âme dans son rapport au corps :

> Nous ne disons pas que l'âme sans le corps possède la raison parfaite de personne. En effet, l'union de l'âme et du corps ne constitue pas une sorte de troisième substance qui serait la racine de notre subsistance. Mais de même que nous dirons que la racine de l'arbre ou qu'un spécimen sans branches ne correspond pas à un être parfait de son espèce, ou de même que nous affirmons que notre corps n'est pas parfait s'il ne possède ni pieds ni mains [...], de même, puisque l'âme rationnelle ne possède pas toutes les parties dues à sa nature, à sa liberté personnelle et à son existence sans le corps, nous disons qu'elle n'est pas

1. P. J. Olivi, *Summa*, q. LII, *op. cit.*, p. 199-200 : « Quod etiam fortius probatur per eius personalitatem quae est idem quod per se existentia dominativa et libera et in se ipsam possessive reflexa vel reflexibilis, id est, se ipsam cum quadam libera reflexione possidens; talis enim non potest primo et immediate fundari in materia corporali nec principaliter dependere ab ipsa, quamvis possit ei communicari per unionem spiritus ad ipsam et quamvis pro tanto conferat perfectiori modo personalitatis spiritus sibi uniti, pro quanto confert ei ad integriorem et totaliorem modum essendi ».

une personne parfaite sans corps ou sans sa part sensitive par laquelle elle informe le corps [1].

Par conséquent, si l'essence de la personne consiste principalement dans l'âme, la partie sensitive de l'homme réclame l'intermédiaire des sens pour s'actualiser et se réaliser pleinement. Ainsi, bien que le corps ne soit pas essentiel, il est toutefois nécessaire qu'une *connexio* s'établisse avec lui afin d'actualiser les facultés de l'âme sensitive.

Cette perfection de la personne qui requiert un rapport à la matière se trouve également dans l'ange. En effet, c'est tout le créé qui doit être en lien avec la matière pour posséder une existence complète, ce que Bonaventure avait déjà formulé dans son *Commentaire des Sentences* [2] et que nous trouvons en ces termes sous la plume d'Olivi :

> Il y a nécessité de la matière dans la constitution des êtres [...]. La puissance est ainsi nécessaire à la complétude de toute substance créée. Sans elle, en effet, elle ne possède pas un mode complet d'existence, ni par rapport à Dieu, ni par rapport à soi, ni par rapport à tous les autres [3].

Ainsi, toute créature ne peut posséder un mode d'exister complet par rapport à Dieu, à soi-même et à autrui, que s'il entretient un rapport avec la matière [4]. Par conséquent, la définition de la personne en tant que composition qui exige une part de matière lui permettant une perfectibilité et une complétude est également valable pour le cas des anges.

Ce rapprochement de la créature angélique et humaine engendre toutefois une difficulté : plus rien ne semble en effet les différencier, ni leur tendance unitive avec la matière, ni même la « quiddité absolue et totale de leurs essences » [5], à savoir les facultés supérieures de leur *mens*. Toutefois, l'homme n'est pas l'ange. Pour distinguer leur nature, Olivi souligne que la partie intellective ne recouvre pas l'entier de ce qui constitue l'âme :

> Ceux qui affirment que l'âme rationnelle est la forme du corps seulement du fait de sa part sensitive ne sont pas obligés de soutenir que l'union ou que l'inclination unitive de la partie intellective à la partie sensitive et au corps qui fournit

1. *Ibid.*, q. LI, p. 121 : « Animam sine corpore non dicimus habere perfectam rationem personae ; quia hoc non est propter hoc quod ex anima et corpore constituatur aliquod tale tertium quod sit radix nostrae subsistentiae. Sed sicut si diceremus quod radix arboris non est perfectum ens suae speciei seu etiam individui sine ramis, aut sicut si diceremus quod corpus nostrum non est perfectum corpus sine pedibus et manibus, [...] sic, quia anima rationalis non habet omnes partes debitas suae naturae et suae personali libertati et existentiae sine corpore, dicitur non esse perfecte persona sine corpore et sine sua sensitiva per quam corpus informat ».

2. *Cf.* Bonaventure, *Commentaria in II Sent.*, dist. 3, part. 1, art. 1, q. 1, *op. cit.*, p. 91.

3. P. J. Olivi, *Summa*, q. XVI, *op. cit.*, p. 311 : « Videndum quae sit necessitas materiae ad constitutionem entium. [...] Sciendum quod potentia huiusmodi est necessario de complemento omnis substantiae creatae ; sine ea enim non habet completum modum existendi nec respectu Dei nec respectu sui nec respectu universi ».

4. *Cf.* les développements apportés par Olivi p. 311 à 313 de cette même question.

5. P. J. Olivi, *Traité des démons*, q. XLVIII, *op. cit.*, p. 206-207.

> la sensation est tout à fait identique à l'essence absolue de la partie intellective. Il suffit qu'une certaine essence relative lui soit annexée, de même que la poire greffée sur un pommier est l'inclination annexe et l'union au pommier sur lequel elle est greffée. [...] Et cette union ne pourrait être retranchée au rameau, son espèce étant conservée, si elle était tout à fait identique à la forme absolue de ce rameau. Cela n'est pas étonnant, puisque l'union actuelle de la forme à la matière n'est pas absolument identique à la forme [1].

Il faut ainsi distinguer, selon Olivi, l'unité substantielle et l'unité formée par le composé hylémorphique. Olivi file la métaphore sylvestre : de même qu'un rameau de poirier greffé à un pommier conserve son essence et continue à produire des poires malgré son implantation matérielle dans une espèce différente, de même la substance de l'homme ou de l'ange diffère du composé. Ainsi, les diverses facultés sont constitutives de l'âme et, en cela, essentielles, mais elles diffèrent de l'essence de l'âme, non pas qu'elles ajoutent quelque chose à l'âme, mais dans le sens où elles ne signifient pas la totalité de l'âme :

> [Les puissances de l'âme] sont les parties constitutives de l'âme, qui expriment principalement une certaine nature formelle et qui comprennent d'une certaine manière la matière en sa raison. Mais ces puissances dans la mesure où elles expriment une relation à l'acte et à l'objet sont en partie identiques à la substance et à l'essence de l'âme et en partie différentes, non qu'elles ajoutent réellement quelque chose de plus à la substance de l'âme, mais parce qu'elles n'expriment pas la totalité de la substance de l'âme. En effet, ce mode par lequel une partie est exprimée diffère de son tout [2].

Les facultés supérieures sont ainsi essentielles à l'âme, mais ne recouvrent par la totalité de l'essence selon Olivi. Pour reprendre la distinction établie précédemment entre l'individu pris sous le mode de l'être et la nature prise sous le mode de l'essence, l'espèce angélique diffère *sub ratione reali* de l'espèce humaine, du fait de leur substance ou de leur nature propre. Toutefois, le rapport à la matière et l'identité de nature de leur *mens* fait que la notion de personne *secundum rem* convient tant à l'homme qu'à l'ange.

1. P. J. Olivi, *Summa*, q. LVI, *op. cit.*, p. 302 : « Qui vero ponunt animam rationalem esse formam corporis secundum solam partem suam sensitivam non coguntur tenere quod unio vel unitiva inclinatio partis intellectivae ad partem sensitivam et ad corpus sensificatum sit omnino id ipsum quod absoluta essentia partis intellectivae, sed sufficit quod sit quaedam essentia relativa illi annexa, sicut piro insertae in arborem pomum est annexa inclinatio et unio ad pomum cui est inserta. [...] Quae quidem unio non posset tolli ramo salva sua specie, si esset omnino id ipsum cum absoluta forma ipsius rami ; nec mirum, quia nec etiam actualis unio formae ad materiam est omnino id ipsum cum forma ».

2. *Ibid.*, q. LIV, p. 258-259 : « Secundum istum modum dicendi est quod sunt partes animae constitutivae, dicentes principaliter aliquam naturam formalem et comprehendentes aliquo modo in sui ratione materiam, sed dictae potentiae, prout cum his dicunt relationem ad actum et ad obiectum, et sic quod sunt partim idem cum substantia et essentia animae, partim diversa, non per hoc quod aliquid reale addant ultra substantiam animae, sed quia non dicunt totam substantiam animae. Hic est enim modus quo pars dicitur differre a suo toto ».

Le statut juridique de la personne

Olivi aime jouer sur les diverses significations et les contextes d'énonciation des termes. Ainsi, en plus des débats anthropologiques que nous venons d'aborder, le statut de la personne se trouve influencé par les aspects juridiques qui se développent au XIIIe siècle. La redécouverte du droit romain a en effet permis l'élaboration d'une conception tout à fait spécifique de la personne, non sans lien avec la notion sociale et institutionnelle qui l'accompagnait déjà dans l'Antiquité [1] : le terme de personne revêt dans le contexte juridique le sens de charge ou de fonction qu'endosse un individu ou une communauté. En ce sens, l'Eglise est une personne, puisqu'elle peut contracter et un individu peut recouper en lui plusieurs personnes juridiques [2]. Ainsi, Alain de Lille conçoit la personne comme l'individu qui occupe une charge honorifique : « persona dicitur aliquis aliqua dignitate praeditus » [3]. *A contrario*, un homme qui devient esclave perd sa personne au sens juridique (*personam suam amittere*). La personne correspond donc à une entité capable d'assumer des responsabilités juridiques. C'est la fonction ou la responsabilité qui définit au sens juridique ce qui constitue ce que l'on nomme aujourd'hui la personne morale.

Olivi intègre-t-il cette conception juridique à l'intérieur de son œuvre ? Si dans son ouvrage juridique le plus important, le *Traité des contrats*, il n'est à aucun moment fait explicitement mention de cet aspect, celui-ci est pourtant sous-entendu à plusieurs reprises. Prenons pour exemple l'importante partie sur les restitutions : Olivi affirme qu'un contrat, même s'il porte sur un acte mauvais, reste licite dans sa forme. Ainsi, bien que la prostitution soit mauvaise en soi, la forme du contrat passé entre une prostituée et le proxénète contient quelque chose d'un vrai droit [4]. La raison évoquée par Olivi pour concéder la valeur d'un tel contrat provient du fait que la femme concède un corps qui lui appartient de manière personnelle :

1. Cette conception juridique aura de longues répercussions. Ainsi Locke, dans les *Essais*, rappelle l'importance de la notion juridique de personne et la relie à la moralité en ces termes : « Dès qu'un homme découvre ce qu'il appelle lui-même, je pense qu'un autre peut dire que c'est la même personne. Ce terme est un terme judiciaire assignant des actions et leur mérite. [...] La personnalité par elle [c'est-à-dire la conscience] devient concernée et responsable, elle reconnaît et s'impute à elle-même des actions passées d'après le même principe et pour la même raison que les actions présentes ».

2. *Cf.* A. Boureau, « Pierre de Jean Olivi et l'émergence d'une théorie contractuelle de la royauté au XIIIe siècle », art. cit., p. 173 ; *idem*, « Droit et théologie au XIIIe siècle », art. cit., p. 1113-1125.

3. *Cf.* A. Gourevitch, *La naissance de l'individu dans l'Europe médiévale*, Paris, Seuil, 1997, p. 125.

4. *Cf.* P. J. Olivi, *Traité des contrats*, *op. cit.*, p. 258 : « Quamvis autem in contractu mercedis pro meretricum et ad contractum suae mercedis movens, forma tamen contractus habet in se aliquid veri iuris ».

> La prostituée concède au proxénète son corps de manière personnelle, naturelle et civile et celui-ci donne en échange du corps de la prostituée quelque chose qui lui appartient vraiment [1].

Olivi précise ainsi que la possession propre de la personne de la prostituée s'entend de deux manières, à la fois du point de vue du droit naturel et du point de vue du droit civil. La personne revêt dans ce contexte une double signification : premièrement en tant que sujet particulier, la prostituée possède son propre corps. Deuxièmement, en tant que personne morale, elle a la possibilité de le vendre. Nous retrouvons cette même ambivalence juridique au sein du *Quodlibet* IVqui traite de la question des usures. Olivi affirme qu'un notaire regroupe en lui deux personnes, la personne privée et la personne publique :

> Il en va autrement du notaire [...] qui dresse l'acte sans savoir que le contrat est usuraire; ou qui le sait ou le soupçonne en tant que personne singulière, mais non en tant que personne publique. En effet, lorsque les deux parties viennent à lui en tant que notaire public, ils ne lui soumettent rien d'autre que l'un doit tant à l'autre, et lui demandent à ce propos de devenir un instrument public [2].

Ainsi, le devoir du notaire est d'agir selon sa personne morale, à savoir de remplir sa fonction et de délaisser les soupçons qu'il pourrait avoir du fait des connaissances qu'il possède en tant que personne singulière. Remarquons enfin que, même lorsqu'il parle des contrats de droit privé, Olivi n'ignore pas la définition juridique de la personne. Ainsi, si les contractants agissent selon leur *persona singularis*, ils le font également en tant que sujets de droit qui possèdent une pleine capacité juridique sur leurs biens. Olivi rassemble ainsi dans ces passages les deux significations singulière et juridique de la personne.

De manière plus étonnante, nous retrouvons cette même ambivalence dans les ouvrages théologiques d'Olivi. Alain Boureau a souligné l'originalité d'Olivi qui, dans la question du baptême, parle de la « personne des enfants ». Olivi prétend en effet que l'enfant n'est pas coupable selon sa personne, c'est-à-dire selon son consentement personnel au péché, mais seulement du fait de sa nature humaine [3] :

1. P. J. Olivi, *Traité des contrats, op. cit.*, p. 259 : « Sicut meretrix concedit lenoni corpus personaliter et naturaliter ac civiliter suum, sic ille pro corpore meretricis sibi concesso dat aliquid vere suum ».

2. *Idem*, *Quodlibet*, IV, q. 17, trad. fr. S. Piron dans *Traité des contrats, op. cit.*, p. 404« Secus etiam est de notario [...] faciente notam quia nescit contractum esse usurarium, aut quamuis sciat uel suspicetur ut persona singularis, non tamen scit hoc ut persona publica, quia quando utraque pars uenit ad eum, ut ad publicum notarium, non proponunt ei nisi quod alter eorum debet tantum alteri, querentes de hoc sibi fieri publicum instrumentum ».

3. Un texte daté de 1234 affirmait pourtant que « par le baptême dans l'Eglise du Christ, un homme devient une personne ». *Cf.* G. Le Bras, « La personne dans le droit classique de l'Eglise », *in* I. Meyerson (éd.), *Problèmes de la personne*, Paris/La Haye, Mouton, 1973, p. 193. Bien que cela renforce l'idée selon laquelle le baptême est le moment où l'homme endosse la responsabilité de personne, Olivi ne semble pas tenir compte de cette position préférant soutenir la position d'Anselme, qui parle de manière sous-entendue également de la personne des enfants pour ce qui

> La personne de l'enfant selon son accord personnel et singulier n'est pas liée à son vice, mais seulement à la raison de sa nature humaine reçue d'Adam par ses parents. Donc la personne de l'enfant, selon sa propre raison de personne, ne s'oppose pas à l'acceptation du don [du baptême]. Il n'est donc pas inconvenant ou impossible que ce don soit donné par le Christ [1].

C'est ainsi par leur nature d'hommes qui provient de leurs parents, et par leur condition de pécheur qui est héritée d'Adam, que les enfants possèdent la responsabilité du péché et qu'ils peuvent ainsi assumer la grâce du Christ qui leur est donnée lors du baptême. En tant que personne juridique, l'enfant est capable de recevoir un droit civil et peut par extension recevoir des dons spirituels. Toutefois, il n'est pas coupable de lui-même, puisqu'il n'a pas consenti au péché en tant que personne singulière. Le terme de « persona » est ainsi employé dans un sens qui est simultanément juridique et personnel.

La même position est défendue, toujours dans le cadre théologique, dans l'opuscule *De missa*, où Olivi, parlant des souffrances du Christ sur la croix, affirme que pour absoudre nos péchés, Jésus a dû supporter chaque péché particulier et a, pour ce faire, endossé la personne de chacun :

> Si tu désires comprendre d'une certaine manière ces souffrances, pense à notre chef qui est venu pour nous comme rédempteur et redresseur de tous les maux qui furent infligés par le péché. C'est pour cette raison qu'il assuma comme sien tous les objets de lamentations et de pleurs, non pas pour les encourir puisqu'il ne fit aucun péché, mais pour les absoudre et pour les acquitter parfaitement, de sorte qu'il s'acquitta pour tous en revêtant la personne de chacun [2].

Le terme *satisfacere* renvoie ici au vocabulaire des tribunaux puisqu'il s'agit littéralement de s'acquitter d'une peine. De plus, la référence à la notion juridique est évidente lorsqu'Olivi affirme que le Christ absout nos péchés en revêtant la personne de tout un chacun. Olivi veut ainsi signifier que le Christ a assumé la responsabilité de chacun pour ses péchés, bien qu'il n'en ait lui-même commis aucun. Enfin, dans le *Commentaire sur la Hiérarchie céleste*,

concerne le baptême : « Sunt quorum animus infantes damnari potest, qui sine baptismo moriuntur, ob solam iniustitiam quam dixi non vult accipere, quoniam nullus homo iudicat eos reprehendendos de peccato alienae personae », Anselme de Cantorbéry, *Le conception virginale et le péché originel*, *op. cit.*, chap. I, p. 198.

1. P. J. Olivi, *Quaestiones de incarnatione et redemptione*, *op. cit.*, q. II, *Appendix*, p. 156 : « Persona infantum secundum suum personalem et singularem consensum non subest suo vitio, sed solum ratione suae naturae humanae ab Adam per suos parentes acceptae. Ergo persona infantum secundum suam propriam rationem personalem non repugnat susceptibilitas talis doni. Non est ergo inconveniens vel impossibile quod sibi detur a Christo ».

2. *Idem*, *De missa* : « Et si istos dolores aliqualiter comprehendere cupis, recogita ipsum capud nostrum qui venit ad nos ut redemptor et emendator omnis mali quod inflictum fuerat per peccatum. Et ideo accepit omnia lamentanda et deploranda ut sua, non ad commectendum quia peccatum non fecit, sed ad solvendum et satisfaciendum perfecte, ita quod ipse omnium personam induens pro omnibus satisfecit ». Nous utilisons ici l'édition de Sylvain Piron à paraître prochainement dans *Oliviana*, 5 et nous remercions vivement ce dernier pour l'aimable mise à disposition de ce texte.

au chapitre III, la chose devient limpide, puisqu'Olivi associe le terme de personne à une énumération de synonymes d'*officium* :

> Le terme de hiérarchie signifie parfois le principat sacré de l'Eglise, pour autant qu'en lui se trouve le hiérarche principal de l'Eglise. En outre, il signifie parfois toute la connexion des personnes, des offices et des ordres ou des dignités et des états qui sont dans la hiérarchie, sous le hiérarche principal [1].

Il est donc certain qu'Olivi connaît et emploie la notion juridique de personne morale. Cela dit, il l'utilise dans des contextes inattendus et semble jouer sur les différentes significations du terme afin de parvenir à une unité de définition.

Modifier le statut des personnes

L'aspect juridique qui se développe au XIIIe siècle semble également se retrouver chez Olivi dans la question de la coopération entre les différentes parties du monde. Reprenant un thème biblique connu, le Franciscain indique que chaque individu tient une place dans l'univers et une fonction définie par Dieu [2]. A la question XLVIII de la *Summa* qui traite de la réparation de la hiérarchie céleste, Olivi déduit que Dieu, dans sa toute-puissance, peut déplacer les personnes d'un statut à un autre. Il en conclut que selon son bon vouloir, il peut élever les hommes au rang des anges et déplacer ainsi les personnes d'une condition à une autre :

> De même qu'une toute-puissance si grande, créant à partir de rien, a été d'abord et surabondamment manifestée, de même il a été cohérent que, quand l'occasion s'en présenta, soit montré comment il peut élever le plus bas et rejeter le plus haut et comment il peut déplacer de façon adéquate les personnes d'un statut vers les lieux d'un autre statut [3].

Olivi joue à nouveau sur les termes. Le verbe *translocare* marque clairement un déplacement physique. Toutefois, les termes *status* et *locus* sont ambivalents, dans le sens où ils possèdent une double signification, liée à la fois au lieu et à la fonction. *Locus*, au sens de place ou de rang, signifie en effet tant le

1. P. J. Olivi, *Commentaire sur la Hiérarchie céleste de Denys l'Aréopagyte*, chap. III : « Sciendum quod per ierarchiam aliquando significatur sacer ecclesie principatus prout est in ipso principali ierarca ecclesie, aliquando vero ultra hoc significat totam connexionem personarum et officiorum et ordinum seu dignitatum et statuum qui sunt in ierarchia sub principali ierarcha ». Nous remercions derechef S. Piron pour la transcription de ce texte.

2. *Cf.* 1 Cor. 3, 9

3. P. J. Olivi, *Traité des démons*, *op. cit.*, q. XLVIII, p. 198-199 : « Sicut enim primo iam superabunde ostensa erat eius omnipotentia tam magna de nihilo creans, sic decuit quod occasione accepta monstraretur quomodo potest infima sublimare et summa deicere et quomodo potest personas unius status in loca alterius status congrue translocare ».

lieu que le rôle ou la fonction et *status* désigne à la fois la position spatiale et l'état juridique d'une personne [1].

L'ambivalence se poursuit quelques lignes plus loin : Olivi rappelle que François d'Assise est devenu après sa mort l'ange du sixième sceau [2]. La référence est évidente à l'époque. Il s'agit d'un songe qu'eut frère Pacifique, un des compagnons de François. Olivi affirme que ce songe lui fut rapporté par un homme qu'il qualifie de digne de confiance et que nous pouvons identifier comme étant Conrad d'Offida (1241-1306), un familier de frère Léon [3]. Dans cette vision, François siège auprès de Dieu, sur l'ancien trône de Lucifer déchu. Olivi commente cette révélation en disant qu'il fallait l'homme le plus humble pour remplacer Lucifer, dont l'orgueil fut si démesuré :

> De nombreuses révélations ont été divinement faites aux hommes saints, montrant explicitement que les saints qui s'élèvent aux cieux assument la position des anges qui ont chuté. De même, on rapporte une vision solennelle à propos de notre père François, selon laquelle il devait obtenir grâce à son extrême humilité le siège du premier et suprême chef des anges qui tomba vers les régions les plus basses à cause de son orgueil [4].

Nous pouvons déceler dans ces deux affirmations sur le déplacement des personnes et sur leur changement de statut – l'élévation des hommes et l'apothéose de François – une référence à l'aspect fonctionnel et juridique de la notion de personne. En effet, lorsqu'Olivi affirme que François a pris l'ancienne place de Lucifer, il veut signifier que c'est sa charge et ses responsabilités qu'il assume. Lorsqu'il affirme que François est devenu l'ange du sixième sceau, il parle ainsi de manière symbolique. Comme nous l'avons déjà dit, l'être

1. Le terme prend ainsi, dans le *Digeste* de Justinien, la signification de condition juridique ou de statut d'une personne. Cf. *Digeste*, 1, 5, 21 ; 4, 5, 11.

2. *Cf.* P. J. Olivi, *Commentaire de l'Apocalypse*, dans lequel Olivi propose huit interprétations sur la désignation de François comme ange du sixième sceau. Pour l'anecdote, Olivi sera lui-même considéré comme « l'ange de l'Apocalypse » par les Spirituels, comme le souligne les accusations qui seront portées une dizaine d'années après sa mort par Raymond de Fronsac et Bonnegrâce de Bergame dans le conflit qui les opposait à Ubertin de Casale. *Cf.* F. Callaey, *Etude sur Ubertin de Casale*, Bruges, Picard, 1910, p. 198.

3. *Cf.* P. J. Olivi, *Lectura super Apocalipsis*, chap. VII, III. Ce songe est décrit dans la *Compilation d'Assise*, 65, *in* J. Dalarun (éd.), *François d'Assise. Ecrits, Vies, témoignages*, 1, p. 1283-1285. Nous le retrouvons aussi dans la *Legenda II B. Francisci*, de Thomas de Celano, chap. LXXXVI, 123, trad. fr. J. Dalarun, D. Poirel, *Thomas de Celano*, *Les vies de Saint François d'Assise*, Paris, Cerf, 2009, p. 505. Il est également rapporté par Bonaventure dans sa *Legenda S. Francisci*, chap. VI, 6, *Opera omnia*, VIII, Quaracchi, S. Bonaventurae, 1889, p. 521. *Cf.* P. J. Olivi, *Lectura super Apocalipsis*, chap. VII, III ; Bonaventure, *Itinéraire de l'esprit vers Dieu*, *op. cit.*, p. 295 ; J. Dalarun, « François d'Assise et la quête du Graal », *Romania*, 127, 2009, p. 147-167.

4. P. J. Olivi, *Summa*, q. XXVII, *op. cit.*, p. 753 : « Amplius, ad hoc faciunt multae revelationes viris sanctis divinitus facte in quibus est aperte monstratum quod sancti migrantes ad celos assumuntur ad loca angelorum qui inde sunt lapsi, sicut et de patre nostro Francisco sollemnis visio fertur quod pro suae humilitatis excessu obtinere debebat sedem primi ac supremi capitis angelorum qui pro sua superbia ad intima ruit ».

humain ne peut pas devenir un ange, puisque leur nature diffère *sub ratione reali*. Mais dans ce contexte théologique, Olivi doit préciser sa position, puisque celle-ci a été disputée. Origène pensait en effet que les hommes peuvent réellement acquérir une nature angélique [1]. Il avait, de même qu'Olivi, affirmé qu'une nature rationnelle peut déchoir de son rang, puisqu'un être ne tient pas sa dignité du fait de sa nature, mais seulement de manière accidentelle, comme le montre l'exemple des saints dans le *Traité des Principes* :

> Toute nature qui est sainte tient sa sanctification de ce qu'elle a assumé l'Esprit Saint et de ce qu'il l'a inspirée : elle ne la possède pas par nature, mais de manière accidentelle. Or ce qui est accidentel peut déchoir. On peut avoir ainsi une justice accidentelle, d'où il suit qu'on peut la perdre. On a pareillement une sagesse accidentelle, mais il est en notre pouvoir, par notre zèle et le mérite de notre vie, par la pratique de la sagesse, de devenir sages [2].

Toutefois, Thomas d'Aquin avait réfuté avec véhémence cette identité de nature entre l'homme et l'ange, l'immatérialité de l'ange rendant par nature impossible ce changement :

> Il est impossible que l'ange et l'âme soient de même espèce. [...] Le corps ne fait pas partie de l'essence de l'âme, mais l'âme est, par son essence, apte à être unie au corps. Aussi n'est-ce pas l'âme, à proprement parler, qui appartient à l'espèce, mais le composé. Et le fait même que l'âme, en quelque façon, ait besoin du corps pour agir montre qu'elle est une nature intellectuelle d'un degré inférieur à celui de l'ange, lequel n'est jamais uni à un corps [3].

Olivi, ayant réintroduit une matière spirituelle en l'ange, doit ainsi préciser sa position. Il propose une troisième voie qui prend en compte les avantages de la position d'Origène et de celle de Thomas. Selon Olivi, il est impossible que les actes spécifiques de l'homme et de l'ange soient identiques si leur nature diffère formellement. Or, ceci contrevient à l'autorité d'Augustin selon laquelle les hommes peuvent remplacer la fonction des anges déchus au sein de la hiérarchie céleste. Par conséquent, les natures humaines et angéliques diffèrent spécifiquement selon l'essence (*sub ratione reali*), mais non selon l'action :

1. Origène, *Traité des Principes*, I, 8, 4, trad. fr. H. Crouzel, M. Simonetti, Paris, Cerf, 1978, p. 229-233.

2 *Ibid.*, p. 229.

3. Thomas d'Aquin, *Somme de théologie*, Ia, q. 75, art. 7, *op. cit.*, p. 661 : « Unde non potest esse quod Angelus et anima sint unius speciei. [...] Ad tertium dicendum quod corpus non est de essentia animae, sed anima ex natura suae essentiae habet quod sit corpori unibilis. Unde nec proprie anima est in specie; sed compositum. Et hoc ipsum quod anima quodammodo indiget corpore ad suam operationem, ostendit quod anima tenet inferiorem gradum intellectualitatis quam Angelus, qui corpori non unitur ».

> Une forme active connaît deux rapports, l'un à son acte d'exister ou de donner forme et l'autre quant à son objet ou à son agir. Et selon le premier, mais non quant au second, l'esprit angélique et l'esprit humain diffèrent en espèce [1].

Bonaventure soulignait déjà que ces deux entités sont ordonnées à la même fin et qu'ils sont en ce sens égaux :

> L'Ange qui tient bon soutient l'homme et l'infirmité humaine, et l'homme, en se relevant, répare la ruine angélique; donc, d'une certaine façon, l'Ange est en vue de l'homme, et l'homme en vue de l'Ange. Et par conséquent, dans cet ordre, ils sont égaux [2].

Pour Bonaventure comme pour Olivi, c'est ainsi non du fait de leur nature, mais de leur fonction que l'homme et l'ange sont égaux. En effet, selon Olivi, l'ange ne possède un intellect parfait que de manière accidentelle [3] :

> Le fait que l'esprit angélique reçut dès sa création un statut plus noble que la nature humaine provient des accidents qui lui ont été adjoints. Ainsi, si l'ange peut tout saisir de manière plus claire, plus élevée et plus abondante que l'homme, cela ne provient pas de l'essence absolue de son intellect, mais plutôt des diverses dispositions, des clartés dispositives et des inclinaisons qui lui ont été annexées [4].

Inversement, la discursivité n'est pas une caractéristique essentielle à l'intellect humain, mais un *habitus* annexe comme le montre le cas des bienheureux qui ont une vision directe de Dieu [5]. Par voie de conséquence, par sa perfectibilité [6] et par l'intervention de la grâce, l'homme peut surpasser l'ange, ce qui est notamment le cas lorsqu'un saint, comme François, devient supérieur aux anges d'un rang inférieur :

1. P. J. Olivi, *Traité des démons,* q. XLVIII, *op. cit.*, p. 204-207 : « Forma activa habet duplicem respectum, unum scilicet ad suum existere seu ad suum informare et alium ad suum objectum seu ad suum agere. Et secundum primum different specie mens angelica et humana, non autem quoad secundum ».

2. *Cf.* Bonaventure, *Commentaria in II Sent.*, dist. 1, art. 2, q. 2, *op. cit.*, p. 46.

3. Olivi est en cela en parfaite adéquation avec Bonaventure qui affirme que ce qui distingue actuellement les deux substances spirituelles de l'homme et de l'ange n'est que purement accidentel et non essentiel. *Cf.* Bonaventure, *Commentaria in II Sent.*, dist. 1, part. 2, art. 3, q. 2, *op. cit.*, p. 49-50.

4. P. J. Olivi, *Summa,* q. LVI, *op. cit.*, p. 303 : « Quod igitur mens angelica a sua creatione nobiliorem statum accepit quam natura humana factum est hoc quoad accidentia sibi inserta. Unde quod angelus clarius et altius et copiosius potuit omnia intelligere quam homo non fuit ex absoluta essentia intellectuum suorum, sed potius ex variis habitibus et habitualibus claritatibus et dispositionibus sibi annexis ».

5. Cf. *idem, Traité des démons,* q. XLVII, *op. cit.*, p. 206-209. *Cf.* également T. Suarez-Nani, « Pierre de Jean Olivi et la subjectivité angélique », art. cit., p. 302.

6. La valeur d'un individu ne doit ainsi pas être considérée selon la nature, mais plutôt selon le degré d'ascension vers Dieu : « Nobilitas autem naturalis in mentibus sanctis ad imaginem Dei potius est attendenda per respectum ad gradus ascensionis in Deum quam ad quodcunque aliud, quia cetera omnia quasi nihil sunt respectu illius », P. J. Olivi, *Traité des démons,* q. XLVIII, *op. cit.*, p. 208-211.

> Selon le témoignage du Christ, en Matthieu 22, quand « au ciel, les saints seront égaux aux anges de Dieu », alors un saint d'un ordre supérieur l'emportera sur un ange d'un ordre inférieur non seulement quant aux actes de gloire substantielle, mais également, comme certains le pensent d'une façon qu'on peut prouver, quant à tous les actes de l'intellect et de la volonté [1].

Ainsi, l'homme peut devenir supérieur à l'ange non seulement quant à son rang, mais également quant à ses facultés, à savoir selon ses actes d'intellect et de volonté. Olivi en conclut qu'il appartient à Dieu seul de décider le degré hiérarchique et la charge que chaque individu doit recevoir :

> L'individu [humain ou angélique], suivant le bon plaisir du Créateur, peuvent recevoir des degrés divers quant à leurs traits substantiels et accidentels et quant à leurs traits naturels ou gracieux [2].

Aussi, un individu peut-il voir son statut de personne être modifié tout en conservant la même espèce [3]. Olivi prend ainsi soin de spécifier dans la question XLVIII de la *Summa*, que c'est en tant qu'être humain que François occupe le trône de Lucifer :

> Alors ce n'est pas un ange qui remplacerait leur chef, Lucifer, mais un homme et ainsi, un homme serait à la tête de ceux qui demeurent [4].

De même, Olivi affirme que les élus effectuent le ministère qui leur a été confié grâce à une « coopération de fonctions » qui leur permet de conserver leurs corps ainsi que leurs fonctions organiques [5]. Les premières lignes de la détermination précisent que c'est dans la matière corporelle que l'homme est créé et qu'il est élevé au-dessus des démons, ce qui augmente la colère des démons :

> Une plus grande confusion des démons en chute, du fait que l'homme qui devait être créé sous lui et dans la seule et infime matière corporelle, soit alors

1. P. J. Olivi, *Traité des démons,* q. XLVIII, *op. cit.*, p. 208-209 : « Quando autem, teste Christo, Matthei 22, "sancti erunt equales angelis Dei in celo", tunc sanctus superioris ordinis preabundabit angelo inferioris non solum quaod actus substantialis gloriae, sed etiam, ut a quibusdam probabiliter estimatur, quoad omnes actus intellectus et voluntatis ».

2. *Idem*, *Summa,* q. LVI, *op. cit.*, p. 303 : « In suis vero individuis iuxta beneplacitum creatoris possunt accipere dispares gradus quantum ad substantialia et quantum ad accidentalia et quantum ad naturalia et gratuita ».

3. Par exemple, le *De angelicis influentis* montre que le rôle de l'ange est d'être une aide et un exemple dans le cheminement vers Dieu du simple fait de son état de perfection. En cela, les saints et les élus participent tout autant à cette *reductio in Deum*.

4. P. J. Olivi, *Traité des démons,* q. XLVIII, *op. cit.*, p. 194-197 : « Tunc locum capitis eorum, scilicet Luciferi, non teneret angelus, sed aliquis homo, et ita homo preeset remanentibus ».

5. Cf. *ibid.*, p. 198-199 : « Quia per hoc quod homines ad loca ruentium assumendi angelorum ministeriali cooperatione potuerunt quoad sua corpora propagari, nutriri et conservari ».

créé matériellement pour être élevé vers leur siège, par son mérite d'humilité et de crainte de Dieu et par la force de la grâce de Dieu [1].

Un exemple tiré des réfutations de la question XLVIII de la *Summa* vient illustrer et confirmer cette interprétation du déplacement des personnes : après avoir rapporté le songe de frère Pacifique, Olivi propose une première image en faveur de la réparation de la hiérarchie angélique par les hommes. Il reprend la métaphore filée tout au long de ses textes, celle de la greffe d'un rameau sur un arbre d'essence différente :

> Ici brillent l'ordre et la puissance de la greffe des branches d'un arbre dans le tronc d'une autre espèce et l'ordre de substitution mutuelle, en lequel les parties de l'univers sont connues pour se relier entre elles et se servir mutuellement, en sorte que l'une soit apte et ordonnée, ou susceptible d'être ordonnée, au remplacement de la croissance et de la décroissance de l'autre [2].

Cette métaphore, sans doute issue de l'Epître aux Romains, permet de saisir avec plus de précision comment les éléments du monde coopèrent et peuvent être substitués, sans pour autant changer de nature [3]. Après la greffe de rameaux de pommier sur un poirier qui aurait perdu trois branches, ce seront toujours des pommes qui seront produites par cette nouvelle partie de l'arbre. Il en va de même pour la restauration angélique : l'apport des hommes pour combler le manque qui s'est créé dans la hiérarchie angélique est possible, puisque la *mens* de l'homme et de l'ange sont du même genre et qu'ils peuvent ainsi accomplir les mêmes fonctions. Toutefois, ces élus n'appartiendront jamais pour autant à l'espèce angélique. Nous trouvons ainsi chez Olivi une homogénéisation de la réalité créée qui repose sur un principe selon lequel

1. *Ibid.* : « Maior confusio ruentium demonum, quod scilicet homo qui sub ipso erat condendus et in sola infima corporali materia tunc materialiter conditus ad sedem eius sublimaretur merito humilitatis divinique timoris et virtute gratie Dei ».

2. P. J. Olivi, *Traité des démons*, q. XLVIII, *op. cit.*, p. 198-199 : « Tertio, relucet hic ordo et potentia insertionis ramorum unius arboris in stipitem alterius speciei et ordo mutuae suppletionis ; in quo partes universi sic sibi connecti et mutuo subservire noscuntur quod una sit apta et ordinata vel ordinabilis ad supplendum alterius incrementum et decrementum ». Nous retrouvons plus loin cette métaphore définie en ces termes : « ut si quis piro habenti septem ramos cuius tres arefacti truncantur vice illorum inserat tres ramos pomi, sufficit quod ad eius piramidationem et debitum statum proportionaliter suppleant defectum trium priorum ramorum », *ibid.*, p. 206-207. Une seconde métaphore vient éclairer ce passage : si plusieurs pierres précieuses tombent de la couronne royale, il est possible de les remplacer par d'autres de même beauté et de même valeur, mais qui ne sont pas forcément de même espèce.

3. Paul, *Epître aux Romains*, 11, 15-17 : « Si en effet le monde a été réconcilié avec Dieu quand ils ont été mis à l'écart, qu'arrivera-t-il quand ils seront réintégrés ? [...] Si la racine de l'arbre est sainte, les branches le sont aussi. De ces branches, quelques-unes ont été coupées, alors que toi, olivier sauvage, tu as été greffé parmi les branches, et tu as part désormais à la sève que donne la racine de l'olivier ». Olivi précise ailleurs que l'univers entier est lié et qu'il existe une connexion entre ses parties : « Pour que l'univers soit de quelque manière un, une union et une connexion déterminées entre ses parties est requise », P. J. Olivi, *Summa*, q. XVI, p. 313, *op. cit.*, p. 127-129.

chaque entité est en relation [1]. Ainsi, il existe une connexion entre les parties qui permet un déplacement (*translocare*) des personnes, mais non un changement de leur nature intrinsèque. Olivi explicite ce point dans la réponse aux objections de la question XLVIII : « le remplacement fait par insertion ne requiert pas de similitude univoque », mais une « proportion conforme » est suffisante [2].

Il est par conséquent évident que ce n'est pas la nature humaine qui est modifiée, mais la fonction ou le statut qui doit être remplacé. Olivi n'admet donc pas d'identité d'espèce entre l'homme et l'ange. Le terme *translocare* est évident en ce sens. Il signifie le déplacement de la personne d'un lieu à un autre, mais aucunement le fait d'endosser une nature angélique.

Pour résumer, il est évident que c'est la notion juridique de personne, à savoir la fonction qu'un individu revêt, qu'Olivi envisage lorsqu'il traite de la question du déplacement des personnes d'un statut à un autre. Par conséquent, dans le remplacement de la structure angélique, la nature spécifique d'un individu reste identique *secundum rem* – François reste un homme et c'est métaphoriquement qu'il est dit être l'ange du sixième sceau [3]. Toutefois, la condition ou le statut de la personne peut être modifié et transformé de manière graduelle selon la coopération de fonction qui existe entre les différentes parties du monde et selon la volonté de Dieu. Par conséquent, Olivi intègre la notion de personne morale au sein de sa réflexion et en joue, se servant de l'ambivalence du terme pour l'intégrer par exemple dans le contexte théologique. L'unité de la notion de personne ne concerne pas seulement l'ensemble du créé. Elle doit également pouvoir s'accorder avec les divers contextes d'énonciation au sein desquels elle intervient. La définition de la personne olivienne doit ainsi convenir tant à Dieu, qu'aux hommes et qu'aux anges, tant dans un contexte juridique qu'ontologique ou théologique.

1. *Cf.* T. Suarez-Nani, « Pierre de Jean Olivi et la subjectivité angélique », art. cit., p. 304.

2. P. J. Olivi, *Traité des démons*, q. XLVIII, p. 206-207 : « Suppletio per insertionem facta non exigit univocam similitudinem, sed conformem proportionem ».

3. Dans son *Commentaire sur l'Apocalypse*, Olivi affirme que François est l'ange du sixième sceau ; preuve en est les stigmates qui apparaissent sur son corps. C'est donc clairement ici de manière métaphorique qu'Olivi parle de François en tant qu'ange : « Et il apparaît, particulièrement par les très glorieux stigmates qui lui ont été imprimés par le Christ, qu'il sera l'ange de l'ouverture du sixième sceau, ayant le signe du Dieu vivant. [...] Cet ange est donc François, rénovateur de la vie et de la Règle évangélique », P. J. Olivi, *Commentaire sur l'Apocalypse*, VI, 82 et VII, 7, trad. cit., p. 2558-2559.

LA LIBERTÉ, ÉLÉMENT ESSENTIEL DE LA PERSONNE

Nous avons montré que, pour Olivi, la notion de personne désigne une nature individuelle qui sous le mode de l'essence est comprise comme la substance et à laquelle s'ajoute le suppôt, si nous la considérons du point de vue de l'être. Nous avons poursuivi en soulignant que l'essence de l'âme trouve sa réalisation et sa perfection dans la matière. Enfin, nous avons montré que ces définitions conviennent tant aux hommes qu'aux anges. Ayant progressivement délimité le cadre de cette notion, il reste à définir en quoi consiste le propre de la personne. Aussi, un dernier aspect qui semble essentiel à la pensée d'Olivi - puisque nous n'avons pas connaissance d'une définition similaire chez d'autres auteurs - doit être envisagé : celui du lien entre personne et liberté. Selon le Franciscain d'Oc, la personne est un suppôt libre par soi, consistant en soi de manière pleine et réflexive. La liberté semble ainsi être le cœur de la définition olivienne de la personne.

Personnalité et réflexivité

Lorsqu'Olivi traite du rapport entre la liberté et la personne, il utilise le substantif de *personalitas* et ce, de manière singulière. En effet, comme le souligne Sylvain Piron, si le terme existait auparavant, c'est son usage répété et l'intimité de sa fondation qui est caractéristique [1]. Ce terme de personnalité ne doit pas être interprété au sens de la psychologie contemporaine comme l'ensemble des traits de caractère. Il signifie seulement le fait d'être une personne. En quoi consiste-t-elle ? Nous avons déjà eu l'occasion de relever que les puissances supérieures de l'âme, bien qu'elles ne suffisent pas à épuiser toute la substance de l'âme, lui sont pourtant essentielles. Une des raisons invoquées pour le démontrer trouve son fondement dans la notion de personnalité :

> [Affirmer que les puissances de l'âme sont totalement différentes de sa substance] ne semble pas consonant avec la vérité. Cela est évident du fait des plus hautes raisons de vie, d'intellectualité, de liberté, de personnalité ou de perfection d'existence par soi et d'actualité [2].

Pour Olivi, il est impossible que les puissances de l'âme soient totalement différentes de sa substance du fait même de la personnalité. La volonté, l'intellect, la sensation et toutes les puissances de l'âme sont donc inextricablement liés à la personne. Celle-ci est plus précisément définie comme une existence par soi, qui s'associe à l'intellect et à la volonté pour former une

1. *Cf.* S. Piron, « L'expérience subjective selon Pierre de Jean Olivi », art. cit., p. 49.

2. P. J. Olivi, *Summa*, q. LIV, *op. cit.*, p. 248 : « Sed hoc etiam non videtur consonum veritati. Quod patet ex altissimis rationibus vitae, intellectualitatis, libertatis, et personalitatis seu ex perfectio per se existentiae et actualitatis ».

substance totale. Ce lien avec la substance spirituelle est confirmé quelques lignes plus loin :

> La forme de l'âme ou de la substance spirituelle est par soi vie, par soi intellectuelle et libre et capable de donner à son sujet la raison d'existence par soi ou de personnalité [1].

Les deux extraits précédents fournissent ainsi une même définition : la personnalité consiste en une existence par soi. Si seul Dieu réalise parfaitement cette définition, existant absolument par soi, celle-ci est également valide pour les créatures que sont l'homme et l'ange. En ce cas, l'existence par soi n'est pas comprise comme une indépendance ontologique, mais comme une existence particulière et incommunicable. Olivi précise que si la *mens* n'est pas accidentelle, elle n'est pas pour autant substantielle à l'homme. Il résout cette apparente contradiction en affirmant que la *mens* appartient à un ordre encore plus intime; elle est personnelle. Pour le prouver, il cite largement le *De gratia contemplationis* de Richard de Saint-Victor [2] :

> [l'esprit] est sa puissance générale, ainsi il se connaît et s'aime naturellement et cette science est telle que cet amour procède de cette puissance de se savoir et de s'aimer.

Et peu après il dit que

> cet amour n'est pas la science, ni la puissance, mais elle provient des deux, et cette science n'est pas la puissance même, puisqu'elle provient de celle-ci. Elles diffèrent en effet l'une de l'autre non pas de manière accidentelle, puisqu'elles appartiennent à la nature intime de l'esprit, ni de manière substantielle, comme il apparaît, mais de manière personnelle [3].

Selon Richard, la connaissance et l'amour de soi sont si intimes à l'esprit qu'elles ne peuvent être accidentelles. Toutefois, comme le faisait déjà remarquer Augustin, ces facultés ne constituent pas l'entier de la substance de l'esprit [4]. Richard en conclut que cette connaissance et cet amour de soi sont personnels. Si Richard de Saint-Victor parlait du cas des personnes trinitaires, c'est bien l'originalité d'Olivi que d'avoir appliqué cette théorie à la personne humaine. La notion de personne n'est ainsi pour Olivi ni accidentelle, puisqu'elle est intime à l'esprit –, ni substantielle, dans la mesure où elle ne

1. P. J. Olivi, *Summa*, q. LIV, *op. cit.*, p. 249 : « Oportet enim ponere necessario quod forma animae seu spiritualis substantiae sit per se vita, per se intellectualis et libera et potens dare suo supposito rationem per se existendi seu personalitatis ».

2. *Cf.* Richard de Saint Victor, *De gratia contemplationis*, IV, 20, 21.

3. P. J. Olivi, *Summa*, q. LIV, *op. cit.*, p. 273 : «"Ipsa [mens] ergo" inquit, "est potentia sua generalis, item naturaliter scit se et amat se et tam scientia ista quam amor iste ab ista potentia sciendi et amandi". Et paulo post dicit quod "hic amor non est scientia nec potentia, sed exit ab utraque, nec haec scientia est ipsa potentia, cum sit ab ea. Differunt ergo ab invicem non accidendaliter, quia sunt de intima mentis natura, nec substantialiter, ut patebit, ergo personaliter"».

4. *Cf.* Augustin, *De Trinitate*, X, 4, 6, *op. cit.*, p. 131.

recouvre pas la totalité de l'essence de l'âme. Elle signifie un mode d'existence qui lui est propre. Olivi retient ainsi la notion d'incommunicabilité et d'existence par soi que propose Richard (*intellectualis naturae incommunicabilis existentia*) et s'accorde avec la pensée de Gauthier de Bruges que nous avions précédemment présentée : ce n'est pas la volonté qui choisit, ni l'intellect qui comprend, c'est la personne.

Si Olivi fait sienne la proposition de Gauthier de Bruges et reprend à son compte la notion d'incommunicabilité et d'existence par soi que développe Richard de Saint-Victor, la définition de la personne ne semble pas encore suffisante. Olivi intègre également une part de la définition de Boèce. En effet, définir la personne comme une *rationalis naturae individua substantia* ne souligne pas seulement la nécessité de l'intellect, mais de l'entier de l'âme rationnelle. Pour Olivi, la personnalité suppose en effet l'appui de l'intellect *et* de la volonté pour se développer :

> Si la personnalité ne peut être comprise sans l'intellect ni la volonté, il convient nécessairement qu'ils soient les principes les plus substantiels du suppôt auquel ils appartiennent [1].

Ces deux facultés sont essentielles, car elles fournissent à la personnalité cette pleine existence en soi et cette possibilité de conversion sur soi qui la caractérise :

> Aucune conversion ou capacité de conversion de soi sur soi-même, ni cette pleine consistance de soi, et en bref, aucun pouvoir (*dominium*) qu'il porte sur soi ou sur les autres, ne peut être compris sans ces puissances [que sont l'intellect et la volonté]. Et cette conversion sur soi n'est pas autre chose que la puissance de la pleine possession de soi et des autres, sans laquelle il n'est pas possible de comprendre la raison de personne [2].

Nous savons à quel point la volonté est une faculté capitale pour Olivi. Nous pourrions supposer que, puisqu'elle fournit à la *mens* sa capacité de retour sur soi, elle soit primordiale dans la saisie du sujet. Or, Olivi affirme que si l'intellect n'est pas capable de connaître la substance de l'âme et de produire ce qu'Olivi nomme une « experimentum suae suitatis », la volonté ne le peut également :

> Le comprendre de l'intellect qui comprend ou le vouloir de la volonté qui aime la substance de l'âme ou le sujet de ces facultés n'a pas à proprement parler en sa raison une expérience de son Soi, comme je l'ai ainsi appelée. Autrement dit, l'âme ne comprend pas sa substance par l'intellect, puisqu'il n'a ici en aucune

1. P. J. Olivi, *Summa*, q. LIV, p. 250 : « Si igitur personalitas non potest esse nec intelligi sine intellectu et voluntate : oportet necessario quod sint substantialissima supposito illius cuius sunt ».

2. *Ibid.* : « Nulla autem reflexio nec reflexibilitas sui ipsius super se potest intelligi sine istis potentiis nec plena consistentia sui ipsius in se nec breviter aliquod dominium sive in se sive in aliis. Quod non est aliud quam potestas plenarie possessiva sui et aliorum sine qua non est intelligere rationem personae ».

manière la raison de principe productif. Et on pourrait en déduire que l'âme sent véritablement que ce qui est appréhendé est identique à elle-même. Et je dis la même chose de l'amour [1].

Ainsi, ces facultés supérieures ne peuvent parvenir par elles-mêmes à une appréhension du *quod est* de la *mens*, ou plus exactement du *quis*. Pour la connaissance de soi, l'intellect exige la médiation d'images qui rendent cette connaissance fictionnelle. La volonté, par sa disposition qui est l'amour, quoiqu'elle fournisse les conditions de réflexivité nécessaires, ne le peut également d'elle-même. La personne n'est pas la volonté; elle n'est pas non plus l'intellect; elle n'est pas même l'ensemble des facultés de l'âme. Par son incommunicabilité, elle ne peut être définie que par elle-même, à savoir la personnalité, qui se découvre et se caractérise par un retour sur soi :

> La personnalité ou la personne est par soi une existence effectuant et consistant pleinement en un retour sur soi ou se reflétant parfaitement sur elle-même [2].

Seule la personne par la capacité de réflexivité sur soi peut parvenir à une appréhension de son essence propre. Seule la personnalité peut appréhender ce que c'est d'être cette personne particulière. Elle est ainsi la réalité la plus intime de chaque individu [3].

Le rapport au corps doit être éclairci, surtout dans le débat sur la pluralité des formes. De toute évidence pour Olivi, le corps ne peut donner cette liberté, encore moins cette réflexivité nécessaire à la constitution de la personne [4]. La relation à la matière doit ainsi trouver son fondement dans la partie intellective de l'âme. Olivi précise son rapport à la personnalité :

> La part sensitive et le corps ne pourraient participer à la raison de personnalité, de sorte qu'elles soient les parties du suppôt personnel ou de la personne, à moins qu'elles ne s'enracinent dans la partie intellective [5].

1. P. J. Olivi, *Summa*, q. LIV, p. 251 : « Et tunc intelligere intellectus intelligentis seu velle voluntatis amantis substantiam animae seu subiectum ipsarum non habebunt proprie in sui ratione experimentum suae, ut ita dixerim, suitatis, hoc est, anima per intellectum intelligens substantiam suam, cum non habeat ibi rationem principii productivi aliquo modo, ex ea non poterit sortiri hanc rationem quod vere anima sentiat ipsum apprehensum esse idem sibi. Et idem dico de amore ».

2. *Ibid.*, q. LIX, p. 526 : « Item, personalitas seu persona est per se existentia in se ipsam plene rediens et consistens seu in se ipsam perfecte reflexa ».

3. Cf. *ibid.*, q. LIV, p. 250 : « Certum est autem quod personalitas et per se existentia non potest esse ab aliquo accidente, cum ipsum potius suscipiat existere a subiecto quam det, et cum per se esse sit conditio substantialis suppositi vel substantiae et una de nobilissimis et radicalissimis conditionibus entis, maxime quando est personale ».

4. Cf. *ibid.*, q. LI, p. 115 : « Talis reflexio et conversio non potest esse in materia corporali ».

5. *Ibid.*, q. LIX, p. 541 : « Nec etiam ipsa [pars sensitiva] et corpus possent participare rationem personalitatis, ita quod essente partes suppositi personalis seu personae, nisi radicarentur in intellectiva ».

Olivi parvient à cette conclusion : soit le composé de matière et de forme est plus libre et plus réflexif par soi que la part intellective, comme l'affirme le syllogisme posé précédemment, soit la part intellective n'est ni libre, ni réflexive [1]. C'est évidemment la première proposition qu'il faut retenir. Les analyses portant sur la *colligantia potentiarum* montrent que la part intellective se réalise et se parfait ainsi dans le composé de matière et de forme [2]. Cette réalisation consiste en la partie la plus élevée du suppôt que nous disons être la personne :

> Puisque la part intellective ne serait pas consistante en soi, mais plutôt en son suppôt, alors consister en soi et se refléter sur soi est la raison la plus élevée du suppôt que nous appelons la personne [3].

Ainsi, si la personne correspond à une existence par soi, incommunicable, douée d'intellect et de volonté, qui se parfait dans son rapport au corps et qui désigne ce qu'est le propre d'un individu singulier, sa caractéristique principale réside dans la capacité de retour sur soi. Comme le disait très justement Theo Kobusch, la personne, selon Olivi, peut se résumer au fait d'être une existence réflexive [4].

Personne et conscience de soi

Olivi exige qu'un mouvement de réflexion sur soi soit attribué à la personnalité, autrement dit à la condition d'être une personne. Cette capacité de conversion est à ce point importante qu'elle a entraîné la création d'un vocabulaire spécifique chez Olivi, au travers du terme *reflexibilitas* (réflexivité) [5]. Nous rencontrons une des occurrences de ce terme à la question LII de la *Summa* :

> La personnalité correspond à une existence par soi, maîtresse, libre, réfléchie et capable d'un retour sur elle-même selon un mode possessif, c'est-à-dire se possédant elle-même au moyen d'une certaine réflexion libre [6].

Si nous analysons de plus près cette réflexivité, nous comprenons qu'elle correspond en réalité à une nouvelle caractéristique qu'Olivi introduit dans la

1. Cf. *ibid.*, q. LI, p. 121 : « Aut igitur compositum constitutum ex forma intellectiva et materia corporali erit magis liberum et magis in se ipso rediens et consistens directe et per se quam pars intellectiva, aut ipsa pars intellectiva non erit libera nec in se ipsam rediens et consistens ».

2. Cf. *ibid.*, q. LIX, p. 542 : « Anima rationalis non habet perfectam subsistentiam nec perfectum modum essendi sine corpore. [...] Radix subsistentiae hominis est in intellectiva parte ».

3. *Ibid.*, q. LI, p. 121 : « Tum quia ipsa [pars intellectiva] non erit tunc consistens in se, sed potius in suo supposito, cum consistere et reflecti in se sit ratio altissimi suppositi quod personam dicimus ».

4. *Cf.* Th. Kobusch, « Person – die verkörperte Selbstreflexivität », art. cit., p. 73.

5. *Cf.* S. Piron, « L'expérience subjective selon Pierre de Jean Olivi », art. cit., p. 48-49.

6. P. J. Olivi, *Summa*, q. LII, p. 199-200, trad. cit., p. 48-49 : « Quod etiam fortius probatur per eius personalitatem quae est idem quod per se existentia dominativa et libera et in se ipsam possessive reflexa et reflexibilis, id est, se ipsam cum quadam libera reflexione possidens ».

définition de la personne : la liberté. Le premier chapitre de cet ouvrage a montré que le mouvement réflexif qui est au fondement de la liberté ne peut provenir que de la volonté [1]. Par conséquent, si la personne consiste en une réflexivité sur soi, elle doit nécessairement inclure le fait d'être libre dans sa définition. Ce point est clairement explicité à la question LI de la *Summa* lorsqu'Olivi, en s'opposant à Aristote, demande si le suppôt appartient au composé de matière et de forme ou plutôt, *per reductionem*, à la forme intellective seule. Le Franciscain s'appuie sur un syllogisme pour prouver son propos. Il affirme premièrement que tout suppôt est plus actuel et plus existant *per se* que n'importe quelle part de lui-même. Or, tout composé de matière et de forme est *per se et directe* suppôt de ces deux parties. Ainsi, le composé subsiste par soi et non grâce à ses parties [2]. De ce syllogisme général, Olivi déduit que si nous posons que la part intellective, composée de la volonté et de l'intellect, est la forme matérielle du corps, alors cette part intellective et libre ne peut être la racine de la subsistance personnelle :

> Ainsi la partie intellective et libre ne serait pas la racine de la subsistance personnelle en nous, mais plutôt un certain troisième principe qui de manière propre et par soi n'est ni libre, ni immortel, ni n'ayant la capacité de se refléter sur soi de manière directe et par soi, ce qui est contre la raison de subsistance personnelle [3].

Par conséquent, la personne désigne une entité libre et capable par l'intermédiaire de la volonté de se tourner directement sur elle-même :

> Rien ne peut être racine de la subsistance personnelle, si ce n'est ce qui retourne pleinement sur soi et qui consiste le plus librement en soi [4].

La possession de la volonté est ainsi la condition même d'existence de la personne et elle lui fournit ses trois attributs principaux que sont l'intériorité, la réflexivité et la liberté.

1. La volonté possède en effet en propre cette puissance réflexive que l'intellect n'a pas : *cf.* P. J. Olivi, *Summa*, q. LI, p. 115 : « Et praeterea, aliud genus reflexionis [forma intellectiva] supra se habet, in quantum est libera, quod non habet intellectus : est enim conversa ad se non solum sicut ad objectum, sed etiam sicut motor ad mobile. Unde voluntas consistit supra se et in se cum quadam dominatione secundum quam superfertur sibi ipsi ad tenendum se et movendum libere ».

2. *Idem*, *Summa*, q. LI, *op. cit.*, p. 120 : « Omne suppositum est actualius et magis potens existere per se et in se quam aliqua pars eius in ipso substantificata. Sed omne compositum ex materia et forma est per se et directe suppositum utriusque earum ; nam formam substantificat in sua materia et materiam in sua forma, unde ipsum est per se subsistens et non ipsae ».

3. *Ibid.*, p. 120-121 : « Et tunc pars intellectiva et libera non erit radix personalis subsistentiae in nobis, sed potius quoddam tertium quod proprie et per se non est liberum nec immortale nec potens se reflectere super se directe et per se, quod est contra rationem personalis subsistentiae. Non enim potest esse aliquid radix personalis subsistentiae nisi illud quod est super se ipsum plene rediens et in se ipso liberrime consistens ».

4. *Ibid.*, p. 121 : « Non enim potest esse aliquid radix personalis subsistentiae nisi illud quod est super se ipsum plene rediens et in se ipso liberrime consistens ».

Le développement de deux arguments va finalement prouver la nécessité pour la personne d'être libre : l'évidence de l'intuition intime et la notion d'humanité. Le premier argument consiste dans la saisie intuitive de soi. D'après Olivi, l'individu sent au plus intime de lui-même que sa personne consiste grandement dans la possibilité du libre arbitre. L'homme est ainsi plus lié à cette liberté que les différentes parties du corps requièrent pour vivre et se mouvoir une connexion avec le cerveau ou avec l'irrigation du cœur :

> Ceci s'oppose à l'expérience intime de notre nature par laquelle nous sentons que nous consistons par soi et de manière la plus élevée dans la racine du libre arbitre et que toutes les autres choses sont maintenues en cette nature d'une manière plus élevée que les parties du corps dans le cœur ou le cerveau [1].

Aussi, pour exister ou pour se mouvoir, l'âme humaine a-t-elle besoin de cette racine de la liberté. La volonté est à la fois *radix liberi arbitrii* et *radix personalis subsistentiae*, et cette racine est appréhendée de manière directe comme une évidence intime. La personne et la volonté possèdent une structure réflexive commune. Si la réflexivité de la volonté procure la liberté, la réflexivité de la personne entraîne l'émergence de la conscience de soi, telle que nous l'avons abordée au chapitre précédent. En effet, rappelons qu'Olivi définit également la conscience comme un retour direct de la *mens* sur elle-même. Nous avions également remarqué au travers de l'analyse des textes d'Olivi, que celui-ci n'usait guère de ce terme. Cela s'explique par le fait qu'Olivi lui préfère la notion de personnalité, décrite de manière identique comme une capacité de retour sur soi de la *mens* qui amène à une évidence du sujet. Il convient de souligner avec insistance l'importance du propos d'Olivi : Olivi introduit la conscience dans la définition même de la personne. Or, l'historiographie attribue généralement à John Locke la création de cette définition que nous lisons dans ses *Essais sur l'entendement humain* :

> [Le terme *personne* désigne] un être pensant, intelligent, qui a raison et réflexion et qui peut se regarder soi-même comme soi-même, comme la même chose qui pense en différents temps et lieux ; ce qu'il fait uniquement par la conscience (*consciousness*) qui est inséparable de la pensée, et qui lui est à mon sens essentielle, car il est impossible à quiconque de percevoir sans percevoir qu'il perçoit [2].

Par conséquent, l'identification de la personne comme un être dont la conscience est capable d'un retour sur soi qui implique que l'individu se

1. *Ibid* : « Estque istud contra experimentum naturae nostrae intimum quo sentimus nos in radice liberi arbitrii per se et altissime consistere et omnia alia in ipsa stabiliri altiori modo quam partes corporis in corde vel cerebro ».

2. J. Locke, *Essai sur l'entendement humain*, I, chap. XXVII, 9, *op. cit.*, p. 521-522 : « [Person stands for] a thinking intelligent being, that has reason and reflection, and can consider itself as itself, the same thinking thing, in different times and places ; which it does only by that consciousness which is inseparable from thinking and, as it seems to me, essential to it : it being impossible for anyone to perceive without perceiving that he does perceive ».

considère comme le sujet propre de cette opération est sans doute un des aspects les plus novateurs chez Olivi. Osons le dire, si la modernité se caractérise par l'émergence du sujet conscient, ce n'est pas dans l'œuvre de Kant, de Locke ou de Descartes qu'il convient de chercher ses racines, mais dans les écrits d'Olivi.

Si l'introduction de la conscience dans la définition de la personne est cruciale pour l'histoire de la pensée, le second argument d'Olivi en faveur de la nécessité de la liberté de la personne n'est en pas moins persuasif. Olivi parvient en effet à conclure que c'est notre humanité même qui est en jeu dans la notion de liberté de volonté. Selon lui, sans la volonté, nous ne serions que des bêtes certes douées d'un raisonnement supérieur, mais pas véritablement distinct de l'animal [1] :

> [Supprimer la volonté] nous enlève ce que nous sommes en propre, c'est-à-dire notre personnalité, et ne nous donne rien de plus sinon que d'être des bêtes intellectuelles ou possédant un intellect [2].

Les propos d'Olivi sont forts. L'utilisation même de la notion de *personalitas* indique que le fait que la volonté soit libre est une condition déterminante pour remplir la condition d'être humain, de *ce que nous sommes en propre* [3]. Reprenant la définition aristotélicienne de l'homme, Olivi montre que l'essence de l'homme ne saurait résider seulement dans le fait d'être un animal rationnel [4]. Pour Olivi, l'être humain se caractérise également par le fait d'une personne libre, volontaire et qui se perçoit comme le sujet propre de ses actes [5]. Ainsi, sans l'utilisation de l'autodétermination qui caractérise l'être humain et fonde sa liberté, nous ne serions réduits à l'état d'animal, certes intelligent,

1. Duns Scot reprendra l'expression, arguant que l'absence de volonté réduirait l'homme à une *bonum brutum* : « Ergo intellectio non est in potestate nostra, sed prima indifferentia, quia potest quis se determinare ad volendum vel non volendum, hoc est, a voluntate, non ab intellectu : quia intellectus ab objecto naturaliter movetur et ideo si voluntas naturaliter moveretur ab intellectu naturaliter moto, voluntas naturaliter movetur et sic homo esset unum bonum brutum », J. Duns Scot, *Questions quodlibetales*, q. XXI, 14, *Opera omnia*, 26, Paris, Vivès, 1895.

2. P. J. Olivi, *Summa,* q. LVII, p. 338, trad. cit., p. 49 : « Nec mirum, quia, ut ita dicam, id quod proprie sumus, personalitatem scilicet nostram, a nobis tollit nihilque amplius nobis dat nisi quod simus quaedam bestiae intellectuales seu intellectum habentes ».

3. Piron rappelle que ce terme *personalitas* est attesté dès le Ve siècle pour parler de la Trinité, mais que ce n'est qu'au XIIIe que le terme endosse une acception plus large, notamment pour traiter du problème de la personne en laquelle le Verbe pouvait s'incarner. Cette notion de « personne », comprise dans ce contexte, revêt évidemment encore plus d'importance. *Cf.* S. Piron, « L'expérience subjective selon Pierre de Jean Olivi », art. cit., p. 48-51.

4. *Cf.* Aristote, *Politiques*, I, 2, 1253 a 9-10 ; VII, 13, 1332 b 5.

5. Pierre de Trabibus reprendra les propos d'Olivi en y ajoutant les notions de noblesse et de dignité afin d'en souligner leur importance. Cette dignité de l'homme réside pour lui dans ces deux principes complémentaires que sont la liberté et la réflexivité. *Cf.* Pierre de Trabibus, *Quaestiones in secundum librum Sententiarum,* dist. 24, art. 2 q. 3.

mais dont les comportements seraient déterminés par nos instincts [1]. Ainsi, pour Olivi, l'usage de notre libre volonté fonde notre humanité. Il est par conséquent manifeste que la liberté de la volonté est essentielle à la raison de personne.

CONCLUSION :
« PERSONA NON HABET PROPRIE DEFINITIONEM »

Sommes-nous parvenus au terme de ce chapitre à procurer une définition de la notion de personne pour Olivi ? Si nous retraçons les contours de ce que nous avons pu définir, il apparaît que la notion de personne correspond à celle de suppôt ou *secundum rem* de nature individuée. Toutefois, une distinction *sub ratione reali* permet de distinguer le suppôt considéré sous le mode de l'être, de la substance considérée sous le mode de l'essence.

Qui plus est, la personne exprime une unité substantielle qui réside principalement dans la *mens*, mais qui possède une *connexio* nécessaire à la matière. L'âme intellective se réalise parfaitement dans la matière qu'elle soit spirituelle pour l'ange ou corporelle pour l'homme. Dans ce dernier cas, Olivi apporte ainsi une solution au problème de l'union de l'âme et du corps par la notion de *colligantia potentiarum*.

Nous pouvons rapprocher ces deux premiers aspects de la personne. En effet, si nous considérons plutôt la *mens*, il semble que nous envisagions la personne selon son essence et si nous l'envisageons dans son rapport avec la matière, nous faisons ainsi référence à son mode d'être. Or, il s'agit ici de deux modalités de la personne, mais non pas d'une caractéristique essentielle qui nous permettrait de la définir.

Nous avons également vu qu'Olivi utilise parfois la signification juridique de la notion de personne morale. Celle-ci signifie alors la charge ou le statut qu'endosse un individu par rapport à ses fonctions, ce qui semble être le cas dans la réparation de la hiérarchie angélique. Loin de vouloir fusionner ces significations juridiques, théologiques et ontologiques, Olivi préfère en jouer selon les divers contextes d'énonciation.

Enfin, dans son aspect philosophique, la personne est définie comme une existence consistante en soi, incommunicable, libre et qui possède une réflexivité directe. Elle est le principe le plus intime à l'esprit à tel point que tout un chacun peut la ressentir comme nécessaire et évidente. Elle requiert l'intellect

1. Ainsi, lorsqu'Olivi commente le verset paulinien I Cor. 1, 18. : « Animalis homo non percipit ea, quae sunt spiritus Dei : stultitia enim est illi : et non potest intelligere, quia spiritualiter examinatur », nous retrouvons le thème de l'homme animal. Olivi montre toute la folie de la philosophie, qui croit pouvoir discerner des vérités qui lui échappe par nature : « Principia enim veritatis spiritualissima sunt et abstractissima, quae animalis homo non potuit percipere, quia eorum examinatio seu experientia non est sensualis, sed potius spiritualis », P. J. Olivi, *De perlegendis*, *op. cit.*, p. 434.

et la volonté pour obtenir les caractéristiques fondamentales qui la composent, à savoir la liberté et la conscience réflexive.

Arrivés à la fin de notre réflexion sur la personne, une question se pose : existe-il une définition synthétique de la personne ou faut-il déduire qu'Olivi emploie au cas par cas les différentes occurrences de la notion de personne ? Il semble en effet difficile de réduire la définition philosophique qui soutient que la personne est ce qui est le plus intérieur au sujet à la conception juridique qui montre que le statut de la personne peut être modifié.

La question *De Trinitate* offre peut-être une solution. En effet, bien que le rapprochement de l'ange à l'homme tende à renforcer la séparation entre la création et le Créateur, il semble qu'Olivi cherche toutefois une définition valable pour la totalité du réel, univoque à Dieu et à l'homme. Ainsi, quoiqu'Olivi parle principalement des personnes divines, la définition à laquelle il parvient à la fin de ce traité se veut universelle :

> La personne ne possède pas à proprement parler de définition [1].

A notre sens, Olivi tente une simplification et une unification de toutes les définitions qui avaient cours à son époque. Rappelons en effet que Richard de Saint-Victor déjà se plaignait au sein même de son *De Trinitate* de la complexité des significations qui obscurcissaient le discours plutôt que de le préciser [2]. Toutefois, Olivi semble également vouloir conserver toute la richesse sémantique de ce terme. Il semble ainsi que la notion de personne consiste dans un recoupement complexe de plusieurs conceptions. Ce n'est donc pas que le Franciscain utilise parfois le sens juridique, parfois le sens hylémorphique et parfois une autre signification lorsqu'il parle de la personne. C'est que toutes ces notions existent dans un rapport d'interdépendance. La personne est ainsi unique selon sa nature, mais différente selon sa fonction. Si nous souhaitons proposer une définition qui permette de regrouper toute ces occurrences, il faut dire que la personne permet de définir divers rapports ou conditions d'existence. L'innovation qu'apporte Olivi dans ces réflexions consiste dans le fait qu'au-delà des aspects juridiques et trinitaires en usage à son époque, il prétend que l'identité de nature et de personne n'est plus seulement un attribut divin, mais qu'il se retrouve, *mutatis mutandis*, dans la personne humaine, comme le démontre la question XV de la *Summa*. Alain Boureau commente ainsi cette position d'Olivi en déclarant que l'identité entre la personne et la nature se trouve également dans l'être humain, puisque toute composante essentielle de la personne fait déjà partie de l'essence. Seule sa réalisation ou son aboutissement (*complementum*) la singularisent [3]. Et l'identité du sujet ne réside plus dans la réalisation matérielle comme le suggérait

1. P. J. Olivi, *Quaestio de Trinitate*, *op. cit.*, p. 227 : « Persona non habet proprie definitionem ».
2. *Cf.* Richard de Saint-Victor, *De Trinitate*, 4, III-IV, *op. cit.*, p. 235-239.
3. *Cf.* A. Boureau, *De Vagues individus*, *op. cit.*, p. 290.

Thomas d'Aquin, mais dans une réalisation de sa personnalité propre. L'originalité d'Olivi consiste à faire de la notion de personne une faculté fondamentale de la *mens* qui se perçoit de manière évidente comme l'auteur de ses opérations et qui peut s'affirmer comme un *ego* au travers d'une réflexivité et dans une intériorité qui lui sont conférées par la liberté de la volonté. Cette mise en exergue de la personnalité propre à chacun marque un profond changement dans l'évolution de la pensée médiévale que ce soit dans le champ psychologique, métaphysique ou épistémologique. La notion olivienne de personnalité offrira ainsi les conditions de possibilité du développement progressif de celle du sujet moderne.

Chapitre III

LA NORME MORALE DE LA PERSONNE OU LE GOÛT DU BIEN

L'impossible, nous ne l'atteignons pas,
mais il nous sert de lanterne.

René Char, *Recherche de la base et du sommet*

Les chapitres précédents ont tenté de définir quelles conceptions de la personne et de la conscience Olivi développe au travers de son œuvre et comment ces deux notions se lient *in fine*. Ce lien se confirme par l'analyse de l'éthique d'Olivi : la morale consiste en une autonomie de la volonté, mêlée d'une conscience personnelle forte qui juge de la valeur des actes passés ou à venir. L'éthique que déploie Olivi est donc une éthique de la personne. En concurrence avec l'idée selon laquelle la morale serait une réalité externe définie par la seule Eglise, nous verrons qu'Olivi affirme que la personne contient en son for intérieur une source de normativité morale. La question cruciale que soulève ce changement de paradigme consiste à savoir en quoi et comment accéder à cette norme éthique intérieure.

Dire que les chercheurs qui se sont intéressés à l'éthique d'Olivi sont peu nombreux est un euphémisme. Longtemps relégué au rang de dissident sans grand intérêt philosophique, il a fallu attendre la seconde moitié du XXe siècle pour que les écrits d'Olivi soient sérieusement pris en considération. Si Efrem Bettoni et Raoul Manselli relèvent son importance philosophique, il faut attendre les travaux d'Ernest Stadter dans les années 1960 pour que l'éthique de Pierre de Jean Olivi soit abordée[1]. Ludwig Hödl et Johannes Schlageter

1. *Cf.* E. Bettoni, *Le dottrine filosofiche...,op. cit.;* R. Manselli, « Spirituali e Beghini in Provenza », *Studi Storici*, 31-34, Roma, Istituto storico italiano per il Medio Evo, 1959; E. Stadter, « Das Glaubensproblem in seiner Bedeutung für die Ethik bei Petrus Johannis Olivi O.F.M. », *Franziskanische Studien*, 42, 1960, p. 225-296; *idem*, *Psychologie und Metaphysik der menschlichen*

poursuivent quelque peu ce thème en lien avec l'édition des *QPE*, et David Flood et David Burr livrent une analyse détaillée des questions d'Olivi concernant la pauvreté volontaire, mais les questions de liberté et d'intentionnalité monopolisent alors l'attention [1]. Ces vingt dernières années ont vu naître un intérêt sur des sujets particuliers liés à la spiritualité franciscaine, comme cela apparaît dans les travaux d'Alain Boureau sur l'anthropologie, d'Olivier Boulnois sur la conception du vœu et de Sylvain Piron sur la morale économique d'Olivi [2]. Ainsi, ce sont principalement les historiens qui se sont jusqu'à présent penchés sur ces questions et l'éthique olivienne demeure un champ d'investigation en friche pour les philosophes.

Les sources ne manquent toutefois pas. Certes, il n'est en aucun lieu fait mention d'un commentaire à l'*Ethique* qu'Olivi aurait rédigé, à l'instar de ses contemporains. De surcroît, les questions du *De gratia* qui auraient été éclairantes sur de nombreux sujets sont perdues [3]. Toutefois, il est possible d'esquisser les grandes lignes de la pensée morale du Franciscain au travers des textes que nous avons conservés. Parmi ceux-ci, il convient de mentionner premièrement des questions d'aspect philosophique, telles que les *Quaestiones de virtutibus*, sans doute rédigées vers 1280. Celles-ci proposent une enquête sur les connexions des vertus entre elles – à savoir si la possession de l'une d'elle entraîne l'acquisition de toutes les autres – et sur leur relation avec la volonté et l'intellect. Les questions VIII et IX des *Quaestiones de perfectione evangelica*, qui défendent un idéal de vie mixte, sont également centrales et

Freiheit. Die ideen-geschichtliche Entwicklung zwischen Bonaventura und Duns Scotus, München, Paderborn, 1971

1. *Cf.* L. Hödl, « Universale christliche Ethik und partikulares kirchliches Ethos im unterschiedlichen Verständnis der scholastischen Theologie von der "Perfectio Evangelica" », in P. Wilpert (Hrsg.), *Universalismus und Partikularismus in Mittelalter*, Berlin, Walter de Gruyter, 1968, p. 20-41 ; J. Schlageter, « Das Heil der Armen und das Verderben der Reichen, Petrus Johannis Olivi OFM : Die Frage nach der höchsten Armut », *Franzisk. Forsch.*, 34, 1989 ; D. Flood, « Le projet franciscain de Pierre Olivi », *Études franciscaines*, 23, 1973, p. 367-379 ; D. Burr, *Olivi and Franciscan Poverty, The Origins of the Usus Pauper Controversy*, Philadelphia, University of Pennsylvania Press, 1989*; idem*, *Olivi's Peaceable Kingdom. A Reading of the Apocalypse Commentary*, Philadelphia, University of Pennsylvania Press, 1993.

2. *Cf.* A. Boureau, *Traité des démons*, *op. cit.* ; *idem*, *Satan hérétique*, *op. cit.* ; O. Boulnois, « Vouloir, vœu et noblesse de la volonté selon Olieu », art. cit. ; *idem*, « La liberté fautive : la question de l'origine du mal, d'Augustin à Duns Scot », *Cahiers Disputatio*, 1, 2008, p. 79-97 ; S. Piron, « Prêts charitables et opérations capitalistes dans l'éthique franciscaine des contrats monétaires », *in* L. Fontaine, G. Postel-Vinay, J.-L. Rosenthal, P. Servais (éd.), *Des personnes aux institutions. Réseaux et culture du crédit du* XVIe *au* XXe *siècle en Europe*, Louvain-la-Neuve, Bruylant, 1997, p. 11-27 ; *idem*, « Perfection évangélique et moralité civile : Pierre de Jean Olivi et l'éthique économique franciscaine », *in* B. Molina, G. Scarcia (eds.), *Ideologia del Credito fra Tre e Quattrocento : dall'Astesano ad Angelo da Chivasso*, Asti, Centro studi sui Lombardi e sul credito nel Medioevo, 2001, p. 103-143.

3. Ces questions sont mentionnées dans la *Summa*, q. XVI, p. 332 et q. LVIII, p. 449.

présentent la très haute pauvreté comme la source de toutes les vertus et le centre névralgique de la perfection évangélique [1].

Ainsi, pour tenter d'offrir une reconstruction de l'éthique d'Olivi, deux voies s'offrent à nous. La première, plus philosophique, consiste à reconsidérer les questions de la conscience, mais en laissant cette fois de côté les aspects gnoséologiques, au profit des aspects éthiques. Il s'agira de considérer quelles sont les sources d'Olivi quant à ces questions et de comprendre comment il interprète et use des notions de syndérèse, de rectitude et de volonté. La seconde, plus théologique, nous conduira dans le chapitre suivant à définir comment le Franciscain conçoit la notion de pauvreté et à analyser le cas de la chute des anges pour faire émerger les causes du choix du mal radical dans les actions humaines et, *a contrario*, de celui du bien.

Le fondement de la norme éthique selon Thomas d'Aquin

Saint Paul fournit dans l'*Epître aux Romains* une formulation de la problématique de l'acrasie :

> Vraiment, ce que je fais, je ne le comprends pas : car je ne fais pas ce que je veux mais je fais ce que je hais. Or, si je fais ce que je ne veux pas, je reconnais, d'accord avec la Loi, qu'elle est bonne [2].

Cette définition est particulièrement intéressante puisqu'elle suppose dans sa deuxième partie que tout un chacun est capable de juger par lui-même de ses actes. Par conséquent, Paul semble admettre que chaque individu possède une norme qui lui permette d'établir si son action est bonne ou mauvaise. Autrement dit, il ne peut y avoir de conscience morale sans la présence d'une norme. Mais en quoi consiste-t-elle et comment y accéder ?

Pour Thomas d'Aquin, la réponse à cette problématique semble évidente si l'on se fie à cet extrait de la *Somme de théologie* : « Toute volonté qui n'obéit pas à la raison, que celle-ci se trompe ou non, est toujours [moralement] mauvaise » [3]. Autrement dit, la faculté normative de l'homme réside dans la raison à tel point que, même dans le cas où celle-ci ferait erreur par rapport à la

1. *Cf.* D. Burr, *Olivi and Franciscan Poverty*..., *op. cit.* ; S. Piron, « Le métier de théologien selon Olivi », art. cit. ; P. J. Olivi, *QPE* X, *in* D. Flood (ed.), *Archivum Franciscanum Historicum*, 87, 1994, p. 293 ; D. Burr, « Bonaventure, Olivi and Franciscan Eschatology », *Collectanea Franciscana*, 53, 1983, p. 39 ; M. Bartoli, « Olivi le *Quaestiones de perfectione evangelica*. Spunti per una riflessione », *in* A. Horowski (ed.), *Religioni et doctrinae. Miscellanea di studi offerti a Bernardino de Armellada in occasione del suo 80. compleanno*, Roma, Istituto storico dei Cappucini, 2009, p. 175-189 ; C. König-Pralong, *Le bon usage des savoirs*..., *op. cit.*, p. 172-201 ; F.-X. Putallaz, « Thomas d'Aquin, Pierre de Jean Olivi : figures enseignantes de la vie contemplative », *in* C. Trottmann (éd.), *Vie active et vie contemplative au Moyen Age et au seuil de la Renaissance*, Roma/Tours, Ecole française de Rome, 2009, p. 371-384.

2. S. Paul, *Rom.* 7, 15-16, trad. Ecole Biblique de Jérusalem [1953], Paris, GF, 1987, p. 100.

3. Thomas d'Aquin, *Somme de théologie*, Ia-IIae, q. 19, art. 5, *op. cit.*, p. 80.

vérité, il convient malgré tout de la suivre. En effet, la volonté ne peut que poursuivre indistinctement ses envies et ses instincts, tandis que la raison permet d'apporter une justification et une préférence pour le bien choisi [1]. Afin d'obtenir une raison droite, il convient de disposer l'âme à toujours suivre les délibérations de la raison et les règles qu'elle définit (*regula rationis*) [2]. Par conséquent, le péché se définit comme une privation des règles dues. Pour expliciter sa position, Thomas procède par comparaison avec l'artisan. Ce dernier requiert l'utilisation d'une règle droite s'il veut procéder à une incision régulière :

> Si la main de l'artisan était la règle de la taille qu'il pratique dans le bois, le bois serait toujours coupé correctement; mais s'il lui faut faire appel à une règle extérieure, il y a aura toujours possibilité de déviation. Or la volonté divine seule est la règle de sa propre action, car elle n'est pas ordonnée à une fin supérieure. La volonté de la créature, au contraire, ne parvient à la rectitude dans son acte qu'en se réglant sur la volonté divine à laquelle ressortit la fin dernière. Ainsi, le vouloir d'un inférieur doit-il se régler sur le vouloir du supérieur, le vouloir du soldat sur celui de son chef [3].

Si nous devons suivre nécessairement les voies de la raison, c'est que celles-ci tirent leurs lumières de l'illumination divine. De même que l'artisan ne peut couper droit sans utiliser une règle, la créature ne peut agir droitement si elle n'adhère pas à une règle qui lui est extérieure. Cette règle morale correspond à la volonté de Dieu, qui est imprimée en l'homme par la lumière divine :

> La lumière de notre raison naturelle, nous faisant discerner ce qui est bien et ce qui est mal, n'est rien d'autre qu'une impression en nous de la lumière divine. Il est donc évident que la loi naturelle n'est pas autre chose qu'une participation de la loi éternelle dans la créature raisonnable [4].

Thomas utilise à nouveau dans le *De malo,* l'image de la coupe, afin de préciser sa position : deux causes doivent être prises en considération dans l'action de l'artisan, la règle elle-même et la capacité de l'artisan à suivre cette règle. Il en est de même pour les actions morales. Ainsi, toute action doit être mesurée à la fois selon la loi divine et selon la règle de la raison :

> Dans tous les cas où, de deux choses, l'une doit être la règle et la mesure de l'autre, le bien dans la chose qui est réglée et mesurée vient du fait qu'elle se règle et se conforme à la règle et à la mesure; le mal, au contraire, du fait de n'être pas réglé ni mesuré. Si donc un artisan qui doit couper une planche en

1. Ainsi, bien que certains auteurs relèvent que la position défendue *In* II *Sent.*, dist. 40, q. 1, art. 1, selon laquelle le bien ou le mal provient de la volonté, indique une certaine intériorité de la morale chez Thomas, il faut constater que cela ne nie pas le fait que la normativité provient de la raison droite qui doit se conformer au vouloir divin.

2. Cette notion de règle et de mesure est une traduction directe de l'*Ethique à Nicomaque,* III, 4, 5.

3. Thomas d'Aquin, *Somme de théologie*, Ia, q. 63, art. 1, *op. cit.*, p. 582.

4. *Ibid.*, Ia-IIae, q. 91, art. 2, p. 575.

> ligne droite, selon une certaine règle, ne la coupe pas droite, ce qui est mal couper, cette mauvaise coupe sera causée par un défaut consistant en ce que l'artisan était sans règle et sans mesure. Semblablement, le plaisir, et quoi que ce soit d'autre dans les choses humaines, doit être mesuré et réglé selon la règle de la raison et de la loi divine [1].

Thomas fait ainsi intervenir deux mesures en éthique. La première qui est normative se fonde dans la loi divine, la seconde qui est délibérative consiste dans la disposition à la règle de la raison humaine. Cette solution complète l'autorité d'Anselme pour qui la rectitude correspond à la qualité de celui qui fait ce qu'il doit. Selon Thomas, la rectitude exige qui plus est un assentiment et une utilisation de la mesure. Cette précision lui est nécessaire pour réfuter la position de Bonaventure, qui fonde la morale dans la volonté libre [2]. Cette opposition est évidente dans le cas de la chute des anges : les deux auteurs s'accordent pour dire que le péché de Lucifer provient du fait qu'il a désiré la grâce surnaturelle non pas *ex misericordia*, mais de sa propre puissance [3]. Ce n'est pas la liberté de Lucifer qui lui a permis de choisir cette option. Si l'ange a fauté, c'est qu'il n'a simplement pas considéré ce qu'il devait selon l'ordre qui lui était imposé :

> Il arrive au libre arbitre de pécher quand il choisit un objet bon en soi, mais sans tenir compte de l'ordre imposé par la règle morale. [...] Un tel péché ne suppose pas l'ignorance, mais seulement l'absence de considération de ce qui doit être considéré. Et c'est de cette manière que l'ange a péché, se tournant délibérément vers son bien propre, de façon désordonnée par rapport à cette règle suprême qu'est la volonté divine [4].

Lucifer n'a pas péché par ignorance ou par défaut d'intellect – ce qui serait contraire à sa nature [5] –, mais parce qu'il n'a pas considéré la règle et la mesure que sa raison lui indiquait de suivre pour l'obtention de la grâce surnaturelle et pour son accès à la pleine béatitude. Cette réflexion sur la démonologie est également valable pour les hommes. Le péché acratique ne consiste pas en une

1. Thomas d'Aquin, *Questions disputées sur le mal*, q. 1, art. 3, trad. fr. les moines de Fontgombault, Paris, NEL, 1992, p. 62-63.

2. Bonaventure affirme que le péché ne provient pas de l'erreur de jugement ou du manque de considération de la règle divine, mais de la seule volonté de la créature. *Cf.* Bonaventure, *Breviloquium*, III, 8, 2, trad. fr. T. Mouiren, Quaracchi, S. Bonaventurae, 1967, p. 91 ; A. Boureau, *Satan hérétique...*, *op. cit.*, p. 136-139.

3. *Cf.* Bonaventure, *Breviloquium*, II, 7, 3 ; Thomas d'Aquin, *Somme de théologie*, Ia, q. 63, art. 3.

4. Thomas d'Aquin, *Somme de théologie*, Ia, q. 63, art. 1, *op. cit.*, p. 582.

5. *Ibid.* : « Le péché peut se produire dans l'acte du libre arbitre d'une double manière. En premier lieu, quand un mal donné est objet de choix ; ainsi l'homme pèche en choisissant l'adultère qui est un mal en soi. Sous ce rapport, le péché procède toujours d'une ignorance ou d'une erreur ; autrement ce qui est mal ne serait pas choisi comme un bien. [...] L'ange, lui, ne peut pécher de cette manière, car il ne possède pas de passions capables de lier la raison ou l'intelligence, comme nous l'avons montré, et de plus, une habitude vicieuse n'a pu précéder la première faute et l'incliner au mal ».

défaillance de l'intellect, mais en une faiblesse de la volonté qui ne suit pas les règles de la raison. La norme morale pour Thomas trouve ainsi en partie son origine dans l'individu et trouve son bien-fondé dans l'activité de l'intellect.

LE FONDEMENT DE LA NORME ÉTHIQUE SELON PIERRE DE JEAN OLIVI

Si Olivi s'accorde pour dire que la norme morale trouve également son origine en partie dans l'individu, plus exactement dans la personne, il propose toutefois de fonder le jugement moral dans l'affect et dans la notion de volonté.

Ce n'est malheureusement pas dans le commentaire littéral de l'Epître aux Romains d'Olivi que nous pouvons comprendre ce point ainsi que les raisons du choix volontaire du mal. L'analyse du verset qui traite de l'acrasie est en effet trop succincte. Olivi n'y fait que constater que si l'apôtre Paul tient en horreur le péché, c'est qu'il possède une évidence interne de la norme morale :

> [Paul] montre qu'il est évident que notre esprit, en cherchant à parfaire la loi, affirme que la loi est bonne et c'est ce qui suit : *or, si ce que je ne veux pas*, à savoir par l'esprit spirituel, *je le fais*, à savoir par la chair ou par l'appétit de la chair, il apparaît que, par l'esprit, *je reconnais, d'accord avec la Loi, qu'elle est bonne* [1].

La différence établie entre la partie charnelle et la partie spirituelle de l'homme, indique que la raison de la déviance morale prend source dans la concupiscence. Malheureusement, Olivi ne développe pas plus avant son commentaire et il ne définit pas en quoi consiste cette concupiscence.

Les *Quaestiones de fide* offrent un terrain d'enquête plus intéressant, puisque, pour expliquer le choix acratique, Olivi revient sur la notion de conscience pour en spécifier sa signification morale. Le terme *conscientia* n'apparaît qu'à une seule reprise dans cet ouvrage, mais cette unique occurrence est révélatrice : bien qu'Olivi affirme la nécessité de la volonté et de l'intellect pour l'accomplissement de l'action morale, il y décrit la conscience morale comme une sorte d'instinct naturel à tout homme. Pour appuyer son affirmation, il interprète le *De utilitate credendi* d'Augustin, qui souligne que Dieu a placé en l'homme une autorité qui lui permet de s'élever jusqu'à Lui :

> Comme le dit Augustin, au chapitre 28 du livre précité : « Je ne sais pas quel sens intime engage les meilleures consciences, pour ainsi dire individuellement et socialement, à chercher Dieu et à le servir ». Or, par ce mode, un instinct

1. P. J. Olivi, *Lectura super Pauli Epistolas*, in A. Boureau (éd.), *Corpus christianorum continuatio medievalis*, 233, 2010, p. 125 : « Deinde ostendit ex hoc patere quod nostra mens legem perficere appetens aperte clamat legem esse bonam et hoc est quod subdit : SI AVTEM QVOD NOLO, scilicet mente spirituali, ILLVD FACIO, scilicet carne seu appetitu carnali, patet quod mente CONSENTIO LEGI, QVONIAM BONA EST ».

> caché de la conscience se trouve en tout un chacun, sauf pour les plus désespérés [1].

La norme morale interne de Saint Paul consiste pour Olivi dans une conscience morale innée et universelle. Tout un chacun peut s'y référer pour saisir la valeur de son action. Et contrairement à ce que laisse ici sous-entendre le texte, même les désespérés la possèdent. En effet, Olivi précise plus loin que s'ils ne s'y réfèrent pas, ce n'est pas qu'elle n'est plus présente en eux, mais qu'ils ne la considèrent plus. L'homme, puisque la liberté lui est inaliénable, possède en effet toujours cette capacité réflexive qui lui permet de revenir sur ses actes et d'en juger de la valeur. En ce sens, il n'y a jamais véritablement d'absence de conscience, mais plutôt un abandon volontaire. Le désespéré qui s'obstine dans le mal est donc responsable de ses choix. Il serait libre de choisir le bien et de se racheter s'il le voulait. Comme l'ivrogne d'Aristote qui sait qu'il peut mal agir s'il ne reste pas sobre, comme le démon d'Anselme qui chute car il n'a pas voulu persévérer dans le bien, comme Eichmann qui pour Arendt a abandonné sa capacité à penser, le désespéré qui éprouve une absence de repères moraux est selon Olivi responsable de son état. Au contraire des démons qui ne peuvent que s'obstiner dans leur détestation du bien, l'homme reste à chaque instant libre de ses choix et peut se référer à sa conscience intérieure.

Olivi est encore plus explicite à la question CIII de la *Summa* qui traite de l'amour désordonné. Le vocabulaire qu'il utilise alors se rapproche de celui de Thomas d'Aquin, le péché étant considéré comme une privation des règles dues :

> Le désordre ajoute une privation des fins et des règles dues et entraîne leurs opposés, à savoir une fin indue et une règle vicieuse [2].

Tant Olivi que Thomas soulignent la nécessité de l'adhésion de la créature pour parvenir à une rectitude de l'action. Néanmoins, une fois le rapprochement de vocabulaire établi, force est de constater que leurs positions s'opposent radicalement. Premièrement, Olivi nie l'idée selon laquelle la vertu est imprimée en nous par une lumière divine, comme nous le verrons lors de l'analyse de la notion de rectitude et de syndérèse. Mais surtout, il refuse la distinction entre grâce naturelle et surnaturelle. En effet, pour Thomas d'Aquin, l'ange, malgré son amour naturel pour Dieu en tant que principe de

1. P. J. Olivi, *Quaestiones de incarnatione et redemptione*, q. IX, *op. cit.*, p. 356-357 : « Sicut enim ait Augustinus, libro praefato, cap. 28 : "Interior nescio quae conscientia Deum quaerendum Deoque serviendum meliorum quosque arumos quasi publice privatimque hortatur". Huiusmodi autem conscientiae occultus instinctus est in omnibus, nisi forte desperatissimi ». *Cf.* Augustin, *La foi chrétienne, De l'utilité de croire*, XVI, 34, trad. fr. J. Pegon, Paris, Desclée de Brouwer, 1951, p. 290-291.

2. P. J. Olivi, *Summa*, q. CIII, p. 236-237 : « Sciendum ergo quod inordinatio sibi addit privationem debiti finis et debitae regulae et horum opposita, scilicet, indebitum finem et regulam vitiosam ».

son être, requiert le don de la grâce surnaturelle pour se tourner vers Dieu [1]. De plus, celui qui connaît le bien ne peut agir à son encontre, raison pour laquelle le péché d'ignorance est impossible pour les anges. Pour Olivi, cet amour naturel et cette nécessité de l'intellect semblent obliger la créature à se soumettre à la volonté divine. De là, la responsabilité du mal ne semble plus incomber à l'ange, mais à Dieu. Par conséquent, Olivi conclut que cette position est fausse : tant qu'un individu n'a pas mérité, l'amour ordonné n'a rien de naturel et peut toujours faillir. La raison ne peut être la faculté à l'origine de la conscience morale en l'homme. Seule la volonté peut effectuer le retour sur soi nécessaire à son établissement. Puisque c'est le propre de la volonté selon Olivi que d'être libre et indéterminée, elle seule est capable de mériter.

Cela dit, une difficulté se présente au sein de la position volontariste d'Olivi. La raison n'étant pas l'origine de la morale en l'homme et la volonté étant purement indéterminée, ne risque-t-on pas de tomber dans un scepticisme moral ? Deux solutions s'offrent au Franciscain qui, à l'instar de Thomas d'Aquin, instaure deux mesures en éthique : la première, proche de la position d'Augustin, envisage la présence de Dieu, considéré comme bien en soi, au plus intime de l'homme. Dans ce cas, si la trace du divin en l'homme permet de fonder la norme du bien, la souillure du péché originel explique toutefois la possibilité d'erreur. La seconde solution consiste à soutenir la position opposée à celle de Thomas d'Aquin, en trouvant une normativité au sein même de la volonté. Ce sont ces deux solutions que nous allons développer, en montrant premièrement comment l'homme peut avoir accès à la norme objective du bien qu'est Dieu.

DIEU, NORME OBJECTIVE DU BIEN

La question LXXXIII de la *Summa*, en s'appuyant sur les diverses significations de la loi naturelle, procédant de Dieu et se reflétant jusque dans les lois humaines, souligne à plusieurs reprises que Dieu est le souverain bien [2]. Elle se conclut par une critique de l'*Ethique à Nicomaque*, Olivi prouvant que l'élection des fins est également possible. Les dernières remarques font plus spécifiquement référence à la *phronesis* aristotélicienne et prouvent que celle-ci n'est pas nécessaire à l'élection. Par conséquent, choisir Dieu pour fin ultime ne demande pas d'investigation de la part de l'intellect, ni de délibération de la part de la prudence, mais apparaît comme une évidence qui suffit à la volonté pour faire son choix :

> Là où, sans enquête, il y a une entière certitude des réalités qui peuvent ou qui doivent être choisies, ou une quelconque connaissance ou opinion suffisante de

1. *Cf.* Thomas d'Aquin, *Somme de théologie*, Ia, q. 62, art. 2, *op. cit.*, p. 573.
2. *Cf.* le *Quid ponat ius* qui offre le même parcours de manière plus détaillée.

ce qui doit être choisi, il n'est pas besoin d'enquête. Par conséquent, une telle enquête n'est nécessaire que pour ceux qui doutent ou qui sont ignorants. Or, il est clair que, par le don que Dieu a accordé tant à nous qu'aux anges, nous pouvons être assurés de nombreux choix sans enquête préalable grâce aux dispositions de connaissance et de prudence [1].

L'accès au bien ne dépend pas du fait de connaître Dieu, mais de l'aimer. Si Dieu est de manière évidente le Bien et qu'il suffit de l'aimer pour y accéder, comment se fait-il que certains s'en détournent ? La réponse classique pour les Franciscains, désireux de rester fidèles sur ce point à la pensée d'Augustin, consiste dans le fait que le péché originel a entaché l'âme au point de rendre l'homme incapable de percevoir l'évidence de ce Bien. Olivi ne déroge pas à la règle. Il soutient une thèse identique au début du *De perlegendis* :

> Rien d'étonnant si la philosophie mondaine est [sujette à caution], car ses auteurs le furent aussi. Ils possédèrent en effet une parcelle de la lumière de l'intelligence naturelle et purent donc mettre par écrit quelques parcelles de la vérité. Ils la possédèrent cependant dans les ténèbres du péché originel et de la souillure actuelle et mêlèrent beaucoup de fausseté à la vérité [2].

Il est de plus impossible de saisir Dieu dans notre état d'*homo viator*, puisque notre intellect est trop faible par rapport à l'excellence de l'objet qu'il désire [3]. Dans la condition postlapsaire, l'homme ne peut tenter d'atteindre Dieu qu'au travers du miroir de la création. La question *De Deo cognoscendo*, qui critique à la fois la doctrine de l'illumination et la nécessité de l'intellect agent dans le processus de connaissance, relève ce défaut de l'intellect de la créature en comparaison de la grandeur du Créateur [4] :

> Notre intellect ne peut se tourner vers Dieu de manière directe et immédiate, mais seulement par l'intermédiaire du miroir de la création. Et celle-ci est, comme je le crois, cause par soi et immédiate, c'est pourquoi nous ne pouvons pas voir Dieu en cette vie. Mais parce qu'il ne peut pas en cela diriger et fixer sa visée immédiatement sur Dieu, je crois que la cause principale est le défaut de lumière et de puissance de notre intellect par rapport à l'excellence d'un tel objet

1. P. J. Olivi, *Summa*, q. 83, *op. cit.*, p. 181 : « Ubi enim absque inquisitione habetur plena certitudo eligibilium vel eligendorum aut qualiscunque notitia vel opinio sufficiens ad eligendum : non est necessaria inquisitio. Unde solis dubitantibus aut ignorantibus est necessaria talis inquisitio. Constat autem quod Dei dono tam nos quam angeli possumus per habitus scientiales et prudentiales certificari de pluribus eligendis absque praevia inquisitione ».

2. *Idem*, *De perlegendis*, *op. cit.*, p. 432-433.

3. *Cf.* S. Bobillier, « Divine Ideas and Beatific Vision by Peter of John Olivi », *in* I. Zavattero (ed.), *Flumen Sapientiae*, XX, 2019, p. 61-83.

4. *Cf.* C. Bérubé, « Olivi, critique de Bonaventure et d'Henri de Gand », art. cit., p. 100 ; F. Caldera, « *Intelligere verum creatum in veritate aeterna* : la théorie de l'illumination intellectuelle chez Richard de Mediavilla et Pierre de Jean Olivi », *in* A. Boureau, S. Piron (éd.), *Pierre de Jean Olivi – Philosophe et théologien, op. cit.*, p. 229-252.

> et de l'acte de pouvoir le posséder comme objet. Mais ce défaut provient en partie du mode de création de la nature intellectuelle, en partie de sa chute [1].

Ces deux conditions – la faiblesse de l'intellect humain et l'état post-lapsaire – privent l'homme d'une vision directe du Bien. Il semble ainsi que seul l'intermédiaire de la création permette un accès au divin. Toutefois, Olivi rappelle le principe dionysien selon lequel l'homme ne peut connaître les entités supérieures, et *a fortiori* Dieu, par l'intermédiaire d'entités inférieures [2]. Par conséquent, la création donne tout au plus à l'homme la possibilité de se connaître comme un être, certes supérieur, mais ontologiquement dépendant.

La personne, norme subjective du Bien

La vision théologique aboutissant à une impasse dans la connaissance morale, Olivi envisage alors une solution plus philosophique. Puisque l'homme est fait à l'image du créateur, il doit exister en son for intérieur une possibilité de saisir cette trace de Dieu pour lui permettre de trouver un fondement à la morale. En effet, Augustin fait à plusieurs reprises mention de la présence de Dieu au plus intime que l'intime de soi-même [3]. Ainsi, par exemple, dans ses *Soliloques*, l'évêque affirme que l'homme, puisqu'il est fait à l'image et à la ressemblance de Dieu, a la possibilité de trouver en lui une source capable de l'éclairer sur la vérité des principes [4].

> Au lieu d'aller au dehors, rentre en toi-même : c'est au cœur de l'homme qu'habite la vérité. Et, si tu ne trouves que ta nature, sujette au changement, va au-delà de toi-même [5].

L'homme qui se tourne vers lui-même et qui cherche un fondement à la vérité peut par conséquent dépasser sa nature et trouver en lui une source de vérité immuable.

1. P. J. Olivi, *Summa, Appendix*, q. I, *op. cit.*, p. 492 : « Dicendum quod intellectus noster non potest convertere se ad Deum directe et immediate, sed solum per intermedium speculum creaturae. Et haec est, sicut credo, causa per se et immediata quare non possumus Deum videre in via. Quare autem non possit aspectum suum immediate ad Deum dirigere et figere, credo quod potissima causa est defectus luminis et virtutis intellectus nostri respectu excellentiae tanti obiecti et respectu actus potentis habere ipsum pro obiecto. Hic autem defectus partim sequitur modum creationis intellectualis naturae, partim lapsum ipsius ».

2. *Cf.* Denys l'Aréopagite, *Des noms divins*, I, 1, 1. Olivi rappelle cette position à plusieurs reprises, notamment dans son *Commentaire à la Hiérarchie céleste* et dans la question sur la connaissance de Dieu. *Cf.* par exemple P. J. Olivi, *Summa, Appendix*, q. I, *op. cit.*, p. 480.

3. *Cf.* Augustin, *Confessions*, III, 6, 11.

4. Cf. *idem*, *Soliloques*, I, VI ; I, XIV ; R. Jolivet, « La doctrine augustinienne de l'illumination », *Mélanges augustiniens*, Paris, Rivières, 1931, p. 51-172.

5. *Idem*, *De vera religione*, chap. XXXIX, 72, *op. cit.*, p. 200 : « Noli foras ire, in teipsum redi ; in interiore homine habitat veritas ; et si tuam naturam mutabilem inveneris, transcende et teipsum ».

La syndérèse

Diverses solutions vont être considérées par Olivi, qui consistent dans les notions de syndérèse, de rectitude et de goût spirituel. La solution qui sera communément acceptée par les auteurs du XIIIe siècle est la syndérèse, connue également sous l'expression d'étincelle de la conscience [1]. Celle-ci correspond à une partie de l'âme qui n'aurait pas été entachée par le péché originel et qui permettrait à l'homme de saisir de manière infaillible ce qu'est le bien. Cette notion semble avoir connu une importance considérable, puisque, selon les dires d'Odon Lottin, tous les penseurs de l'époque s'accordent dans la rédaction de leurs traités pour définir la nature et les implications de la syndérèse [2].

Dans ce contexte, nous aurions pu nous attendre à ce qu'Olivi développe cette même solution. Il aurait de cette manière suivi la voie tracée par Bonaventure qui avait complété les échelons psychologiques qui mènent le fidèle vers Dieu par un sixième degré, l'*apex mentis*, qui correspond à la syndérèse [3]. Olivi connaît en effet de manière certaine les questions dans lesquelles Bonaventure demande si cette étincelle de la conscience relève plutôt de la raison ou de la volonté [4]. Il eût été par conséquent vraisemblable qu'il poursuive la réflexion amorcée par son maître, puisque cette solution s'accorde avec sa volonté d'intégrer la conscience personnelle à la question de la normativité morale.

En parcourant la table des questions de sa *Summa*, nous constatons que la question LXXXI traite de cette notion en demandant :

> An conscientia dicat potentiam unam vel plures aut actum aut habitum et an synderesis sit quaedam pars conscientiae et iterum in quo differat recta conscientia a prudentia, fide, caritate regulata [5].

Or, en se confrontant au corps du texte de cette même question LXXXI, le lecteur se trouve pour le moins désappointé : premièrement cette question est liée à la suivante – « Undecimo quaeritur etiam an lex naturalis dicat aliquid concreatum intellectui vel voluntati vel utrique » – et n'apporte qu'une réponse

1. *Cf.* Gauthier de Bruges, *Quaestiones disputatae*, q. 10, *op. cit.*, p. 91-104.

2. *Cf.* O. Lottin, « Les premiers linéaments du Traité de la syndérèse au moyen âge », *Revue néo-scolastique de philosophie*, 28/12, 1926, p. 422 ; *idem*, « La syndérèse chez les premiers maîtres franciscains de Paris », *Revue néo-scolastique de philosophie*, 29/15, 1927. La seule différence notoire qu'il faut souligner est que la syndérèse se situe dans l'ordre affectif pour Bonaventure, comme on le constate avec évidence dans l'*Itinerarium*, tandis qu'elle appartient à l'ordre de l'intellect pour Thomas d'Aquin et pour Duns Scot.

3. Au milieu du XIIe siècle, Isaac de l'Etoile avait déjà énuméré cinq échelons de l'homme à Dieu : les sens, l'imagination, la raison, l'intellect et l'intelligence. *Cf.* Isaac de l'Etoile, *De anima*, *in* J.-P. Migne (éd.), *Patrologie latine*, 194, 1855, col. 1876-1877. Pour Bonaventure, cf. *Questions disputées sur le savoir chez le Christ*, q. IV.

4. *Cf.* Bonaventure, *Commentaria in II Sent.*, dist. 39, art. 2, q. 1.

5. P. J. Olivi, *Summa*, *Tabula quaestionum ipsius auctoris*, *op. cit.*, p. 7*-8*.

sommaire à la question posée. Mais surtout, l'énoncé de la question qui se trouve à cet endroit est passablement différent de celui annoncé dans la table. Dans le corps du texte, la question de la syndérèse a totalement disparu et se trouve réduite à cette formulation : « Decimo quaeritur an conscientia dicat potentiam unam vel plures aut actum vel habitum ». Olivi ne traite donc ici que de la nature et de la définition de la conscience, que nous avons précédemment présentées.

Comment expliquer cette disparition ? L'édition de Jansen n'est pas à remettre en doute. Elle reprend avec exactitude le texte du manuscrit Vat. 1116. Comme l'a montré Sylvain Piron, la table des matières provient de la main même d'Olivi qui, quelques années avant sa mort, entre 1294 et 1295, a préparé une édition de sa *Summa* [1]. Or, pour de nombreuses questions, la table diffère des énoncés qui se trouvent dans le corps du texte. Si certains éléments ont été supprimés, d'autres, de manière plus inhabituelle, ont été ajoutés, comme c'est le cas ici. La question de la syndérèse étant très discutée vers la fin du XIIIe siècle, Olivi aura peut-être jugé bon d'indiquer à son lecteur que c'est dans cette question que le sujet est abordé. Cependant, force est de constater que la notion est évacuée, puisqu'il ne mentionne qu'à deux reprises ce terme sur l'ensemble de son œuvre et ce seulement de manière anecdotique. A la question LXXXI, il apparaît seulement à titre indicatif lorsqu'Olivi, souhaitant définir les différentes acceptions du terme « conscience », se réfère à une question habituelle à ce propos, à savoir si la syndérèse s'éteint dans l'âme des damnés ou des démons :

> Puisque l'aiguillon de l'affect qui nous pousse à choisir droitement – et c'est pour cette raison que nous l'appelons syndérèse, c'est-à-dire, une coélection – est, selon ce qui a été dit, une certaine partie de la disposition de la conscience, ainsi la syndérèse a été correctement nommée par quelqu'un « étincelle de la conscience », puisque parfois même dans les êtres les plus mauvais, elle ne s'éteint pas tout à fait [2].

La notion ne revêt donc pratiquement pas d'importance pour Olivi, bien qu'elle soit alors un l'objet d'un questionnement classique. Pourquoi le Franciscain d'Oc n'a-t-il pas considéré la syndérèse comme une solution appropriée pour fonder la norme morale, alors que tous les auteurs de son époque semblent s'accorder sur son importance ? Pour un tel défenseur de la liberté, la solution de l'étincelle de la conscience est sans doute trop déterminante. En effet, comme le montre Odon Lottin, à partir du milieu du XIIIe siècle, tous les penseurs prétendent que cette étincelle est gardienne d'une

1. *Cf.* S. Piron, « Les œuvres perdues d'Olivi : essai de reconstitution », *Archivum franciscanum historicum*, 91-3/4, 1998.

2. P. J. Olivi, *Summa*, q. LXXXII, p. 176 : « Quoniam autem stimulus affectionis quis nos stimulat ad recte eligendum – unde et sinderesis, id est, coelectio dicitur – est secundum praedicta quaedam pars habitus conscientiae : idcirco bene a quibusdam dicitur sinderesis esse scintilla conscientiae, quae aliquando etiam in pessimis omnino non extinguitur ».

morale éternelle et immuable et qu'elle est par voie de conséquence impeccable [1]. Or, si cette étincelle est présente en chacun de nous et qu'elle nous conduit de manière infaillible vers le bien, la conclusion qui s'impose serait que nous sommes déterminés à agir avec justice, ce qui contrevient tant à la réalité qu'à la liberté humaine selon Olivi. Celui-ci préfère ainsi la notion de conscience, qui n'est pas une disposition innée qui donne à la personne humaine ses principes moraux comme l'est la syndérèse, mais qui requiert un jugement de valeur sur les actes passés ou à venir [2].

Nous pourrions voir dans la question IX des *Quaestiones de fide* une confirmation de cette volonté de prudence face à la syndérèse. Olivi y demande comment la lumière divine peut à la fois être présente par son illumination et se montrer absente du fait du miroir de la création [3]. Dans ses réponses aux objections, Olivi présente le cas de certains penseurs – qu'Ernest Stadter identifie comme étant Hugues de Saint-Cher et Gilbert de Tournai – qui considèrent que la foi consiste en une lumière infuse ou incréée qui illumine le croyant et qui incite l'intellect à consentir au bien. Olivi remarque que si tel était le cas, la volonté serait déterminée et que l'acte de foi deviendrait une nécessité rationnelle. De surcroît, il ne pourrait y avoir de vertus, puisque celles-ci exigent un consentement volontaire [4]. Par voie de conséquence, si la position concernant les lumières de la foi est considérée par Olivi comme trop déterminante pour le croyant, *a fortiori* le recours à la syndérèse qui est la partie impeccable de l'esprit ne peut être une solution convenable.

La seconde occurrence du terme *synderesis* se trouve à la question LXXXII de la *Summa* et complète notre propos : la syndérèse n'est qu'une partie de la conscience qui excite la volonté à choisir le bien, mais qui ne nous détermine en rien [5]. Olivi souligne qu'affirmer le contraire revient à supprimer la liberté

1. *Cf.* O. Lottin, « La syndérèse chez les premiers maîtres franciscains de Paris », art. cit., p. 289.

2. *Cf.* A. Le Boulluec, « Recherches sur les origines du thème de la syndérèse dans la tradition patristique », *in* C. Trottmann (éd.), *Vers la contemplation, études sur la syndérèse et les modalités de la contemplation de l'Antiquité à la Renaissance*, Paris-Genève, Champion, 2007, p. 61.

3. P. J. Olivi, *Quaestiones de fide*, in *Quaestiones de incarnatione et redemptione*, *op. cit.*, q. IX, p. 350.

4. *Ibid.*, q. IX, p. 351-352 : « Lux fidei, existens in solo intellectu, inclinet voluntatem ad consentiendum. Ex hoc enim tria inconvenientia sequuntur : Primo scilicet, quod voluntas in credendo ea, quae sunt fidei, necessario sequitur intellectum et lucem eius, et necessario movetur ab illa ; et hoc non usque ad qualemcumque actum, sed usque ad plenum consensum. – Secundo, quod principalis virtuositas seu principalis ratio virtutis et virtuositatis fidei sit in intellectu, immo et tota, quia isti volunt quod voluntas non indiget aliquo habitu ad consentiendum fidei seu ad volendum credere praeterquam habitu illo, qui est in solo intellectu. – Ex hoc autem sequitur tertium, scilicet quod in fideli non sit habitualis voluntas ad credendum ; ita quod, dum dormit, non habet voluntatem credendi, aut si est in eo, ipsa non est virtus vel pars virtutis fidei. Quae quidem satis sunt alibi improbata ; et aperte sunt contra sententiam Augustini, et Anselmi et Hugonis et sollemniorum doctorum ».

5. Alexandre de Halès avait déjà affirmé que la syndérèse n'est qu'une partie de la conscience, celle-ci se divisant en deux parts : « unum, quod est sicut supremum, et quoad hoc coniungitur ipsi

humaine, le principe de la vertu et la foi. Selon la terminologie d'Olivi, la syndérèse n'est qu'une coélection et une disposition de la conscience. Le principe de moralité requiert donc une volonté qui n'est pas déterminée et qui choisit volontairement la vertu.

Aussi, la notion de syndérèse, quoiqu'il ne l'infirme pas, n'est pas une solution retenue par Olivi. Si elle peut être considérée par certains comme une partie de la conscience, aucun passage au sein du corpus olivien ne va en ce sens. Au mieux, la syndérèse n'est qu'une incitation qui stimule la volonté à agir droitement, mais qui ne la contraint aucunement.

La rectitude

Malgré l'impossibilité pour l'homme de saisir Dieu ou le bien en soi de manière immédiate, certains auteurs ont tenté de trouver une solution à la question de la normativité morale dans la notion de *rectitudo*. Olivi connaissait évidemment cette « droiture de la volonté gardée pour elle-même » par l'intermédiaire d'Anselme de Cantorbéry qu'il n'hésite pas à largement citer [1]. Anselme, dans son *Traité du libre arbitre*, affirme que si la volonté de l'homme est indéterminée, elle doit cependant vouloir *in fine* s'identifier avec celle de Dieu [2]. Olivi s'accorde avec lui sur ce point, déclarant de même que la rectitude ne peut être droite à moins d'avoir Dieu pour fin :

> Il est impossible que la nature rationnelle soit droite selon la rectitude qu'exige tout l'ordre de sa nature, si elle ne désire pas Dieu pour lui-même et au-dessus de tout [3].

Nous trouvons des précisions sur la manière dont Olivi conçoit la rectitude dans le contexte juridique du *Quid ponat ius vel dominium*. En tentant de définir ce qui fonde tout droit – et en particulier celui du roi –, il précise que Dieu ne peut vouloir quelque chose de contraire à la justice absolue. Le droit naturel concorde ainsi toujours avec le vouloir divin :

> Il existe un certain ordre absolument fixe et inclus dans la raison la plus absolue de vertu et de justice, qui est ce dont Dieu ne peut ni ne doit vouloir le contraire [...]. Et cet ordre est communément appelé l'ordre du droit naturel [4].

synderesi et dicit habitum naturalem ; et aliud, quod est inferius, et sic coniungitur magis rationi, et sic dicit rationem acceptionis quae notatur in hoc quod dicitur "cum", et sic recipit errorem et perturbationem et huiusodi similia », Alexandre de Halès, *Somme de théologie*, II, art. 6, 426, Quaracchi, S. Bonaventurae, 1928, p. 500.

1. *Cf.* Anselme, *De veritate*, chap. XII.

2. *Idem*, *Traité du libre choix*, VIII, I, *op. cit.*, p. 220 : « Nulla autem est iusta voluntas, nisi quae vult quod Deus vult illam velle ».

3. P. J. Olivi, *Summa*, q. CX, *op. cit.*, p. 263 : « Impossibile est naturam rationalem esse rectam rectitudine quam exigit totus ordo suae naturae, nisi diligat Deum propter se et super omnia ».

4. *Idem*, *Quid ponat ius*, *in* F. Delorme (éd.), « Question de P. J. Olivi, *Quid ponat ius vel dominium* ou encore *De signis voluntariis* », *Antonianum*, 20, 1945, p. 324 : « Ulterius sciendum

Ce principe absolu de justice, auquel Dieu lui-même ne peut opposer son vouloir, permet de fonder tous les droits humains, tel que celui que le roi exerce sur ses sujets. Olivi précise alors que cette raison de justice commune s'entend en deux sens :

> Le fondement du droit [du roi] consiste principalement dans [la raison actuelle du vouloir et du voulu divin] et dans la raison de justice commune qui, en tant qu'elle est la plus absolue, la plus abstraite, est réellement identique à la rectitude du vouloir divin et de la sagesse divine. Mais en tant qu'elle existe de manière concrète dans les esprits rationnels, [cette raison] est la rectitude naturelle ou gratuite de leur intellect et de leur affect, par laquelle ils jugent et affirment que ceci doit être accompli ou évité, ou que cela est juste ou injuste [1].

Ainsi, la raison commune de justice peut être qualifiée d'universelle, le terme désignant tant une réalité absolue qu'une réalité présente en chaque individu. La rectitude concrète (*concretive*) existant en chaque homme découle de la justice première et en cela se réfère toujours à Dieu [2]. Olivi affirme que cette rectitude est naturelle et donnée gratuitement. Il n'use pas du terme d'innée qui n'apparaît dans son œuvre que pour désigner certaines espèces qui peuvent être perçues par les substances séparées [3]. Son élève, Pierre de Trabibus, n'hésitera toutefois pas à utiliser le terme dans ce contexte moral, lorsqu'il distinguera la conscience innée de la conscience acquise. Cette naturalité de la rectitude est confirmée par la question VI du *De virtutibus* qui précise que la rectitude que possèdent les esprits rationnels est imprimée en eux directement par Dieu :

> L'inclination naturelle ou l'affection des hommes pour l'honnêteté et la justice est imprimée par Dieu comme source de la vertu qui dirige vers la pureté et la vertu divine [4].

quod quidam est ordo sic absolute prefixus et inclusus in ipsa absolutissima ratione virtutis et iustitie, que est quod Deus non potest nec debet oppositum eius velle [...] ; et hic ordo communiter vocatur ordo iuris naturalis ».

1. *Ibid.* : « Set ius ipsius iuris principaliter sistit in duobus predictis et in ratione communis iustitie, que prout est absolutissima, abstractissima, est realiter idem quod rectitudo divini velle et divini sapientie, prout vero est concretive in mentibus rationalibus est naturalis vel gratuita rectitudo intellectus et affectus earum, per quam tenent et dicunt hoc vel illud debere fieri [vel non fieri] aut hoc vel illud esse iustum aut iniustum ».

2. *Cf.* Pierre de Trabibus, *In II Sent.*, dist. 39, q. 1, art. 2, Florence, BNF, B. 5 1149 f. 169ra, cité *in* O. Lottin, *Psychologie et morale aux XIIe et XIIIe siècles*, II, Gembloux, Duculot, 1948, p. 256 : « Cum igitur conscientia sit habitus intellectus practici respectu operabilium moralium, necesse est quamdam conscientiam esse innatam, ut eam que innascitur ex illis que sunt per se nota, quedam vero oportet esse acquisita, ut illa que innascitur ex talium pertractatione vel aliqua informatione ».

3. *Cf.* P. J. Olivi, *Summa*, q. XXXVI, *op. cit.*, p. 629-653.

4. *Idem*, *Quaestiones de virtutibus*, in *Quaestiones de incarnatione et redemptione*, q. VI, *op. cit.*, p. 281 : « Naturalis inclinatio seu affectio hominum ad honestatem et iustitiam est utique impressa a Deo tamquam seminarium virtutis dirigens in puritatem et virtutem divinam ».

Toutefois, il faut relever que cette impression dans l'âme n'est pas contraignante. Elle n'est que le germe qui permet à l'homme de s'orienter correctement, mais la rectitude humaine n'est pas strictement tenue à se conformer à la volonté divine. La preuve de cette indétermination se trouve à la question LXXXII de la *Summa*, dans laquelle Olivi divise la loi naturelle en cinq modes. Le premier définit la loi incréée qui correspond à Dieu ou à proprement parler à son vouloir, en tant qu'il est prescriptif des vertus et prohibitif des vices [1]. A partir de cette loi incréée, Olivi parvient progressivement, dans un contexte similaire à celui du *Quid ponat ius*, à définir en quoi consistent ces cinq modes jusqu'à la fondation du droit humain. Au sein de ces distinctions, la troisième nous semble la plus intéressante, puisque c'est alors qu'intervient la notion de rectitude. Ce troisième mode définit la loi comme une disposition de l'esprit humain :

> Nous la comprenons comme une disposition de notre esprit. Et cette manière inclut plusieurs sens. Premièrement, la loi tient lieu de connaissance naturelle ou de lumière des préceptes moraux, par laquelle nous savons que nous sommes tenus à ces derniers. Deuxièmement, elle tient lieu de rectitude naturelle de l'affect qui incite ou qui incline à ceux-ci. Cette dernière est non seulement appelée loi parce qu'elle nous astreint davantage par son aiguillon, mais aussi parce qu'elle rend l'intellect pratique plus aiguisé pour apprécier et connaître par expérience l'équité et la rectitude des préceptes d'action. Troisièmement, elle inclut les dispositions complètes de la prudence et des vertus, en tant que nous sommes liés plus pleinement par celles-ci comme par une loi interne et que nous nous réglons par rapport aux préceptes d'action [2].

Ce mode inclut ainsi en soi trois conceptions de la loi humaine : la première désigne une connaissance ou une lumière naturelle (*notitia naturalis seu lumen moralium praeceptorum*), par laquelle l'homme possède une norme de jugement de ses actes. Plus exactement, cette lumière nous indique quelles obligations morales l'homme doit respecter. Malheureusement, Olivi ne précise pas d'où provient cette connaissance naturelle. Nous pouvons toutefois constater que le vocabulaire de la lumière est proche de celui employé par ses contemporains pour parler de la syndérèse. Bien qu'il ne puisse s'agir de cette

1. *Cf.* P. J. Olivi, *Summa*, q. CVIII, *op. cit.*, p. 257 : « Constat autem quod rectitudo naturalis appetitus et eius recta actio sunt a Deo, naturarum institutore et conservatore » ; *idem*, *De connexio virtutum*, VI, *op. cit.*, p. 282 ; *idem*, *Summa*, q. LXXXII, *op. cit.*, p. 177: « Lex per analogiam dicitur de pluribus, nam principaliter dicitur de lege increata quae est Deus. Et haec proprie est ipsum Dei velle, in quantum est praeceptivum operum virtuosorum et prohibitivum vitiosorum ».

2. *Idem*, *Summa*, q. LXXXII, *op. cit.*, p. 177 : « Tertio modo sumitur pro habitu nostrae mentis. Et hic modus plura in se includit. Nam primo stat pro naturali notitia seu lumine moralium praeceptorum per quam scilicet cognoscimus nos teneri ad illa. Secundo stat pro naturali rectitudine affectus stimulante et inclinante ad illa. Quae non solum dicitur lex, in quantum stimulando nos magis astringit, sed etiam, in quantum per illam intellectus practicus acuitur ad experimentaliter saporandam et agnoscendam aequitatem et rectitudinem praeceptorum agendorum. Tertio includit plenos habitus prudentiae et virtutum, in quantum per illos tanquam a lege interna plenius alligamur et regulamur ad praecepta agenda ».

dernière, puisque nous avons montré qu'Olivi évacue cette notion, la terminologie employée ici indique que cette norme fait partie de la composition propre de l'âme humaine qui, par une de ses dispositions, peut juger de la valeur d'une action.

En un second sens, la loi exprime « la rectitude naturelle de l'affect ». En ceci, la loi possède une valeur d'incitation et d'inclination. Son rôle semble consister à stimuler l'intellect pratique à apprécier l'équité et la droiture des préceptes d'actions. Nous soulignons l'utilisation du verbe *saporare* dont l'utilisation, comme nous le verrons dans le prochain chapitre, n'est pas anodine. En un dernier sens, elle inclut des dispositions de prudence et de vertus qui, pour ainsi dire, nous enchaînent de notre propre volonté dans une loi interne (*a lege interna*).

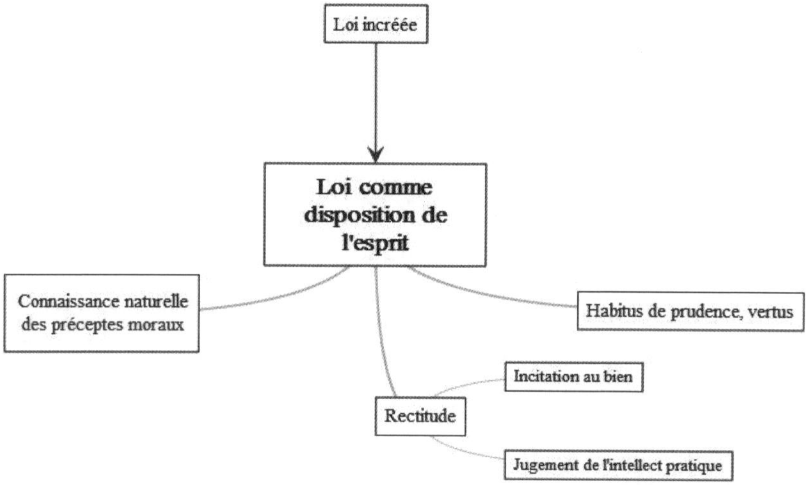

Dans cette loi interne à l'homme, Olivi distingue par conséquent trois occurrences : la première tient lieu de connaissance naturelle des préceptes moraux, la seconde de rectitude et la troisième inclut la prudence et les vertus. La rectitude comporte deux fonctions, la première étant l'incitation au bien, la seconde consistant en un jugement de l'intellect pratique pour déterminer la validité des préceptes d'action.

Derechef, il importe de considérer que toutes ces définitions ne sont que des dispositions de l'esprit et qu'en ce sens cette loi interne ou plus précisément la rectitude ne parvient jamais à imposer une action à l'homme. Ainsi, quoiqu'il use du terme de « loi », Olivi prend soin de préciser qu'elle ne possède qu'un rôle incitatif. La rectitude en l'homme tient ainsi plutôt la fonction de conseillère et la loi interne ne peut nous astreindre et nous enchaîner que dans la mesure où la volonté accepte de s'y plier.

Il en va de même pour la prudence. Olivi indique en effet qu'il existe une différence de raison entre la prudence et la conscience droite. Il prend pour point de départ de sa réflexion la définition aristotélicienne qui fait de la prudence une disposition « tournée vers l'action et concernant ce qui est bien et mal pour l'homme » [1]. Toutefois, là où Aristote concevait la prudence comme une « disposition accompagnée de raison juste », Olivi corrige en affirmant qu'elle est une réalité qui doit être encadrée par la foi. Cette précision introduite, Olivi spécifie en quoi consiste cette différence :

> Si tu demandes en quoi la conscience droite, selon ce qui a été dit, diffère de la prudence de la foi ou de la prudence régulée par la foi et par la charité, on peut dire qu'il existe une différence de raison. Elle est appelée prudence en tant qu'elle dispose avec discernement aux actions qui doivent être accomplies, mais on la nomme conscience en tant qu'elle incite à les accomplir par la croyance à la tension ou à l'obligation ou qu'elle ronge de remords à propos de ce qui a été fait ou négligé [2].

Ainsi, la prudence, telle que la concevait déjà Aristote, dirige nécessairement l'action vers ce qui doit être fait, tandis que la conscience stimule l'individu à opter pour ce qu'il considère comme la meilleure action. La prudence ne consiste ainsi plus en une vertu intellectuelle, mais réside dans une certaine rectitude de la volonté qui permet à l'intellect de conserver une estimation correcte des choix :

> La part principale de la prudence, par laquelle elle exprime une vertu digne de louange et de récompense, se trouve dans la volonté. Et celle-ci consiste en une certaine rectitude de la volonté, par laquelle l'intellect est appliqué droitement et conserve le discernement et l'estimation des choix. C'est par cela que les biens sont appréciés par l'intellect et que les maux sont insipides. Au contraire, la perversité de la volonté fait que les maux sont savoureux à l'intellect et les biens insipides [3].

1. Aristote, *Ethique à Nicomaque*, livre VI, V, 4, *op. cit.*, p. 175.

2. P. J. Olivi, *Summa*, q. LXXXII, *op. cit.*, p. 176 : « Si autem quaeras in quo secundum praedicta differat recta conscientia a prudentia fidei seu a prudentia fide et caritate regulata : potest dici quod differunt ratione ; quia prudentia dicitur, in quantum discrete dirigit ad agenda, conscientia vero dicitur, in quantum per credulitatem tentionis seu obligationis stimulat ad agenda aut de actis sive neglectis remordet ».

3. *Idem*, *Quaestiones de virtutibus*, q. IV, *op. cit.*, p. 231 : « Principalissima pars prudentiae, secundum quod dicit virtutem laude et praemio dignam, est in voluntate ; et illud est quaedam

La prudence devient ainsi une certaine rectitude de la volonté. Cette précision n'est pas négligeable dans la conception d'Olivi car, puisque la volonté est absolument libre et indéterminée, cela signifie que cette rectitude peut être désordonnée.

En définitive, Olivi préfère à la notion de syndérèse le concept de rectitude, qui apparaît régulièrement au travers de son œuvre. Celui-ci fournit en effet un plus grand espace de liberté à l'homme qui est incité, mais non contraint, au bien. Serait-ce dire que nous avons trouvé une norme permettant de fonder la morale ? Pas encore. La question a simplement été repoussée. En effet, si l'homme est incité au bien par la rectitude, c'est qu'il possède déjà une connaissance de ce qui est juste. Cela dit, si nous ne sommes pas encore parvenus à découvrir la norme éthique en l'homme, nous avons cependant montré qu'elle provient *in fine* de Dieu. Olivi s'accorde par conséquent avec Thomas d'Aquin pour affirmer que deux mesures doivent être présentes en l'homme, à savoir une norme morale absolue qui correspond au vouloir divin et une norme délibérative dont le fondement en l'homme reste encore à trouver.

Le goût spirituel

Revenons sur l'idée de « connaissance naturelle ou de lumière des préceptes moraux » qu'Olivi évoquait à la question LXXXII de la *Summa*. Alors qu'il tente de définir en quoi consiste le libre arbitre de l'homme, Olivi revient sur les propos d'Aristote dans *l'Ethique à Nicomaque* [1]. Le Stagirite y pose la question de la responsabilité des actes irrationnels, tels que ceux posés par l'homme ivre ou en colère. Aristote affirme alors que tout homme pervers, « quel qu'il soit, ignore ce qu'il faut faire et ce dont il faut s'abstenir », du fait qu'il n'use pas de sa raison lors de la délibération. Cependant, Aristote affirme que l'ivrogne est condamnable pour ses actes délictueux, puisque ce dernier agit selon une inconscience particulière dont il est responsable [2]. En effet, sa raison lui dictait de ne pas s'enivrer ou de ne pas se laisser aller à la colère. Olivi en déduit que, selon Aristote, tout consentement au mal est précédé d'une erreur de jugement. Or, affirmer cette position revient à prétendre que la

rectitudo voluntatis, per quam intellectus recte applicatur et tenetur in discernendis et aestimandis eligibilibus. Et per hanc fit quod intellectui bona sapiant et mala desipiant ; sicut econtra per perversitatem voluntatis fit quod intellectui mala sapiunt et bona desipiunt ».

1. *Cf.* Aristote, *Ethique à Nicomaque*, III, 3, 1110 b 28 *sq.*

2. P. J. Olivi, *Summa,* q. LVII, *op. cit.*, p. 311 : « Et hoc ipsum videtur expresse dicere Aristoteles, III Ethicorum, quando ait quod "ignorat omnis malus quae oportet operari et a quibus fugiendum" ; videtur enim ibi velle quod propter aliquam corruptionem concupiscentiae vel habitus veram bonitatem operandorum ignoret, sicut et ebrii propter passionem ebrietatis ». *Cf.* E. Marmursztejn, *L'autorité des maîtres, scolastique, normes et société au* XIII *e siècle*, Paris, Les Belles Lettres, 2007, p. 233-244.

raison, si elle est droite, n'admet qu'une seule option, ce qui s'oppose à une conception de la liberté en tant que libre choix entre les opposés [1] :

> [Aristote] semble vouloir qu'une estimation fausse et qu'une certaine passion ou préférence altérée précède tout consentement et tout choix pour le mal. Mais si cela est vrai, alors face à une telle préférence, à un tel jugement, à une certaine préférence qui ne préexiste pas pour l'opposé, nous ne pourrions aucunement opter pour son contraire qu'il nous plaît d'une certaine façon de choisir du fait de cette préférence ou de vouloir par approbation. Or, ceci revient à supprimer la liberté aux opposés [2].

Olivi ignore délibérément la *propositio magistralis* concédée à Gilles de Rome vers 1285-1286. Il ne peut défendre une telle position qui va à l'encontre des condamnations de Tempier et qu'il qualifie lui-même d'hérétique. Arguer que la malice ne survient dans la volonté que du fait d'une erreur de jugement, en soulignant la différence qu'il peut exister entre le jugement de conscience et le jugement pratique, n'est pas une position acceptable. Elle revient en effet à supprimer la liberté aux opposés et à nier les révélations faites sur le péché de Lucifer et d'Adam, qui, selon les Ecritures, n'ont pas péché par ignorance et par erreur de jugement, mais par orgueil [3].

Olivi opère alors une distinction qui va finalement permettre de répondre à notre interrogation. Il affirme que l'esprit peut percevoir ce qui est vertueux et ce qui est vicieux de deux manières; la première voie qui permet de saisir ce qu'est le bien, est offerte par la raison discursive ou par la foi :

> L'esprit peut percevoir la vérité du bien et du mal des vertus et des vices de deux manières. La première procède par raisonnement de l'intellect ou par croyance

1. P. J. Olivi, *Summa*, q. LVII, *op. cit.*, p. 360-361 : Olivi montre que la position est impossible à tenir sans affaiblir fortement la liberté de volonté, puisque à chaque fois que l'homme juge avec raison qu'une chose est mauvaise selon la justice divine, mais désirable pour les sens, il ne pourrait jamais s'opposer à la justice : « Hoc etiam dictum multum enervat libertatem voluntatis, quia tunc, quandocunque veraciter iudicabo hoc secundum Deum et iustitiam esse malum, secundum tamen sensum esse delectabile : nunquam potero ire in illud contra ordinem iustitiae ».

2. *Ibid.*, p. 312 : « In omnibus his videtur velle quod omnem malum consensum et electionem praecedat falsa aestimatio et aliqua passio seu complacentia corrupta; sed si haec sunt vera, tunc stante tali complacentia vel aestimatione vel non praeexistente aliqua complacentia ad oppositum nullo modo poterimus contrarium eius quod nobis per illam praecedentem complacentiam placet aliquo modo eligere aut ex consensu velle; sed hoc est tollere libertatem ad opposita ».

3. *Ibid.*, p. 360 : « Si autem Aristoteles in verbis allegatis et consimilibus vult quod ignorantia et falsa aestimatio semper praecedat malitiam peccati, sicut et quidam eius sequaces etiam in theologicis videntur velle : hoc quidem est simpliciter haereticum. Sequeretur enim ex hoc quod primum peccatum angelorum et Adae praecessisset aliqua falsa aestimatio, et ita quod absque peccato habuissent eam et quod ignorantia seu error fuisset causa primi peccati eorum ». Cette position s'oppose également à la conception d'Augustin qui avait affirmé au *Livre de la Genèse*, chapitres 10 et 11, qu'Adam avait vécu au Paradis sans passions. Par conséquent, le choix du mal ne peut être dû à la passion, mais est causée par la volonté libre qui, dans le paradis, semble avoir existé complètement détachée des désirs et des pulsions. Nous pourrions ainsi parler dans ce cas d'une « acrasie lucide ».

de la foi. Et par ce mode, je ne doute pas qu'avant, pendant et après le vice, il peut percevoir le mal de ce qui est fait et le bien des vertus desquelles il se détourne [1].

Il est étonnant qu'Olivi place la raison et la foi sur le même plan. Nous pouvons premièrement expliquer ce choix en considérant que ces deux voies convergent dans la possibilité d'apporter des arguments, qu'ils soient rationnels ou d'autorité, qui servent à démontrer la vérité de ce qu'ils considèrent comme bon ou mauvais. En effet, nous verrons que le second mode, en comparaison, est plus intuitif. Deuxièmement, la raison comme la foi, quoiqu'elles soient des principes internes à l'homme, se réfèrent *in fine* à une entité extérieure pour juger de la valeur des actes accomplis. En effet, la raison et la foi s'accordent pour dire que Dieu est le principe et la norme de tout bien. Troisièmement et par voie de conséquence, l'esprit sait toujours distinguer selon ce mode de l'intellect et de la foi ce qui est bien de ce qui ne l'est pas. Ainsi, même le vicieux *ante vitium et cum vitio et post vitium* peut saisir qu'il agit mal et qu'il se détourne de la justice.

A contrario, le second mode se réfère à un sentiment interne, celui du goût. Olivi fait référence à ce que les théologiens médiévaux ont développé sous la notion de sens spirituel : aux cinq sens matériels qui permettent de sentir les réalités corporelles correspondent cinq sens internes qui permettent d'appréhender les réalités spirituelles. Pour procéder par images, le lecteur qui a subi une injustice flagrante peut se rappeler par exemple de l'amertume qu'il a alors ressentie. Cette aigreur due au mal peut être ressentie de manière si intense qu'elle rappelle la sensation provoquée par un aliment acide. A l'inverse, le sentiment de plénitude engendré par un moment de joie profonde peut s'apparenter à la douceur du sucré. L'homme est ainsi capable, par sa propre nature, d'*apprécier* ce qui est bon ou mauvais, dans les réalités matérielles comme spirituelles. Le verbe *sapere* est sciemment utilisé par Olivi de manière à signifier tant l'action de goûter que le fait d'être capable de juger avec sagesse d'une chose – voire de fournir une juste valeur, comme nous le verrons dans l'analyse de la morale économique. Le sage est en effet autant celui qui sait, que celui qui apprécie. Ainsi, Olivi utilise le verbe *saporare* lorsqu'il affirme que le rôle de la loi consiste à stimuler l'intellect pratique à juger de la droiture des préceptes d'actions.

Il faut remonter à Origène pour trouver les sources de cette notion de goût spirituel qui sera reprise par Grégoire de Nysse (c. 331-394), puis par Augustin. Le goût du mal semble même central pour la conversion spirituelle de l'évêque d'Hippone. En effet, le fameux épisode du vol des poires, qu'il décrit au livre II des *Confessions*, renvoie à la question de la saveur et de la valeur de son action.

1. P. J. Olivi, *Summa,* q. LVII, *op. cit.*, p. 361 : « Sciendum igitur quod mens duplici modo potest percipere veritatem bonitatis et malitiae virtutum et vitiorum, uno modo per intellectum ratiocinantem seu per fidem credentem. Et hoc modo non dubito quin ante vitium et cum vitio et post vitium possit percipere malitiam eorum quae agit et bonitatem virtutum a quibus se avertit ».

Augustin précise par deux fois que « ni leur beauté, ni leur goût ne les rendaient alléchants », et que « ce n'était pas pour se régaler » qu'il les vola, mais simplement par « plaisir de faire ce qui est défendu ». Si ces fruits sont objectivement aigres et « bons à jeter aux porcs », ils trouvent toutefois dans la bouche du jeune Augustin une certaine saveur, conférée par l'attrait du mal : « Si j'en approchai quelqu'un de ma bouche, je n'y goûtai que la saveur de mon crime (*condimentum ibi facinus erat*) » [1]. La référence au fruit défendu du jardin d'Eden est évidente. Le fruit (*malum*) est lié au goût du mal [2]. Après avoir confessé son larcin, Augustin se demande comment son appréciation a pu dévier au point de ne pas ressentir l'âpreté du goût des poires et de son larcin. Sa réponse est univoque : il s'agissait du mépris d'autrui. Il se souvient en effet que le seul réel plaisir qu'il avait ressenti était de rire avec ses compagnons de leur méfait : « C'était un rire malin qui nous chatouillait le cœur à l'idée de tromper un homme et de l'irriter » [3]. Autrement dit, le goût conféré aux poires, tel un *condiment* ajouté à quelque chose sans saveur, ne provenait que du plaisir orgueilleux d'une volonté de puissance sur autrui. Au goût matériel des poires s'ajoutait un (dé)goût spirituel du mal.

La notion de goût spirituel obtient ses lettres de noblesse au début du XIIe siècle. Les auteurs citent alors largement le Paume 34, 9 pour montrer la précellence du goût sur les autres sens [4]. C'est cette référence biblique qui permet par exemple à Guillaume de Saint-Thierry, dans son traité *De la nature et de la dignité de l'amour*, de lier le goût spirituel à la sagesse humaine et à la contemplation de Dieu :

> L'esprit est une puissance de l'âme qui nous permet d'adhérer à Dieu, de jouir de Dieu. Or cette jouissance consiste dans une certaine saveur divine, car « sagesse » (*sapientia*) vient de « saveur » (*sapor*). Un certain goût, voilà ce qu'est cette saveur. Mais nul ne peut exprimer comme il faut ce que ce goût fait ressentir, pas même celui qui a mérité de le goûter : « Goûtez », est-il dit, « et voyez combien le Seigneur est doux (*suavis*) » [5].

Ce goût consiste ainsi en une réalité interne à tout homme, mais dont l'intensité de perception varie et dont le plus haut point réside dans la jouissance de Dieu. Guillaume précise plus loin que ce goût nous permet non seulement d'apprécier ce qui est suave, mais surtout de juger de tout ce que

1. Augustin, *Confessions*, II, 6, 12, *op. cit.*, p. 351.

2. *Cf.* M. Pastoureau, « *Bonum, Malum, Pomum.* Une histoire symbolique de la pomme », *L'Arbre. Histoire naturelle et symbolique de l'arbre, du bois et du fruit au Moyen Âge*, Paris, Le Léopard d'or, 1993, p. 155-218.

3. Augustin, *Confessions*, II, 9, 17, *op. cit.*, p. 359.

4. *Cf.* K. Rahner, « Le début d'une doctrine des cinq sens spirituels chez Origène », *Revue d'ascétique et de mystique*, 13, 1932, p. 113-145.

5. Guillaume de Saint-Thierry, *Nature et dignité de l'amour*, 28, trad. fr. Y.-A. Baudelet, Paris, Cerf, 2015, p. 167. *Cf.* M.-M. Davy, *Théologie et mystique de Guillaume de Saint-Thierry*, Paris, Vrin, 1954 ; M. Rougé, *Doctrine et expérience de l'Eucharistie chez Guillaume de Saint-Thierry*, Paris, Beauchesne, 1999.

l'âme perçoit. Le goût n'est par conséquent plus seulement une tendance à éprouver la saveur du bien, il devient clairement une norme morale interne :

> Le goût provoque une douce saveur que l'âme sent dans son for intime, d'une manière singulière et inaccessible aux autres sens. Cela lui permet de discerner et d'apprécier (*diiudicare*) tout ce qu'elle reçoit [1].

Ce jugement moral du goût spirituel est confirmé quelques lignes plus loin lorsque Guillaume affirme que la sagesse procurée par le goût nous permet de saisir de manière expérientielle dans la conscience ce qu'est le bien :

> Nous commençons non seulement à comprendre le sens intérieur des Ecritures et la vertu intime des mystères et des secrets de Dieu, mais à les palper, à les tâter, si je peux m'exprimer ainsi, par la main de l'expérience. Cela ne se réalise d'ailleurs que par un certain sens de la conscience (*conscientia*) et l'enseignement d'une expérience qui saisit ou plutôt, pour mieux dire, qui lit et qui sent en elle-même la bonté et la puissance de Dieu [2].

Cela dit, Guillaume précise que ce goût ne permet pas de contempler parfaitement Dieu. La saveur que nous pouvons ressentir lorsque nous agissons avec justice n'est en cela qu'un avant-goût des réalités divines. Par conséquent, ce goût n'est pas contraignant. Reprenant le thème biblique de la folie des hommes et de la sagesse de Dieu, Guillaume souligne que ce goût peut dévier :

> La malice est la saveur du mal, cela explique que « sagesse » vienne de « saveur ». Dès lors qu'elle savoure le mal et ne manque ni d'astuce, ni de volonté pour l'accomplir, la sagesse des princes de ce monde est en tout contraire à la sagesse d'en haut. Voilà en effet cette malice que hait la sagesse. Puisqu'ici on savoure le bien en lui-même, là on savoure le mal en lui-même [3].

Bernard de Clairvaux tiendra une position très semblable à celle de Guillaume de Saint-Thierry, reprenant lui aussi l'étymologie de la sagesse comme saveur et réutilisant le vocabulaire augustinien de « condimentum » :

> Peut-être est-ce du mot saveur que la sapience tire son nom, car, se joignant à la vertu comme un condiment, elle la rend savoureuse, alors que d'elle-même cette vertu semblait de quelque façon sans sel et âpre au goût. Et je ne trouverais rien à redire si quelqu'un définissait la sagesse comme le goût du bien [4].

Cette similitude se poursuit dans la définition de la malice :

> Qu'est-ce que la malice sinon la saveur du mal? [...] Comment la sagesse montrera-t-elle plus évidemment sa victoire sur le mal qu'en faisant sentir à l'âme, débarrassée de toute saveur du mal – qui n'est autre que le mal lui-

1. Guillaume de Saint-Thierry, *Nature et dignité de l'amour*, 29, *op. cit.*, p. 169-170.
2. *Ibid.*, 31, p. 174-175.
3. *Ibid.*, 39, p. 193.
4. Bernard de Clairvaux, *Sermon 85 sur le Cantique*, leçon 9, trad. fr. H. Tissot, *Les Pères vous parlent de l'Evangile*, Bruges, Abbaye Saint André, 1955, p. 370.

même –, un goût profond pour le bien qui la pénètre intimement de toute sa suavité ? [1].

Bernard relève à son tour le manque de contrainte de ce goût, mais en développant une position extrême. Selon lui, si ce goût est inné, l'homme l'a toutefois perdu du fait du premier péché d'Adam :

> Ce goût, nous l'avons perdu presque dès l'origine de notre race. Du jour où le venin de l'antique serpent, sous l'influence d'un sens charnel, a infecté le palais de notre cœur, le bien a commencé à être insipide à notre âme, et nous avons été envahis d'un goût funeste [2].

Cette perte n'est pas définitive. L'homme peut recouvrer la saveur du bien s'il persiste dans l'accomplissement de la justice et surtout s'il le recherche. En effet, certains individus réalisent le bien sans véritable goût pour celui-ci, mais par pur raisonnement, voire par nécessité, de la même manière que ceux qui accomplissent le mal le font parfois, non par goût du mal, mais par désir de l'objet. Indirectement, Bernard adresse une rude critique aux eudémonistes. Ceux qui font le bien parce qu'ils le comprennent, ne le font pas par sagesse ou par goût du bien, mais par simple calcul :

> Que de bonnes actions sont sans goût pour ceux qui les accomplissent ! C'est qu'ils y sont poussés non par la saveur du bien, mais par la raison, une quelconque occasion ou même la nécessité. D'ailleurs, beaucoup de ceux qui font le mal n'y trouvent également aucune saveur, mais ils y sont amenés par la crainte ou par le désir de quelque objet, bien plutôt que par la saveur du mal. Quant à ceux qui s'abandonnent au sentiment de leur cœur [3], ou ce sont des sages, et alors ils font leurs délices de la saveur du bien, ou ce sont des méchants, et ils se complaisent dans leur malice, même si ne leur sourit l'espoir d'aucun avantage [4].

Nous trouvons également la notion de sens spirituel chez Hugues de Saint-Victor qui tente par analogie de décrire quelles sont les différentes voies d'accès à Dieu. Un texte de l'*Arche* permet ainsi de lier les notions de toucher et de goût. Ce lien existe depuis Aristote qui, relevant leur immédiateté, affirmait que « le goût est une sorte de toucher » [5]. Hugues affirme pour sa part que les deux sens se complètent, l'homme cherchant d'abord Dieu grâce au désir, le trouvant par la connaissance et le touchant enfin par le goût [6]. Les textes des Victorins traitant des sens spirituels acquerront une grande renommée et seront souvent cités, notamment par Guillaume d'Auxerre dans sa *Summa*

1. Bernard de Clairvaux, *Sermon 85 sur le Cantique*, leçon 12, p. 372.
2. *Ibid.*, leçon 9, p. 370.
3. *Cf.* Ps. 72, 7.
4. Bernard de Clairvaux, *Sermon 85 sur le Cantique*, *op. cit.*, leçon 10, p. 371.
5. *Cf.* Aristote, *De anima*, II, 10, 1 et III, 12, 7.
6. Hugues de Saint-Victor, *De arca Noe*, I, 4, 632 b, éd. P. Sicard, Turnhout, Brepols, 2011 : « Hoc est enim ad ipsum tendere, et ad ipsum pertingere, semper eum et per desiderium quaerere, et per cognitionem invenire, et per gustum tangere ».

aurea [1]. La notion est ainsi reprise par la plupart des théologiens scolastiques : Albert le Grand attribue le toucher et le goût spirituels à la faculté de volonté [2] et Bonaventure donne un développement considérable de cette notion, notamment dans ses *Collations sur les sept dons de l'Esprit* [3]. Il cite fréquemment Bernard de Clairvaux et Hugues de Saint-Victor, voire Origène, pour associer le goût spirituel à la sagesse [4].

Olivi, qui a entendu ces *Collationes* à Paris au printemps 1268, a vraisemblablement subi l'influence de son maître. Cependant, lorsqu'il aborde la notion de sens spirituel, Olivi se réfère directement au Pseudo-Denys l'Aréopagite. Ainsi, par exemple, il inaugure son *Tractatus de septem sentimentis Christi Iesu* par cette citation qui affirme que le goût est le plus haut degré de l'esprit :

> Selon la sentence de Denys, le plus grand et le plus haut degré d'élévation de l'esprit à Dieu consiste en un sens et en un goût de l'amour expérientiels et pénétrants, par lesquels l'esprit est restauré, vivifié et rétabli en Dieu [5].

C'est également au Pseudo-Denys qu'Olivi se rapporte lorsqu'il relève que la connaissance du divin ne peut se réaliser qu'au travers d'une perception caligineuse, point que Bonaventure a fortement souligné à son heure [6]. Si le goût spirituel permet de fonder une norme morale interne, Olivi ne se détermine pas sur son origine :

> [L'homme] peut percevoir [le mal des actions commises] par le mode du goût et du toucher, de sorte qu'il sent et goûte une certaine douceur intellectuelle dans ces biens et une insipidité très aigre et abominable dans les vices. Or, soit ce mode de perception se trouve dans l'intellect, soit il se trouve dans l'affect. Toutefois, il ne peut se trouver dans l'esprit que s'il aime la vertu et s'il déteste le vice, et il ne le peut de manière parfaite, que s'il aime ou déteste parfaitement. L'esprit qui est porté avec beaucoup de désir (*amor*) à des actes vicieux sent donc une certaine saveur en eux, une saveur altérée à laquelle est associée une

1. *Cf.* Guillaume d'Auxerre, *Summa aurea*, XII, III.

2. *Cf.* M. Canévet, P. Adnès, W. Yeomans, A. Derville, *Les sens spirituels*, Paris, Beauchesnes, 1993, p. 89.

3. *Cf.* Bonaventure, *Breviloquium*, part. 5, chap. VI ; *Itinéraire*, chap. IV, 3 ; *Les sept dons du Saint-Esprit*, II, 18 ; K. Rahner, « La doctrine des sens spirituels au moyen âge, en particulier chez saint Bonaventure », *Revue d'ascétique et de mystique*, 14, 1933, p. 263-299.

4. *Cf.* Bonaventure, *Des sept chemins de l'éternité*, I, 4 ; 5 ; II, 3 ; 5 ; III, 6 ; IV, 3 ; 5 ; *Itinerarium*, IV.

5. P. J. Olivi, *Tractatus de septem sentimentis Christi Iesu*, *in* M. Bartoli (ed.), *Archivum Franciscanum Historicum*, 91, 1998, p. 535 : « Secundum sententiam Dionysii, summus et supremus gradus elevationis mentis in Deum est per experimentales et medullares sensus et gustus amoris, per quos mens reficitur atque vivificatur et reformatur in Deo ».

6. Cf. *idem*, *Summa*, q. LIV, *op. cit.*, p. 241 ; Bonaventure, *Coll. in II Hex.*, 30, 5.

> certaine estimation altérée de cette saveur, si toutefois cette estimation diffère de celle-ci. De ceci, de nombreux affects pervertis s'ensuivent et en résulte [1].

Il n'importe pour Olivi, de savoir si ce goût est établi dans l'intellect ou dans l'affect. L'intérêt de cette notion est qu'elle permet à l'homme de sentir en lui-même que le bien possède un certain agrément, une douceur intellectuelle, qui le rend désirable, et que le vice est horriblement insipide. Olivi associe dans cet extrait le goût et le toucher. Si cette analogie est reprise d'Aristote et d'Hugues de Saint-Victor, elle prend une coloration différente dans la pensée du Franciscain. Rappelons en effet que l'analyse du toucher qu'il avait précédemment établie dans sa théorie de la connaissance – le mode de perception de soi est *quasi tactualis* – a montré que l'immédiateté et l'intériorité de la perception fondent la vérité de cette dernière. En ce sens, la norme fournie par le goût acquiert également une forme d'évidence.

Comme à son habitude, si Olivi se veut l'héritier d'une tradition, reprenant à la fois le lien et les distinctions apportés par Hugues de Saint-Victor et par Albert le Grand, il offre toutefois une lecture originale, par exemple dans la distinction qu'il propose entre ces deux modes de connaissances que sont l'intellect et le goût :

> Il existe deux modes de connaissance, de pensée, d'opinion ou de croyance. Le premier consiste en un seul et simple savoir ou spéculation, le second s'accompagne d'un goût expérientiel et d'une approbation ou une réprobation affective de ce qui est pensé [2].

Un autre passage, à la quatrième question du traité *De domina*, introduit une seconde distinction concernant les sens spirituels :

> Il existe deux modes des affections : certaines sont électives, d'autres, presque selon le mode du toucher ou du goût, sont adhésives [3].

Ces précisions permettent de saisir le rôle qu'Olivi attribue au goût spirituel : si l'intellect joue un rôle spéculatif, la volonté un rôle électif, la fonction du goût consiste à donner son adhésion. Cette approbation ou cette

1. P. J. Olivi, *Summa,* q. LVII, *op. cit.,* p. 361 : « Alio modo potest ea percipere per modum gustus et sensus, ita quod sentit et gustat quandam intellectualem suavitatem in ipsis bonis et quandam amarissimam et horribilem insipiditatem in vitiis. Sive autem iste modus percipiendi sit in intellectu sive in affectu, nunquam tamen potest inesse menti nisi amanti virtutem et odienti vitium, nec perfecte hoc potest, nisi perfecte amet et odiat. Mens igitur quae multo amore ducitur ad actus vitiosos sentit quendam saporem in eis, qui sapor corruptus habet secum annexam quandam corruptam aestimationem illius saporis, si tamen aestimatio haec differat ab eo. Hic igitur, ut plurimum sequitur et concomitatur affectus perversos ».

2. *Ibid.*, q. LXXXVI, *op. cit.,* p. 193 : « Duplex est modus sciendi vel cogitandi vel opinandi sive credendi. Unus est per solam simplicem notitiam vel speculationem, secundus est cum experimentali gustu et cum affectuali approbatione vel reprobatione eius quod cogitatur ».

3. *Idem, Quaestiones quatuor de domina*, ed. D. Pacetti, Quaracchi, S. Bonaventurae, 1954, p. 84 : « Sciendum quod duplex est modus affectionum : quaedam enim sunt electivae ; quaedam vero quasi per modum tactus vel gustus adhaesivae ».

réprobation des sens spirituels scelle ainsi la responsabilité morale de l'individu. Le goût spirituel, en tant qu'il permet à l'homme d'*apprécier* la valeur du bien, est aussi essentiel à la personne que l'intellect ou même que la volonté, bien qu'il revienne en définitif à cette dernière de choisir. Olivi affirme dans ses *Questions sur la trinité* que ces modes ne s'opposent pas, le goût spirituel apportant un complément à la vérité de la foi et de la raison :

> L'évidence des témoignages solennels et illustres nous pousse et nous entraîne à une vérité ineffable que nous tenons fermement par la foi, et qui, pour être contemplée, requiert l'illumination de l'intelligence de la raison naturelle. Mais la similitude représentative ou spéculative des créatures nous conduit de manière exemplaire. Or, l'expérience spirituelle du goût (*experientia degustationis*) le sent de manière intime et en cela seulement, elle est le complément de la foi et de l'intelligence de sa vérité [1].

Cependant, il faut relever que l'esprit peut parfois se tromper dans son estimation et trouver un certain intérêt aux vices, autrement dit, un goût pour le mal. Déjà l'Antiquité établit le parallèle entre l'altération du goût chez les malades et l'appréciation du bien chez les hommes mauvais. Platon dans le *Thééthète*, puis Aristote dans la *Métaphysique* affirment que le vin ou le miel peuvent paraître tour à tour doux ou amer selon que l'homme est en santé ou malade [2]. Etablissant une comparaison entre la médecine et la morale – le médecin soignant les troubles du corps et le philosophe ceux de l'âme –, les philosophes grecs montrent que l'homme peut avoir une croyance fausse sur ce qu'il convient d'accomplir [3]. L'idée d'une défaillance de caractère comme maladie se trouve également à maintes reprises dans la Bible [4]. Si la saveur du malade peut s'altérer jusqu'à considérer comme doux ce qui est amer, le goût spirituel peut de même dévier supposant bon ce qui est mauvais. Cette altération probable du goût permet à Olivi d'expliquer la possibilité de pécher et lui permet de conserver l'entier de la liberté humaine qui doit être capable des opposés.

Pour sa part, Olivi n'use pas d'exemples médicaux, mais théologiques, relevant que les damnés ou les démons dans leur obstination ne peuvent se tourner vers Dieu, tant leur saveur est altérée [5]. Ce dégoût du bien ne peut provenir d'une erreur de jugement de l'intellect, sinon nous retournerions ainsi

1. P. J Olivi, *Quaestio de Trinitate*, *op. cit.*, p. 160 : « Ad quaestionis huius veritatem ineffabilem, quam solida fide tenemus, movet nos et excitat evidentia sollemnis et celebris testificationis, ad quam contemplandam illustrat intelligentia rationis naturalis. Manuducit vero exemplariter creaturae similitudo repraesentativa seu speculativa. Sentit autem eam intime experientia spiritualis degustationis et in hac sola est complementum fidei et intelligentia veritatis istius ».

2. *Cf.* Platon, *Thééthète*, 159 b 1 ; 167 e 3 ; Aristote, *Métaphysique*, G, 1010 b 21-24.

3. *Cf.* Platon, *Protagoras*, 313 a et e ; *Gorgias*, 464 a et 505 a ; *République*, IV, 444 c-d ; *Hippias mineur*, 372 e ; Aristote, *Ethique à Nicomaque*, 1104 b 17 et 1150 b 32-34.

4. *Cf.* Os. 14, 5 ; Ps. 6, 3.

5. *Cf.* P. J. Olivi, *Summa*, q. LVII, *op. cit.*, p. 392. Le cas d'un avare est également présenté à la q. LXXXVI, p. 193.

à la position d'Aristote qui a été réfutée puisqu'elle nie la liberté humaine [1]. La critique des philosophes à ce sujet est explicite dans le *De perlegendis*, quand Olivi commente l'épître aux Romains I, 28 :

> Comme [l'Apôtre] le dit, [les philosophes] ont changé le culte de la majesté divine en culte d'une image créée, le culte de la vérité éternelle en culte d'une idole trompeuse, et le culte ou le goût de la bonté éternelle « en inclination réprouvée » pour tout mal [2].

Contrairement à ce qu'affirment les philosophes, cette estimation est l'œuvre de la volonté qui possède une capacité de délibération. La volonté peut certes se référer à la foi et à l'intellect pour se déterminer, mais elle jauge son action à l'aune de ce goût pour le bien. Dans la question *De novissimis*, lorsqu'Olivi prétend que la contemplation de Dieu est impossible en cette vie du fait de sa nature transcendante, il affirme clairement cette nécessité de la présence du goût pour que l'intellect puisse faire son office :

> Par rapport à l'objet vertueux de ses bontés et de ses douceurs, aucun acte de compréhension n'est parfait s'il ne sent et ne goûte la bonté et la douceur de celui-ci et la saveur de sa sainteté. Cependant, ce sens ou ce goût ne peut se trouver dans l'intellect que par l'impression même de l'affect, qui opte et incline à son objet [3].

Pour Olivi, le jugement moral repose donc principalement sur la notion de goût spirituel, qui, fournit à l'homme, grâce à son intériorité et à son immédiateté, la possibilité d'accéder à la vérité et aux biens des vertus, sans pour autant y être contraint. Ce goût spirituel correspond donc à la norme nécessaire à la définition de la loi comme disposition de l'esprit que nous avions mentionnée précédemment : il est un principe interne propre à l'âme, il est une incitation non contraignante et il fournit à la rectitude le sens du bien. Il correspond de plus à cet instinct caché pour le bien qu'Olivi avait évoqué dans sa présentation de la conscience morale. Nous trouvons une confirmation de notre propos dans les arguments fournis à la question III du *De Deo cognoscendo*. Olivi y affirme que l'homme peut parvenir à une évidence de l'existence de Dieu et parmi les raisons invoquées, nous en relevons deux qui se corrèlent, à savoir un certain instinct naturel de la conscience et le goût spirituel :

1. P. J. Olivi, *Summa*, q. LVII, p. 361 : « Distinctio autem horum duorum modorum Aristotelem latuisse videtur ».

2. *Idem*, *De perlegendis*, *op. cit.*, p. 436-437 : « Nam, sicut dicit, mutaverunt cultum divinae majestatis in cultum creatae imaginationis et cultum aeternae veritatis in cultum mendosi idoli et cultum seu gustum aeternae bonitatis *in sensum reprobum* omnis mali ».

3. *Idem*, *Quaestiones de novissimis*, ed. P. Maranesi, Grottaferrata, S. Bonaventurae, 2004, q. I, p. 100 : « Respectu obiecti virtuosi bonitatis ac dulcedinis eius nullus actus intelligendi est perfectus nisi sentiat et gustet bonitatem et suavitatem ipsius et saporem sanctitatis eius. Iste autem sensus vel gustus non potest esse intellectui nisi per impressionem affectus ipsum coaptantis et inclinantis ad suum obiectum, sicut alibi est probatum ».

> [L'évidence de Dieu] est spécialement proclamée par un instinct interne de la conscience. [...] Et plus spécialement encore par ce goût spirituel de l'expérience. L'âme sainte sent [...] de manière la plus certaine qu'aucun autre mode d'élévation semblable ni qu'aucune perfection de ce genre ne peut être reçue d'un autre objet, ni d'une autre réalité. Bien plus, elle voit par une expérience interne qu'elle le saisit immédiatement par une aversion du bien suprême et par sa conversion vers les autres biens contraires aux fondements précités. [...] Toute âme, qu'importe sa perversité, se sent très naturellement et très intimement désirer la béatitude suprême et le bien suprême, et elle ne ressent pas ce désir présent en elle du fait de la corruption de sa nature, mais plutôt à partir de sa perfection naturelle [1].

L'appréhension de Dieu peut ainsi s'établir pour tout homme, selon Olivi, par le fait que la conscience peut, en se retournant sur elle-même, éprouver un instinct naturel qui lui fait autant aimer Dieu que ressentir de la crainte par rapport à ses actes. Plus spécialement, toute âme, en revenant sur les maux qu'entraîne l'aversion de Dieu, peut saisir par goût spirituel qu'elle doit chercher *a contrario* une conversion vers le Bien suprême qu'Il représente. Par conséquent, le goût spirituel consiste pour Olivi dans un instinct naturel de la conscience, qui, aidé par les vérités de la foi et de la raison, devient la source de la connaissance naturelle des préceptes moraux.

Inspiratio *et* conspiratio

Au sein de notre enquête sur le fondement de la morale, il convient de remarquer que le rapport à autrui est une préoccupation importante pour Olivi. Sa conception de l'amitié est particulièrement intéressante et mériterait un travail approfondi, mais nous nous bornerons à présenter une seule thèse présentée dans la question LVII de la *Summa* [2] : le rapport d'amitié illustre le modèle par excellence des rapports entre individus libres, raison pour laquelle il est souvent lié au terme *societas*. L'amitié désigne ainsi tout rapport, que ceux-ci s'établissent au sein de la famille, d'un ordre religieux, de la société ou même dans la relation à Dieu. En effet, lorsqu'Olivi entreprend d'expliquer ce qu'est le vœu évangélique, il ne le définit pas autrement que par ce rapport :

1. P. J. Olivi, *Summa, Appendix*, III, *op. cit.*, p. 544-545 : « Clamat hoc etiam specialiter internus instinctus conscientiae. [...] Clamat etiam hoc specialius gustus experientiae spiritualis. Sentit enim mens sancta certissime et discernit quod nullo modo talem elevationem nec tales perfectiones posset accipere de aliquo alio obiecto nec in aliquo alio, quin potius experientia interna videt quod ex aversione sui a summo bono et conversione sui ad alia bona contraria praedictarum conditionum immediate assumit. [...] Enim mens, quantumcunque perversa, sentit se naturalissime et intimissime desiderare summam beatitudinem et summum bonum, nec hoc desiderium sentit sibi inesse ex corruptione suae naturae, sed potius ex naturali perfectione sua ».

2. S.-M. Kaye aborde cette question de l'amitié dans son article « Why the Liberty of Indifference is Worth Wanting ». Toutefois, cette question de l'amitié chez Olivi mériterait une étude approfondie. *Cf.* P. J. Olivi, *Summa*, q. LVII, *op. cit.*, p. 319-320.

> [Le vœu] ne dit pas autre chose qu'un lien d'amitié et de société singulière entre l'âme et Dieu [1].

Il est toutefois plus remarquable de trouver ce rapport d'amitié au sein de sa réflexion gnoséologique portant sur les différents modes de connaissance. Ainsi, à la question LXXVI de la *Summa*, après avoir montré que l'esprit possède la capacité de se penser lui-même en tant que sujet libre et volontaire, Olivi affirme que tout un chacun ressent également, par une sorte d'inspiration commune (*conspiratio*), que l'âme d'autrui est identique à la sienne :

> Je sais que mon âme existe et qu'elle est principe et sujet des actes précités. Mais je sais cela à propos des âmes des autres hommes en partie en le recueillant par l'intermédiaire des sens, en partie par l'inspiration (*inspiratio*) interne de mon âme. Par les sens, en effet, je remarque que les autres corps possèdent les fonctions de vie, de mouvement et de sensation, et à partir de là, mon âme, par une sorte de forte inspiration commune (*conspiratio*), estime, et pour ainsi dire, ressent que les autres hommes possèdent une âme semblable [2].

Si les sens permettent à un individu de saisir que les autres hommes sont aussi doués de vie, de mouvement et de sensation, il semble qu'une sorte d'intuition lui permette également de déduire qu'ils sont aussi des sujets libres et conscients. Jouant sur le vocabulaire du souffle et de l'esprit, Olivi décrit un concept qu'il ne peut encore nommer de cette manière, mais qui est celui de la sympathie. Si nous considérons en effet la définition de la sympathie, celle-ci signifie tant une concordance de certaines choses entre elles – définition tirée de la physique qui se retrouve dès l'Antiquité –, qu'une intersubjectivité ou une attraction naturelle à l'égard d'autrui. Cette dernière occurrence n'apparaît qu'au XVIIIe siècle, mais c'est bien de cela qu'Olivi traite [3]. Ces deux sens recouvrent à la fois l'idée que tout individu possède une âme de nature similaire aux autres hommes et la notion d'*amor socialis*, à savoir un attachement naturel à l'égard de ses congénères. Olivi use de cette notion également à la question LVII de la *Summa*, dans un contexte différent puisque l'argumentation mise en place vise à démontrer que la volonté est toujours indéterminée

1. P. J. Olivi, *QPE* XIV, *in* M. Bartoli (ed.), *Quaestiones de Romano Pontifico*, Grottaferrata, S. Bonaventurae, 2002, p. 88 : « Non dicit aliud quam vinculum singularis amicitie et societatis inter animam et Deum ».

2. *Idem*, *Summa*, q. LXXVI, *op. cit.*, p. 147 : « Scio de mea quod est et quod praedictorum actuum est principium et subiectum. De animabus vero aliorum hominum scio hoc partim per sensus hoc colligendo, partim per internam inspirationem animi mei. Per sensus enim adverto in aliorum corporibus esse opera vitae et motus et sensus, et ex hoc animus meus per quandam fortem conspirationem aestimatet quasi sentit illos habere animum similem sibi ».

3. *Cf.* Th. Belleguic, E. Van der Schueren, S. Vervacke (éd.), *Les discours de la sympathie : enquête sur une notion de l'âge classique à la modernité*, Québec, PUL, 2007 ; E. Schliesser (ed.), *Sympathy : a History*, Oxford, Oxford University Press, 2015 ; M. Canto-Sperber (éd.), « sympathie », dans *Dictionnaire d'éthique et de philosophie morale*, Paris, P.U.F., 2014, p. 1489-1494.

dans son action. Olivi affirme alors que tout homme possède la capacité de ressentir que ses pairs possèdent le même pouvoir :

> Parce que nous sentons par un moyen étonnant que [l'indétermination de la volonté] est présente dans les autres hommes comme en nous, nous nous trouvons par conséquent capables, selon les articulations des affects énoncées plus haut, d'union avec les autres hommes, mais pas avec les bêtes ou les êtres irrationnels. Or, cela provient de ce que nous préférons par-dessus tout n'importe quel homme aux bêtes, non seulement du fait de l'intellect, mais également du fait d'un certain sens interne et naturel [1].

Ce moyen remarquable par lequel nous percevons que les autres possèdent également une volonté libre correspond derechef à la sympathie. Cette perception de la subjectivité d'autrui implique une supériorité fondamentale de l'être humain sur l'animal. C'est parce que nous ressentons que l'autre est un sujet libre et conscient que nous préférons de manière absolue tout homme aux bêtes. Toutefois, c'est bien dans la notion d'amitié, considérée comme un rapport mutuel entre deux personnes qui s'aiment pour elle-même, qu'il faut trouver chez Olivi la source de cet échange [2].

Que faut-il conclure de cette notion d'*inspiratio*? La réflexion que nous proposons peut paraître anachronique, mais dans un souci d'envisager toutes les solutions possibles au sein de cet essai de reconstruction de l'éthique olivienne, il convient de souligner qu'Olivi développe ici un concept nouveau et il convient d'en cerner les limites [3] : Olivi défend-t-il une morale des sentiments, telle que la définira par exemple Adam Smith? Autrement dit, le fait de ressentir de la sympathie pour autrui et de comprendre qu'il possède une âme identique à la nôtre permet-il de fonder une éthique? Bien que tous les éléments soient en place pour établir une telle position, il faut souligner qu'Olivi ne tire aucune conclusion de ce rapport de similitude à autrui. Cet aspect semble plutôt être inséré par Olivi sous forme de remarque. En effet, Olivi termine ses démonstrations par ces deux passages portant sur la sympathie, mais n'en tire aucune conclusion. Ainsi, la seule affirmation que nous pouvons établir à partir de la notion d'*inspiratio*, est que celle-ci amène l'individu à percevoir une certaine préférence de l'homme sur l'animal. Par conséquent, bien que nous voyons que le rapport à autrui est important au sein de la réflexion éthique d'Olivi, nous ne pouvons pas conclure qu'il existe dans la notion de *conspiratio* une possibilité de fonder une norme morale.

1. P. J. Olivi, *Summa,* q. LVII, *op. cit.,* p. 327-328 : « Et quia istud quodam miro modo sentimus aliis hominibus inesse sicut et nobis, idcirco invenimus nos potentes ut secundum combinationes affectuum superius praemissas possimus aliis hominibus coniungi et non brutis seu irrationalibus. Hoc etiam est in quo potissime non solum intellectu, sed etiam quodam interno et naturali sensu praeferimus omnem hominem bestiis ».

2. *Ibid.*, p. 319-320.

3. La notion de sympathie comprise au sens de correspondance physique entre les choses existe depuis le stoïcisme et connaît un regain d'intérêt au XIIIe siècle avec l'école de médecine de Salerne. Toutefois, il est tout à fait nouveau que cette notion apparaisse dans un contexte moral.

Par conséquent, il convient de noter que, quoique Dieu en tant que Bien en soi reflète (*relucere*) en l'homme une loi normative, rien ne peut pour autant contraindre l'homme à agir selon la justice. Olivi tente ainsi une simplification des diverses solutions envisagées à son époque. Il évacue la notion de syndérèse qui est pourtant la solution alors préférée. Subsiste ainsi la prudence, qui n'est que le jugement de l'intellect pratique ; la rectitude, qui est seulement une incitation au bien, mais non sa norme ; et le goût spirituel, qui peut toutefois être corrompu. Autrement dit, aucune des solutions que nous avons abordées ne contraint l'homme à agir de manière nécessaire selon la loi de Dieu. Tout un chacun n'est soumis à suivre cette loi normative pourtant présente en l'homme, que dans la mesure où sa volonté le décide.

La question XL du *Traité des démons* synthétise cette position olivienne et démontre qu'aucune créature, du fait de la nature de ses facultés, ne peut posséder avec certitude une norme qui lui permette d'être « essentiellement incapable de l'erreur ou du péché » [1] :

> Pour juger de la cause ou de la raison de l'impossibilité [pour Dieu de créer des puissances incapables de l'erreur et du péché], il faut considérer la nature de ces puissances. [...] Il est de l'essence de la volonté qu'elle soit libre et il est de l'essence de l'intellect qu'il soit librement mobile par rapport à elle. Donc si [ces puissances] étaient essentiellement indemnes de l'erreur et du péché, il serait alors nécessaire que leur ordre en disposition et en acte, par rapport à tous leurs objets, pris sous un arrangement légitime, leur soit essentiel, en sorte qu'elles auraient en elles, par essence, tout l'ordre droit qu'elles peuvent assumer par rapport à tout objet. Cela revient à dire que toute vertu leur serait essentielle, ce qui est impossible et plein de contradictions [2].

Toute cette prudence vis-à-vis d'une objectivité absolue de la normativité morale ne poursuit qu'un seul but : s'opposer à Aristote et à Thomas d'Aquin qui considèrent que l'intellect est la faculté souveraine en l'homme. Selon Olivi, l'intellect possède son mouvement du fait de la liberté de la volonté. Mais, si nous analysons ces facultés, et particulièrement la volonté, nous constatons que celles-ci peuvent considérer n'importe quel objet. L'homme ne possède ainsi aucune norme qui l'obligerait à agir en un certain sens, car toutes ses facultés

1. La q. XL se formule ainsi : « Primo quaeritur an Deus possit facere aliquam potentiam intellectivam aut liberam essentialiter inerrabilem et impeccabilem », P. J. Olivi, *Traité des démons*, q. XL, *op. cit.*, p. 2-3.

2. *Ibid.*, p. 4-7 : « Ad iudicandam autem huius impossibilitatis causam vel rationem attendenda est natura potentiarum istarum. Nam essentialiter sunt tanti ambitus quod omne ens et omne verum et bonum habent pro obiecto. Rursus, de essentia voluntatis est quod sit libera, et de essentia intellectus est quod sit libere mobilis ab illa. Si igitur essent essentialiter inerrabiles et impeccabiles, tunc oporteret quod habitualis et actualis ordo earum ad omnia sua obiecta sub debito ordine sumptus inesset eis essentialis, ita quod omnem rectum ordinem quem respectu cuiuscunque obiecti possunt suscipere essentialiter in se haberent. Hoc autem est idem quod dicere omnem virtutem eis esse essentialem ; quod est impossibile et plenum contradictione ».

sont totalement libres. Affirmer l'inverse reviendrait à nier l'expérience, la liberté humaine, le mérite et la nécessité de la grâce [1].

« Parce que cela m'a plu »

Quoique Dieu soit considéré comme la norme objective du bien, aucune solution philosophique n'est retenue par Olivi pour apporter une réponse à la question du fondement de la norme morale en l'homme. Ainsi, ni la syndérèse, ni la rectitude, ni l'*inspiratio* ne sont des solutions convenables puisque toutes semblent trop contraignantes. Seul le goût spirituel semble emporter la faveur d'Olivi, mais, même en ce cas, le Franciscain prend soin de montrer qu'elle n'est aucunement contraignante. La nature même de nos facultés montre qu'il est impossible qu'une norme morale évidente existe en l'homme, à tel point que Dieu lui-même ne pourrait créer un être impeccable [2]. Il convient par conséquent, au vu de ces considérations, de revenir sur notre analyse de la volonté.

Dans le chapitre sur la rectitude, nous avons suggéré que, pour Olivi, la volonté est la source de toutes les vertus, l'intellect étant seulement stimulé en un second temps à reconnaître la droiture des préceptes [3]. Cette interprétation est confirmée par un passage des *Quaestiones de virtutibus* :

> La partie la plus formelle et principale de toute vertu réside dans la volonté et elle ne se trouve dans les autres [facultés] que de manière participative, dans la mesure où les autres parties de la vertu sont attachées et subordonnées à celle qui est dans la volonté, de sorte que sans cet ordre, il n'aurait aucune raison de vertus ou de vertueux [4].

Selon Olivi, la vertu s'enracine dans la volonté, contrairement à ce qu'affirment Aristote et Thomas d'Aquin. Elle ne consiste pas en un raisonnement de l'intellect pratique, mais dans un assentiment et une adhésion issus

1. Olivi fournit sept arguments précis à l'encontre de cette position, cf. *idem*, *Summa*, q. XL, *op. cit.*, p. 10-15.

2. P. J. Olivi, *Traité des démons*, q. XL, *op. cit.*, p. 4-5 : « Respondeo quod impossibile est aliquam praedictarum potentiarum fieri essentialiter inerrabilem et impeccabilem ».

3. L'idée d'une volonté qui serait, en tant que puissance délibérative, source de toutes les vertus se lit également chez Gauthier de Burges. Selon lui, la relation qui se tisse entre la volonté et la raison dans l'acte cognitif se retrouve aussi dans le domaine de l'éthique. *Cf.* Gauthier de Bruges, *Quaestiones disputatae*, q. III, ad. 3, *op. cit.*, p. 32. Nous trouvons également le même argument chez Pierre de Falco, cité dans O. Lottin, « Le libre arbitre au lendemain de la condamnation de 1277 », art. cit., p. 220, lorsque celui-ci veut prouver que la liberté est une faculté libre.

4. P. J. Olivi, *Quaestiones de virtutibus*, q. IV, *op. cit.*, p. 224 : « Quod formalissima et principalissima pars omnis virtutis sit in voluntate, in reliquis vero non sit nisi participative et quoad aliquas partes virtutis subnexas et subordinatas ei quod est in voluntate, ita quod sine isto ordine nihil haberent de ratione virtutis aut virtuosi ».

de la volonté [1]. La question LVII de la *Summa*, qui traite de la liberté, fournit de nombreux exemples en ce sens. Sans la volonté, il n'y aurait ni mérite, ni justice, ni lois qu'elles soient divines ou humaines, ni même de société ou de relation avec Dieu qui soient possibles :

> [Nier la liberté de volonté] détruit le bien de toute vertu, de toute loi, qu'elle soit divine ou humaine, de toute amitié et société tant entre les hommes qu'avec Dieu. Cela détruit le bien de toute vertu, puisque là où il n'y a pas de raison, de mérite ou de démérite, de louange ou de blâme, de justice ou d'injustice, il ne peut y avoir profondément de raison de vertu [2].

Seule la volonté fournit les conditions de possibilité pour l'existence des vertus, puisqu'elle est l'unique faculté qui permet d'y adhérer et d'y consentir [3]. Toutefois, la volonté n'est que la cause efficiente des vertus, mais non leur cause nécessaire. L'acquisition de ces vertus dépend des choix de la volonté qui est totalement indéterminée et qui ne se réfère pour délibérer à aucune norme si ce n'est à elle-même. Olivi recourt à l'expérience pour le prouver ; dès que nous demandons à quelqu'un pourquoi il préfère telle chose à telle autre, la réponse est toujours identique : « parce qu'elle me semble meilleure ».

> Toute préférence consiste à donner la raison pour laquelle une chose est préférée à une autre. L'assentiment commun de tous le prouve, puisqu'à ceux qui demandent : « pourquoi as-tu choisi ou as-tu voulu cela », tous répondent universellement une de ces deux réponses : « parce que cela m'a semblé meilleur », ou « parce que cela m'a plu » [4].

1. *Idem*, *De subjecto virtutum*, in *Quaestiones de incarnatione et redemptione*, q. IV, *op. cit.*, p. 226 : « Nullus enim est virtuose castus, nisi plene consentiat et pleno consensu ac firmo proposito amet et teneat castitatem ; et quicumque habet eam in pleno consensu, eo ipso dicitur castus. Et idem est de liberalitate et de iustitia, et sic de aliis. Unde nec quisquam dicitur vel est fidelis, nisi per plenum et firmum consensum voluntatis in fide persistat ; nec est virtualiter prudens ac sapiens, nisi ex firmo consensu voluntatis adhaereat his que ratio dictat ». *Cf.* O. Lottin, *Psychologie et morale aux* XIIe *et* XIIIe *siècles*, 3, 1949, p. 197-252 et 4, 1954, p. 551-663 ; M. McCord Adams, « Scotus and Ockham on the Connection of the Virtues », *in* L. Honnefelder, R. Wood, M. Dreyer (eds.), *John Duns Scotus. Metaphysics and Ethics*, Leiden, Brill, 1996, p. 499-522.

2. P. J. Olivi, *Summa*, q. LVII, *op. cit.*, p. 335 : « [Negare libertatem voluntatis] exterminat enim bonum omnis virtutis et omnis legis, sive divinae sive humanae, et omnis amicitiae et societatis et quantum ad homines et quantum ad Deum. Exterminat quidem bonum omnis virtutis, quia ubi nulla est ratio meriti et demeriti, laudis et vituperii, iusti et iniusti, nulla penitus potest esse ratio virtutis ».

3. Il convient de noter qu'Olivi ne semble pas reprendre la distinction établie depuis 1220 entre vertus infuses et vertus acquises, comme le souligne S. Piron dans *Pierre de Jean Olivi – Philosophe et théologien*, *op. cit.*, p. 48. En effet, selon Olivi, même les dispositions des vertus séminales doivent trouver leurs sources dans une capacité antérieure afin d'être acquises en acte. *Cf.* P. J. Olivi, *Quaestiones de incarnatione et redemptione*, *App. ad quaest.* II, *op. cit.*, p. 172.

4. P. J. Olivi, *Summa*, q. LVII, *op. cit.*, p. 311 : « Item, omnis praeelectionis est dare causam quare hoc potius praeeligat quam alia ; quod patet ex communi omnium assensu, quaerentibus enim "quare hoc elegisti vel voluisti" omnes universaliter respondent alterum horum duorum : aut scilicet, "quia mihi melius videbatur" aut "quia mihi placuit" ».

L'élection ne provient pas de l'intellect et c'est pourquoi Olivi précise que la réponse tient de la préférence de la volonté : « parce qu'elle m'a plu » (*quia mihi placuit*). Cette explication n'est pas à prendre à la légère. Elle ne signifie pas que le choix de la volonté est purement indéterminé. Elle renvoie tout au contraire au choix subjectif qui fonde la valeur de cette détermination. C'est parce que le sujet a considéré, pour les raisons qui lui sont propres (*mihi*), que cet objet est préférable, qu'il est justifié de son choix. Il n'est donc nullement besoin de donner une autre cause à la préférence que la volonté du sujet lui-même. Ainsi, si l'intellect peut proposer la voie qui lui semble être la plus cohérente, seule la volonté entre en jeu au moment de la délibération :

> Il faut dire que par cette réponse que nous avons le plus tendance à exprimer, à savoir « parce que cela m'a plu », seule la volonté est en cause [1].

La même idée se trouve au début du *Traité des Contrats*, lorsqu'Olivi explique que la valeur d'un objet peut se mesurer de trois manières. En plus de la qualité ou de la rareté propre de l'objet, la valeur peut varier en fonction du désir de l'acquéreur d'obtenir cet objet. L'exemple que donne alors Olivi lie la notion de préférence ou d'estimation à celle de volonté, utilisant à nouveau la terminologie du verbe *placere* :

> La valeur des choses est mesurée selon le plus ou moins grand agrément (*beneplacitum*) de notre volonté à posséder de telles choses. Faire usage, au sens où on l'entend ici, signifie soumettre ou avoir quelque chose au pouvoir de sa volonté ; ce n'est donc pas une part modique de la valeur des choses utilisables qui est mesurée en fonction de l'agrément de la volonté, selon qu'elle se plaît (*complacere*) plus ou moins dans l'usage de telle ou telle chose, et en ayant cette chose à disposition. Selon ce critère, tel cheval est plus agréable à l'un et tel autre à l'autre et tel ornement ou joyau à l'un et tel autre à l'autre, et de cette façon, quelqu'un peut accorder un grand prix à une chose qu'un autre jugera vile, et l'estimer chère et précieuse, et inversement [2].

Sylvain Piron a montré l'importance de cet extrait dans l'introduction de son édition du *Traité des contrats*. Il relève qu'Olivi opère un passage clef dans la signification du concept de valeur, introduit par Albert le Grand dans son

1. *Ibid* : « Dicendum quod per hanc responsionem, scilicet, "quia mihi placuit" ut plurimum intendimus dicere quod sola voluntas mea est in causa », *ibid.*, p. 360. Et il n'est plus nécessaire de préciser que cette volonté n'est jamais déterminée dans ses choix : « Quando autem pro responsione damus hoc, scilicet, « quia mihi videtur melius» significare intendimus quandam rationem ex melioritate obiecti sumptam inducentem quidem voluntatem, non tamen necessitantem ».

2. P. J. Olivi, *Traité des contrats*, *op. cit.*, p. 100-101 : « Tercio, pensatur valor rerum secundum maius vel minus beneplacitum nostre voluntatis in hiuismodi rebus habendis. Uti enim, prout hic sumitur, est rem in facultatem voluntatis assumere vel habere, et ideo non modica pars valoris rerum utibilium pensatur ex beneplacito voluntatis, sive plus vel minus complacentis in usu hiuis vel illius rei, et in habendo illam rem ad votum ; iuxta quod, unus equus est gracior uni et alius alteri, et unum ornamentum sive iocale uni, et aliud alteri, et hoc modo unus rem alteri vilem multum appreciat et reputat sibi preciosam et caram, et econverso ».

Commentaire de l'Ethique à Nicomaque pour parler des échanges de biens [1]. Si Thomas d'Aquin reprend le mot dans son propre commentaire, en distinguant clairement la dignité des individus de la valeur marchande d'un bien, il n'approfondit toutefois pas sa réflexion [2]. Olivi propose en revanche une nouveauté radicale du questionnement qu'il importe de souligner, en insistant sur l'aspect social de cette valeur. Non seulement le contrat est l'accord entre deux volontés libres, mais qui plus est, la *complacibilitas* qui détermine en partie la valeur d'un objet est intrinsèquement liée à la volonté. Cette préférence se perçoit de la même manière dans le choix moral. Olivi utilise ainsi de façon remarquable le terme de « valeur » pour expliquer le choix de l'ange. Remarquons qu'il faudra attendre le XIXe siècle pour que le mot fasse derechef son apparition dans un contexte éthique [3]. La conséquence de l'introduction du fondement subjectif au choix moral se trouve à la question LVII de la *Summa*, lorsqu'Olivi présente les causes de l'hégémonie de la volonté. Olivi soutient que la volonté est toujours libre non seulement de choisir ses moyens, mais également ses fins :

> Il est donc faux d'affirmer comme certains le font que notre volonté est naturellement et nécessairement déterminée à sa fin ultime [4].

Olivi vise sans doute ici Thomas d'Aquin pour qui la conscience semble avoir une valeur d'obligation. En effet, par *adequatio* ou par *convenientia*, la volonté doit, selon le Dominicain, se conformer à ce que la raison détermine comme le bien à suivre, comme il l'indique dans la *Prima pars* de la *Somme de théologie* :

> On dit que la conscience atteste, oblige, incite et encore accuse, donne du remords ou qu'elle reproche. Or tout cela procède de l'application d'une certaine science ou connaissance qui est en nous, à ce que nous faisons [5].

Si nous pouvons trouver certaines similitudes entre ce texte de Thomas d'Aquin et la définition de la prudence qu'Olivi avait donnée plus haut, il faut

1. *Cf.* S. Piron, *Traité des contrats, op. cit.*, p. 55-58; *idem*, « Albert le Grand et le concept de valeur », *in* R. Lambertini, L. Sileo (eds.), *I Beni di questo mondo. Teorie etico-economiche nel laboratorio dell'Europa medievale,* FIDEM, 2010, p.131-156; *idem*, « Marchands et confesseurs... », art. cit.

2. *Cf.* Thomas d'Aquin, *Sententia libri Ethicorum*, ed. R.-A. Gauthier, Roma, Ed. Leon., 1969, p. 295.

3. *Cf.* P. J. Olivi, *Traité des démons, op. cit.*, q. XLIII, p. 90-91 : « id quod clarissime videbat nullius esse valoris respectu boni divini ».

4. *Idem*, *Summa*, q. LXXXIII, *op. cit.*, p. 179 : « Falsum est igitur quod quidam dicunt voluntatem nostram esse naturaliter et necessario determinatam ad suum ultimum finem ». *Cf.* la seconde partie de la q. LXXXVII, *ibid.*, p. 177-178 où Olivi montre que la loi naturelle n'est en rien une contrainte : « Quo quidem modo nihil reale addunt super actus et habitus mentis et super exemplaritate sapientiae et iustitiae increatae et super recto et debito ordine nostri ad agenda ».

5. Thomas d'Aquin, *Somme de théologie*, Ia, q. 79, art. 13, *op. cit.*, p. 708. *Cf.* également l'art. 12, p. 707, dans lequel Thomas précise que la syndérèse est un *habitus* naturel qui provient de la raison pratique.

toutefois souligner l'opposition entre les deux penseurs. Là où Thomas d'Aquin considère que la conscience est en quelque sorte le dictamen de la raison [1], Olivi souligne que l'obligation de la conscience ne peut venir d'une norme extérieure, sans réduire par là même notre liberté et par voie de conséquence notre responsabilité [2]. Ainsi, si les deux auteurs s'accordent à dire que la conscience est le lieu d'instanciation de la loi divine, sa valeur d'obligation diffère. Comme l'avait montré déjà Augustin, tous nos actes dépendent entièrement de notre volonté et nul ne peut nous obliger à agir d'une certaine manière [3]. Le propos d'Olivi ne diffère en rien :

> Si on comprend par là que la volonté ne peut être mue qu'à ce qui a raison de fin et qu'aux moyens dans la mesure où ils sont ordonnables à une certaine fin, que cet ordre soit bon ou mauvais, vrai ou apparent, je veux bien le concéder. Mais rien ne peut arriver en ce sens contre notre gré. En effet, la volonté se meut librement à ses fins et par le désir (*amor*) de ces fins, elle se meut librement aux moyens [4].

Si Dieu est le Bien, la décision même de le prendre pour finalité ne nous est aucunement imposée, puisque la volonté est libre de déterminer elle-même ses propres fins. Il faut ainsi répondre de manière négative à la question du fondement de la norme morale en l'homme : rien n'oblige, ni même n'incite la personne à agir d'une certaine manière, si ce n'est la volonté elle-même [5]. Même le goût spirituel ne peut déterminer par son adhésion l'homme à bien agir, puisque l'élection revient *in fine* à la volonté. Cela signifie que les cas d'acrasie stricte sont possibles selon Olivi. Un homme dont l'intellect a défini qu'il serait bon d'accomplir une action et qui adhère au bien-fondé de cette action par son goût spirituel, reste cependant capable de refuser de l'accomplir du seul fait de sa volonté. Par une réflexion comparable à la contingence synchronique, Olivi démontre que l'homme est toujours libre d'agir ou de ne pas agir selon sa volonté :

1. Cf. *ibid.*, Ia-IIae, q. 19, art. 5.
2. *Cf.* P. J. Olivi, *Summa,* q. LXXXII, *op. cit.*, p. 176.
3. *Cf.* Augustin, *Traité du libre arbitre*, I, XVI.
4. P. J. Olivi, *Summa,* q. LVII, *op. cit.,* p. 356 : « Si autem per hoc intelligatur quod voluntas non potest moveri nisi ad illa quae habent rationem finis nec ad alia nisi prout sunt ordinabilia ad aliquem finem, sive iste ordo sit bonus vel malus, verus vel apparens : sic bene concedo, sed ex hoc sensu nihil potest contra nos inferri, voluntas enim libere se ipsam movet ad suos fines et ex amore ipsius finis libere se movet ad ea quae ad finem ».
5. Nous pourrions considérer la Lettre à R. comme un exemple de cette position : « Contra vero ea que fidei sunt, nulli hominum scienter obedirem, in aliis vero quantum salva conscientie puritate potero, semper obediam, sed contra veritatem conscientie nullo modo », P. J. Olivi, *Epistola ad fratrem R.*, *in* E. Marmursztejn, S. Piron, C. Kilmer (eds.), *Archivum Franciscanum Historicum*, 91, 1998, p. 62. Ainsi, les vérités de la foi découlent directement de Dieu et aucun homme n'a le pouvoir d'imposer une position théologique à un autre. En dehors de ces vérités, l'obéissance d'Olivi est absolue. Seules les limites de ce que lui dicte sa conscience sont le garde-fou nécessaire pour s'opposer à ce qui est contraire à l'enseignement de la foi.

> [La volonté] est également totalement indéterminée. Par rapport à l'acte [...]. C'est pourquoi l'homme sent en lui de façon indubitable qu'il possède un certain pouvoir qui n'est pas déterminé à agir lorsqu'il agit et à ne pas agir lorsqu'il n'agit pas, de sorte que lorsqu'il agit, il pourrait ne pas agir, et que lorsqu'il n'agit pas, il pourrait agir [1].

L'indétermination de la volonté est telle qu'elle se situe également dans les modes d'action. Olivi affirme alors avec évidence que la volonté possède le pouvoir de déterminer non seulement les moyens, mais aussi les fins qui la motivent :

> [La volonté] est fortement indéterminée par soi par rapport aux modes d'action, puisqu'elle peut agir bien ou mal, de manière vertueuse ou vicieuse. Et on ne peut pas dire que par soi et par son essence, elle est déterminée à agir de manière vertueuse et que le vice n'arrive en elle qu'à cause de l'appétit sensible qui la fait dévier. En effet, la puissance inférieure ne peut changer l'essence du supérieur, ni perturber son ordre essentiel, ni ne peut également l'entraîner violemment vers le vice. Ainsi, il convient que cela soit fait naturellement et volontairement [2].

Si nous avons déjà prouvé que la volonté n'est déterminée ni par une entité supérieure, ni par les objets sur lesquels elle se porte, nous pouvons compléter en disant qu'elle est également indéterminée par rapport à ses actes et à son mode d'action [3]. Le vocabulaire de la physique qu'Olivi met ici en œuvre ne permet pas d'erreur sur les destinataires de sa critique : c'est l'erreur d'Aristote et de Thomas d'Aquin que d'avoir voulu fonder la vertu dans l'intellect, en supposant que la volonté ne désire que le bien [4]. En effet, si la vertu consiste à suivre le dictat de la raison pratique, l'esprit semble déterminé à agir en ce

1. P. J. Olivi, *Summa*, q. LVII, *op. cit.*, p. 327 :« Respectu etiam actuum est valde indeterminata. [...] Unde indubitanter homo sentit in se habere quandam potestatem quae non sic est determinata ad agendum, quando agit, et ad non agendum, quando non agit, quin, quando agit, possit id non agere, et quin, quando non agit possit id agere ».

2. *Ibid.*, p. 328 : « Respectu etiam modorum agendi est valde, quantum est de se, indeterminata; nam potest bene vel male agere seu virtuose et vitiose. Nec potest dici quod ex se et ex sua essentia sit determinata ad virtuose agendum, et quod vitium in ea non cadit nisi ratione appetitus sensitivi eam obliquantis, quia virtus inferior non potest mutare essentiam superioris nec eius ordinem essentialem perturbare nec etiam potest eam violenter ad vitium trahere. Unde oportebit quod hoc fiat naturaliter vel voluntarie ».

3. *Ibid.*, p. 326 : « Voluntas enim habet summam indeterminationem respectu obiectorum et actuum et modorum agendi ».

4. *Ibid.*, p. 222 : « [Aristoteles] supposuit etiam quod voluntas, quantum ex se, est naturaliter determinata ad bonum simpliciter, quia bona simpliciter sunt eius naturalia bona. Bona autem simpliciter dixit esse obiecta intellectualia et obiecta virtutum. Unde totam variabilitatem voluntatis posuit provenire aut ex variabili iudicio rationis, aut ex varia motione appetitus inferioris, ex qua superior movetur sicut rota a rota sibi connexa ». Pour la réfutation de ce passage, *cf.* q. LVII, p. 309. *Cf.* également Thomas d'Aquin, *Somme de théologie*, Ia-IIae, q. 65, art. 1.

sens [1]. Or, Augustin et Anselme ont établi qu'on ne peut considérer comme vertueux un acte qui est imposé [2]. La vertu provient donc pour Olivi du choix de la volonté libre et il en prend pour preuve le sentiment de colère ou de vengeance :

> [L'évidence du libre arbitre] est proclamé par l'affect de zèle, de colère ou de vengeance. Personne en effet ne s'emporte à proprement parler à la colère ou à la réprimande et ne punit le mal fait par une bête ou par quelqu'un qui ne possède pas le libre usage de sa raison. Mais l'homme s'emporte – et doit s'emporter – face au mal commis par un individu qui possède le libre usage de sa raison et qui s'y oppose en tant que tel. En effet, de ce seul fait, l'homme qui s'emporte sent que cet individu ne devait pas faire cela, qu'il devait l'éviter et s'en prémunir. Et c'est sur ce sens qu'est fondé le mouvement du zèle ou de la colère. Toutefois, ce sens est hautement fallacieux et mal fondé, si l'homme, lorsqu'il a commis ce mal, n'avait pas la libre possibilité de ne pas le faire, ou si du moins, il ne pouvait librement éviter en aucune manière les conséquences de ce mal [3].

Aucun homme sensé ne demande réparation pour faute morale à un animal, car celui-ci ne peut agir que de manière déterminée par rapport à son instinct. La demande de réparation n'est justifiée que si l'acte moralement mauvais provient d'un esprit rationnel et libre qui avait la possibilité d'agir d'une autre manière. C'est pourquoi on ne peut condamner un homme qui n'a pas usage de sa liberté ou qui est contraint. *A contrario*, il semble juste de punir un homme qui a mal agi de son plein gré. Et cette réflexion n'est pas seulement valable pour le sentiment de colère. Olivi explicite largement qu'il en va de

1. Olivi développe également l'idée que c'est la volonté qui fonde la morale et non l'intellect dans son cinquième *Quodlibet* : « Secunda est ex rectitudine affectualis iudicii nondum beatorum, et ex possibilitate angelici casus ante glorificationem ipsorum. Constat enim quod, preter mere intellectiuum iudicium intellectus, exigitur affectuale iudicium affectualiter amplexans et probans et approbans et degustans ueritates diuinas et ad Dei cultum spectantes ; sed huius affectualis approbatio seu assensus non est proprie ab habitu scientifico, sed potius ab habitu uoluntario seu dependente a uoluntate ; unde et in demonibus per eorum uoluntariam malitiam est extinctus », P. J. Olivi, *Quodlibet*, V, q. I, *in* S. Defraia (ed.), *Quodlibeta quinque*, Quaracchi, S. Bonaventurae, 2002, p. 303.

2. Olivi semble avoir présent à l'esprit cette distinction selon laquelle il est impropre de dire que quelqu'un fait le mal de manière involontaire. Tout acte, tout choix est la conséquence de la volonté et dérive d'une décision libre. *Cf.* Augustin, *Traité du libre arbitre*, *op. cit.*, III, chap. I, 3, p. 387 ; Anselme, *La liberté de choix*, *op. cit.*, p. 224-225.

3. P. J. Olivi, *Summa*, q. LVII, *op. cit.*, p. 317 : « Clamat igitur hoc affectus zeli seu irae vel vindictae. Nemo enim proprie zelum irae seu affectum increpationis et punitionis assumit contra malum factum a bestia vel a quocunque non habente usum rationis liberum, sicut homo assumit et censet esse assumendum contra malum factum ab habente liberum rationis usum et contra ipsum facientem, in quantum talem. De solo enim tali sentit qui irascitur quod hoc facere non debuit et quod hoc vitare et praecavere potuit, et super hoc sensu fundatur motus zeli vel irae. Iste autem sensus est falsissimus et super falsissimo obiecto fundatus, si homo, quando hoc malum agebat, non habebat liberam potestatem non faciendi, aut si ad minus non habuit liberam facultatem vitandi quod per nullam occasionem in hoc malum faciendum necessitaretur ».

même pour la honte, l'amitié, la gratitude, l'obéissance, l'espoir et la crainte [1]. En effet, sans la liberté, toutes ses émotions seraient vaines, voire impossibles. Remarquons que Thomas d'Aquin use des mêmes exemples dans la *Somme de théologie*, Ia, q. 83, art. 1. Toutefois, là où pour le Dominicain, ils ne servent que d'illustration au sein d'une énumération qui tient en une phrase, ils deviennent de véritables *exempla* chez Olivi, qui les développe sur plus de huit pages dans l'édition de Jansen [2]. Cette analyse psychologique entreprise par Olivi apporte la preuve que la vertu ne peut exister sans la liberté de volonté. La conclusion remarquable de cette réflexion de la question LVII est non seulement que la volonté est capable de se fixer ses propres normes morales, mais également qu'il faut compléter la définition même de la liberté qu'avait posée Anselme [3] : la volonté consiste en un pouvoir (*praedominatio*) sur les opposés :

> La prédominance essentielle de la liberté créée consiste de manière essentielle dans le fait qu'elle peut choisir les actes opposés aux vertus et leurs objets. Et pour cette raison, une telle puissance et une telle prédominance doit être posée dans sa définition même [4].

Afin de conserver la totalité de notre liberté, le pouvoir de se tromper, d'avoir des opinions fausses et même de poser des actes indifférents doit figurer dans la définition de la liberté. De la même manière que la puissance de la vision ne consiste pas seulement dans le fait de voir le blanc, mais également de percevoir le noir et toutes les autres nuances de couleur, de même la puissance de la volonté ne se limite pas à vouloir le bien :

> De même qu'il s'ensuit que le pouvoir de voir le noir et les autres couleurs ne serait pas un acte de cette puissance, non plus que le fait de voir avec un œil,

1. P. J. Olivi, *Summa*, q. LVII, *op. cit.*, p. 317 : « Septiformis autem affectuum combinatio haec est : videlicet, affectus zeli et misericordiae, gloriationis et erubescentiae, amicitiae et inimicitiae, ingratitudinis et gratitudinis seu gratiae, subiectionis seu reverentiae et dominationis seu libertatis invictae et beatae, spei et diffidentiae, timoris et sollicitudinis futurorum et intimorationis et negligentiae seu ignaviae et inertiae. Ut autem facilius pateat quomodo ista clament liberum arbitrium esse, praemittendae sunt duae propositiones de quibus nemo sanae mentis debet dubitare. Quarum una est quod impossibile est omnes affectus rationalis naturae esse falsissimos et perversissimos et super falsissimo obiecto et perversissimo fundatos. Altera autem est quod impossibile est quod sequendo magis ac magis summam falsitatem semper magis ac magis homo melioretur et in omni bono perficiatur ». Puis plus loin également, « Si quis autem subtilius inspiciat vias et radices istorum affectuum, advertendo quare sola persona rationalis possit gloriari et erubescere et quare solum in conspectu consimilium personarum », *ibid.*, p. 321.

2. *Ibid.*, p. 316-323.

3. Anselme, arguant que le libre arbitre de Dieu et celui des anges ne peut pécher affirmait que « le pouvoir de pécher ne relève pas de la définition de la liberté de choix ». *Cf.* Anselme, *La liberté de choix*, 1, *op. cit.*, p. 208-209. Pour plus de détails sur la critique d'Anselme par Olivi, *cf.* P. J. Olivi, *Traité des démons*, q. XL, *op. cit.*, p. 16-19.

4. P. J. Olivi, *Summa*, q. LVII, *op. cit.*, p. 359 : « De essentiali praedominatio libertatis creatae est quod sit essentialiter potens super actus oppositos virtutibus et super eorum obiecta, et ideo huiusmodi potestas et praedominium debet poni in definitione ipsius ».

non pas bovin ni animal, mais humain, de même, de cette définition d'Anselme, il s'ensuit que le pouvoir de faire ou de garder des mauvaisetés, ou d'accomplir des actes indifférents ou toute partie des opposés n'est pas un pouvoir de notre liberté. Cela revient à supprimer tout régime de faute et une grande partie de notre liberté [1].

La liberté consiste par conséquent pour Olivi dans une prédominance sur les opposés qui permet à l'individu de choisir librement tant le bien que le mal. Et ce n'est qu'en conservant cet espace de liberté que l'âme peut être dite vertueuse ou vicieuse :

> Là où il n'y a pas de liberté de volonté, il n'existe aucune raison profonde de mérite ou de démérite [2].

Le rôle de l'intellect, déterminé aux préceptes divins, se limite donc à proposer à la volonté les options envisageables, tandis que la liberté, ainsi que les mérites et les vertus qui en découlent, trouvent leurs origines dans la volonté :

> La raison ne recommande rien d'autre que ce que montrent les préceptes de Dieu ou le droit naturel. C'est à la volonté seule qu'il revient de commander efficacement et de mouvoir les autres facultés par son pouvoir [3].

La rectitude de la volonté est le fondement radical non pas de ce qu'est le bien, mais de ce que la volonté choisit pour bien. En effet, cette rectitude n'est en rien déterminée, en ce sens que la volonté consiste en un choix réel entre deux opposés. La volonté n'est par voie de conséquence pas seulement un choix sur les moyens, mais également sur les fins.

> Notre volonté et notre personne ne sont pas plus déterminées par nature à ceci plutôt qu'à cela [4].

1. P. J. Olivi, *Traité des démons*, q. XLI, *op. cit.*, p. 50-51 : « Sicut enim ex hoc sequitur quod potestas videndi nigrum et ceteros colores non sit actus praedictae potentiae nec videre cum oculo corporeo et hoc non bovino et brutali sed humano : sic ex praedicta definitione Anslemi sequitur quod potestas agendi vel conservandi malitias vel agendi actus indifferentes vel quacumque partem oppositorum non sit potestas nostrae libertatis ; quod est expresse tollere omnem rationem culpae et magnam partem nostrae libertatis ».

2. *Idem*, *Summa*, q. LVII, *op. cit.*, p. 337 : « Ubi non est libertas voluntatis, nulla est penitus ratio meriti et demiriti ».

3. *Idem*, *Quaestiones de virtutibus*, *op. cit.*, q. IV, p. 231-232 : « Sciendum quod ratio nihil praecipit, nisi solum quod praecepta Dei vel iuris naturalis ostendunt ; sed solius voluntatis est efficaciter imperare et suo imperio reliqua movere. Ratio etiam non regulat nisi solum ostendendo et quasi per modum consiliarii ; voluntas vero regulat movendo et causando, et quasi per modum regis et ducis ».

4. *Idem*, *QPE* VIII, *op. cit.*, p. 125 « Unde per naturam non determinatur voluntas nostra nec persona nostra plus ad hoc quam ad illud ».

Une morale de l'intention

Pourquoi as-tu voulu cela ? « Parce que cela m'a plu ». Si cette réponse que tous universellement adoptent, selon Olivi, permet d'insister sur l'autodétermination et sur la responsabilité personnelle, elle soulève toutefois de nombreuses questions. Parmi celles-ci, relevons le fait qu'il est difficile, voire impossible d'être jugés sur nos actes, si nous ne possédons pas de normes d'action. Comment la conscience morale, qui est un retour de la *mens* sur ses actes, peut-elle juger de notre qualité éthique ? Soutenir une liberté absolue de la volonté n'implique-t-il pas un relativisme moral ?

Olivi répond à ces interrogations par la notion d'intentionnalité. Celle-ci revêt une importance considérable, si l'on en croit la *QPE* XIV qui demande si le pape a le pouvoir de délier le vœu qui engage un religieux. Olivi y prétend que le vœu n'est valide que s'il rencontre l'engagement total et l'intention délibérée du profès :

> Le consentement entier et l'intention délibérée sont contraignants. En effet, si le profès n'entend pas s'obliger ou s'il formule le vœu sans un consentement plein, ce vœu n'aurait pas valeur d'obligation [1].

C'est par conséquent, l'intention de la personne qui détermine la validité et la qualité de l'engagement. Il semble qu'il en va de même pour tout acte. En effet, si nous ne pouvons être certains d'agir de manière absolue selon le bien, nous savons toutefois que nous agissons en fonction de ce que nous considérons ou non comme un bien. Augustin affirmait déjà dans le *De mendacio* que la responsabilité se juge à l'aune de l'intention :

> C'est par l'intention de l'esprit et non par la vérité ou la fausseté des choses elles-mêmes qu'il faut juger si quelqu'un ment ou ne ment pas [2].

Abélard, dans son *Ethique*, donnera un développement décisif de cette morale de l'intentionnalité, insistant sur le fait que ce ne sont pas les objets ou les actes (*opus*) qui sont bon ou mauvais en eux-mêmes, mais le consentement intérieur (*consensus*/*intentio*) que nous leur donnons [3]. Or, s'il entend reprendre le propos d'Augustin, Abélard rompt toutefois avec la tradition, puisqu'il considère que tout acte, bon ou mauvais, est issu de l'intention d'un

1. P. J. Olivi, *QPE* XIV, *op. cit.*, p. 126 : « Vero est obligandi se plenus consensus et deliberata intentio. Si enim non intendit se obligare, aut si non cum pleno consensu votum emittat, non habebit obligationis robur ».

2. Augustin, *Le mensonge*, III, 3, trad. fr. G. Combès, Paris, L'Herne, 2011, p. 21 : « Ex animi enim sui sententiae, non ex rerum ipsarum veritate vel falsitate mentiens aut non mentiens iudicandus est ».

3. *Cf.* Abélard, *Ethique*, PL, 178, 637-768 ; O. Lottin, *Psychologie et morale aux* XIIe *et* XIIIe *siècles*, *op. cit.*, p. 310-354 ; M. Perkams, « Intention et charité. Essai d'une vue d'ensemble sur l'éthique d'Abélard », *in* J. Jolivet, H. Habrias (éd.), *Pierre Abélard : Colloque international de Nantes*, Rennes, PUR, 2003, p. 357-376 ; D. Fraioli, « L'intention dans l'Ethique d'Abélard : en savons-nous plus qu'Héloïse ? », *ibid.*, p. 377-388.

sujet, ce qu'Augustin avait réservé aux actions vertueuses visant la béatitude. Par ce fait, Abélard met déjà l'accent sur la notion de personne dans la question de la responsabilité morale [1]. Ainsi, dans son *Connais-toi toi-même*, après avoir pris l'exemple d'un individu qui pèche en secret, Abélard montre qu'il est coupable, bien que sa faute ne soit pas avérée :

> C'est à l'esprit seulement, et non à l'effectuation des œuvres, que Dieu prend garde pour la rémunération du bien et du mal, en sorte qu'Il ne prend pas en considération ce qui résulte de notre culpabilité ou de notre volonté bonne mais discerne l'âme elle-même dans le propos de son intention, nullement dans l'effectuation extérieure de l'œuvre [2].

Olivi adopte le même point de vue qu'Augustin et qu'Abélard à sa suite, comme nous pouvons le constater dans ses questions quodlibétales. A la question IV, 10, il énonce le cas d'un homme qui se rend en un lieu où il va habituellement pour prier, mais cette fois dans le but de conspirer. Dans le cas où quelqu'un interroge cet homme sur ses motifs et qu'il répond qu'il va dans ce lieu pour prier, s'agit-il d'un mensonge? L'opposant affirme que oui, puisque cet homme joue sur les intentions en proposant une explication d'ordre général, mais en n'indiquant pas le but spécifique de sa visite :

> Le commun des mortels saisit l'intention commune et simple des mots de manière commune et simple. Mais par de tels propos, il concevrait de manière simple que cela est la cause absolue et principale [de son déplacement], et il considérerait une autre signification comme duplice, frauduleuse et énoncé avec une habileté trompeuse [3].

Or, comme l'ont montré Alain Boureau et Irène Rosier-Catach, Olivi justifie la rétention d'informations dans certains cas. Par exemple, lorsqu'il s'agit d'épargner la vie d'un innocent ou de ne pas révéler des informations qui ont été divulguées sous le sceau de la confession [4]. L'homme qui se rend à son lieu de prière pour comploter est ainsi justifié de ne pas préciser l'entier de la signification d'un énoncé pour autant qu'il le fasse pour une raison droite. En

1. *Cf.* M.-D. Chenu, *L'éveil de la conscience…*, *op. cit.*, p. 17-32; J. Gomes, « Pierre Abélard et la question de l'individu : conscience et mémoire individuées », *Bulletin du centre d'études médiévales d'Auxerre*, 2008, URL : http://cem.revues.org/10602; A. B. Ávalos Soto, « La personne et ses modes chez Pierre Abélard », *Philonsorbonne*, 10, 2016, p. 9-28.

2. Pierre Abélard, *Connais-toi toi-même*, I, VII, 45, trad. fr. M. De Gandillac, *Conférences*, Paris, Cerf, 2011, p. 234.

3. P. J. Olivi, *Quodlibet*, *op. cit.*, IV, 10, p. 235-236 : « Commune et simplex vulgus communem et simplicem intentionem uerborum accipit; sed tali locutione commune vulgus simpliciter intelligeret illud fuisse causam absolutam et principalem, et aliam significationem reputaret duplicem et fraudulentam et cum arte uersute calliditatis dictam ».

4. Cf. *ibid.*, p. 236 : « Unde sub tali modo loquendi licitum est occultare innocentem ne occidatur »; *ibid*, IV, 9, p. 231-234 : « An confessor, qui sub sacramentali sigillo confessionis audiuit crimina alicuius, possit in iudicio uel in communi locutione dicere : Ego nihil mali audiui de eo uet ab eo, nec scio eum aliquod crimen commisisse »; A. Boureau, I. Rosier-Catach, « Droit et théologie dans la pensée scolastique », *Revue de synthèse*, 129, 2008, p. 523-525.

cela, il ne pèche nullement. Il convient par conséquent de ne pas juger un homme seulement sur ses actes, mais principalement sur ses intentions. Si la position d'Olivi semble plus clémente vis-à-vis des actes, il faut comprendre qu'elle est cependant plus stricte pour le péché en pensée. En effet, la seule intention de pécher est déjà répréhensible :

> En délibérant sur la manière de pécher, je possède déjà le désir et l'intention de pécher [1].

Plus encore, dans sa *Lecture des épîtres de Paul aux Romains*, XIV, 23 (*Tout ce qui n'est pas sur le principe de la foi est un péché*), Olivi, selon la tradition des *Décrétales,* relève qu'un acte accompli indifféremment n'est pas un péché, au contraire de celui qui est accompli à l'encontre de ce que dicte la conscience [2]. Derechef, Olivi clame que la valeur des actions ou des pensées de l'homme se juge selon la fin pour laquelle celui-ci opte. Mais il va plus loin dans l'importance qu'il accorde à l'intentionnalité : l'état de perfection ne se trouve pas pour le pérégrin dans le statut de gloire, mais dans la recherche de perfection et dans la poursuite du mérite accordé par Dieu :

> Si l'on objecte alors qu'il serait plus noble et plus libre de se trouver dans le statut de poursuite du mérite, dans lequel on est capable des opposés – à savoir le bien et le mal – que de se trouver dans le statut de gloire, en lequel on ne peut exercer sa volonté que vers le bien, il faut répondre que, de même que le statut de gloire est plus noble sous l'aspect du terme final et de la récompense, de même le statut de poursuite du mérite avec la peccabilité est plus noble sous l'aspect du début et de l'ordonnancement de la montée vers le statut de récompense [3].

En un certain sens, il faut accorder plus de mérite à la recherche du mérite qu'au statut de gloire. En effet, la tâche est plus difficile pour l'*homo viator* qui peut toujours errer et se tromper, tandis que l'intention des Bienheureux ne peut se porter que vers le bien. Chaque action doit ainsi être jugée à l'aune de l'intentionnalité.

1. P. J. Olivi, *Summa,* q. LVII, *op. cit.,* p. 723-724 : « Deliberans vero quomodo peccabit iam habet appetitum et intentionem peccandi ».

2. *Cf.* P. J. Olivi, *Lecturae super Pauli epistolas, op. cit.,* p. 198 ; *Décrétales,* chap. XIII, X, II, 13. Ce dernier texte indique la réponse d'Innocent III à l'archevêque de Bourges, signalant qu'il vaut mieux subir une excommunication plutôt que d'agir contre sa conscience.

3. *Idem, Traité des démons,* q. XLI, *op. cit.,* p. 54-55 : « Si vero ad huc obiciatur ex hac positione sequi quod nobilius et liberius sit esse in statu merendi in quo quis potest in opposita, scilicet in bonum et malum, quam esse in statu gloriae in quo quis non potest velle nisi bonum : dicendum quod sicut status gloriae est nobilior sub ratione finalis termini et praemii, sic status meriti cum potentia peccandi est nobilior sub ratione initii et ordinatioris ascensus ad statum praemii ».

Latitude normative

Dieu seul peut sonder les cœurs et les reins et saisir ce qui se cache au-delà des apparences [1]. Aussi, s'il est difficile de juger des actions d'autrui, il est également complexe de déterminer la valeur de ses propres actions. En effet, les choix que nous entreprenons sont toujours composés de divers motifs qui s'entremêlent et s'influencent mutuellement. Il serait par conséquent trop catégorique de considérer qu'il existe une frontière précise entre ce qui est bien et ce qui ne l'est pas. Olivi s'oppose ainsi à la théorie stoïcienne selon laquelle la vertu consiste en un point qui se trouve en un parfait juste milieu. Il suppose au contraire que la droiture de l'action se situe dans un certain espace médian, une marge d'action qu'il nomme « latitude » [2]. Il convient d'avoir recours à une certaine interprétation de l'action. Aussi, dans la question *De augmento virtutum*, Olivi prétend-il que la vertu admet une certaine variation entre le parfait et l'imparfait :

> Le milieu dont nous avons parlé ne consiste pas en un indivisible, mais possède une certaine latitude qui se mesure par le parfait et l'imparfait [3].

Si cette théorie s'oppose ici au stoïcisme, Aristote est également ouvertement critiqué comme nous pouvons le lire à la huitième *QPE* [4] :

> D'après Aristote, le milieu de la vertu ne se conçoit ni de manière relative, ni absolument, mais seulement selon une proportion et une mesure due des circonstances, et ce, en relation à celui qui agit et à la loi de Dieu [5].

Ce passage confirme notre précédent propos. La vertu se juge à l'aune de deux principes : Dieu, en tant que norme objective du bien, et la personne, selon son intention. Consistant donc dans un espace médian qui suppose un certain rapport de proportionnalité, l'intentionnalité devient une mesure indispensable pour juger de la valeur d'une action. Sylvain Piron, lorsqu'il rappelle l'histoire des controverses liées à l'usage pauvre, montre qu'Olivi use largement du concept de latitude [6]. Si nous considérons les origines de cette notion, il n'y

1. 1 Sam 16, 7 ; Jérémie 17, 10 ; Apocalypse, 2, 23.

2. *Cf.* A. Maier, *Zwei Grundprobleme des scholastischen Naturphilosophie. Das Problem des intensiven Grösse. Die Impetustheorie*, Roma, Ed. di Storia et Letteratura, 1968 ; J.-L. Solère, « Plus ou moins : le vocabulaire de la latitude des formes », *in* J. Hamesse, C. Steel (éd.), *L'élaboration du vocabulaire philosophique au Moyen Âge*, Turnhout, Brepols, 2000, p. 437-488.

3. P. J. Olivi, *Quaestiones de incarnatione et redemptione*, q. V, *op. cit.*, p. 265 : « Sciendum quod praedictum medium non consistit in indivisibili, immo habet aliquam latitudinem commetientem se perfectis et imperfectis ».

4. *Cf.* Aristote, *Ethique à Nicomaque*, II, 9, 1109b18 *sq.*

5. P. J. Olivi, *QPE* VIII, *op. cit.*, p. 195 : « Virtutis medium non est accipiendum secundum rem nec absolute etiam secundum Aristotelem, sed solum secundum debitam proportionem et commensurationem circumstantiarum et hoc in relatione ad ipsum operantem et ad Dei legem ».

6. *Cf.* S. Piron, « La pauvreté dans l'expérience et la réflexion franciscaines », *in* A. Leroux, P. Livet (éd.), *Leçons de philosophie économique, IV, La pauvreté dans les pays riches*, Paris, Economica, 2009, p. 13.

a rien d'étonnant à comprendre que celle-ci convient tant au domaine économique que moral. En effet, quatre domaines d'influence ont sans doute permis à Olivi de développer le concept de latitude : l'économie, la physique, le droit et la juridiction.

Le terme provient d'une nouvelle conception de la physique qui prend source à la fin du XIIIe siècle. Il définit la variation de quantité d'une forme au sein de certaines limites. Aurélien Robert souligne que cette conception sera reprise notamment par les théologiens pour montrer comment le degré de charité peut varier d'un individu à l'autre [1]. Olivi fait de même en affirmant que la forme substantielle comprend plusieurs degrés, indépendamment de la matière qui la reçoit [2]. Il n'hésite pas à transposer cette notion dans le contexte éthique : de même qu'un homme se doit d'acquérir un degré plus ou moins élevé de vertu selon son statut de perfection, il semble que chaque individu possède une certaine latitude morale [3]. Dans la question *De augmento virtutum*, Olivi met ainsi en place une véritable physique de la morale, au sein de laquelle les vertus sont considérées comme des « quantités intelligibles » qui peuvent croître ou diminuer, puisqu'elles sont divisibles [4].

Remarquons également qu'Olivi, lorsqu'il définit la question de l'intention morale s'inscrit dans le développement de la question du droit subjectif qui se développe aussi en son temps. Comme le souligne Marco Bartoli, nous trouvons déjà dans les *Quaestiones postquam fuit fratres* d'Alexandre de Halès (1185-1245) une question inédite qui pose le problème des limites du vœu d'obéissance. La détermination conclut qu'il revient à la conscience personnelle du simple frère de juger si l'ordre d'un supérieur est contraire à la Règle ou à son âme. La conscience du frère ne s'éteint pas dans le vœu d'obéissance, mais s'en trouve au contraire exacerbée. Comme le dit Marco Bartoli, cette réflexion produisit une « ecclésiologie du bas » [5], dans laquelle la fixation des normes morales ne découle pas seulement du sommet de l'Eglise, mais est complétée par l'intention du sujet particulier.

Enfin, cette morale subjective semble trouver ses racines dans les questions juridiques, notamment au travers des *Sommes des confesseurs*. Si ces ouvrages ont notamment pour but de définir une normativité juridique du for de

1. *Cf.* A. Robert, « La latitude de l'humanité dans la médecine et la théologie médiévales (XIIIe-XIVe) », *Mesure et histoire médiévale*, Paris, Publications de la Sorbonne, 2013, p. 43.

2. *Cf.* P. J. Olivi, *Summa*, q. XXII, *op. cit.*, p. 390-421 ; *idem*, *De connexio virtutum*, q. V, *op. cit.*, p. 261-265.

3. Sylvain Piron a ainsi relevé dans son analyse du *De vitiis*, qu'Olivi démontre que chaque individu doit être jugé selon son degré propre de perfection, ce qui se répercute dans la question de la moralité des rapports contractuels : *Cf.* S. Piron, « Perfection évangélique et moralité civile », art. cit., p. 116.

4. P. J. Olivi, *De connexio virtutum*, q. V, *op. cit.*, p. 264 : « Virtus est intelligibilter divisibilis in partes intelligibiles ; et hoc modo intelligitur quanta seu magna ; et licet subiectum eius sit simplex respectu quantitatis corporalis, non tamen respectu quantitatis intelligibilis ».

5. M. Bartoli, « Olivi et le pouvoir du pape », *in* A. Boureau, S. Piron (éd.), *Pierre de Jean Olivi (1248-1298)*, *op. cit.*, p. 184.

l'Eglise, Pierre Michaud-Quantin remarque qu'une évolution se développe à partir du milieu du XIIIe siècle, puisque ces manuels voient apparaître des cas de conscience (*casus conscientiae*) qui exposent une série de cas limites et qui n'appellent pas forcément à une détermination stricte [1]. Les termes de *forum conscientiae* ou de *forum animae*, apparaissent alors, pour définir des situations où le droit n'est pas apte à déterminer la justice d'une action, mais où il revient à l'individu en son âme et conscience de juger de sa valeur. Alain Boureau a récemment mis à jour un texte révélateur en ce sens, dans lequel Conte Glusiano de Casate, alors qu'il était cardinal, à savoir entre 1281 et 1287, va jusqu'à opposer la sentence du for de l'Eglise au for d'un croyant qui s'estime dans son droit, sans pour autant se déterminer, considérant les deux positions comme valides [2]. Par conséquent, Olivi, lorsqu'il distingue l'obligation du for public de celle du for de la conscience, qui dépend de l'intention de l'individu, propose une solution qui semble admise à son époque [3].

Mais de toute évidence, affirmer que l'individu est la source active de la morale n'est de loin pas une position partagée par tous les contemporains d'Olivi. Elsa Marmursztejn a démontré que si les lieux de production des normes au Moyen Âge sont pluriels, les maîtres en théologie ont revendiqué leur supériorité quant à cette « fabrique des normes », du fait de leur capacité à saisir les principes relevant du droit divin ou naturel [4]. Ces maîtres s'estimaient ainsi plus compétents que les juristes, voire même que la curie romaine. Ainsi, lorsque Thomas d'Aquin définit l'origine de la loi humaine, il affirme que

1. *Cf.* P. Michaud-Quantin, *Sommes de casuistique et manuels de confession au Moyen Age* (*XII* [e]*-XIV* [e]*siècle*), Louvain, Nauwelaerts, 1962 ; A. Cazenave, « Aveu et contrition. Manuels de confesseurs et interrogatoire d'inquisition en Languedoc et Catalogne (XIII [e]-XIV [e] siècle) », *La piété populaire au Moyen Age. Acte du colloque du 99* [e] *congrès des Sociétés savantes*, Paris, Bibliothèque nationale, 1977, p. 333-352 ; P. Prodi, *Una storia della giustizia. Dal pluralismo dei fori al moderno dualismo tra coscienza e diritto*, Bologna, Il Mulino, 2001 ; A. Fossier, « Le for interne de l'Église (XII [e]-XV [e] siècles) : entre ordre public et salut individuel », *in* M. Guay, M.-P. Halary (éd.), Intus *et* Foris. *Une catégorie de la pensée médiévale*, Paris, Presses Universitaires de Paris-Sorbonne, 2012, p. 57-67.

2. Anonyme, Ms. Florence, Bibl. Nazionale, B.VII, 1160, cité dans A. Boureau, « Une somme d'éthique chrétienne en chantier. Le dossier de travail d'une nouvelle version de la Summa Astesana (vers 1323) », *AHDLMA*, 83, 2016, p. 80-81 : « Nos magister Comes tituli sanctorum Marcellini et Petri presbiter cardinalis in Dei nomine super casu superius scripto dicimus quod in foro ecclesiasitico ecclesie militantis non crederetur ei etiam si vellet iurare, sed deberet compelli stare cum uxore cum qua contraxit. Sed in foro conscientie sue, si verum est quod non cognovit eam, potuit ea invita intrare religionem ».

3. *Cf.* P. J. Olivi, *On the Acts of the Apostles*, ed. D. Flood, New-York, S. Bonaventurae, 2001, p. 401 ; Isidore de Séville, *Sententiae* II, 31, 8 ; Gratien, *Decretum*, II, causa 22, q. 5, chap. IX ; Petrus Lombardus, *Sententiae*, III, dist. 39, chap. XI.

4. *Cf.* E. Marmursztejn, « Une fabrique de la norme au XIII [e] siècle : l'université de Paris », *in* V. Beaulandes-Barraud, J. Claustre, E. Marmusztejn (éd.), *La Fabrique de la norme, lieux et modes de production des normes au Moyen Age et à l'époque moderne*, Rennes, PUR, 2012, p. 42-43, ainsi que l'introduction de cet ouvrage p. 10-11.

a rien d'étonnant à comprendre que celle-ci convient tant au domaine économique que moral. En effet, quatre domaines d'influence ont sans doute permis à Olivi de développer le concept de latitude : l'économie, la physique, le droit et la juridiction.

Le terme provient d'une nouvelle conception de la physique qui prend source à la fin du XIIIe siècle. Il définit la variation de quantité d'une forme au sein de certaines limites. Aurélien Robert souligne que cette conception sera reprise notamment par les théologiens pour montrer comment le degré de charité peut varier d'un individu à l'autre [1]. Olivi fait de même en affirmant que la forme substantielle comprend plusieurs degrés, indépendamment de la matière qui la reçoit [2]. Il n'hésite pas à transposer cette notion dans le contexte éthique : de même qu'un homme se doit d'acquérir un degré plus ou moins élevé de vertu selon son statut de perfection, il semble que chaque individu possède une certaine latitude morale [3]. Dans la question *De augmento virtutum*, Olivi met ainsi en place une véritable physique de la morale, au sein de laquelle les vertus sont considérées comme des « quantités intelligibles » qui peuvent croître ou diminuer, puisqu'elles sont divisibles [4].

Remarquons également qu'Olivi, lorsqu'il définit la question de l'intention morale s'inscrit dans le développement de la question du droit subjectif qui se développe aussi en son temps. Comme le souligne Marco Bartoli, nous trouvons déjà dans les *Quaestiones postquam fuit fratres* d'Alexandre de Halès (1185-1245) une question inédite qui pose le problème des limites du vœu d'obéissance. La détermination conclut qu'il revient à la conscience personnelle du simple frère de juger si l'ordre d'un supérieur est contraire à la Règle ou à son âme. La conscience du frère ne s'éteint pas dans le vœu d'obéissance, mais s'en trouve au contraire exacerbée. Comme le dit Marco Bartoli, cette réflexion produisit une « ecclésiologie du bas » [5], dans laquelle la fixation des normes morales ne découle pas seulement du sommet de l'Eglise, mais est complétée par l'intention du sujet particulier.

Enfin, cette morale subjective semble trouver ses racines dans les questions juridiques, notamment au travers des *Sommes des confesseurs*. Si ces ouvrages ont notamment pour but de définir une normativité juridique du for de

1. *Cf.* A. Robert, « La latitude de l'humanité dans la médecine et la théologie médiévales (XIII [e]-XIV [e]) », *Mesure et histoire médiévale*, Paris, Publications de la Sorbonne, 2013, p. 43.

2. *Cf.* P. J. Olivi, *Summa*, q. XXII, *op. cit.*, p. 390-421 ; *idem*, *De connexio virtutum*, q. V, *op. cit.*, p. 261-265.

3. Sylvain Piron a ainsi relevé dans son analyse du *De vitiis*, qu'Olivi démontre que chaque individu doit être jugé selon son degré propre de perfection, ce qui se répercute dans la question de la moralité des rapports contractuels : *Cf.* S. Piron, « Perfection évangélique et moralité civile », art. cit., p. 116.

4. P. J. Olivi, *De connexio virtutum*, q. V, *op. cit.*, p. 264 : « Virtus est intelligibilter divisibilis in partes intelligibiles ; et hoc modo intelligitur quanta seu magna ; et licet subiectum eius sit simplex respectu quantitatis corporalis, non tamen respectu quantitatis intelligibilis ».

5. M. Bartoli, « Olivi et le pouvoir du pape », *in* A. Boureau, S. Piron (éd.), *Pierre de Jean Olivi (1248-1298)*, *op. cit.*, p. 184.

focalisant sur l'importance de l'intention volontaire de la personne, Olivi renforce cette « ecclésiologie du bas » – pour reprendre l'expression de Marco Bartoli – au sein de laquelle il revient à l'homme de définir la norme morale eu égard à Dieu [1]. C'est dans ce volontarisme et cette relation directe à Dieu que Martin Luther (1483-1546) et Jean Calvin (1509-1564) développeront l'idée de sacerdoce universel, éliminant ainsi la nécessité d'une hiérarchie ecclésiastique. Cependant, il ne convient pas de faire d'Olivi un réformateur, tant s'en faut. Premièrement, le Franciscain souligne avec insistance que la réflexion qu'il propose sur les conseils évangéliques ne s'adressent qu'à un petit nombre d'élus, là où Luther affirme que tous les hommes possèdent par leur baptême un statut égal face à Dieu [2]. De plus, Olivi affirme que si la justice est *in fine* identique au vouloir divin, l'enseignement des Pères et des saints, particulièrement de François, est paradigmatique et nécessaire à sa compréhension. Finalement, Olivi n'a de cesse de répéter l'importance du vœu d'obéissance, comme le montre par exemple la question sur l'infaillibilité du Pape [3]. Il rappelle également la nécessité d'élire un Ministre général pour l'Ordre, tout en rappelant que les frères ont un devoir d'obédience envers lui, s'appuyant sur le commentaire de la Règle et sur le testament de François, qui annonce [4] : « Je veux fermement obéir au ministre général de cette fraternité et à tout gardien qu'il lui plaira de me donner » [5]. Cela dit, les idées que proposent Olivi et l'impact qu'il eut auprès des Spirituels, ont sans doute facilité l'émergence de pensées plus libérales, telle que l'idéal de la pauvreté évangélique proposé par John Wycliff (1331-1384) et par Jan Hus (1369-1415).

Soulignons la stratégie de pensée d'Olivi : en focalisant l'attention sur l'autonomie de la personne (et en rapprochant l'ange de l'homme), le Franciscain désire mettre en exergue la transcendance de Dieu. En effet, Marcel Gauchet a montré, par ce qu'il nomme « la loi de l'émancipation humaine par l'affirmation divine », que « plus les dieux sont grands, plus les

1. Remarquons dans le même ordre d'idée que Saint Bernard dénonçait déjà au concile de Sens (1140) une des « hérésies » d'Abélard, dans le fait que la contrition prit une importance si grande qu'elle remettait en question le rôle du prêtre dans l'absolution. *Cf.* M.-D. Chenu, *L'éveil de la conscience*, *op. cit.*, p. 23.

2. *Cf.* Martin Luther, *Manifeste à la noblesse chrétienne de la nation allemande*, 1520, Martin Luther, *Œuvres*, I, trad. fr. M. Arnold *et al.*, Paris, Gallimard, 1999, p. 595-596.

3. *Cf.* M. Bartoli, « Olivi et le pouvoir du Pape », art. cit., p. 173-191 ; B. Tierney, *Origins of Papal Infallibility 1150-1350. A Study on the Concepts of Infallibility, Sovereignty and Tradition in the Middle Ages*, Leiden, Brill, 1992.

4. *Cf.* P. J. Olivi, *Expositio super Regulam*, chap. VIII, *in* D. Flood (ed.), *Olivi's Rule Commentary*, Wiesbaden, F. Steiner, p. 113 : « Universi Fratres unum de Fratribus istius Religionis teneantur semper habere Generalem Ministrum et servum totius Fraternitatis, et ei teneantur firmiter obedire ».

5. François d'Assise, *Testament*, 27, dans *Le testament de Saint François d'Assise*, Paris, Plon, 1928.

hommes sont libres »[1]. Autrement dit, c'est de la distance créée entre l'homme et Dieu qu'émerge la possibilité d'une *com*munication ou d'une *inter*prétation. Pensant une relation forte à un Dieu absolument transcendant, Olivi exacerbe la question de la responsabilité humaine. Etant le principe autonome de la connaissance et de la morale, la personne qui se pose en tant que « Je » conscient devient la source ultime de ses actes et est condamnée à la responsabilité. Cette idée devra faire sa place et ce n'est qu'au tournant du XIVe siècle qu'apparaît le terme de « responsable » pour qualifier l'individu qui se porte garant[2]. Olivi est un des maillons essentiels d'un des plus importants changements qu'ait connu la société en matière d'éthique : en plaçant le fondement normatif de la morale dans la personne individuelle – en relation avec Dieu –, il insinue que le rôle de détermination des normes n'est plus l'exclusivité de l'Eglise charnelle[3].

A titre de preuve, si l'analyse de la volonté et de la conscience nous a amené à poser une normativité morale inédite dans la personne, nous retrouvons cette même position dans la question de l'engagement votif. Selon Olivi, le vœu ne trouve sa validité ultime que dans les deux termes que sont l'âme et Dieu :

> La création [du statut religieux] ne dépend que de l'autorité [du Christ], puisque n'importe qui peut suivre de lui-même les conseils du Christ. Il est introduit aussi par un vœu propre sans le commandement d'un supérieur. [...] Et il n'exprime rien d'autre qu'un lien singulier d'amitié et de société entre l'âme et Dieu[4].

Seuls comptent l'intention du profès et l'autorité du Christ. Le vœu n'exige pas *stricto sensu* l'intervention d'un supérieur, puisqu'il consiste en un engagement volontaire personnel. Comme le souligne Sylvain Piron, la validation du vœu requiert plus l'intention du profès, qui s'engage dans une relation

1. *Cf.* M. Gauchet, *Le désenchantement du monde, une histoire politique de la religion*, Paris, Gallimard, 1985, p. 53.

2. En 1284, apparaît le terme *responsaule* pour désigner « homme ayant la charge à vie de payer à un seigneur la rente d'un fief ecclésiastique » (*Coutumes Lille,* éd. Roisin, p. 307), puis en 1304, dans le *De Fermino S. Hillarii responsable*, nous trouvons l'adjectif qui désigne celui « qui répond, qui est garant ». Notons que le substantif de responsabilité n'apparaît qu'au XVIIIe siècle dans le sillage de la *responsio* du droit romain. *Cf.* M. Villey, « Esquisse historique sur le mot responsable », *in* M. Boulet-Sautel *et al.* (éd.), *La responsabilité à travers les âges*, Paris, Economica, 1989, p. 75-88.

3. *Cf.* S. Pinckaers, *Les sources de la morale chrétienne, sa méthode, son contenu, son histoire*, Paris, Cerf, 1985 ; E. Coccia, « Tératologie de la morale, ou de l'éthique au Moyen Âge », *Médiévales*, 63, 2012, p. 13-26 ; Y. Malinin, « La tradition de la pensée éthique et l'idée de nature dans les lettres françaises du XIVe et du XVe siècle », *Separata da Revista de História, Centro de História da Universidade do Porto*, X, 1990, p. 47-53.

4. P. J. Olivi, *QPE* XIV, *op. cit.*, p. 166 : « Nec eius creatio pendet ab auctoritate aliena, cum quilibet per seipsum possit profiteri consilia Christi. Introducitur etiam per votum proprium absque superioris precepto ; et [...] non dicit aliud quam vinculum singularis amicitie et societatis inter animam et Deum ».

directe avec le Christ, que la nécessité de l'institution ecclésiastique [1]. Le vœu d'obéissance n'est pas passif, mais nécessite une distance critique de la part du frère face à l'autorité de l'Eglise charnelle. En effet, l'obéissance possède trois limites qui exigent le refus en toute occasion : lorsqu'un supérieur commande un acte qui entraînerait un péché, un péché mortel ou « une impureté ou une imperfection manifeste » [2] qui irait à l'encontre de la perfection évangélique. Cette troisième limitation nous intéresse plus particulièrement, parce qu'elle engage une interprétation. Olivi rappelle alors que les Franciscains ont promis une obéissance parfaite dans le cadre de ce qu'exprime la *regula bullata* :

> François voulant exprimer pleinement mais en peu de mots ces trois limitations, au chapitre dix de sa règle où il donne la forme expresse de son obéissance, déclare : « ils obéissent à leurs ministres en tout ce qu'ils ont promis à Dieu d'observer et en tout ce qui n'est pas contraire à l'âme et à notre règle » [3].

Il est vrai que François n'a jamais voulu donner de Règle à ses frères, mais qu'il les exhorte seulement à s'engager suivant l'exemple du Christ. Son *Testament* est clair en ce sens :

> Après que le Seigneur m'eut donné des frères, personne ne me montra ce que je devais faire, mais le Très-Haut lui-même me révéla que je devais vivre selon le saint Evangile [...]. Que les frères n'aillent point dire : Voilà une nouvelle Règle ! Non : c'est un retour sur notre passé, une admonition, une exhortation, et c'est le testament que moi, votre petit frère François, je vous adresse, à vous mes frères bénis, afin que nous observions plus catholiquement la Règle que nous avons promis au Seigneur de garder [4].

A l'instar de François, Olivi souligne que les vœux ne sont pas conçus comme des normes de conduite strictes qui exigent une obéissance aveugle du frère. Ils engagent au contraire le profès à interpréter et à déterminer la valeur de ses actes dans sa conscience personnelle. Fort de cette compétence normative, le simple frère se trouve capable de s'opposer même au Pape, si celui-ci ordonne une chose contraire à la perfection évangélique :

1. *Cf.* S. Piron, « La critique de l'Eglise chez les Spirituels languedociens. L'anticléricalisme en France méridionale, milieu XII e-début XIV e siècle », Cahiers de Fanjeaux, 38, 2003, p. 83; *idem*, « L'expérience subjective... », art. cit., p. 44.

2. *Cf.* P. J. Olivi, *QPE* XI, *in* D. Flood, G. Gál (eds.), *Peter of John Olivi on the Bible*, Saint-Bonaventure, Franciscan Institute Publications, 1997, p. 380-385.

3. *Ibid.*, p. 385 : « Hos autem tres limites volens Franciscus sub brevi verbo plenissime exprimere, decimo capitulo regulae suae, ubi dat expressam formam huius obedientiae, dicit quod "obediant suis ministris in omnibus quae promiserunt Domino observare et (in omnibus) quae non sunt contraria animae et regulae nostrae.

4. François d'Assise, *Testament*, 14-34. *Cf.* Frère Léon, *Compilation d'Assise*, 18, dans François, d'Assise, *écrits, vies et témoignages*, 1, *op. cit.*, p. 1238-1239.

> Pour cette raison, je ne doute pas que si [le Pape] continuait avec obstination, il ne devrait pas être obéi et qu'au contraire, il devrait être évité des fidèles en tant que pontife hérétique et que loup [1].

Si le devoir de désobéissance se trouve dans le droit canon, il semble avoir eu un impact considérable sous la plume d'Olivi, puisque ce dernier n'hésite pas à critiquer explicitement l'Eglise actuelle qu'il considère comme dépravée et en proie à un laisser-aller grandissant [2]. C'est sans doute également que cette mise en exergue de l'intentionnalité ne concerne pas seulement l'engagement religieux, mais toute forme de pacte ou d'accord, puisque « la cause de toutes les associations est la volonté libre des associés » [3], comme cela a été déjà remarqué dans les théories du contrat ou dans le *Quid ponat ius*, justement sous-titré *De signis volontariis* [4]. Ainsi, si l'engagement votif n'exhorte que le frère à parfaire sa conscience, les théories contractuelles et la nature même de la volonté libre indiquent que la pensée d'Olivi s'applique à chacun : la norme de toute action morale trouve son fondement dans la *personne* qui doit, dans le for de sa *conscience*, juger de la valeur de ses actes qu'elle peut apprécier grâce au *goût spirituel* qu'elle possède pour le bien.

Conclusion

Notre enquête sur l'éthique développée par Olivi à travers l'ensemble de sa production, nous a menés à examiner la question du fondement de la norme morale en l'homme. Si Dieu est la source objective du bien, il semble impossible pour le croyant d'en parvenir à une perception précise du fait de son état de *viator*. Olivi évacue par conséquent la notion de syndérèse. Tout au plus, l'homme est doté d'un certain goût spirituel et d'une certaine rectitude. Toutefois, le goût spirituel peut être désordonné et trouver une certaine saveur au mal et la rectitude n'a valeur que d'incitation. Par conséquent, rien ne permet à l'homme de fonder une norme morale absolue ou d'avoir de manière naturelle un accès évident à la norme objective qu'est Dieu.

1. Ms. Borgh 357, f° 124r, cité dans M. Bartoli, « Olivi et le pouvoir du pape », art. cit., p. 187.

2. Cf. *Décret de Gratien*, C. XI : q. 3, chap. 101 : « Non est obediendum quod est contra Deum precipitur ». Il faut apprécier l'insolence d'Olivi que rappellent Alain Boureau et Irène Rosier-Catach dans « Droit et théologie dans la pensée scolastique », art. cit., p. 521 : « L'auteur note que quand on écrit à un évêque, on emploie la formule "Très saint évêque ou Père" pour lui signifier qu'il doit s'efforcer d'être très saint ».

3. P. J. Olivi, *QPE* VI, in A. Emmen (ed.), *Studi Francescani*, 64, 1967, p. 50 : « Causa autem omnis societatis est voluntas libera se associantium ».

4. *Cf.* S. Piron, « Marchands et confesseurs… », art. cit., p. 295 ; A. Boureau, I. Rosier-Catach, « Droit et théologie dans la pensée scolastique », art. cit., p. 515 ; I. Rosier-Catach, *La parole efficace. Signe, rituel, sacré*, Paris, Seuil, 2004, p. 164-165.

D'autre part, la volonté est par nature totalement indéterminée et possède une capacité à délibérer et à choisir ses propres fins. Les causes des actions humaines ne sont pas à chercher ailleurs que dans cette réponse : « parce que cela m'a plu ». Cette autonomie absolue de la volonté implique une intériorité de la conscience et surtout une forte mise en avant de la responsabilité personnelle. En effet, l'intentionnalité d'une action ne peut être connue de manière évidente que par l'individu lui-même. Personnalité et conscience sont par conséquent les deux maîtres d'œuvre de la gnoséologie et de l'éthique d'Olivi. Si la volonté libre fournit les conditions de possibilité d'existence de la conscience, cette dernière réclame l'existence de la personne pour juger de son action, en la prenant à témoin.

Le but que poursuit Olivi n'est pas de faire de la philosophie théorique, abstraite de toutes considérations sociales ou pratiques. Au contraire, ses *QPE* s'adressent à ses confrères dans le but de leur montrer comment acquérir un statut plus élevé au sein de ce monde. Ainsi, si la norme morale semble totalement indéterminée du fait de notre pleine liberté, Olivi ne prône pas pour autant un scepticisme moral. Son éthique repose sur la responsabilité et sur l'intentionnalité morale. L'importance qu'il accorde à la haute pauvreté et à l'humilité indique la voie à suivre afin de parfaire son être : s'il est difficile, voire impossible, de savoir ce qu'est le bien, nous connaissons toutefois par l'intermédiaire des révélations bibliques quelle est la source de tout mal, à savoir l'orgueil. A défaut d'accomplir de manière certaine le bien, nous pouvons par la connaissance du mal, comprendre comment éviter ce dernier : l'option incohérente pour le mal ne peut s'expliquer que par la précellence de la volonté, capable de choisir elle-même ses fins du fait d'un amour désordonné de soi. La solution qui permet de s'opposer à cet orgueil repose par conséquent sur un abandon de l'estime de soi, autrement dit sur l'approfondissement de la pauvreté et de l'humilité.

CHAPITRE IV

PAUVRETÉ, ANNIHILATION ET MAÎTRISE DE SOI

Seul un moi vulnérable peut aimer autrui

Emmanuel Levinas, *De Dieu qui vient à l'idée*

Le *De perlegendis* présente une position gnoséologique intéressante : selon Olivi, si la vérité divine nous est inaccessible *in via*, nous avons toutefois la possibilité durant ce temps de chercher les vérités mondaines les plus probables. La position morale d'Olivi ne semble en rien différer : n'ayant aucune possibilité d'accéder au bien en soi, il nous est toutefois possible d'éviter le péché, pour autant que nous comprenions en quoi celui-ci consiste. Les révélations bibliques indiquent que l'orgueil est la source de tout péché. C'est pour cette raison qu'il paraît fondamental d'acquérir la vertu qui lui est opposée, à savoir l'humilité. Si Olivi s'accorde avec cette position classique, il ajoute toutefois que l'humilité ne peut surgir qu'à partir de l'obtention d'une « très haute pauvreté ».

C'est au sein de la huitième *QPE* qu'Olivi développe principalement la notion de pauvreté spirituelle qui ne consiste pas en une nécessité matérielle, mais en une attitude d'abnégation de soi. Avant d'aborder l'analyse de la conception propre à Olivi, il n'est sans doute pas inutile de rappeler la position des Franciscains concernant la pauvreté volontaire. Celle-ci trouve son origine chez les Pères de l'Eglise au travers de la doctrine de la *communis omnium possessio* [1]. Cette expression renvoie à l'idée qu'au premier âge du monde, l'ensemble des biens se partageait entre tous les hommes et ce, de façon conforme aux exigences du droit naturel. Les hommes avaient ainsi l'usage,

1. *Cf.* G. Agamben, *De la très haute pauvreté. Règles et forme de vie Homo sacer*, IV, 1, Paris, Rivage, 2013 ; M. F. Renoux-Zagamé, *Origines théologiques du concept moderne de propriété*, Genève-Paris, Droz, 1987.

mais non la possession des biens que leur dispensait la nature. Cette question de l'usage devient rapidement essentielle dans l'histoire de l'Eglise. Augustin déjà, dans le *Sermon 50*, différencie le bon riche qui fait usage de ses biens et pratique le don, du mauvais riche qui ne cherche au contraire qu'à les amasser. La possession ne pose ainsi aucune difficulté en soi. Une difficulté apparaît toutefois lorsque Gratien, dans le *Decretum*, propose de rassembler les principales autorités patristiques qui traitent de ce sujet, soulignant l'expression de « communion originaire des biens » formulée par Isidore de Séville [1]. Présentée ainsi comme un état originel, cette communion est perçue comme naturelle et bonne. Par effet d'opposition, la notion de propriété, considérée comme contraire à cette perfection primitive, acquiert une connotation négative.

Partant de cet arrière-plan, Hugues de Digne (1205-1256) et Bonaventure développent la notion d'usage (*usus*), pour expliquer que les Franciscains ont la possibilité de se dégager de la propriété en renonçant aux biens de ce monde. En effet, lors de sa prise d'habits, le frère franciscain effectue une *abdicatio juris*, à savoir un renoncement à toute forme de propriété et à tous les liens qui s'établissent à partir des rapports juridiques [2]. Il devient de cette façon un pauvre spirituel qui se dépouille de façon volontaire et qui se distingue clairement du pauvre charnel qui se trouve dans une situation indépendante de sa volonté et qui, par conséquent, ne peut en tirer aucun mérite. Cet état de pauvreté s'oppose ainsi plus à la *cupiditas* qu'à la richesse matérielle. Dans son *Apologia pauperum*, Bonaventure détaille comment les frères mineurs peuvent avoir un usage des biens nécessaires à leur conservation, tout en renonçant de manière volontaire à leurs propriétés ou à leurs possessions [3]. Cependant, les maîtres séculiers critiqueront vivement cette position en objectant que l'usage des choses consommables ne peut être séparé de leur propriété. Bonaventure trouve dans le droit romain et dans la bulle *Quo elongati* (1230) de Grégoire IX la réponse à ce problème en démontrant que de même qu'un fils peut hériter de son père une somme dont il a l'usage, mais non la propriété, de même un Franciscain peut faire usage des biens qui appartiennent *de facto* au pape. A la demande du ministre général Bonagratia, Nicolas III précise toutefois la compréhension de l'*usus* dans sa bulle *Exiit qui seminat* (1279), en distinguant le droit d'user (*jus utendi*) de l'usage lui-même (*simplex facti usus*). Ainsi, si

1. *Cf.* Isidore de Séville, *Etymologie*, 5, 4; Gratien, Décret, 1, chap. VII; J. Gaudemet, « La doctrine des sources du droit dans le Décret de Gratien », *Revue de droit canonique*, 1951, p. 14-24.

2. *Cf.* R. Lambertini, « La difesa dell'Ordine francescano di fronte alle critiche dei Secolari in Olivi », *in* A. Boureau, S. Piron (éd.), *Pierre de Jean Olivi (1248-1298)...*, *op. cit.*, p. 193-206; M.-T. Dolso, « Le vœu et l'entrée dans l'ordre franciscain au moyen âge », *Les Cahiers du Centre de Recherches Historiques*, 1996, http ://ccrh.revues.org/2641. Il faut d'ailleurs remarquer que la Règle ne mentionne jamais explicitement cet abandon et qu'Olivi conçoit ainsi que cet abandon tient de la volonté personnelle de celui qui émet le vœu : « Consimiliter etiam posset dicere quod non vovet abdicationem rerum in communi quia quando dicit : « Voveo regulam vel paupertatem evangelicam » non dicit « Voveo abrenuntiationem communium », P. J. Olivi, *QPE* XV, *op. cit.*, p. 342.

3. *Cf.* Bonaventure, *Apologia pauperum*, in *Opera omnia*, 8, Quaracchi, S. Bonaventurae, 1989.

l'usage de droit est interdit aux Mineurs, l'usage de fait est permis pour ce qui concerne la nourriture, les vêtements, la liturgie ou encore l'étude, mais dans un *usus moderatus*.

De l'interprétation de ce en quoi consiste cet usage modéré, vont naître deux courants au sein de l'ordre des frères mineurs : les Spirituels, qui prônent un usage pauvre des biens, estimant que certains frères se comportent de manière relâchée [1] ; et les membres de la Communauté, qui perçoivent dans l'idéal de pauvreté des Spirituels un rigorisme impossible à tenir en cette vie. Olivi s'engage pour la défense d'une pauvreté absolue, à savoir un usage très restreint des biens de consommations [2]. Il considère que l'*usus pauper* fait partie des vœux évangéliques de manière plus essentielle encore que l'*abdicatio juris* [3]. Contrairement à ce qu'affirment les membres de la Communauté, la très haute pauvreté n'exige pas un renoncement à tout bien de ce monde. Elle consiste seulement en une limitation volontaire dans laquelle le frère s'engage à ne pas abuser (*abusus*) des biens. Ainsi, le *Tractatus de usu paupere* démontre que la réalisation de la très haute pauvreté est relative, puisqu'elle dépend des besoins et des nécessités de chaque individu. Elle ne doit toutefois jamais mettre en danger la vie du frère :

> La pauvreté évangélique est appelée la plus haute pauvreté, non parce qu'elle comprend le besoin extrême purement et simplement, mais parce qu'elle est la plus haute pauvreté qui puisse être incluse dans un vœu rationnel et parfait. Cela exige que soient exclus le danger de mort, l'impossibilité de son accomplissement, et même l'excessive difficulté de son observance, et cependant aussi la

1. *Cf.* F. Ehrle, « Die Spiritualen, ihr Verhältnis zum Franziskanerorden und zu den Fraticellen », *ALKG*, 1, 1885, p. 509-569 ; R. Manselli, « Spirituali e Beghini in provenza », art. cit. ; D. Burr, *Olivi and Franciscan Poverty...*, art. cit. ; *idem*, *The Spiritual Franciscans...*, art. cit. ; L. Burnham, « Les franciscains spirituels et les béguins du Midi », *in* J. Berlioz (éd.), *Le pays cathare : les religions médiévales et leurs expressions méridionales*, Paris, Seuil, 2000, p. 147-160 ; *idem*, « Reliques et résistance chez les Béguins de Languedoc », *Annales du Midi*, 118, 2006, p. 353-368.

2. Olivi fait par exemple référence à cette communauté des biens à la *QPE* VIII, *op. cit.*, p. 178-179 : « Quibusdam autem non indocte visum est quod alia fuit communitas illius temporis et alia illa quae usque hodie durat. Illa enim fuit communitas extendens se ad omnes homines – qualis fuit in statu innocentiae – ita quod unum speciale collegium non plus habebat iuris in rebus quibus utebantur, quam quicumque alius homo ».

3. P. J. Olivi, *De usu paupere*, *op. cit.*, p. 14 : « Respondeo et dico quod usum pauperem discrete tamen et rationabiliter acceptum esse de integritate et substantia perfectionis evangelice est tam solide et tam certitudinaliter verum quod fere omnia que in precedenti questione sunt adducta ad probandum altissimam paupertatem esse unum de principalibus consiliis evangelice perfectionis principalissime valent ad concludendum propositum et efficacius magisque directe quam ad renunciationem communium seu omnis communis iurisdictionis ». *Cf.* D. Flood, « Poverty as Virtue, Poverty as Warning and Peter of John Olivi », *in* A. Boureau, S. Piron (éd.), *Pierre de Jean Olivi (1248-1298...)*, *op. cit.*, p. 157-172 ; S. Piron, « La pauvreté dans l'expérience et la réflexion franciscaines », art. cit. ; F. Loiret, *L'usage et la joie*, Paris, Kimé, 2015.

> possibilité de la richesse ou de l'usage riche des choses. Ce dernier doit être exclu de sorte qu'il n'y ait rien de dangereux dans le vœu [1].

L'analyse du vœu et de la pauvreté volontaire qui se déploie tout au long de la huitième *QPE* montre qu'Olivi défend une telle position, parce qu'il considère que l'ordre qui la pratique acquiert de ce fait un état de perfection supérieure à tout autre. Il est même préférable en ce sens à une propriété commune des biens. Ses conseils évangéliques sont par conséquent réservés non seulement à ceux qui réalisent volontairement leur état de pauvreté, mais qui plus est, à ceux qui conçoivent que l'usage pauvre des biens de ce monde est nécessaire à l'accomplissement de cette perfection. Comme l'ont montré les analyses de Sylvain Piron sur les théories contractuelles, Olivi n'exhorte pas tout un chacun à devenir pauvre, puisque cet état dépend d'un vœu et d'un engagement qui ne peuvent être imposés à tous [2]. Au contraire, la société civile requiert que l'on s'occupe de son économie de marché et ce, de manière juste. Le *mercator* devient ainsi le pendant de l'idéal du pauvre volontaire dans la société. En vendant ses biens et en les faisant circuler, le marchand fait d'une certaine façon un usage pauvre de l'argent, car il ne le considère pas comme un bien à accumuler, mais comme un simple moyen dont l'usage sert à acheter et à vendre. Par l'investissement, le marchand se prive volontairement de son argent. Il n'en est que plus libre, puisqu'il se détache de la volonté de possession des richesses et s'éloigne de la tentation de l'*avaritia*. Olivi ne défend par conséquent aucunement l'idée que tous les hommes doivent parvenir à une perfection évangélique, bien que celle-ci réalise l'état le plus élevé possible pour un homme, puisqu'il requiert un engagement votif continuel.

Remarquons, pour clore ce préambule, que la très haute pauvreté est un élément central qui se lie non seulement à la notion de vœu, mais également à celles de chasteté, d'amour, de générosité, de courage, de foi et de contemplation. La pratique de la pauvreté spirituelle conduit en effet à l'acquisition de

1. P. J. Olivi, *De usu paupere*, VI, *op. cit.*, p. 146, trad. fr. F. Loiret, *L'usage et la joie*, *op. cit.*, p. 112-113 : « Paupertas evangelica dicitur paupertas altissima, non quia teneat extremum inopie simpliciter et secundum rem, sed quia est altior que sub voto rationali et perfecto cadere possit. Ad hoc autem exigitur quod sit talis que sic excludat periculum mortis vel impossibilitatis seu nimis difficilis observantie, quod tamen fallaciam divitiarum et divitis usus non admitat, et sic fallaciam istam excludat quod nihil in se periculosum contineat ».

2. *Cf.* S. Piron, Introduction au *Traité des contrats*, *op. cit.* ; *idem*, « Vœu et contrat chez Pierre de Jean Olivi », art. cit. ; *idem*, « La pauvreté dans l'expérience et la réflexion franciscaines », art. cit. ; *idem*, « Perfection évangélique et moralité civile... », art. cit. ; *idem*, « Marchands et confesseurs... », art. cit. ; *idem*, « L'apparition du *resicum* en Méditerranée occidentale, XII e-XIII e siècles », *in* E. Collas-Heddeland, M. Coudry, O. Kammerer, A. J. Lemaître, B. Martin (éd.), *Pour une histoire culturelle du risque. Genèse, évolution, actualité du concept dans les sociétés occidentales*, Strasbourg, Editions Histoire et Anthropologie, 2004, p. 59-76 ; G. Ceccarelli, « Le jeu comme contrat et le *risicum* chez Olivi », *in* A. Boureau, S. Piron (éd.), *Pierre de Jean Olivi (1248-1298)*..., *op. cit.*, p. 239-250.

ces sept vertus selon Olivi [1]. Cette théorie de la connexion des vertus trouve sa source chez un auteur païen, mais qu'Olivi envisage avec beaucoup de respect : cet auteur n'est autre que Sénèque (vers 4 av. J.-C.-65).

SÉNÈQUE FRANCISCAIN ?

Nous savons que la pensée stoïcienne eut un impact conséquent sur la conception de l'éthique médiévale. Malheureusement, rares sont les études qui se sont intéressées à ce sujet [2]. Puisque Bonaventure, lorsqu'il définit la figure du Sage dans ses questions naturelles, ne cite pas moins de quarante-deux fois le nom de Sénèque, nous pouvons nous demander si Olivi a également subi l'influence des philosophes du Portique [3]. S'il n'est pas certain qu'il ait pu consulter de première main les ouvrages de Sénèque, nous savons qu'il a composé un commentaire de ses œuvres, puisque les inventaires de la bibliothèque d'Avignon mentionnent un « opus fratris Petri Johannis de dictis Senece » [4]. Ce texte a malheureusement été perdu et, bien qu'il se termine par la mention de la lettre 48, il est impossible de connaître son contenu. Dans le reste de ses écrits, Olivi fait un usage nettement plus réservé de Sénèque, se référant toujours à la première tradition des *Lettres à Lucilius* 1 à 88. Nous n'avons pu trouver que quatre références directes, qui se trouvent toutes dans la huitième *QPE*, ainsi que quatre références générales envers les Stoïciens que nous trouvons disséminées au fil d'autres traités [5].

Cependant, malgré le peu de référence directe, la correspondance d'idées entre Olivi et la tradition stoïcienne est évidente. Ainsi, l'idée d'une connaissance de soi directe dérivée de la perception sensible, que nous connaissons au travers du sens intérieur d'Augustin, trouve sa source chez les Stoïciens. Les doxographes antiques attribuent ainsi à des disciples de Chrysippe la définition d'appartenance à soi (οἰκείωσις) comme « un sens intérieur par lequel nous nous percevons nous-mêmes » et qui se rapproche d'une conscience de soi [6].

1. *Cf.* C. Casagrande, S. Vecchio, *I sette vizi capitali. Storia dei peccati nel Medioevo*, Torino, Einaudi, 2000, p. 190-194 ; Th. Ricklin, « Jean de Galles. Les *Vitae* de saint François et l'exhortation des philosophes dans le *Compendiloquium de vita et dictis illustrium philosophorum* », in *idem* (éd.), *Exempla docent, les exemples des philosophes de l'Antiquité à la Renaissance*, Paris, Vrin, 2006, p. 212-215.

2. *Cf.* J. Canning, *Histoire de la pensée politique médiévale*, *op. cit.* ; M. B. Ingham, *La vie de la sagesse. Le stoïcisme au Moyen Age*, Fribourg, Cerf, 2007.

3. *Cf.* E. Rivera de Ventosa, « Significacion ideologica de las citas de Seneca en San Bonaventura », *Estudios sobre Seneca, Helmantica*, 16, 1966, p. 310.

4. *Cf.* S. Piron, « Les œuvres perdues d'Olivi… », art. cit., p. 388-389.

5. *Cf.* P. J. Olivi, *QPE* VIII, *op. cit.*, p. 99, p. 112, p. 115 et p. 173 ; *De connexio virtutum*, q. VI, *op. cit.*, p. 274-276 ; *De usu paupere*, *op. cit.*, p. 144.

6. Aetius, *Placita*, IV, 8, 7, frag 2.852, trad. fr. D. Heller-Roazen, *Une archéologie du toucher*, *op. cit.*, p. 42. Sur la notion d'*oikeiôsis*, *cf.* B. Inwood, « L'*oikeiôsis* sociale chez Epictète », *in* K. Algra, P. Van der Horst, D. Runia (eds.), *Polyhistor : Studies in the History and Historiography of*

Bien que les contextes diffèrent, il est remarquable de constater la similitude des concepts et des exemples utilisés. Illustrant la question de la conscience, nous avons mentionné qu'Olivi insiste sur l'aspect actif et conscient du dormeur lorsque celui-ci, en analysant le cas du somnambule, introduit le terme de *semidormiens*. De la même manière, Hiéroclès souligne cette « semi-activité » du dormeur au travers de divers exemples : l'ivrogne, lorsqu'il dort, tient fermement sa bouteille; l'avare serre son argent, alors que la massue d'Héraclès ne quitte jamais la main du héros [1]. Si Olivi ne possédait de toute évidence pas les textes de Hiéroclès, la corrélation des idées et des exemples laisse supposer que la transmission de la pensée stoïcienne s'est effectuée indirectement, par l'entremise des auteurs de la fin de la période antique, notamment d'Augustin [2]. Nous retrouvons en effet cet exemple du dormeur chez l'évêque d'Hippone qui l'intègre dans une réflexion sur la responsabilité du péché durant le songe [3]. Cette notion sera progressivement développée et complétée au fil des siècles par les cas limites du fou et de l'enfant, pour trouver finalement son aboutissement en 1312 dans le canon, préparé par le Concile de Vienne et signé par Clément V sous le titre de *Si furiosus,* qui établit l'absence de responsabilité juridique de ces cas.

La comparaison entre Olivi et les Stoïciens se poursuit sur le terrain éthique. Hiéroclès prétend que la théorie de la connaissance de soi est le fondement le plus certain pour établir une éthique valable :

> La sensation contribue à la connaissance de la première chose qui nous appartient et c'est précisément de ce discours-là que nous avons dit qu'il constitue le meilleur point de départ pour les éléments de l'éthique [4].

Le Stoïcien s'empresse de préciser que la sensation dont il parle ici n'est autre que la perception de soi. Nous trouvons de manière similaire chez Olivi l'idée selon laquelle la connaissance de soi, qu'il compare au toucher, est un fondement essentiel pour l'éthique. Nous pourrions multiplier les exemples, mais ces quelques points suffisent à montrer que le stoïcisme trouve un écho, ou plus exactement une réinterprétation, dans la pensée franciscaine médiévale. Certaines notions y sont parfois explicitement reprises ou critiquées [5]. Ainsi, les trois points essentiels de la pensée stoïcienne que sont, selon Mary

Ancient Philosophy, Leiden, Brill, 1996, p. 243-264; G. B. Kerferd, « The Search for Personal Identity in Stoic Thought », *Bulletin of the John Rylands University Library of Manchester*, 55, 1972, p. 177-196; W. Kühn, « L'attachement à soi et aux autres », *in* M. O. Goulet-Cazé (éd.), *Études sur la théorie stoïcienne de l'action*, Paris, Vrin, 2011, p. 237-366.

1. *Cf.* Hiéroclès, *Tragicorum Graecorum Fragmenta,* vol II, 416, 2, ed. R. Kannicht, S. Radt, B. Snell, Göttingen, Vandenhoeck & Ruprecht, 1981.

2. *Cf.* par exemple, Augustin, *Confessions*, IV, IV, 8.

3. Cf. *ibid.*, X, XXX, 41 ; *Sermons sur les psaumes*, LXII, 2.

4. Hiéroclès, *Eléments d'éthique*, cité dans D. Heller-Roazen, *Une archéologie du toucher*, *op. cit.*, p. 127.

5. Olivi refuse par exemple l'idée stoïcienne selon laquelle il n'existe pas de degré de vertu. Cf. *De usu paupere*, VI, *op. cit.*, p. 144.

Beth Ingham, la dignité de la personne, la nature du domaine moral et l'explication du progrès moral, se retrouvent *mutatis mutandis* chez Olivi [1].

Si nous souhaitons comparer la morale stoïcienne à son interprétation médiévale, il convient de prime abord de tirer à grands traits les principaux fondements de l'éthique de l'école du Portique, pour autant que cela soit possible. La morale stoïcienne semble tiraillée entre deux mouvements : d'une part, elle dépend du Logos universel, qui gouverne le monde par sa raison ; d'autre part, elle provient du principe interne fondamental, qu'est la vertu. Cette dernière réside pour le sage stoïcien dans l'acceptation libre et réfléchie du destin. Le sage se trouve ainsi pris entre un déterminisme fort du Logos imposant sa loi et son assentiment personnel libre. Cette tension se retrouve au sein même de l'école du Portique [2]. Selon André-Jean Voelke, nous pouvons vraisemblablement imputer la thèse de l'assentiment libre à Zénon, tandis que l'idée d'un déterminisme universel ne serait apparue que plus tardivement avec Chrysippe. C'est finalement à Epictète qu'il revient d'avoir proposé une doctrine qui permet un équilibre entre ces deux thèses antinomiques, grâce à la notion de *proaïrésis*. Celle-ci relève d'un assentiment ou d'un choix réfléchi qui place le désir dans ce qui dépend de soi. Autrement dit, s'il existe un bien en soi et déterminé, celui-ci est toutefois conciliable avec la liberté humaine, car il réclame l'adhésion du sage.

Selon Ingham, cette tension au sein de la pensée du Portique n'a pas échappé aux médiévaux. Elle correspond au questionnement chrétien de la conciliation d'une norme morale existante en Dieu en tant que bien en soi et qui doit se réaliser au travers de chaque individu. En appuyant son propos principalement sur les écrits de Jean Duns Scot (1266-1308) et de Guillaume d'Ockham (1287-1347), Ingham souligne que les penseurs franciscains ont progressivement transformé cette dépendance de la morale envers l'ordre cosmique, en remplaçant la notion de Logos par celle de volonté [3]. Si pour les Stoïciens, la source de l'éthique est la vertu en tant que *bonum honestum*, le chrétien trouve le fondement de celle-ci dans son vouloir. Les Franciscains proposent alors un renversement complet de la morale stoïcienne. Là où le sage stoïcien n'accomplit que des actions vertueuses et ne se repent par conséquent jamais, le saint fait au contraire régulièrement acte de contrition pour ses péchés. L'idéal du sage stoïcien produisait un être en autarcie, intégralement vertueux et qui le rendait semblable aux dieux. Les Franciscains, malgré la corrélation évidente avec cette pensée, ont préféré humaniser l'idéal du saint, le rendant certes vertueux, mais capable d'erreur. Il ne s'agit donc pas de

1. *Cf.* M. B. Ingham, *La vie de la sagesse…*, *op. cit.*, p. 106. Nous conseillons la lecture de tout le chapitre IV de cet ouvrage sur « La volonté rationnelle : l'éthique franciscaine et la maîtrise de soi », p. 103-135.

2. *Cf.* A. J. Voelke, *L'idée de volonté dans le stoïcisme*, Paris, P.U.F., 1973, p. 39.

3. *Cf.* M. B. Ingham, *La vie de la Sagesse…*, *op. cit.*, p. 103.

posséder une vie parfaite, mais une charité parfaite, autrement dit un désir constant d'amélioration.

Avant de le prouver dans les lignes qui suivent, nous pouvons d'ores et déjà qualifier la morale d'Olivi de personnelle et d'exemplaire. Exemplaire, puisque nous montrerons qu'il existe un rapport d'interdépendance entre les différentes parties de l'univers : la morale de l'espèce angélique ne diffère pas de la morale humaine. Elle représente seulement un idéal à poursuivre. Personnelle, puisque la morale olivienne trouve son fondement non dans la loi inaltérable et impersonnelle du Logos, mais dans le rapport de la personne humaine aux personnes de Dieu. Personnelle également, puisqu'elle trouve son fondement dans une éthique non plus seulement institutionnelle, mais également individuelle, chacun devant juger la valeur de ses actes selon sa conscience. La synthèse du rapport antinomique entre Logos et l'assentiment humain se retrouve ainsi traduite dans un rapport entre le vouloir divin et la liberté humaine. Personnelle aussi, au travers de la figure du Christ et de François d'Assise, comme instituteurs et représentants d'une éthique nouvelle, centrée sur l'Incarnation et l'amour du monde d'ici-bas. Personnelle enfin, au travers de la personne des anges, qui par leurs actions ont montré que les êtres libres peuvent choisir le bien ou le mal sans autre raison que le pouvoir de leur volonté.

La pauvreté comme vertu première

Cicéron, au travers du *Songe de Scipion*, a offert à la tension stoïcienne entre Logos et assentiment une ouverture particulière que nous pouvons décrire comme une relation entre le macrocosme d'un monde gouverné par le *fatum* et le microcosme de l'âme rationnelle. Cette vision au travers du prisme du platonisme exerce un impact considérable sur le Moyen Âge [1]. Mary Beth Ingham considère ainsi que deux modèles éthiques se sont développés à la suite de cette conception du monde [2] : certains auteurs comme Ambroise, Guillaume de Saint-Thierry et Alain de Lille marquent une préférence pour le modèle macrocosmique, faisant de la prudence la vertu principale qui permet à l'homme de distinguer par sa raison ce qu'il convient de faire. Pour ces auteurs, il existe en l'homme une loi innée, qui lui dicte ce qu'est le bien et qui l'entraîne vers une vérité éternelle et immuable. *A contrario*, des penseurs tels qu'Abélard ou Guillaume de Conches adoptent un modèle microcosmique, affirmant que les vertus forment le caractère moral de la personne. La prudence s'identifie dès lors à la conscience morale.

La pensée d'Olivi s'accorde avec cette seconde vision microcosmique pour affirmer que la prudence ne joue pas un rôle central dans le développement des vertus. Lorsqu'Olivi se réfère à cette notion, c'est généralement pour critiquer

1. *Cf.* Platon, *Philèbe* 28d-30d ; *Timée* 29d-47e.
2. *Cf.* M. B. Ingham, *La vie de la Sagesse…*, *op. cit.*, p. 29-33.

Aristote. Il considère en effet que chaque vertu possède sa prudence spécifique, ce qui fait de cette dernière une notion générale et non la source de tout acte vertueux [1]. Le rapprochement avec le modèle microcosmique se lit également à la question LXXXII de la *Summa*, où Olivi affirme que la prudence est une sorte de conscience [2]. Mais plus que la prudence, la notion qui rapproche Olivi des philosophes du Portique est de toute évidence la pauvreté. Si nous considérons les quelques citations de Sénèque reprises par Olivi, la première qui apparaît dans la huitième *QPE* est particulièrement intéressante :

> Sénèque dit : « l'étude ne peut être salutaire sans la pratique de la sobriété. Or, la sobriété, dit-il, est une pauvreté volontaire » [3].

Olivi choisit de mettre en exergue un point peu connu de la doctrine stoïcienne, mais qui correspond parfaitement à l'idéal franciscain : la notion de pauvreté volontaire. L'idéal de frugalité de Sénèque – qui comptait pourtant parmi les hommes les plus riches de son temps – est relaté durant le Moyen Âge au moins depuis Abélard. Ce dernier présente le penseur antique comme « le plus grand adepte de la pauvreté et de la continence et le plus haut édificateur des mœurs entre tous les philosophes » [4]. Si la présentation de Sénèque paraît classique, Olivi fait intervenir la question de la pauvreté de façon étonnante, puisque la discussion traite d'un contexte purement théologique. L'argument principal repose sur la possibilité de contemplation divine en cette vie. Afin de prouver que l'homme doit délaisser les réalités sensibles et mondaines pour trouver un accès aux vérités divines, Olivi énumère une série d'autorités : Saint Bernard, Isaac de Ninive, Saint Jérôme et Sénèque ! De façon identique, nous retrouvons une incise, quelques pages plus loin, dans laquelle Sénèque est la seule autorité mentionnée entre Saint Grégoire, Saint Augustin et le livre de la Sagesse [5].

Olivi ne commente pas les passages tirés de ces auteurs. Il termine simplement son argumentation par une énumération d'autorités. L'insertion du philosophe païen au milieu de théologiens et de Pères de l'Eglise peut sembler surprenante. Si Olivi n'hésite pas à citer des auteurs antiques et principalement Aristote dans un contexte théologique, afin d'appuyer son propos, il n'insère jamais de sources païennes au milieu d'autorités religieuses, comme c'est le cas ici. L'explication se trouve sans doute dans une tradition remontant

1. *Cf.* P. J. Olivi, *Quaestio de connexione virtutum.*

2. Cf. *idem*, *Summa*, q. LXXXII, *op. cit.*, p. 176 ; J. Toivanen, « Perceptual Self-Awareness… », art. cit., p. 355-382.

3. P. J. Olivi, *QPE* VIII, *op. cit.*, p. 112. Cette citation est extraite de la *Lettre à Lucilius* 17, 5 : « Et Seneca ait : "Non potest studium salutare fieri sine frugalitatis cura. Frugalita autem – inquit – paupertas voluntaria est" ».

4. Pierre Abélard, *Epistula VII*, ed. T. P. McLaughlin, *Medieval Studies*, 18, 1956, p. 277 : « Maximus ille paupertatis et continentiae sectator et summus inter universos philosophos morum aedificator ».

5. P. J. Olivi, *QPE* VIII, *op. cit.*, p. 99, p. 115 et p. 173.

à Tertullien et qui considère que Sénèque est un moralisateur compatible avec la pensée chrétienne, voire qu'il est un auteur crypto-chrétien. Les médiévaux lui prêtaient même une correspondance apocryphe avec Saint Paul [1]. Olivi pourrait ainsi conférer à Sénèque une autorité importante, le considérant peut-être comme un auteur chrétien. Toutefois, sans le *De dictis Senece* qui aurait pu nous renseigner à ce propos, il est impossible de saisir le statut qu'Olivi accorde à Sénèque.

Quoi qu'il en soit, deux idées peuvent être déduites de cette première citation de Sénèque. La première concerne la question de l'utilité supposée de l'étude, voire de sa dangerosité. Rappelons que François d'Assise était très critique envers le désir d'acquisition du savoir. On peut penser à cette anecdote selon laquelle François aurait refusé à un novice l'acquisition d'un psautier. La raison invoquée pour ce refus souligne le danger de l'orgueil qui guette toute possession, même celle du savoir : « Quand on vous l'aura accordé, vous voudrez avoir un bréviaire, et d'autres livres ensuite : puis vous monterez en chaire comme un grand docteur, et vous vous ferez servir impérieusement par votre compagnon » [2]. A la suite de François, Olivi relève le danger de l'usage fréquent d'un bien tel qu'un livre, car cet usage peut entraîner une volonté de possession [3]. Toutefois, Olivi n'est pas un anti-intellectualiste, comme la montré à juste titre Catherine König-Pralong [4]. La fin du XIIIe siècle s'est départi de cette position. L'étude est alors largement admise, pour autant qu'elle soit ordonnée par un supérieur. L'analyse des quatre premières *QPE* prouve qu'Olivi défend lui-même l'étude au sein d'un idéal de vie mixte. Autrement dit, l'acquisition du savoir n'est pas en soi un danger, mais elle doit être considérée avec précaution, puisqu'elle peut conduire à la vanité et à l'orgueil. Sénèque, lorsqu'il affirme que l'étude, pour être salutaire, doit être accompagnée de sobriété, devient par conséquent une autorité de premier rang pour Olivi.

1. *Cf.* D. Carron, « Sénèque, exemplarité ambigüe… », art. cit., p. 307-333 ; A. Momigliano, « Nota sulla leggenda del cristianesimo di Seneca », *Rivista Storica Italiana*, 62, 1950, p. 325-344 ; J.-C. Fredouille, « Seneca saepe noster », *in* R. Chevallier, R. Poignault (éd.), *Présence de Sénèque*, Paris, J. Touzot, 1991, p. 127-142. Dans cet article, Jean-Claude Fredouille cite notamment Lactance qui, dans ces *Institutions divines,* affirme que Sénèque : « ne connaissait pas Dieu, mais qu'il aurait pu être un fidèle du vrai Dieu, si on le lui avait enseigné », p. 133. Sur les lettres apocryphes, *cf.* G. G. Meersseman, « Seneca maestro di spiritualità nei suoi opusculi apocrifi dal XII al XV secolo », *Italia medioevale e umanistica*, 15, 1973, p. 43-133 ; J. Schmidt, *L'apôtre et le philosophe : Saint Paul et Sénèque, une amitié spirituelle*, Paris, Albin Michel, 2000.

2. C. Chalippe, *Vie de St François d'Assise, instituteur de l'ordre des Frères mineurs*, Avignon, Seguin Ainé, 1824, p. 365. *Cf.* P. Maranesi, *Nescientes litteras. L'ammonizione della Regola francescana e la questione degli studi nell'Ordine* (*sec. XIII-XVI*), Roma, Istituto Storico dei Cappuccini, 2000.

3. *Cf.* P. J. Olivi, *QPE* VIII, *op. cit.*, p. 100 et p. 141.

4. *Cf.* C. König-Pralong, *Le bon usage des savoirs…*, *op. cit.*, p. 174-180.

Cette première citation de Sénèque ajoute une seconde idée qui est non moins importante : la pauvreté volontaire est nécessaire à l'accomplissement de la sagesse [1]. Si nous gardons à l'esprit que cet extrait se trouve dans les *QPE*, nous comprenons qu'Olivi conçoit cette dernière comme une exhortation à se détourner des réalités sensibles par une pauvreté volontaire, pour atteindre les seuls biens dignes d'être poursuivis, à savoir les vérités éternelles. Ainsi, bien que les conceptions de la pauvreté et de la sagesse diffèrent chez ces auteurs, tous deux s'accordent sur leur nécessité. Olivi considère la pauvreté comme une vertu. Elle n'est plus simplement un instrument pour parvenir à se parfaire, comme le croient Sénèque et les Dominicains – Thomas d'Aquin en tête [2] –, mais elle possède une valeur intrinsèque essentielle :

> La très haute pauvreté entre toutes [les vertus] qui peuvent être pensées – et peut-être sur toutes choses –, correspond à la plus haute et à la plus universelle vertu et à un statut de perfection [3].

La pauvreté devient même la plus essentielle des vertus. Utilisant le commentaire biblique comme lieu d'argumentation et de défense, Olivi rappelle que le Christ lui-même en a fait sa première béatitude : *Beati pauperes spiritu* (Mt 5, 3) [4]. La primauté et la valeur de la pauvreté résident principalement dans le fait qu'elle favorise toutes les autres vertus, conduisant ainsi à la perfection de celui qui la pratique [5].

1. *Cf.* D. Burr, *Olivi and Franciscan Poverty...*, *op. cit.*; *idem*, *L'histoire de Pierre Olivi...*, *op. cit.*; S. Piron, « Perfection évangélique... », art. cit.; *idem*, « La pauvreté dans l'expérience et la réflexion franciscaines... », art. cit.; R. Lambertini, *La povertà pensata. Evoluzione storica della definizione dell'indentità minoritica da Bonaventura ad Ockham*, Modena, Mucchi, 2000; G. Todeschini, *Richesse franciscaine, de la pauvreté volontaire à la société de marché*, trad. fr. N. Gailius, R. Nigro, Bologne, Verdier, 2004.

2. *Cf.* A. Boureau, *Le désir dicté. Histoire du vœu religieux dans l'Occident médiéval*, Paris, Les Belles Lettres, 2014, notamment p. 143-158; M.-Th. D'Alverny, « Un adversaire de St Thomas d'Aquin : Petrus Johannis Olivi », *in* A. Maurer (ed.), *St Thomas Aquinas. 1274-1974. Commemorative Studies*, Toronto, Pontifical Institute of Medieval Studies, 1974, p. 179-218.

3. P. J. Olivi, *QPE* VIII, *op. cit.*, p. 85 : « Sed paupertas altissima inter omnia quae cogitari possunt, et fore super omnia valet ad altissimam et universalissimam virtutum et statuum perfectionem ».

4. Si au travers d'Augustin, cette pauvreté spirituelle pouvait être comprise comme de l'humilité, Olivi propose dans son commentaire sur Matthieu de la considérer comme une pauvreté volontaire : « Per *pauperes spiritu*, secundum Augustinum et Chrysostomum, intelluguntur humiles qui parum habent de inflante spiritu. [...] Et secundum hoc le *spiritu* sumitur pro voluntate spirituali et fervida, ut sit sensus, *pauperes spiritu*, idest pauperes ex voluntate seu volontarii, et hic modus est litteralior, quamquam primus in hoc includatur », P. J. Olivi, *Lectura super Mattheum*, 5, 3, *in* T. Murtaugh (ed.), *Peter Olivi's Commentary on Matthew. A Critical Edition of Chapter 5, Verses 1-26 with a Commentary*, , Melbourne, 1992. *Cf.* E. Bain, *Eglise, richesse et pauvreté dans l'Occident médiéval, l'exégèse des évangiles aux* XIIe-XIIIe *siècles*, Turnhout, Brepols, 2014, p. 194-200, qui cite le commentaire de Matthieu d'Olivi tiré du MS. BnF lat. 15588.

5. Pour être exact, la pauvreté ne peut être parfaitement identifiée aux vertus, à moins que l'on veuille ainsi parler des vertus religieuses. Cela dit, la pauvreté est l'instrument et le vase pouvant

Parmi les quinze vertus qui découlent de la pauvreté selon Olivi, nous ne citerons que la première : l'humilité. Dans le testament de François et dans la *Regula non bullata*, pauvreté et humilité sont des notions qui se recoupent, puisque l'humilité est considérée comme un abandon de soi-même. Cela dit, une discussion s'instaure progressivement au sein de l'Ordre pour savoir quelle est la vertu première [1]. Hugues de Digne, puis Bonaventure indiquent leur préférence pour l'humilité, le Docteur séraphique allant jusqu'à affirmer qu'elle est « la somme de toutes les perfections chrétiennes » [2]. Olivi lui-même reconnaît que c'est grâce à l'humilité que Dieu règne dans les cœurs [3]. Cependant, l'élève s'oppose à son maître et place dans l'ordre d'importance la pauvreté avant l'humilité. Le contexte historique dans lequel Olivi doit défendre l'importance de l'*usus pauper* auprès même de ses confrères aura sans doute contribué à sa préférence pour cette vertu. Comme l'a souligné Sylvain Piron, cette inversion consciente de la primauté des vertus permet à Olivi d'engager le pauvre volontaire à la suite de la pauvreté du Christ [4]. Olivi veut en cela signifier que les véritables valeurs ne se trouvent pas dans ce monde et qu'il est nécessaire d'acquérir un esprit de pauvreté pour parvenir aux biens spirituels [5]. C'est en effet le seul moyen d'obtenir un goût ineffable qui permet de saisir leur vérité :

> Quiconque possède cet esprit de pauvreté, quoi qu'il rencontre de manière sensible dans les Ecritures ou dans le monde, cette réalité se montre tout entière comme le miroir et l'image des réalités spirituelles et éternelles. En effet, il sent par une certaine saveur (*sapor*) intime et très élevée de la pauvreté que toute réalité sensible et temporelle n'est rien. Et pour cette raison, il sent de manière immédiate, lorsque cette réalité se présente à lui, qu'elle est placée là à cause des autres réalités que nous avons désignées, et que ce point se rencontre de même dans tous les aspects des créatures [6].

recevoir toutes les vertus : « Haec paupertas est quasi vas et quasi instrumentum omnium virtutum ». P. J. Olivi, *QPE* VIII, *op. cit.*, p. 136.

1. *Cf.* François d'Assise, *Testament*, 6 ; *idem*, *Première Règle* (1221), chap. IX ; D. Flood, *Hugh of Digne's Rule Commentary*, Grottaferrata, St. Bonaventurae, 1979, p. 93.

2. Bonaventure, *Opera omnia*, 5, *op. cit.*, p. 199.

3. P. J. Olivi, *Compendium de virtute humilitatis* (*Lectura super Matheum*, chap. XVIII), *in* Bonaventura, *Opera omnia*, 8, Quaracchi, S. Bonaventurae, 1898, p. 659 : « Non immerito humilitas habet quendam primatum inter virtutes ; nam per ipsam solam Deus regant in corde ».

4. *Cf.* S. Piron, « La pauvreté dans l'expérience et la réflexion franciscaines… », art. cit., p. 36-52.

5. *Cf.* P. J. Olivi, *QPE* VIII, *op. cit.*, p. 135 ; *QPE* IX, *op. cit.*, p. 29 ; S. Piron, « le métier de théologien… », art. cit., p. 71-74.

6. P. J. Olivi, *QPE* VIII, *op. cit.*, p. 112 : « Habenti enim spiritum huius paupertatis, quidquid in scripturis occurit sensibile aut mundanum, totum se exhibet ut speculum et imago spiritualium et aeternorum. Sentit enim quodam intimo et altissimo paupertatis sapore omne sensibile et temporale esse nihil ; et ideo statim sentit, cum sibi occurit quod propter alia designanda est ibi positum, et idem contingit sibi in omni creaturarum aspectu ».

Le lecteur aura compris que cette saveur qui permet de saisir les métaphores des vérités éternelles n'est autre que le goût du bien, que nous avons présenté dans le chapitre précédent. Cette valeur normative de la vérité ne peut s'acquérir que dans un esprit de pauvreté. Un esprit obnubilé par la possession des richesses matérielles ne peut saisir qu'elles ne sont que le reflet des réalités spirituelles. Il ne peut par conséquent acquérir les vertus qui trouvent leurs origines dans la volonté et dans le goût spirituel, s'il ne délaisse pas cette volonté de possession, raison pour laquelle Olivi fait de la pauvreté une vertu en soi et la considère comme le plus important des vœux évangéliques, l'humilité en étant le premier bénéfice.

Être et paraître

Pour préciser encore en quoi consiste cette pauvreté volontaire, nous pourrions l'analyser au travers de la question de l'*usus pauper*. Toutefois, celle-ci a déjà été largement étudiée par les chercheurs contemporains [1]. Aussi, nous semble-t-il préférable d'aborder cette question au travers du prisme de la notion de *dominium*. Comme annoncé plus haut, la très haute pauvreté ne consiste pas essentiellement dans un abandon des richesses matérielles, mais dans un abandon de soi-même. Olivi engage même le profès à aller plus loin : l'idéal de pauvreté correspond à une prise de conscience de n'être rien, à un mépris de soi qui s'assimile à une annihilation :

> Un très haut dénuement est l'occasion de se sentir n'être rien tant selon l'existence que selon l'apparence. [...] En effet, ce par quoi quelqu'un est affecté et mu à assumer et à maintenir une telle pauvreté pousse à embrasser un très haut avilissement, une abjection et presque une annihilation de soi [2].

Si Olivi, comme à son habitude, use de termes forts, il s'inscrit toutefois dans la droite ligne de pensée d'Augustin, qui n'hésitait pas dans ses sermons à exhorter le chrétien à une haine de soi (*odium sui*) [3]. Si l'orgueil, qui se trouve à l'origine de tout péché, consiste en un amour de soi excessif, il semble logique de vouloir le brider en progressant sur le chemin opposé de l'abnégation de soi. Dans cette perspective, de nombreux théologiens ont relevé la petitesse de l'existence humaine au vu de sa dépendance ontologique à Dieu. Il n'y a donc rien d'étonnant à ce qu'Olivi affirme que la pauvreté est « l'occasion de se sentir n'être rien selon l'existence ». Cela dit, le complément qu'il propose au

1. *Cf.* D. Burr, *Olivi and Franciscan Poverty...*, *op. cit.* ; S. Piron, « La pauvreté dans l'expérience et la réflexion franciscaines... », art. cit. ; F. Loiret, *L'usage et la joie*, *op. cit.*

2. P. J. Olivi, *QPE* VIII, *op. cit.*, p. 87 : « Unde inopia summa est occasio sentiendi se esse nihil tam secundum existentiam quam secundum apparentiam. [...] Eo enim ipso quo quis afficitur et movetur ad talem paupertatem assumendam et tenendam, eo ipso movetur ad amplexum summae vilificationis et abiectionis et quasi annihilationis sui ».

3. *Cf.* H. Arendt, *Le concept d'amour chez Augustin*, *op. cit.*, p. 24-35.

travers de la notion d'apparence (*apparentia*) révèle tout l'importance de cet extrait. Olivi fait référence à la question du paraître social qui n'est que très rarement mise en exergue par les théologiens de l'époque. Il insiste sur le fait que certains hommes ressentent la nécessité d'être admirés par leurs semblables. Le faste et la pompe que certains aiment exhiber semblent plus relever d'une question d'obligation que d'agrément, car certains requièrent la reconnaissance d'autrui pour se sentir exister. Olivi souligne que cet apparat ne change rien à la présence ou à l'absence de vertu. Un prélat peut par exemple monter à cheval sans pour autant être vicieux. Il le fera peut-être par la nécessité due à un long voyage. Toutefois, pour Olivi l'apparence revêt une forme particulière de danger. Elle peut en effet enfermer les hommes dans un orgueil qui se traduit par l'ambition et la volonté de pouvoir sur autrui :

> La présomption ou le fait de présumer de soi est pour ainsi dire le siège et la racine de l'orgueil, mais l'ambition ou le désir d'honneur ou de renommée est pour ainsi dire leur souche [1].

Par effet d'opposition, la vertu et la sainteté s'accompagnent d'humilité selon Olivi. Elles ne sont pas ostentatoires, elles ne relèvent pas de l'apparence, mais de l'être. Ainsi, la vertu réside dans un renoncement volontaire à soi, opposé à tout besoin de paraître. Olivi propose au sein du traité sur l'humilité, qui se trouve dans la *Lectura super Mattheum*, d'emprunter le cheminement contraire pour comprendre cette volonté d'abnégation : adoptons le point de vue d'un homme qui aime exhiber ses richesses, car il requiert la reconnaissance d'autrui. Aux yeux de cet homme, la pauvreté volontaire, en tant qu'abandon de soi, est une déchéance insoutenable. Si cet individu se sent en effet apprécié et estimé dans le regard des autres, *a contrario*, lorsque sa réputation diminue, il se sent comme mourir à autrui :

> Un tel homme considère un grand mépris à son encontre comme une annihilation de soi. En effet, plus l'homme se sent vivre dans le cœur des autres, plus il se sent apprécié par eux ; et de même, plus il se sent vivre pour lui, plus il rencontre de gloire et de grandeur ou de choses de cette valeur. Mais de la même façon, plus l'appréciation et la renommée est enlevée ou diminuée et moins il se sent réputé dans les cœurs, plus il se sent mourir et être annihilé dans ces cœurs [2].

1. P. J. Olivi, *QPE* VIII, *op. cit.*, p. 87 : « Praesumptio enim seu praesumere de se est quasi prima sedes et radix superbiae, ambitio vero seu appetitus dignitatis et famae est quasi stipes eis ».

2. *Ibid.* : « Grandem contemptum sui homo talis reputat sicut sui annihilationem. Tantum enim homo se sentit vivere in cordibus aliorum, quantum se sentit appretiari ab eis ; et similiter tantum se sentit homo vivere sibi, quantum occurit sibi ut gloriosus et ut res magna aut alicuius valoris. Quantum autem huiusmodi appretiatio et fama tollitur vel minuitur et a quot cordibus sentit se non reputari, etiam a tot cordibus sentit se homo mori et annihilari ».

Relevons le vocabulaire économique mis en place par Olivi dans cet extrait [1]. La valeur (*valor*) d'un homme est appréciée (*appretiatio*) par la renommée que les autres lui accordent. L'homme avide de reconnaissance se trouve ainsi pris dans une économie de marché où il est dépendant de l'estimation d'autrui. S'il perd sa réputation, il se sent malgré lui mourir et être annihilé. Plus encore, la liberté donne l'impression de posséder un pouvoir divin et semble procurer une gloire semblable à celle que Dieu peut offrir [2]. Limiter ce pouvoir en soumettant sa liberté par le vœu d'obéissance semble être contre nature :

> La donation de [la liberté et de la domination de notre volonté] par le vœu est au-dessus de tout, au-dessus de la nature et d'une certaine façon contre la nature de la volonté. En effet, par ce vœu, elle se nie elle-même de part en part, elle s'oublie et d'une certaine façon, elle se sépare totalement d'elle-même [3].

De manière paradoxale, Olivi va entreprendre de prouver l'exact contraire de la position de l'homme orgueilleux : le principal avantage du renoncement à soi consiste en un gain de liberté. La pauvreté volontaire fournit en effet une indépendance par rapport à cette économie de la reconnaissance. Si le pauvre volontaire apparaît aux yeux de certains comme un être impuissant et misérable, il est au contraire valorisé par Olivi. Dans un contexte où la *fama* se révèle d'une importance considérable tant d'un point de vue social que juridique – l'*infamie* définissant alors l'état de celui qui est supposé criminel – la pauvreté absolue, en tant qu'elle renvoie au fait de se considérer comme rien, prend le contre-pied de la notion de paraître social [4]. Le pauvre volontaire ne requiert pas la reconnaissance d'autrui pour vivre et être heureux. Bien plus, cette pauvreté amène le croyant, par la compréhension de sa dépendance ontologique envers Dieu, à la vertu d'humilité. Ainsi, non seulement le pauvre ne risque pas de tomber dans le péché d'orgueil, mais il n'en est que plus libre, puisqu'indépendant du regard d'autrui. L'abandon volontaire de son pouvoir sur autrui permet ainsi à l'individu d'augmenter et d'affirmer sa liberté propre.

1. *Cf.* S. Piron, « La pauvreté dans l'expérience et la réflexion franciscaines… », art. cit. ; *idem*, « Perfection évangélique… ». art. cit.

2. P. J. Olivi, *Compendium de virtute humilitatis*, chap. XVIII, *op. cit.*, p. 661 : « Altitudo enim prioritatis et praesidentiae et singularis praecellentiae et nulli subesse nulliusque legibus coarctari, sed in omnibus ut propriam voluntatem sequi, haec, inquam, se exhibent menti tali, et quoddam divinum esse et posse et quaedam gloria quasi Dei ; et ideo est difficillium sensus et radices in tali medullitus inhabituatos a se eradicare ».

3. *Idem*, *QPE* V, *Studi Francescani*, 63, 1965, p. 98 : « Et istius [i.e. libertas et dominium voluntatis nostrae] per votum donatio est super omnia, supra naturam et quodammodo contra naturam voluntatis nostrae. Per hoc enim funditus seipsam abnegat et obliviscitur et a seipsa quodammodo totaliter separatur ».

4. *Cf.* C. Gauvard, « La *fama*, une parole fondatrice », *Médiévale*, 12, 1993, p. 5-13 ; A. Porteau-Bitker, A. Talazac-Laurent, « La renommée dans le droit pénal laïque du XIII e au XIV e siècle », *Médiévale*, 24, 1993, p. 67-80 ; M. Billoré, M. Soria, *La rumeur au Moyen âge : du mépris à la manipulation, V e-XV e siècle*, Rennes, PUR, 2011.

Il semble qu'Olivi ait mis en pratique ce principe dans son propre parcours. A la fin de la *Lettre aux princes angevins* (1294), – lettre sollicitée par Charles II d'Anjou, fils du roi de Naples, retenu en otage au couvent des Frères mineurs de Barcelone par le roi d'Aragon –, Olivi explique les raisons qui l'ont empêché d'écrire plus tôt. La première raison n'est autre que l'humilité. Certaines personnes auraient vraisemblablement préféré recevoir elles-mêmes cette tâche, « vu l'honneur et la considération découlant forcément d'une telle mission ». Olivi prétend s'être décidé dans un premier temps de ne pas honorer cette demande, sentant tout le danger qui accompagne une telle considération :

> Ici le rayonnement de notre condition « mineure » s'obscurcit et vacille, tandis que s'étalent en face du monde entier les traits et la figure rien moins qu'édifiante de l'ambition et de l'avidité, si cette cour n'est embellie par les circonstances les plus valeureuses et brillantes, là, au contraire, brillent dès l'abord l'humilité, l'affection et la fidélité reconnaissante, quoique l'hypocrisie, par quelque calcul d'avenir, puisse y glisser sa tromperie. [...] Voilà pourquoi je choisis et j'ai choisi de réprouver très souvent en privé comme en public ma misérable vie, pour ne pas offusquer le rayonnement de la vie du Christ par les ténèbres de ma vie [1].

Olivi semble ainsi percevoir la nécessité de l'humilité et, *a contrario*, tous les dangers qui se cachent dans l'orgueil ou dans les espoirs de récompenses, autrement dit dans l'attachement aux réalités matérielles. Il semble que le dogme de pauvreté qu'il défend, à l'instar de François d'Assise, ne soit pas resté lettre morte, cherchant à le mettre en pratique au sein même de sa vie.

Dominium *temporel et* dominium *spirituel*

Nous avons affirmé que la morale franciscaine repose sur l'exemplarité. Le modèle que suit Olivi est celui de François, mais seulement en tant que ce dernier est le rénovateur de la vie du Christ. La huitième *QPE* montre en ce sens comment le Christ est un modèle de pauvreté volontaire et d'annihilation de soi, puisqu'il a su dans son humanité et dans son incarnation abandonner son statut de Seigneur, pour montrer que son royaume est spirituel [2]. Dans ce contexte, Olivi introduit une notion essentielle pour son propos, celle de *dominium* :

> Cela eût été une grande indignité pour le Christ, seigneur (*dominus*) universel de toutes choses, de réclamer pour lui-même une seigneurie (*dominium*) propre sur quoi que ce soit, et surtout sur des biens temporels, et plus encore de la façon dont les hommes se les approprient. Cette pauvreté a mieux démontré le

1. P. J. Olivi, *Lettre aux princes angevins*, éd. F. Ehrle, *ALKGMA*, 3, 1887, p. 534-40, trad. fr. M. H. Vicaire, *Cahiers de Fanjeaux*, 10, 1975, p. 135-136.

2. *Cf.* Jn 18, 36 : « Mon royaume n'est pas de ce monde. Si mon royaume était de ce monde, mes serviteurs auraient combattu pour moi afin que je ne fusse pas livré aux Juifs ; mais maintenant mon royaume n'est point d'ici-bas ».

> pouvoir universel du Christ que ne l'aurait fait quelque abondance de richesses humaines, car le vrai maître des biens temporels est celui qui les méprise et les foule aux pieds. [...] Si le Christ avait eu quelque pouvoir et seigneurie (*potestas et dominium*) temporelles, ce qu'il a fait de vertueux dans le monde aurait davantage été attribué au pouvoir des richesses qu'au pouvoir de sa divinité et sa sainteté. Lorsqu'il a accompli des miracles, étant le plus pauvre qui soit, cela n'a pu être attribué à aucun pouvoir temporel, mais au seul pouvoir divin et spirituel [1].

Le Christ a ainsi donné, selon Olivi, l'exemple idéal de ce qu'est la pauvreté. C'est au serviteur que l'on confie le soin de l'entretien des biens, du *negotium*. La vraie seigneurie ne doit pas être dépendante des préoccupations matérielles : « le vrai maître des biens temporels est celui qui les méprise et les foule aux pieds ». Olivi insiste sur l'opposition entre le pouvoir temporel et le pouvoir spirituel [2]. Aucun *dominium* temporel ne peut fournir une liberté réelle, puisqu'il enchaîne l'homme dans une dépendance du pouvoir et des richesses matérielles. L'argument est poussé plus loin : si le Christ avait possédé un quelconque *dominium* temporel, nous aurions attribué ses actions non pas à sa divinité, mais à ce pouvoir et à ses richesses. Par conséquent, le *dominium* spirituel est infiniment plus élevé que tout *dominium* matériel.

Cette exemplarité se retrouve également chez François d'Assise qui a quitté toutes ses richesses et s'est dénudé pour suivre l'enseignement du Christ [3]. Aussi, est-ce pour cette raison que François est le *renovator Christi* [4] : il est lui-même un modèle qui a montré que la pauvreté ne consiste pas seulement dans un abandon des richesses, mais qu'elle implique un « usage pauvre », au sens d'une intention volontaire et d'un engagement continué dans la perfection de la vie évangélique. François est ainsi un idéal-type qui, à la différence du Christ qui conservait sa divinité, fut un homme ordinaire qui a su s'élever à un état de perfection et devenir ainsi un modèle accessible à tous ceux qui s'engagent sur la voie de la perfection évangélique [5].

1. P. J. Olivi, *QPE* VIII, *op. cit.*, p. 135-136, dans la trad. de S. Piron, « La pauvreté dans l'expérience et la réflexion franciscaines... », art. cit., p. 11-12.

2. Nous pouvons à nouveau établir un parallèle avec le monde économique. Sylvain Piron a ainsi souligné à plusieurs reprises l'opposition qui existe entre le monde du vœu et celui des contrats, en insistant sur l'idée que, selon Olivi, la liberté fournit à la personne une certaine « domination naturelle » sur les choses matérielles : « [voluntas] naturalem habet libertatem qua omnibus mundanis superfertur [...] per modum cuiusdam dominii naturalis », *QPE* VIII, *op. cit.*, p. 125. *Cf.* Introduction au *Traité des contrats*, *op. cit.*, p. 27-71.

3. *QPE* IX, *op. cit.*, p. 32 : « Sed regula Francisci et tota eius vita dicit se profiteri evangelium Christi ».

4. *Cf.* P. J. Olivi, *QPE* VIII, *op. cit.*, p. 148-161.

5. Nous comprenons ainsi le terme « idéal-type » au sens où Hannah Arendt le définit dans la seconde partie des *Considérations morales*, au travers de la figure de Socrate. Elle montre en effet que celui-ci n'est ni un héros, ni un penseur professionnel, mais devient un modèle, car à partir de son statut d'homme ordinaire, il a su accomplir la meilleure vie possible. *Cf.* H. Arendt, *La vie de l'esprit*, *op. cit.*, p. 220.

Cette haute pauvreté exemplifiée par le Christ et par François démontre l'importance de la volonté de renoncement à soi et du détachement face aux choses matérielles. Nier l'importance de la possession et du paraître permet à l'individu de comprendre qu'il n'est rien, ou plus exactement que son existence dépend de manière absolue de Dieu. L'opposition entre *dominium* temporel et spirituel correspond ainsi à l'opposition entre le besoin de reconnaissance d'autrui et le devoir de reconnaissance qui doit être porté à Dieu. Dans les deux cas, le premier terme doit être abandonné au profit du second. Les richesses qui découlent du *dominium* spirituel sont bien plus essentielles, comme l'explique la *Lectura super Mattheum* :

> Sous le nom de pauvreté, on peut comprendre l'amour des biens célestes, rejetant et repoussant tout bien transitoire, ou un statut tel que celui de l'adhésion à Dieu dans lequel l'homme dépasse et s'éloigne de toute cupidité et possession des biens temporels [1].

L'accès à ces biens célestes ne peut se réaliser que par l'acquisition des vertus qui découlent de la très haute pauvreté [2]. Celle-ci offre ainsi une richesse et un *dominium* qui en un certain sens transcendent même notre propre pouvoir :

> Cette pauvreté transcende également tout ce par quoi nous pouvons avoir un pouvoir selon le mode du droit temporel. Et ainsi, elle transcende en quelque sorte notre propre pouvoir. C'est pourquoi elle semble inclure en elle les richesses célestes qui, bien que nous puissions les posséder pleinement, ne sont cependant pas à proprement parler en notre pouvoir [3].

Olivi précise ainsi le pouvoir de ces deux *dominia :* le premier, qui porte sur les choses temporelles et sur autrui, comporte un grand danger car il peut nous enfermer dans une volonté de puissance orgueilleuse ; le second, qui porte sur les réalités célestes, se trouve à la fois en notre pouvoir et à la fois le

1. P. J. Olivi, *Lectura super Mattheum*, *op. cit.*, p. 634 : « Sub nomine paupertatis potest sumi amor divitiarium caelestium, reiciens et asperans omne transitorium, vel status talis adhaesionis ad Deum quod homo superfertur et sequestratur ab omni cupiditate et possessione temporalium ».

2. Le lien entre le rapport à soi et les vertus est déjà établi par Aristote dans son *Ethique à Nicomaque*, IX, 4, 1166a1-b30. Le Stagirite différencie deux amours de soi, l'un vertueux reposant sur les biens intrinsèques et assimilé à la pratique des vertus, et l'autre vicieux, reposant sur les biens extrinsèques. Cette position est reprise par Thomas d'Aquin dans sa *Somme de théologie*, Ia-IIae, q. 25, art. 4, qui voit même dans l'amour des personnes divines pour elles-mêmes le modèle de l'amour de soi. Olivi, bien qu'il tende plutôt vers la position augustinienne, qui selon le texte de Paul oppose les φίλαυτοι aux φιλόθεοι (*cf.* Paul, II, Tim, III, 2-4), ne semble pas s'opposer à cette lecture.

3. P. J. Olivi, *QPE* VIII, *op. cit.*, p. 129 : « [Paupertas haec] transcendit etiam omne illud cui secundum modum iuris temporalis dominari possumus. Et ita quodammodo transcendit nostrum dominium. Unde videtur in se inclusdere caelestas divitias quas, etsi plene habere possumus, non tamen proprie dominari ».

transcende [1]. Il nous dépasse dans le sens où il est divin et que nous ne pouvons par conséquent pleinement le posséder par nous-mêmes. Il est toutefois accessible par le renoncement à soi. Puisque nous pouvons devenir dépendants du premier *dominium*, le seul véritable pouvoir est le *dominium* spirituel qui s'acquiert par l'abnégation de soi. Ce renoncement à soi ne peut se réaliser que si l'individu parvient, grâce à sa volonté libre, à une maîtrise sur soi qui lui permet de s'abandonner à Dieu. C'est cette maîtrise qui permet au sage stoïcien de parvenir à l'ataraxie et au chrétien d'acquérir une perfection évangélique. Si nous nous permettons de nous référer derechef au stoïcisme, c'est d'une part que les philosophes du Portique définissaient également la maîtrise de soi comme un détachement du monde qui amène à une pleine liberté, mais surtout parce qu'Olivi cite à nouveau Sénèque pour asseoir son propos :

> Sénèque dit : « Il est pleinement heureux et il a la tranquille possession de lui-même, celui qui attend le lendemain sans inquiétude » [2].

La maîtrise de soi est donc une notion essentielle tant pour le stoïcisme que pour les Franciscains. Mary Beth Ingham propose d'expliquer cette connexion entre les deux traditions par le fait que la pratique de la pauvreté contribue tant à l'idéal du sage stoïcien que du saint [3]. Il faut dès lors souligner le superbe paradoxe du propos : c'est dans le renoncement à soi que l'on acquiert une maîtrise de soi. Cette apparente contradiction s'explique par le fait que l'abandon volontaire du premier type de *dominium* offre en réalité un accès au second type. Par conséquent, si la très haute pauvreté est essentielle à sa pensée, Olivi affirme également que le renoncement volontaire au paraître et au besoin de reconnaissance engendre une indépendance vis-à-vis des réalités matérielles, qui permet un accès aux biens célestes, par l'humilité et l'acquisition des autres vertus.

Le vœu continué

Ce paradoxe du renoncement et de l'acquisition de soi est intrinsèquement lié à celui que nous avions précédemment relevé dans la notion de personne, l'abandon de la personne morale permettant l'accès à la personnalité singulière.

1. Il se peut qu'Olivi ait présent à l'esprit les notions d'*uti* et de *frui* chez Augustin lorsqu'il développe ce point. *Cf.* Augustin, *La doctrine chrétienne*, I, 4, 4 ; *La cité de Dieu*, XV, 7, 1.

2. P. J. Olivi, *QPE* VIII, *op. cit.*, p. 115 : « Et Seneca ait : "Beatissimus et securissimus est sui possessor qui crastinum sine sollicitudine exspectat" ». Cette citation est extraite de la *Lettre à Lucilius,* XII, 9 et se retrouvera dans le traité de la très haute pauvreté d'Ubertin de Casale. *Cf.* G. L. Potesta, « Le traité d'Ubertin de Casale sur la pauvreté du Christ et des apôtres », *Oliviana*, 2012, http://oliviana.revues.org/478. Nous pourrions également relever la page 173 : « Et Seneca ait : "Qui vult deponere desideria rerum omnium quarum cupiditate flagravit, oculos et aures ab his quae reliquit, avertat" », qui cite la lettre LXIX.

3. *Cf.* M. B. Ingham, *La vie de la sagesse..., op. cit.*, p. 104-105. Cette idée de volonté rationnelle se retrouvera fortement chez Duns Scot qui considère la maîtrise de soi comme le fondement de son éthique.

Les deux renoncements à soi – gnoséologique pour la personne et éthique pour le *dominium* – permettent en effet un approfondissement de la conscience individuelle, en fonction de la compréhension épistémologique ou morale de ce terme. Jean-Claude Schmitt relève également ce lien entre abandon et appropriation de soi au cœur même de la définition de la personne. Le renoncement à soi suppose paradoxalement un approfondissement de la conscience individuelle [1]. Par conséquent, la personne se réalise pleinement et acquiert une parfaite maîtrise d'elle-même lorsqu'elle se considère comme rien.

Le paradoxe se résout lorsque l'on considère que la privation du *dominium* temporel n'est nullement un abandon de toute forme de volonté. Elle en est au contraire l'exaltation. Ainsi, les frères lors de l'*abdicatio juris* délaissent tant leur volonté de *dominium* que leur personne morale, mais ne renoncent pas pour autant à leur volonté propre. Certes, le vœu – et en particulier celui d'obéissance – s'oppose à la nature même de la volonté individuelle, comme nous l'avons vu plus haut [2]. Cependant, l'obéissance ne consiste pas en une privation absolue de la volonté du profès au profit de la communauté. L'abandon de la personne juridique se fait au profit d'une pleine possession de soi et d'un engagement de la volonté propre qui doit être permanent. Olivi défend cette idée au travers de la notion de vœu continué (*votum continuatum*) ou de contrainte volontaire. Selon lui, l'engagement formulé au moment du vœu doit être renouvelé sans cesse pour être valide. Le vœu n'a en effet pas de valeur contraignante en lui-même. Il dépend de la volonté de celui qui l'émet. A l'image du saint dont nous avions affirmé qu'il est capable d'erreur et qui cherche toujours un état de perfectionnement, celui qui fait vœu de pauvreté doit sans cesse renouveler son engagement [3]. Et Olivi est explicite à ce propos : le vœu, l'abandon de soi à Dieu ne supprime en rien la personne. Au contraire, il la porte à son degré le plus intense en engageant sans cesse sa liberté, puisque le frère doit à chaque instant renouveler son intention volontaire de s'abandonner :

> Cette donation faite à Dieu par le vœu n'enlève pas cette propriété que nous possédons et par laquelle nous sommes naturellement les maîtres de nos actes et de tout ce qui dépend de la faculté du libre-arbitre. Cette donation également par laquelle il a été donné dès le départ ce qui appartenait de droit à celui qui a prononcé le vœu, demeure toujours et est toujours répliquée [4].

Le vœu serait ainsi caduc s'il n'était pensé et voulu qu'au moment de l'ordination. Un vœu perpétuel ne signifie pas qu'il est établi pour l'éternité, mais

1. *Cf.* J.-C. Schmitt, *Le corps, les rites, les rêves, le temps, op. cit.*, p. 261
2. *Cf.* P. J. Olivi, *QPE* V, *Studi Francescani*, 63, 1965, p. 98.
3. *Cf.* S. Piron, « L'expérience subjective... », art. cit., p. 53.
4. P. J. Olivi, *QPE* V, *op. cit.*, p. 104 : « Donatio facta Deo per votum non aufert proprietatem illam quam habemus per hoc quod naturaliter sumus domini actuum nostrorum et omnium eorum quae subiacent facultati liberi arbitrii. Donatio etiam ipsa, qua datum fuit a principio quod erat iuris proprii, in eo cui votum placet, semper manet et semper replicatur ».

qu'il doit, à l'instar de la création, être renouvelé à chaque instant [1]. C'est à ce prix que l'engagement est absolument libre, puisqu'à tout moment, le frère a la possibilité de déroger à la règle ou de poursuivre son vœu.

C'est pour cette raison également que la pauvreté est préférée à l'humilité, puisqu'elle comporte une part active et volontaire et qu'elle offre ainsi à l'être humain un espace supplémentaire de liberté. Par l'usage pauvre, le moine ne s'encombre pas des préoccupations liées à la propriété. Il refuse toute possession et tout *dominium* sur le monde sensible et acquiert une plus grande liberté d'action et de pensée. Les autres vertus, qui sont également une forme de détachement, ne s'en trouvent que plus facilement accessibles. C'est en renonçant à sa personne morale, à la renommée sociale et à son *dominium* sur les choses temporelles que le frère atteint la plus haute maîtrise de son libre-arbitre, puisque c'est en remettant sa volonté à Dieu qu'il affirme au plus haut degré la maîtrise de soi. L'abandon n'est en effet possible que lorsque l'individu a une pleine possession de soi [2]. Le renoncement à la personne morale permet une exaltation de la personne humaine, pleinement libre et volontaire, dont la portée trouve écho jusque dans l'au-delà :

> Cette pauvreté commence en embrassant tout le temps de cette vie et se consomme dans la patrie en perdurant éternellement [3].

« Deux amours ont fait deux cités »

Après avoir établi l'opposition entre pauvreté et orgueil, il convient de comprendre le rapport qui se tisse entre l'amour de soi et la liberté de pécher. Le fait qu'un homme décide volontairement de commettre un acte mauvais en toute connaissance de cause ne s'oppose-t-il pas à son désir naturel du bien ? S'inspirant d'Augustin, Olivi devra démontrer que l'amour naturel que l'homme porte à sa personne peut devenir vicieux et désordonné. Il s'agira par suite de comprendre comment se produit ce dérèglement et de définir quel rôle la volonté joue dans ce processus.

Amor privatus *vs* amor socialis

> De même que l'amour est la racine de toutes les affections, de même l'amour de soi est la racine de toutes les affections sans vertu [4].

1. P. J. Olivi, *Summa*, q. IX, *op. cit.*, p. 169 : « Esse creaturae dependet a Deo quod per solam desitionem seu cessationem dandi sibi esse statim cadit in nihilum ».
2. *Cf.* S. M. Kaye, « Why the Liberty of Indifference is worth wanting… », art. cit., p. 21-42.
3. P. J. Olivi, *QPE* VIII, *op. cit.*, p. 132 : « Sic paupertas ista hic inchoatur totum tempus huius vitae in circumplectendo et in patria consommatur illic perdurando aeternaliter ».
4. *Idem*, *Traité des démons*, q. XLIII, *op. cit.*, p. 100-101 : « Sicut amor est radix omnium affectionum, sic amor sui est radix omnium affectionum non virtualium ».

La position d'Olivi est claire : l'amour désordonné de soi est la source de tous les vices. Toutefois, ceci peut paraître étonnant puisqu'à la question CIII de la *Summa*, Olivi n'hésite pas à rappeler que les Ecritures – notamment le livre de Timothée et de l'Ecclésiaste [1] – affirment que l'*initium omnis peccati est superbia* [2]. De la même manière, Augustin et Grégoire prétendent que l'orgueil est la racine de tout péché [3]. Olivi concilie sa position avec celle des autorités en affirmant que l'orgueil est conçu par ces dernières sous un mode général qui sert à exprimer ce que sont tous les péchés. Autrement dit, chaque péché contient une forme d'orgueil, qui en est la racine, et c'est en ce sens qu'il est dit être le commencement de tous les péchés.

Cet orgueil se divise en deux modes : le premier considère ce vice comme une préférence de la volonté propre au détriment de la volonté de Dieu. Il introduit de cette manière un mépris de Dieu. Le second mode exprime un péché par lequel quelqu'un s'estime supérieur et recherche une gloire plus grande pour soi au mépris d'autrui [4]. Le premier mode exprime la raison formelle de tout péché, tandis que le second qui découle d'une volonté de pouvoir (*imperium*) exprime la cause finale. Pour illustrer son propos, Olivi commente un passage de Grégoire à propos de l'orgueil du chef militaire[5] :

> Le premier mode est la racine, c'est-à-dire la raison radicale et formelle de tout péché, mais le second mode n'est pas simplement la racine de tous, mais seulement de tous ceux qui sont causés par la suprématie [du chef militaire] [6].

1. Eccl., 10, 15 ; Timoth., 6, 10

2. P. J. Olivi, *Summa*, q. CIII, *op. cit.*, p. 232. Olivi cite également comme autorité Grégoire le Grand, dans *Moralium* XXXI.

3. *Cf.* Augustin, *Super Genesis ad litteram*, XI, 8 ; Grégoire le Grand, *Moralium*, XXXI, 45, n. 87.

4. P. J. Olivi, *Summa*, q. CIII, *op. cit.*, p. 239 : « Superbia dicit uno modo quandam generalem rationem omnis peccati. In omni enim peccato ipse peccans praefert suam voluntatem voluntati Dei et avertit se ab aliqua perfectione Dei, et hoc convertendo se ad aliquid quod sibi praefert. In his autem interpretative includitur quidam contemptus Dei et nimia extollentia sui ipsius et suae propriae potestatis et libertatis. Secundo modo superbia dicit quandam speciem peccati quo quis ex speciali intentione se nimis aestimat et de sua gloria inaniter gloriatur et ampliorem gloriam vane appetit et aliis arroganter se praefert et eos arroganter contemnit ».

5. *Cf.* Grégoire le Grand, *Moralium*, XXXI, 45, n. 87, *Opera omnia*, I, Venise, 1768, p. 153 : « Superbia, dum plene cor ceperit, mox illud septem principalibus vitiis quasi suis ducibus devastandum tradit. Quos duces exercitus sequitur, quia ex eis vitiorum multitudines oriuntur. Radix quippe cuncti mali est superbia, primae autem eius soboles sunt septem principalia vitia ».

6. P. J. Olivi, *Summa*, q. CIII, *op. cit.*, p. 240 : « Primum modum est radix, id est, radicalis et formalis ratio omnis peccati, secundo autem modo non est simpliciter radix omnium, sed solum omnium illorum quae per eius imperium causantur ». Le chef militaire fait évidemment également référence à Lucifer, chef des armées angéliques.

Le premier péché, qui fut celui de Lucifer et qui devint ainsi la racine de tout mal, fut un péché d'orgueil selon le second mode, à savoir un amour de soi superbe et avide de pouvoir sur les autres anges [1]. Un orgueil selon le premier mode, à savoir un mépris de Dieu était impossible pour Lucifer, ce qui est évident au regard de la question de l'intentionnalité : l'ange n'a pu délibérer sur cette option avant de pécher, car il n'aurait pu le faire sans pécher, or le mal n'existait pas encore [2]. Le péché de Lucifer consista ainsi dans un amour désordonné de soi et dans une volonté de pouvoir sur autrui :

> Son premier péché n'a pu commencer par un mépris de Dieu, mais plutôt par l'amour du bien créé pris en lui-même [3].

En soutenant cette position, Olivi s'inscrit dans la pensée d'Augustin qui affirme, dans son *Commentaire sur la Genèse,* que l'orgueil n'est rien d'autre que l'amour de sa propre supériorité. Augustin affirme que le motif de l'ange prévaricateur était d'augmenter sa propre puissance :

> L'orgueil est l'amour de sa propre excellence. [...] C'est elle qui fit tomber le démon lui-même par amour, non de l'argent sans doute, mais de son propre pouvoir [4].

Le péché originel ne consiste donc pas essentiellement dans un mépris de Dieu, mais dans une volonté de pouvoir. Il en est de même pour tout péché actuel : Augustin relève dans l'expérience du vol des poires, que ce qu'il avait aimé dans ce larcin, n'était pas d'obtenir ces poires, mais de rire avec ses compagnons de l'homme qu'ils avaient trompé. Ce désir de puissance requiert ainsi, comme nous l'avons considéré plus haut, la reconnaissance d'autrui. C'est pour cette raison qu'Olivi poursuit sa réflexion en revenant sur la distinction que posait l'évêque d'Hippone entre l'*amor socialis*, un amour tourné vers autrui, et l'*amor privatus*, un amour centré sur soi. De cette distinction, Augustin parvenait à lier les réalités théologiques aux préoccupations sociales, en faisant de ces deux amours le pendant de l'opposition entre l'*amor Dei* et l'*amor sui.*

1. P. J. Olivi, *Summa,* q. CIII, *op. cit.,* p. 239 : « Et certe, species superbiae secundo modo sumpta non est initium omnis peccati, nisi solum pro quanto primum peccatum Luciferi; quod fuit causa omnis peccati, fuit proprie superbia et amor sui superbus ».

2. *Idem, Traité des démons,* q. XLIII, *op. cit.,* p. 112-113 : « Sciendum etiam quod ipse angelus, antequam peccaret, non potuit praedeliberare an peccaret vel non aut quomodo peccatum perficeret, quia hoc facere non potuisset absque peccato ».

3. *Ibid.,* p. 114-115 : « Primum peccatum eius non potuit ab expresso contemptu Dei initiari, sed potius ab amore boni creati secundum se sumpti ».

4. Augustin, *La Genèse au sens littéral,* XI, XIV, 18; XV, 19, trad. fr. P. Agaësse, A. Solignac, *Œuvres de Saint Augustin : la Genèse au sens littéral en douze livres,* Paris, Desclée de Brouwer, 1972, p. 258-261 : « Superbia est amor excellentiae propriae. [...] Hac enim et diabolus cecidit, qui utique non amavit pecuniam, sed propriam potestatem ».

Lorsqu'il développe sa propre position, Olivi commence par soutenir le propos d'Aristote, qui prétend que tout être tend naturellement vers son bonheur et qu'il éprouve par conséquent un amour inné de lui-même [1]. Olivi ajoute qu'il existe un amour naturel et bon que tout un chacun porte à ses semblables, l'*amor socialis*, puisque ceux-ci sont des êtres doués de volonté et d'intellect. Cet amour peut même se renforcer dans le rapport d'amitié au sein duquel Olivi perçoit une forte corrélation avec l'amour de soi. En effet, l'amitié qui lie deux personnes s'enracine si profondément qu'elle fait d'autrui un *alter ego*, comme le soulignait Aristote [2]. Olivi va plus loin en affirmant que celui qui aime s'efforce de fusionner le plus possible avec l'autre et de s'unir à lui comme à son bien propre :

> Il est évident que l'amour de soi est inclus en toute affection, [...] par laquelle quelqu'un aime Dieu ou un ami, ou par lequel il dépend et s'attache à Dieu ou autrui comme à un ami. En effet, tout individu qui aime et s'attache ou dépend d'un ami considère ce dernier comme son bien et presque comme un autre soi-même. De plus, tout individu qui aime s'efforce de s'imprégner profondément de l'aimé. Plus il l'aime, plus il le considère comme uni et imprégné en lui. Ainsi en aimant, il s'efforce d'unir et il s'unit lui-même à l'aimé en tant que son bien et en tant qu'il estime que cette union est source de joie et de bien [3].

Cependant, malgré ce lien puissant, l'amour naturel porté à autrui peut disparaître et se transformer en mépris, si l'amour naturel que nous portons à nous-mêmes se transforme en un *amor privatus*, une préférence désordonnée de soi qui provient d'un désir de pouvoir sur autrui. La qualité de l'amour porté à autrui semble ainsi dépendre de l'amour de soi. Cette précision établie, Olivi peut reprend les propos d'Augustin à son compte dans les arguments *contra* de la question CIII de la *Summa* et souligner que, dans la société des anges comme dans la société humaine, deux amours sont en présence :

> Ces deux amours, dont l'un est saint et l'autre immonde, ont débuté dans les anges, l'un dans les bons, l'autre dans les mauvais, et ils se distinguèrent en deux cités humaines, l'une des justes, l'autre des iniques [4].

1. *Cf.* par exemple Aristote, *Euthydème* 278e *sq.*

2. Cf. *idem*, *Ethique à Nicomaque*, IX, 8, 1168b 3-7 ; IX, 4, 1166a 1-2.

3. P. J. Olivi, *Summa*, q. CIII, *op. cit.*, p. 236 : « Quod autem amor sui includatur in omni affectione [...] patet hoc in omni affectione qua quis amat Deum vel alium amicum vel qua Deo aut alteri ut amico innititur et adhaeret ; nam omnis amans et adhaerens vel innitens amico habet illum ut suum bonum et quasi ut alterum se. Omnis etiam amans nititur inviscerare sibi amatum, et quantum amat illum, tantum habet ipsum sibi unitum et inviseratum. Amando etiam nititur unire et unit se ipsum ipsi amato tanquam suo bono et tanquam illam unionem aestimans sibi iucundam et bonam ».

4. *Ibid.*, p. 235 : « Hi duo amores, quorum alter sanctus est alter immundus praecesserunt in angelis, alter in bonis, alter in malis, et distinxerunt in genere humano civitates duas, alteram iustorum, alteram iniquorum ».

Augustin relevait que la conséquence de l'existence de ces deux amours, l'*amor privatus* et l'*amor socialis,* fut la création de deux cités :

> Deux amours ont donc fait deux cités : l'amour de soi jusqu'au mépris de Dieu, la cité terrestre ; l'amour de Dieu jusqu'au mépris de soi, la Cité céleste [1].

Olivi, s'il s'accorde en partie avec Aristote, conclut sa position en reprenant le propos d'Augustin à son compte : l'amour naturel de soi peut se transformer en un amour désordonné, si l'individu recherche sa propre puissance (*dominium, imperium*). L'*amor socialis* naturel se pervertit et s'altère en un mépris de l'autre, qui n'est dès lors considéré que comme un instrument pour parvenir à ses fins. Dans cette optique, la pauvreté et de l'humilité prennent une importance considérable, puisque la conversion de l'amour naturel à l'amour vicieux découle de la seule volonté de puissance de l'individu.

Les causes du péché

Le développement de la question CIII de la *Summa* qui demande si l'amour désordonné de soi est à l'origine du premier péché, apporte un éclairage important pour saisir quelles sont les causes du péché en général. Ne souhaitant pas reprendre l'ensemble de l'argumentation qui nous ferait sortir du cadre de notre enquête, nous limiterons notre analyse aux trois remarques qu'Olivi établit dans sa réponse :

1) La première remarque souligne que, suivant la tradition remontant à l'*Ethique à Nicomaque* d'Aristote, Olivi distingue trois occurrences de l'amour de soi [2] :

- la première désigne l'amour d'amitié (*amor amicitiae*), que nous pouvons qualifier de gratuit ;
- la seconde signifie un amour de bienveillance (*amor benevolentiae*), qui se distingue du premier en ce qu'il n'exige pas nécessairement de réciprocité ;
- la dernière, un amour de concupiscence (*amor concupiscentiae*) ou d'utilité.

Pour Olivi, l'amour de soi est inclus dans chacun de ces amours. Même l'amour de bienveillance, nous procure en effet un certain agrément. Dans le cas contraire, nous ne le désirerions pas. De plus, Olivi démontre que tout individu ressent, en raison de l'amour d'amitié qu'il porte à lui-même, non seulement quel profit il peut tirer de ses choix, mais plus encore quel mal il doit fuir et *a contrario* quel bien il se doit de poursuivre :

1. Augustin, *La cité de Dieu*, XIV, 28, trad. fr. G. Bardy., G. Combès, Paris, Desclée de Brouwer, 1959-1960. p. 465 : « Fecerunt itaque ciuitates duas amores duo, terrenam scilicet amor sui usque ad contemptum Dei, caelestem vero amor Dei usque ad contemptum sui ».

2. *Cf.* Aristote, *Ethique à Nicomaque*, VIII, 3-5, 1155a-1163b et IX, 4-8, 1163b-1172a.

> Il est évident que l'amour de soi est inclus dans toute affection, au vu de tout ce par quoi quelqu'un aime quelque chose pour soi ou parce qu'il est sien et de tout ce par quoi il fuit et prend en horreur ce qui lui est nuisible et dommageable [1].

Si l'amour de soi est présent dans chaque option, ne faut-il pas en conclure que toute action et que tout choix est égoïste ? L'amour que nous portons à Dieu n'est-il pas finalement un amour de concupiscence par lequel nous désirons accéder à la béatitude ? Au contraire, clame Olivi, l'amour d'amitié n'est pas sincère, s'il est utilitaire :

> Nul amour ne peut avoir la raison d'amitié, s'il ne provient pas d'un amour désintéressé [2].

Certes, l'amour d'amitié confère certains agréments, sinon nous ne le choisirions pas, mais il se distingue clairement dans sa finalité de l'orgueil qu'est l'amour désordonné de soi. Comme l'exigera le second impératif catégorique de Kant, Olivi affirme que l'amour d'amitié ne doit pas percevoir en autrui un moyen de parvenir à ses fins, mais doit considérer l'ami pour ce qu'il est, dans son être singulier et dans sa personne particulière :

> L'homme ne peut être porté vers autrui comme à un ami que s'il le perçoit et le considère comme un être singulier et personnel consistant en lui-même. En effet, l'amitié est portée envers l'ami du fait de l'ami lui-même et de sa grâce. Dans le cas contraire, il ne s'agirait pas d'une amitié à proprement parler, ni d'une amitié parfaite [3].

Olivi concède que Dieu doit être désiré d'un amour de concupiscence. Faire le bien dans le but d'accéder à la béatitude est évidemment un péché, mais cette intention ne consiste pas en un désir de Dieu, mais de son propre bonheur. Au contraire, désirer l'union à Dieu, ne semble pas essentiellement différer de l'amour porté à ses amis. Le processus psychologique est le même, en ce sens que l'amant désire s'identifier à l'être aimé [4]. Ce n'est que dans les questions sur

1. P. J. Olivi, *Summa*, q. CIII, *op. cit.*, p. 236 : « Quod autem amor sui includatur in omni affectione patet primo in omni quo quis amat aliquid sibi aut quia suum et in omni quo quis fugit et horret aliquid sibi tanquam nocivum vel damnosum ». Ce sentiment est si fort qu'Olivi affirme que tout un chacun préférerait ne pas être plutôt que de subir un châtiment excessif : « Rursus sciendum quod sicut amor includitur in omni affectione, sic et amor sui, etiam in illa qua quis propter excessum poenae magis vult non esse quam sic esse », P. J. Olivi, *Summa*, q. CIII, *op. cit.*, p. 235.

2. *Ibid.*, q. LVII, p. 320 : « Nullus amor potest habere rationem amicitiae, si non exit ab amante gratuite ».

3. *Ibid.*, p. 319 : « Non enim potest homo ferri ad alterum ut ad amicum nisi aspiciendo et accipiendo ipsum ut quoddam per se ens singulariter et personaliter in se ipso consistens ; fertur enim amicitia ad amicum propter ipsummet amicum et sui gratia, aliter enim non esset proprie et perfecte amicitia ».

4. Olivi analyse d'ailleurs la relation entre les personnes divines comme une relation d'amour qui cherche une union entre les personnes aimées. *Cf.* P. J. Olivi, *Quaestiones de incarnatione et redemptione*, *op. cit.*, p. 19-20. Ce processus d'identification se lit également dans les rapports

la connexion des vertus qu'Olivi posera une distinction claire entre l'amour porté à Dieu et celui porté à autrui, le premier étant la cause finale du second :

> L'amour du prochain, en tant que tel, n'a pas Dieu pour objet, mais seulement pour fin. Il diffère donc spécifiquement de cet amour qui a Dieu pour objet immédiat [1].

Par conséquent, s'il est vrai que chaque dilection comporte une forme d'amour de soi, tout amour ordonné a Dieu pour fin. Même au sein de l'amour d'amitié, l'homme crée au travers de l'ami une relation indirecte à Dieu, non pas en tant qu'objet, mais en tant que fin. Seul Dieu doit être aimé d'un amour de concupiscence, dans un désir d'union à ce principe.

2) La seconde remarque permet de préciser en quoi consiste le désordre de l'amour orgueilleux selon Olivi. Pour le dire de manière synthétique, l'amour désordonné de soi modifie l'amour naturel de sa personne en y ajoutant une privation des fins et des règles dues, autrement dit un éloignement du bien en soi qui est Dieu :

> L'amour de soi n'est droit que dans la mesure où il a Dieu pour fin ultime et où il est régi par une certaine disposition vertueuse qui lui est adjointe. Lorsque quelqu'un s'aime de manière principale et finale pour lui-même et à l'encontre des vertus qui lui sont surajoutées, cet amour est donc désordonné et perverti. Il pose en soi une bien piètre fin ultime, qui est porteuse de vice [2].

Ainsi, si Thomas d'Aquin avait raison d'affirmer que l'ange a péché parce qu'il n'a pas considéré ce qu'il devait selon les règles qui lui étaient imposées, faut-il encore définir en quoi consiste ces règles. Pour Olivi, elles ne proviennent pas de la raison, mais d'un amour qui doit être ordonné à Dieu. Derechef, toute vertu et tout amour de soi n'a de valeur que dans la mesure où elle a Dieu pour finalité :

d'amitié et d'inimitié ; nous souhaitons par bienveillance le meilleur pour nos amis et nous prenons en inimité les ennemis de nos amis : « Consimiliter autem patet hoc in odio quo quis odit inimicum Dei aut suum vel sui vel alterius sui amici ; nam tunc fertur in talem inimicum tanquam in rem contrariam sibi et suo amori et suo amato. Huiusmodi autem contrarietas fundatur in affectuali unitate et convenientia sui ad se et ad suos amicos a se tanquam se amatos », P. J. Olivi, *Summa*, q. CIII, *op. cit.*, p. 236.

1. *Idem*, *Quaestiones de virtutibus*, *op. cit.*, p. 294 : « Amor enim proximi, in quantum talis, non habet Deum pro objecto, sed solum pro fine ; ergo differt specie ab illo amore, qui habet Deum pro immediate objecto ».

2. *Idem*, *Summa*, q. CIII, *op. cit.*, p. 236-237 : « Amor enim sui ad se non est rectus, nisi habeat Deum pro ultimo fine et nisi regatur aliquo habitu virtuoso sibi adiuncto. Cum ergo quis amat se principaliter et finaliter propter se et cum modo opposito virtuti sibi superaddendae : tunc est inordinatus et pravus, et quantumcunque parum ponat in se finem ultimum, pro tanto est vitiosus ».

> Toute vertu n'est complète ou méritoire que si elle est ordonnée à Dieu en tant que fin [1].

Ainsi, si l'amour que nous portons naturellement à notre personne (*amor sui*) ou l'amour que nous portons à nos amis (*amor socialis*) n'a pas Dieu pour fin, mais qu'il cherche l'augmentation de son propre pouvoir, il devient désordonné et vicieux.

3) La troisième remarque revient sur les raisons qui portent l'individu à s'aimer soi-même. L'homme ne s'aime pas uniquement à cause du simple fait de son être. La raison finale pour laquelle il s'aime est de se considérer dans sa béatitude (*beatitudo*). Olivi introduit alors une précision d'importance pour notre recherche : ce que nous aimons en nous d'un amour d'amitié n'est autre que notre personne. En effet, ce n'est pas la béatitude en soi qui peut être aimée (*cum non sit persona*), mais seulement notre personne, en tant qu'elle se trouve dans cet état de béatitude. L'amour de la personne est donc naturellement premier, tandis que l'amour de sa béatitude est second [2]. Chaque individu porte ainsi un amour naturel à sa propre personne en la considérant dans sa béatitude :

> L'objet parfait de l'amour d'amitié par lequel nous nous aimons n'est pas notre être nu et absolu, mais notre être en tant qu'il a une disposition ou qu'il possède la béatitude. [...] Je ne suggère pas que notre béatitude formelle prise ou considérée par soi fût aimée par nous d'un amour d'amitié, puisqu'elle n'est pas une personne. J'entends seulement dire que nous aimons d'un amour d'amitié le composé de notre personne et de notre béatitude, ou la relation à elle. Ou si cet argument ne plaît pas, il faut dire que le premier objet de l'amour de concupiscence a la raison de fin ultime, de même que le premier objet de l'amour d'amitié. Car de même que nous aimons notre béatitude par concupiscence, de même nous nous aimons vers la béatitude par amour d'amitié [3].

La préférence désordonnée de soi consiste en une volonté de pouvoir (*dominium*) de sa personne propre sur autrui. L'abandon de sa personne morale, dont nous avons pu établir le lien avec l'état de pauvreté volontaire, facilite au contraire le renoncement à soi et l'accès à un amour de soi et

1. P. J. Olivi, *Summa, Appendix*, q. I, *op. cit.*, p. 491 : « Nulla autem virtus est completa vel meritoria, nisi sit ordinata ad Deum tanquam ad finem ».

2. *Ibid.*, q. CIII, p. 238 : « Dato etiam quod amor amicitiae quo nos amamus sit naturaliter prior amore concupiscentiae quo nobis beatitudinem amamus tanquam causa ipsius ».

3. *Ibid.* : « Hinc est quod completum obiectum amoris amicitiae quo nos amamus non est nostrum esse nudum et absolutum, sed cum beatitudine habita vel habenda sumptum. [...] Non intendo autem quod nostra formalis beatitudo ut per se sumpta vel considerata ametur a nobis amore amicitiae, cum non sit persona, sed solum intendo quod aggregatum ex nostra persona et beatitudine nostra vel relatione ad ipsam amatur a nobis amore amicitiae. Aut si hoc non placet, oportet dici quod primum obiectum amoris concupiscentiae habet sic rationem ultimi finis sicut et primum obiectum amoris amicitiae. Nam sicut concupiscendo amamus nobis beatitudinem, sic ex amore amicitiae amamus nos ad beatitudinem ».

d'autrui ordonné, à savoir un amour qui considère que ces relations ont Dieu pour finalité.

Ces trois remarques ayant été explicitées – à savoir que l'amour de soi est présent en tout amour, que l'amour ordonné a Dieu pour fin ultime et que la personne s'aime dans la perspective de sa béatitude –, Olivi parvient à donner une réponse définitive quant à la nature du premier péché : celui-ci fut bel et bien un péché d'orgueil, comme le révèle les Ecritures. Toutefois, ce péché peut se comprendre en deux sens : le premier réside dans un amour désordonné de soi, qui ne provient pas d'un mépris de Dieu, mais du fait que cet amour ne se dirige pas vers autrui ou vers Dieu ; le second consiste en un amour désordonné des fins par lesquelles quelqu'un cherche à parvenir au bonheur, à savoir la préférence de sa propre personne. Le premier péché est ainsi, selon Olivi, un composé de ces deux amours désordonnés, puisqu'il n'a pas Dieu pour fin, mais le *dominium* personnel :

> Le premier péché est toujours un composé d'amour désordonné de soi et d'amour désordonné d'un certain désir dans lequel quelqu'un cherche de manière simple ou *secundum quid* à être béatifié [1].

Par conséquent, le péché s'explique non seulement par le fait que tout individu cherche son propre *dominium*, mais également dans la perspective de sa béatitude propre en orientant ses actions non vers Dieu, mais vers lui-même. Il apparaît ainsi avec évidence que le choix du mal pour le mal est impossible, tout être cherchant son bien propre. De plus, l'option du mal ne peut consister en un défaut de l'intellect – le cas des anges le prouve –, mais trouve son origine dans la volonté. En effet, puisque la nature de la volonté est d'être totalement indéterminée, et que l'individu tend toujours vers sa béatitude, s'il décide de ne pas rendre à Dieu ses actions, c'est qu'il a librement opté pour ce choix.

Conclusion

La très haute pauvreté est ainsi la plus importante des vertus selon Olivi. Elle ne consiste pas au premier chef dans un délaissement des richesses matérielles, mais dans un renoncement à soi. L'apparence et la volonté de *dominium* sur autrui est l'origine de tous les vices. *A contrario*, l'annihilation de soi est la source de toutes les vertus. Cette abnégation de soi augmente de façon paradoxale la liberté de la personne, puisque celle-ci ne dépend plus de la reconnaissance d'autrui pour se sentir exister. Par le renoncement à son *dominium* temporel, l'homme peut accéder au *dominium* spirituel qu'offre Dieu seul. De même, l'abandon de la personne juridique permet de réaffirmer

1. P. J. Olivi, *Summa*, q. CIII, *op. cit.*, p. 239 : « Et hoc modo dico quod primum peccatum semper est compositum ex deordinato amore sui et ex deordinato amore alicuius appetibilis in quo quis simpliciter vel secundum quid quaerit beatificari ».

l'existence de la personne propre, car le renoncement à soi requiert une profonde maîtrise de soi. En ce sens, le vœu continué n'est pas un abandon total de toute forme de volonté, mais son affirmation à chaque instant renouvelé.

Olivi précise enfin que le premier péché fut un péché d'orgueil, non pas au sens d'un mépris de Dieu, mais d'une préférence de soi. S'il est naturel qu'une créature porte un amour sur son être propre et cherche sa béatitude, cet amour peut toutefois être désordonné, s'il n'a pas Dieu pour fin, voire s'il ne considère pas autrui comme une finalité. Olivi offre donc au travers de la notion de pauvreté, une solution à l'encontre du péché : puisque tout péché procède d'un amour désordonné et d'une préférence de sa personne au détriment d'autrui et de Dieu, il convient d'éviter cette présomption en annihilant sa personne morale par un renoncement à soi volontaire. L'abandon du paraître social permet l'acquisition d'une haute pauvreté, qui est à la source de toutes les vertus. Une fois ces dernières acquises, l'homme parvient à une certaine rectitude d'action, qui incite sa volonté à agir selon un amour ordonné, qui a Dieu pour fin.

CHAPITRE V

LA CHUTE DU DIABLE

Dieu a fait l'aliment;
le diable, l'assaisonnement

James Joyce, *Ulysse*

L'angélologie offre un remarquable lieu d'enquête pour la compréhension de certains concepts comme le temps, la matière, la communication ou, comme nous l'envisageons ici, les motifs de l'action morale. En effet, les substances séparées – que nous appellerons anges par désir de simplification –, possèdent un statut intermédiaire particulier : elles sont à la fois ontologiquement dépendantes de Dieu et plus parfaites que les hommes, dénuées de matière corporelle et possédant une matière spirituelle, dotées d'un intellect parfait, mais non d'omniscience. La nature purement spirituelle des anges fait en sorte qu'ils ne sont pas soumis aux défauts qu'engendre la relation à la matière corporelle [1]. Cet état offre ainsi un admirable point de comparaison qui permet de mieux saisir les enjeux de ces questions pour la réalité humaine. Particulièrement pour l'acrasie, les anges possèdent deux caractéristiques essentielles qui les démarquent des hommes : premièrement, ils possèdent un intellect parfait et par voie de conséquence, une saisie absolue de ce qu'est le

1. La question de l'immatérialité de l'ange est certes soumise à caution. Si Thomas d'Aquin l'affirme avec force dans la *Somme de théologie*, Ia, q. 50, art. 2, il faut constater que la tradition antérieure admet la possibilité d'un corps angélique, en raison de leur statut d'intermédiaire. Grégoire le Grand affirme ainsi qu'en comparaison de Dieu, les anges possèdent un corps, mais non en comparaison de l'homme : « En comparaison de nos corps, ce sont des esprits purs ; mais en comparaison de l'Esprit suprême et sans limite, ce ne sont que des corps », Grégoire le Grand, *Morales sur Iob*, II, 3, 3, trad. fr. A. Gaudemaris, Paris, Cerf, 1975, p. 258-259. L'autorité d'Augustin qui affirme que les démons sont dotés d'un « corps aérien » fera ainsi foi chez Olivi qui admet également l'existence d'une matière spirituelle dans l'ange. Dans tous les cas, même doué d'un corps spirituel, l'ange n'est pas soumis à ses passions. *Cf.* Augustin, *Cité de Dieu*, VIII, 16 ; XXI, 10 ; S.-Th. Bonino, *Les anges et les démons, quatorze leçons de théologie*, Paris, Parole et Silence, 2007, p. 115-126 ; T. Suarez-Nani, « Au-delà du lieu : l'ange, l'espace et le point », in T. Suarez-Nani, M. Rohde (éd.), *Représentations et conceptions de l'espace dans la culture médiévale*, Berlin-Boston, Walter de Gruyter, 2011, p. 121-146.

bien en soi [1]. Ainsi, ils ne peuvent faire d'erreur d'appréciation sur un bien particulier ou de jugement sur le bien en général. Deuxièmement, l'absence de matière corporelle en eux les éloigne des désirs sensibles et des faiblesses matérielles. Les choix qu'ils établissent sont donc absolument voulus et conscients. L'option de certains anges d'accomplir le mal relève donc d'une acrasie au sens strict.

Puisqu'Olivi soutient que la *mens* et les facultés supérieures de l'homme et de l'ange sont identiques –, les analyses du choix des démons peuvent *a fortiori* nous éclairer sur les motifs des actions humaines. La valeur d'exemplarité de la chute des démons est manifeste au terme de la question XLIII de la *Summa* qui conclut l'ensemble des questions qu'Alain Boureau a regroupé sous le titre de *Traité des démons*. Olivi y souligne qu'*in fine*, nous ne savons que peu de choses à propos de la chute des anges et que nous ne parlons par conséquent de cet évènement qu'au moyen d'images familières :

> Si les péchés des hommes, qui nous sont visibles, nous sont cachés quant à leurs causes originelles, il n'est pas étonnant que le premier péché des anges nous soit caché. Bien plus, nous devons noter que, de même que leur statut premier nous échappe complètement et transcende complètement notre intellect, de même leur chute doit à bon droit nous être cachée. Ainsi tout ce que nous disons de leur gloire ou de leur faute, nous le disons par des images familières empruntées aux réalités inférieures [2].

Cette remarque sur l'incapacité à saisir les causes réelles du péché de l'ange ne signifie certainement pas que cette réflexion est sans importance ou sans vérité, puisqu'Olivi développe une dizaine de questions à ce propos. L'intérêt se trouve plutôt dans cet emprunt fait aux réalités inférieures : les réflexions portant sur la chute des anges ont pour but principal de saisir les motifs du péché humain. Le questionnement métaphysique du mal trouve sa finalisation concrète dans la réflexion éthique et politique qui en découle au sein de la société humaine, et plus particulièrement pour notre réflexion, dans la question de l'acrasie.

Dans ce contexte, la donnée du dogme la plus importante réside dans l'analyse de la chute de Lucifer : le choix de l'ange apostat présente un cas édifiant, puisque ce dernier, à cause de son intellect parfait et de son degré élevé au sein de la hiérarchie céleste, savait quel était le bien qu'il devait poursuivre. Or, sans

1. *Cf.* D. Keck, *Angels and angelology in the Middle Ages*, Oxford, Oxford University Press, 1998 ; I. Iribarren, M. Lenz (eds.), *Angels in Medieval Philosophical Inquiry : Their Function and Significance*, Aldershot/Burlington, Ashgate, 2008 ; T. Suarez-Nani, *Connaissance et langage des anges…*, *op. cit.*

2. P. J. Olivi, *Traité des démons*, q. XLIII, *op. cit.*, p. 138-139 : « Sciendum autem quod si peccata hominum nobis visibilium quoad suas originales causas sunt nobis occulta, non est mirum, si primum peccatum angelorum est nobis occultum ; immo debemus advertere quod sicut primus status eorum est nobis omnino inexpertus et omnino transcendens nostrum intellectum, sic et lapsus eorum merito debet esse nobis occultus. Unde quicquid de eorum gloria vel culpa dicimus, per similitudines familiares ab inferioribus acceptas dicimus ».

être empêché par les passions corporelles et tout en étant parfaitement libre de ses choix, le premier ange a opté pour le mal, ce qui représente un cas édifiant d'acrasie lucide.

Olivi n'est pas le premier à s'intéresser à la démonologie. Anselme de Canterbury a rédigé au XIe siècle un traité *De la chute du diable*, qui eut un impact considérable. Il faudra ainsi attendre le XIIIe siècle pour qu'un renouveau de la thématique voie le jour, grâce aux traités de Richard de Mediavilla et d'Olivi. Alain Boureau a montré que la particularité de ces auteurs est de concilier les questions de démonologie et d'anthropologie [1]. Le XIIIe siècle est ainsi marqué par le renouveau de l'intérêt pour les questions de démonologie et par l'émergence de nouvelles pratiques sociales, telles que le pacte. Dans l'optique de retracer le lien existant entre la question du diable et les transformations de la société occidentale à la fin du Moyen Âge, nous tâcherons de montrer dans ce chapitre que l'analyse de la chute de Lucifer permet de recouvrir et d'exemplifier la globalité des notions morales que nous avons précédemment rencontrées dans la pensée d'Olivi, notamment celles de personne, de conscience et de pauvreté volontaire.

Les raisons de la chute selon Augustin d'Hippone

Tous les penseurs du Moyen Âge central qui étudient la démonologie puisent leur source dans la pensée d'Augustin d'Hippone. La division entre la cité des anges et la cité des démons décrite au livre XI et XII de la *Cité de Dieu* sera une source profonde d'inspiration pour saisir les causes du péché des démons. Revenons donc à cette description primordiale.

Augustin affirme de prime abord que les anges sont l'œuvre de Dieu et qu'en cela, tous furent créés pour vivre dans la sagesse et le bonheur [2]. Les anges recherchent ainsi par nature le bien et possèdent de manière essentielle un intellect parfait, qu'ils ne peuvent perdre. Toutefois, certains anges commirent une faute qui les fit chuter. Une distinction fut alors établie par Dieu entre les anges saints et les démons, entraînant la création de deux cités :

> L'une est tranquille dans sa piété lumineuse; l'autre turbulente en ses ténébreuses passions. L'une, sur un signe de Dieu, secourt avec clémence, sévit avec justice; l'autre, sous la poussée de l'orgueil, bouillonne du désir de dominer et de nuire [3].

Il semble y avoir matière à contradiction : comment des anges bons par nature peuvent opter pour le mal? L'affirmation du début du livre XII de la

1. *Cf.* A. Boureau, « Propositions pour une histoire restreinte des mentalités », *Annales ESC*, 6, 1989, p. 1491-1504; *idem*, » *Droit et théologie au XIIIe siècle* », *op. cit.*; *idem*, *Satan hérétique...*, *op. cit.*; *idem*, « Le sabbat et la question scolastique de la personne », art. cit.

2. *Cf.* Augustin, *La cité de Dieu*, XI, 11, *op. cit.*, p. 68-69.

3. *Ibid.*, XI, 33, p. 138-139.

Cité de Dieu est péremptoire : la mauvaiseté des anges ne peut provenir que de leur volonté. La preuve de cette assertion n'intervient que plus tard, lorsqu'Augustin demande quelle est la cause efficiente de la volonté. Selon lui, l'acte mauvais provient de la volonté mauvaise, mais rien ne produit cette dernière. En effet, si nous supposons qu'il existe une cause à cette volonté, celle-ci doit à son tour soit posséder une volonté, soit en être exempte. Dans le premier cas, cette volonté est forcément bonne ou mauvaise. Il est impossible qu'elle soit bonne, puisque cela reviendrait à affirmer qu'une volonté bonne engendre une volonté mauvaise. Si elle est mauvaise, nous entrons alors dans un processus de régression à l'infini, puisqu'il convient dès lors de montrer d'où provient cette mauvaiseté. Dans le second cas – à savoir si la cause de la volonté mauvaise n'a pas elle-même issue d'une volonté –, on peut à juste titre demander qui l'a produite. Trois possibilités s'offrent à nous : cette cause est soit supérieure, soit égale, soit inférieure. Il est impossible d'admettre qu'elle est supérieure sans affirmer qu'elle est également meilleure. Or, une cause bonne ne peut être à l'origine de la volonté mauvaise, comme nous l'avons déjà remarqué. Pour la même raison, elle ne peut être égale, car « si deux êtres ont une volonté également bonne, l'un ne produit pas dans l'autre une volonté mauvaise » [1]. Enfin, elle ne peut être une cause inférieure, car cela signifierait qu'un être sans volonté a produit dans l'ange une volonté mauvaise, ce qui est impossible. Par conséquent, de toutes les possibilités envisagées par Augustin, une seule subsiste : seule la volonté elle-même a pu être à l'origine de sa mauvaiseté. La cause efficiente établie, il reste à montrer quel motif a pu pousser cette volonté qui tend naturellement au bien, à vouloir le mal. Augustin parvient à résoudre ce paradoxe en affirmant que ce n'est pas l'objet qu'elle désirait qui était mauvais, mais que c'est en le désirant de manière indue, que la volonté est devenue mauvaise :

> Comment donc un être bon produit-il une volonté mauvaise ? Comment, dis-je, un bien est-il la cause d'un mal ? Car c'est en se détournant de ce qui lui est supérieur que la volonté devient mauvaise : non que l'objet vers lequel elle se tourne soit un mal, c'est le fait de se tourner vers lui qui est une perversion. Voilà pourquoi ce n'est pas l'objet inférieur qui a fait la volonté mauvaise, mais en désirant cet objet d'une manière désordonnée et dépravée, c'est la volonté elle-même qui s'est rendue mauvaise [2].

Il n'y a aucun principe supérieur qui soit à l'origine du mal, comme l'affirmaient les Manichéens. La faute ne peut ainsi être imputable à Dieu. A l'inverse, un objet inférieur n'a pu contraindre la volonté supérieure de l'ange. Enfin, puisque le mal n'existait pas encore, la nature de l'ange n'a pas pu le considérer et le vouloir. Ainsi, seule la volonté propre permet d'expliquer le

1. Augustin, *La cité de Dieu*, XII, 6, *op. cit.*, p. 166-167.
2. *Ibid.*

choix du mal, et cela vaut tant pour le péché originel que pour tout péché actuel.

Augustin poursuit en affirmant que le mal est par conséquent une absence de bien. La volonté n'est ainsi pas la cause efficiente du mal, mais une cause déficiente. Or, il ne faut pas chercher de cause à une déficience. Ce serait, comme l'affirme Augustin, vouloir entendre le silence ou voir les ténèbres [1]. Seule la volonté des démons a par conséquent désiré de façon désordonnée un éloignement de Dieu. Et, comme l'indique la Bible, le motif qui a poussé la volonté des démons à cette défection ne peut être que l'orgueil. Augustin termine en relevant le paradoxe de la décision démoniaque : voulant s'affirmer eux-mêmes, les démons ont, en s'éloignant du principe qu'est Dieu, diminué la plénitude de leur être :

> Ces anges n'ont pas voulu réserver à Dieu leur force : alors qu'ils auraient accru leur être en restant unis à l'Etre souverain, en se préférant à lui, ils ont choisi d'avoir moins d'être [2].

Ajoutons pour finir que, bien que nous pourrions imaginer que les démons souffrent de leur condition, Augustin prétend au contraire qu'ils se complaisent dans leur situation. Ils se délectent de présenter de manière ostentatoire leur état et leur puissance :

> Les autres, se complaisant plutôt dans leur puissance comme s'ils étaient à eux-mêmes leur bien, se sont laissés choir de la hauteur du bien universel, source de béatitude, vers ce qu'ils avaient en propre : et, prenant le faste de leur élévation pour l'éminente gloire de l'éternité, l'astuce de leur vanité pour la pleine certitude de la vérité, leurs passions partisanes pour l'indivisible charité, ils sont devenus orgueilleux, trompeurs et envieux [3].

Ce passage trouvera sans doute un écho dans l'esprit du lecteur, puisque nous avons montré plus haut qu'Olivi défendait la même position dans la huitième *QPE*, utilisant des termes similaires pour parler de l'homme vaniteux qui trouve satisfaction dans le paraître et la volonté de puissance. Le démon se plaît de la même manière à se présenter avec faste dans toute sa décadence, car il en tire un orgueil qui accroît son pouvoir sur autrui. Augustin et Olivi rendent tous deux attentifs aux dangers de l'orgueil et à l'importance de l'humilité : la créature ne peut se réaliser pleinement que dans le renoncement à soi et dans la recherche des biens spirituels, qui s'acquièrent dans l'accomplissement du vouloir divin.

1. *Ibid.*, p. 171.
2. *Ibid.*, p. 164-165.
3. *Ibid.*, XII, 1, p. 150-151.

Les raisons de la chute selon Anselme de Cantorbéry

Anselme de Cantorbéry, rappelant les mots de l'Apôtre, ouvre son *De casu diaboli* par la question de la dépendance ontologique : « Qu'as-tu que tu n'aies reçu ? » [1]. Il rappelle ainsi que toute réalité dépend de Dieu quant à son être, précisant de surcroît que « toute essence est un bien » [2]. Ces deux prémisses lui permettent de poser le problème central du dialogue entre un maître et son disciple que représente le *De casu diaboli* : si toute réalité est bonne et dépend de Dieu, d'où provient le mal ?

S'accordant avec Augustin dans son débat contre les Manichéens, Anselme affirme que le mal est une privation d'être et qu'il ne peut par conséquent venir de Dieu [3]. Il convient ainsi de comprendre en quoi a consisté le choix du premier mal, à savoir l'option première de Lucifer pour le péché. Si l'ange prévaricateur possédait une nature et une volonté bonnes, selon les deux prémisses affirmées en début de traité et issues de la réflexion d'Augustin, Anselme précise que c'est librement que Lucifer a choisi de ne pas persister dans le bien. C'est également ce que révèlent les Ecritures, lorsqu'elles annoncent qu'« il ne s'est pas tenu dans la vérité » [4]. Or, le disciple objecte que si tout ce que l'ange a reçu provient de Dieu, il est également vrai que « s'il n'a pas eu la persévérance, c'est qu'il ne l'a pas reçue et s'il ne l'a pas reçue, c'est que Dieu ne l'a pas donnée » [5]. Il demande par conséquent comment Dieu a pu justement condamner le Diable si celui-ci n'a pas reçu la possibilité de persévérer dans la rectitude.

La réponse du maître est subtile : si un individu ne possède pas une chose, ce n'est pas forcément que celle-ci ne lui a pas été offerte. Il se peut que cet individu ait simplement refusé de l'accepter. Dieu a ainsi offert à l'ange une volonté bonne et par voie de conséquence, la possibilité de persévérer, mais c'est l'ange apostat qui a librement refusé ce don. En d'autres termes, la persévérance dans la justice n'a pas été imposée à l'ange, mais seulement proposée :

> Je n'ai pas dit : Dieu lui a donné de recevoir la persévérance ; (j'ai dit) seulement : (Il lui a donné) de vouloir et pouvoir recevoir la persévérance [6].

Quoiqu'Anselme ne possède pas ce vocabulaire, Dieu a offert une grâce suffisante à l'ange, mais non une grâce efficace. C'est par conséquent de sa libre volonté que l'ange a décidé de ne pas persévérer dans la rectitude ou plus

1. Co, 4, 7.
2. Anselme, *La chute du diable*, I, *op. cit.*, p. 235 : « Omnis essentia bonum ».
3. *Ibid* : « Aperte nunc video quia sicut bonum et esse non est nisi a Deo, ita non est a Deo nisi bonum et esse ».
4. Jn 8, 44.
5. Anselme, *La chute du diable*, I, *op. cit.*, p. 235 : « Sic ideo non habuit perseverantiam qui non accepit, et ideo non accepit quia Deus non dedit ».
6. *Ibid.*, III, p. 237 : « Non dixi Deum illi dedisse accipere perseverantiam, sed tantum velle et posse perseverantiam accipere ».

exactement de ne pas parfaire (*pervelle*) cette rectitude naturelle. Anselme introduit ici une terminologie de la réalisation du vouloir en la forgeant sur le modèle du *perficere*. Si parfaire une chose consiste à la réaliser (*facere*) complètement, alors de manière semblable « parvouloir » signifie persévérer dans la volonté [1]. Or, Anselme démontre que si un individu n'a pas persévéré dans la volonté première qu'il s'était fixée, c'est qu'il a modifié sa volonté. En effet, lorsque le maître demande au disciple pourquoi ce dernier n'a pas persévéré dans la volonté de certains de ses actes précédents, il répond : « parce que je n'ai pas voulu (*non volui*) » [2]. Il en va de même pour le Diable : l'initiative et la responsabilité de la chute lui incombent ainsi totalement.

La question qui se pose dès lors est de savoir ce que le Diable a préféré, puisqu'il a changé son vouloir en désirant ce qu'il ne devait pas [3]. Anselme introduit pour répondre à la question du *comment* du péché de l'ange, une distinction entre la volonté de justice et la volonté de commodité ou de béatitude [4]. Le maître affirme que le démon a failli en voulant non pas la justice pour elle-même, mais en voulant son bien propre de manière désordonnée : le premier ange a voulu de lui-même devenir semblable à Dieu. Il convient de comprendre correctement cette expression. Remarquons de prime abord qu'il ne s'agit pas d'une volonté d'égalité ontologique avec Dieu, Lucifer sachant que son être est par nature dépendant du Créateur. De plus, ajoutons que le désir de béatitude semble être naturel à tout être et qu'il est ainsi normal que l'ange ait désiré ce bien promis par Dieu. Cependant, il a voulu l'obtenir de lui-même, par sa volonté propre. Or, c'est la prérogative de Dieu seul que de pouvoir posséder une chose par soi [5]. C'est par conséquent de cette façon que le Diable a premièrement péché en voulant une égalité avec Dieu, le désir naturel de la béatitude ayant été voulu de façon désordonnée par le Diable. Anselme va plus loin, reprenant à son compte le propos des *Sentences* d'Isidore de Séville [6] : si Lucifer a voulu ce que seul Dieu peut donner, il s'est ainsi pensé supérieur à Dieu, « en voulant ce que Dieu ne voulait pas qu'il veuille, puisqu'il a placé sa

1. *Ibid.*, p. 238 : « Nam perseverare in scribendo aliquid dicimus "perscribere", in ducendo "perducere" » ; et plus loin : « Dicamus igitur similiter, etiamsi non sit in usu, quod perseverare in voluntate sit "pervelle" ».

2. *Ibid.* : « Quia non volui ». Il est intéressant de relever ici la correspondance d'idée avec Olivi qui affirmera également que si un individu agit d'une certaine manière, c'est précisément du fait de son seul vouloir : « Dicendum quod per hanc responsionem, scilicet, "quia mihi placuit" ut plurimum intendimus dicere quod sola voluntas mea est in causa », P. J. Olivi, *Summa*, q. LVII, *op. cit.*, p. 360.

3. Anselme, *La chute du diable*, III, *op. cit.*, p. 240 : « [...] volendo quod non debuit ».

4. *Ibid.*, IV, p. 241 : « Nihil autem velle poterat nisi iustitiam aut coomudum ».

5. *Ibid.*, p. 242 : « Etiam si noluit omnino esse par Dei, sed aliquid minus Deo contra voluntatem Dei : hoc ipso voluit esse inordinate similis Deo, quia propria voluntate, quae nulli subdita fuit, voluit aliquid. Solius enim Dei esse debet sic voluntate propria velle aliquid, ut superiorem non sequatur voluntatem ».

6. *Cf.* Isidore de Séville, *Sententiarum libri tres*, I, X, 8, PL 83, col. 555.

volonté au-dessus de la volonté de Dieu »[1]. Anselme montre de ce fait toute la folie de la faute du Diable qui n'a pas seulement désiré être semblable à Dieu en obtenant de lui-même la béatitude, mais qui se voulait ainsi supérieur à Lui.

Après avoir montré que Lucifer savait parfaitement qu'il ne devait pas vouloir l'objet de son péché, puisqu'il possédait la connaissance du juste, qu'il était libre et qu'il ne pouvait pas prévoir son châtiment du fait de la miséricorde divine, Anselme parvient à la fin de son traité[2]. Mais les deux derniers chapitres, au lieu de conclure la réflexion, ouvrent sur de nouvelles interrogations du disciple concernant le *pourquoi* du péché de l'ange. La réponse est succincte :

> Uniquement parce qu'il a voulu. Car cette volonté n'eut aucune autre cause qui la poussât ou attirât quelque peu, mais elle-même fut à elle-même, si l'on peut dire, cause efficiente et effet[3].

Relevons la similitude de la solution d'Anselme avec celle qui sera proposée par Olivi concernant la motivation pour les choix acratiques. Là où Anselme affirme que le diable a agi de la sorte « parce qu'il l'a voulu », Olivi répond que c'est « parce que cela lui a plu ». Ainsi, pour résumer, Lucifer possédait une nature et une volonté bonne qui lui faisait éprouver le désir de ressembler à Dieu. Il a cependant chuté parce qu'il n'a pas persévéré dans la rectitude en voulant obtenir un bien de manière désordonnée, à savoir de son propre chef. Il a ainsi commis un péché d'orgueil se croyant supérieur à la volonté divine. Il ne faut par conséquent pas chercher les causes de ce péché ailleurs que dans le vouloir propre de l'ange apostat.

Il est intéressant de mettre en comparaison le traité de *La chute du diable* avec d'autres ouvrages d'Anselme qui tendent à rapprocher la psychologie de l'ange de celle de l'homme. Ainsi, le *De conceptu virginali et originali peccato* et le *De concordia* mettent en œuvre ce qui avait été annoncé dès le premier chapitre du *De casu diaboli* : « Il est assez évident que (ces mots) ne concernent pas moins l'ange que l'homme »[4]. Le péché de l'homme consiste pour Anselme en un manque de rectitude dont la responsabilité incombe pleinement à l'individu, du fait de sa volonté libre. Anselme va ainsi jusqu'à réfuter l'existence du péché originel au sens traditionnel développé par Augustin[5]. Il vaudrait mieux selon lui parler de péché « naturel », puisque la nature humaine ne se trouve plus dans l'état de justice primordiale qui avait été accordée aux premiers

1. Anselme, *La chute du diable*, IV, *op. cit.*, p. 242 : « [...] volendo quod Deus illum velle nolebat, quoniam voluntatem suam supra Dei voluntatem posuit ».

2. *Ibid.*, XXIII, p. 269-271.

3. *Ibid.*, XXVII, *op. cit.*, p. 275 : « Non nisi quia voluit, Nam haec voluntas nullam aliam habuit causam qua impelleretur aliquatenus aut attraheretur, sed ipsa sibi efficiens causa fuit, si dici potest, et effectum ».

4. *Ibid.*, I, p. 235 : « Satis patet non minus angelo quam homini convenire ».

5. *Cf.* G. Minois, *Les origines du mal : une histoire du péché originel*, Paris, Fayard, 2002.

parents [1]. Autrement dit, ce n'est pas, selon Anselme, la faute primordiale qui est transmise héréditairement, mais seulement une propension de nature au péché :

> Par ce péché que je dis originel, je ne peux pas entendre [...] autre chose que cette nudité et absence de justice due, faite par la désobéissance d'Adam, par laquelle tous sont « fils de la colère », puisque à la fois la nature est accusée par l'abandon spontané de la justice qu'elle fit en Adam, et les personnes non excusées par l'impuissance de recouvrer [2].

Anselme précise qu'un autre péché peut s'ajouter à cette nature déchue : il s'agit du péché personnel dû à une défaillance individuelle. Il propose ainsi deux interprétations de la notion d'origine : le péché n'est pas réalisé *ab origine naturae*, mais *ab origine personae* [3]. Comme dans le cas de l'ange, la responsabilité incombe totalement à l'individu et plus exactement à sa personne. Pour résumer la position d'Anselme, seule la volonté peut être dite juste ou injuste et l'insistance doit alors être mise sur la notion de personne, puisque c'est le choix personnel qui actualise le péché naturel [4]. En ce sens, Olivi ne fera que réaffirmer la position d'Anselme, attribuant toutefois, comme nous l'avons vu, une personnalité également à l'ange et ajoutant une coloration juridique à la notion de personne.

LES RAISONS DE LA CHUTE SELON RICHARD DE MEDIAVILLA

Parmi les sept théologiens franciscains qui censurèrent Olivi en 1283 se trouve un bachelier, Richard de Mediavilla (c. 1248-c. 1300). Ce Franciscain est également un des premiers à s'intéresser de manière systématique à la question de la démonologie, raison pour laquelle il nous semble important de mentionner ses analyses ici. Au travers de ses *Questions disputées*, notamment les questions 14 à 22, Mediavilla indique quelles sont les puissances de l'ange et les raisons de son péché, n'apportant sur ce dernier point rien de plus que ce qu'Augustin et Anselme avaient déjà considéré.

Selon Mediavilla, et contrairement à ce qu'avait défini Thomas d'Aquin, l'ange est composé de forme et de matière spirituelle [5]. Sa nature est supérieure à celle de l'homme, en ce que l'esprit humain est rationnel, tandis que celui de

1. Anselme de Cantorbery, *La conception virginale et le péché originel*, I, *op. cit.*, p. 140 et p. 187 : « Est peccatum a natura, ut dixi : et est peccatum a persona. Itaque quod est a persona, potest dici "personale" ; quod autem a natura, "naturale", quod dicitur "originale" ».

2. *Ibid.*, p. 197.

3. *Ibid.*, p. 140, 8-15. *Cf.* également p. 137 : « uniuscuiusque peccatum sit in natura et persona ».

4. *Ibid.*, p. 142 : « Nihil itaque praeter ipsam iustitiam vel iniustitiam dicitur iustum vel iniustum, nisi voluntas aut propter voluntatem iustam vel iniustam. Per hanc dicimus iustum vel iniustum hominem vel angelum, iustam vel iniustam animam sive actionem ».

5. *Cf.* Richard de Mediavilla, *Questions disputées*, q. 7.

l'ange est qualifié de spirituel. Leurs opérations divergent par conséquent. Malgré ces différences, Mediavilla souligne que tous deux peuvent être entraînés par une forme de passion et que l'origine de leur péché est en ce sens identique [1] : la volonté est la cause déficiente du péché, l'intellect ne pouvant que fournir des solutions probables [2] :

> L'intellect ne fait que montrer le bien apparent sans existence, mais la volonté le choisit. Et ce mauvais choix fut le premier péché de l'ange. Donc le premier péché de l'ange a été principié par sa volonté [3].

A la suite d'Augustin et d'Anselme, Richard souligne que cette volonté n'est pas condamnable en soi, puisqu'elle est une faculté par nature inhérente à la créature et de ce fait, bonne. Le péché n'a pu venir d'une volonté mauvaise, puisque le mal n'était pas encore présent. L'ange prévaricateur a par conséquent désiré un certain bien, rappelant ainsi l'adage de Denys « personne ne fait ce qu'il fait en pensant au mal » [4]. Si Richard se conforme jusqu'à présent à la tradition, sa solution est plus originale lorsqu'il s'agit de comprendre en quoi consiste la nature de ce péché. Selon lui, la créature n'a pas premièrement désiré l'éloignement de Dieu qui est un mal en soi, mais elle a succombé à un désir désordonné à cause de la concupiscence qui l'accompagne. Richard insiste ainsi sur la notion de convoitise et de plaisir :

> L'éloignement de Dieu n'est pas désirable en soi. Mais le plaisir est quelque chose de désirable et nous constatons que le désir bien ordonné rejette le plaisir pour l'éloignement qui lui est relié et le désir désordonné se soumet à cet éloignement pour le plaisir qui y est joint [5].

L'ange peut par conséquent éprouver une passion qui peut le faire dévier. Cette concupiscence, ce désir désordonné n'est autre que l'orgueil, défini de manière classique comme un amour de soi jusqu'au mépris de Dieu. Reprenant la première épître de Jean, Mediavilla montre que tout péché ne peut être que délice de la chair, désir des richesses temporelles ou de l'excellence dans le monde [6]. Les deux premiers étant inconvenants à la nature angélique, il faut conclure que l'ange a désiré pour soi, et par conséquent de manière désordonnée, l'excellence dans le monde [7]. Citant Augustin, Mediavilla conclut que l'ange a premièrement ressenti un amour désordonné de lui-même plutôt qu'une volonté de mépris de Dieu. Pour définir la cause de ce mal, Mediavilla

1. *Cf.* Richard de Mediavilla, *Questions disputées,* q. 29, *op. cit.*, p. 259.

2. Une fois de plus, nous retrouvons ce topos littéraire où l'intellect est présenté sous les traits d'un serviteur. Richard n'hésite pas à reprendre l'image du porteur de lumière d'Henri de Gand. *Cf.* Augustin, *Retractationes*, I, 9, PL 32, col. 595.

3. Richard de Mediavilla, *Questions disputées,* q. 23, *op. cit.*, p. 31.

4. *Ibid.*, q. 25, *op. cit.*, p. 101. Nous retrouvons la même argumentation à la q. 14, p. 15. *Cf.* Denys l'Aréopagite, *Des noms divins*, IV.

5. Richard de Mediavilla, *Questions disputées,* q. 30, *op. cit.*, p. 305.

6. I Jn. 2, 16

7. *Cf.* Richard de Mediavilla, *Questions disputées,* q. 26, *op. cit.*, p. 143-145.

développe le syllogisme suivant dans la dernière objection de sa quatorzième *Question disputée* :

> La cause n'en est pas que je veuille ce vouloir, car, comme tu le montrais, ce serait alors un processus sans fin et il s'ensuivrait, comme tu le montrais, qu'elle tomberait d'abord sur son acte avant de l'être sur son objet, mais j'affirme que la cause en est la volonté libre, qui, en raison de sa liberté, peut se mouvoir, alors qu'elle ne se mouvait pas auparavant, et voilà la résolution des arguments [1].

L'argumentation augustinienne est ensuite reprise telle quelle : il y a nécessairement une cause à tout vouloir. Soit cette cause est autre que la volonté, soit elle est l'acte de la volonté. Dans le premier cas, la volonté ne serait pas la cause de son propre mouvement, ce qui est absurde. Dans le second cas, chercher une cause au vouloir entraîne une régression à l'infini. Il faut ainsi définir une cause première de ce vouloir et qui est également sa propre cause : il s'agit de la volonté.

La quinzième *Question disputée* se révèle plus intéressante, puisqu'elle aborde la question du vouloir en la formulant dans la problématique de l'acrasie. Le contexte d'énonciation est le suivant : si la volonté est la faculté supérieure en l'homme, peut-elle s'opposer aux jugements de l'intellect [2] ? Si Richard de Mediavilla défend une position volontariste, il commence toutefois par établir plusieurs positions probables quant à la nature du libre arbitre et affirme finalement qu'il ne se déterminera pas à ce sujet, assurant ne préférer aucune des solutions envisagées [3]. La première position, qui semble proche de celle de Thomas d'Aquin, affirme que « le libre arbitre englobe l'intellect et la volonté comme en son essence, mais sur le mode d'une tournure d'être qui n'ajoute rien comme réalité » [4]. La seconde position affirme que le libre arbitre n'englobe que la volonté. Celle-ci se divise elle-même en deux propositions ; certains prétendent que la volonté nécessite le conseil de l'intellect pour être libre. Ainsi, « l'acte de choix ne se déroule qu'après l'acte de conseil » [5] ; d'autres affirment au contraire que la volonté ne nécessite aucunement l'intellect dans son œuvre et « qu'avant même la délibération de l'intellect, elle a un régime de libre arbitre » [6]. Nous retrouvons ainsi les mêmes divisions qu'Olivi avait énumérées avant de promouvoir la dernière proposition.

Si Mediavilla ne se détermine pas pour une position, c'est qu'il démontre que, dans tous les cas de figure, la volonté ne peut être contrainte. La dernière position qui affirme que la volonté est le libre arbitre rend évident le fait qu'elle ne peut être contrainte. Si la volonté n'est qu'une partie du libre arbitre et

1. Richard de Mediavilla, *Questions disputées*, q. 14, *op. cit.*, p. 45.

2. « La volonté de l'ange ou de l'homme peut-elle se porter contre le jugement de l'intellect ? », Richard de Mediavilla, *Questions disputées,* q. 15, *op. cit.*, p. 49.

3. *Ibid.*, p. 71.

4. *Ibid.*, p. 67.

5. *Ibid.*

6. *Ibid.*, p. 69.

qu'elle requiert l'intellect d'une quelconque façon, il faut conclure qu'au moins une de ces deux parties est libre et ne peut être contrainte. Or, selon Mediavilla, l'intellect peut être contraint, puisqu'un individu peut approuver une vérité qui pourtant lui déplaît [1]. Il y est rationnellement tenu par la force de la démonstration. Par conséquent, seule la volonté est libre et possède le pouvoir de s'opposer, si elle le désire, aux jugements de l'intellect [2].

Richard de Mediavilla défend ainsi la possibilité d'acrasie stricte, ce qui est corroboré par les arguments qui suivent : la volonté a la capacité de s'opposer à l'intellect du fait de sa nature, du principe d'acquisition des vertus et du principe de réalité. Premièrement, Mediavilla affirme que la volonté est par essence plus noble que l'intellect et, par conséquent, supérieure à cette faculté. Deuxièmement, selon Aristote, il est plus vertueux de choisir le bien que de savoir en quoi celui-ci consiste. L'acquisition des vertus provient ainsi de la volonté plus que de l'intellect. Le bien envisagé par la volonté doit ainsi parfois être préféré à celui dicté par l'intellect. Enfin, l'expérience prouve que l'homme, bien qu'il sache qu'il ne devrait pas commettre un acte, l'accomplit parfois [3]. Il apparaît ainsi que l'acrasie est possible et qu'elle ne doit être imputée qu'à la seule force de la volonté.

Si Richard avait annoncé ne pas vouloir se déterminer à propos du statut de la volonté, sa préférence transparaît toutefois dans la question du péché des démons. A la question disputée 28, il affirme que l'acte de la volonté délibérative est moralement bon si et seulement s'il porte sur un objet légitime, en une circonstance légitime et en vue d'une fin bonne. Or, il n'est possible de déterminer la valeur morale de ces trois facteurs qu'au travers du jugement de l'intellect. Ainsi, selon lui, « le bien moral réside en l'accord avec la raison » [4]. Par conséquent, la volonté réclame une norme de l'intellect pour pouvoir juger de la validité d'un acte :

> L'acte qui ne se conforme pas à sa règle est un péché. Or, la règle du mouvement de la volonté délibérative est le jugement droit de l'intellect [5].

Richard est en ce sens proche de Thomas d'Aquin, lorsqu'il affirme que la norme objective du bien provient de la raison droite. Cela dit, la connaissance de cette raison qui se conforme à la nature rationnelle de l'homme est connue grâce à la syndérèse, définie en tant qu'une inclination naturelle vers le bien. Comme le souligne avec raison Edgar Hocedez, cette définition semble rapprocher Richard de Mediavilla de Bonaventure :

1. *Cf.* Richard de Mediavilla, *Questions disputées*, q. 15, *op. cit.*, p. 73.
2. *Ibid.*, p. 75.
3. *Ibid.*, p. 77-81.
4. *Ibid.*, q. 28, p. 233.
5. *Ibid.*, p. 235.

> La syndérèse [...] est une chose par laquelle nous inclinons naturellement vers le bien absolu ou en général et par conséquent par laquelle nous murmurons contre le mal absolu ou en général [1].

Mediavilla tente ainsi de concilier la position de Thomas d'Aquin et celle de Bonaventure [2] : si la volonté en tant qu'elle est créée par Dieu tend naturellement et par conséquent nécessairement vers le bien, l'intellect persuade également la volonté que le bien doit être voulu :

> Si nous parlons de la syndérèse en tant qu'elle incline au bien absolu par mode de persuasion et non de nécessité, elle se situe ainsi dans l'intellect. Mais si elle est dite inclinée au bien absolu ou en général par mode de nécessité, elle se situe alors dans l'affect [3].

Toutefois, cette double disposition de la volonté et de l'intellect nous indique seulement de manière générale qu'il faut poursuivre le bien et rejeter le mal. La syndérèse est donc une incitation au bien, mais ne permet pas de saisir quel acte particulier doit être accompli en vue de ce bien. C'est en effet là le rôle de la conscience morale que Richard définit comme un dictamen de la raison pratique :

> La conscience est un certain dictamen ordonné à l'acte; il dicte en effet ce qui doit être choisi et accompli et ce qui doit être rejeté et fuit. [...] La conscience se situe dans l'intellect non pas en tant qu'il est spéculatif, mais en tant qu'il est pratique [4].

Sans vouloir rentrer dans des distinctions plus précises en ce qui concerne la conscience morale, il suffit de dire que si la conscience acquise peut être vicieuse, c'est selon lui du fait des mauvaises dispositions de la volonté [5] :

> La conscience naturelle n'est jamais mauvaise, mais la conscience acquise peut l'être à cause de la mauvaiseté de la volonté : en effet, sa mauvaiseté modifie le dictamen de l'intellect pratique [6].

1. Richard de Mediavilla, *II Sent.*, dist. 39, art. 3, q. 1, *op. cit.*, p. 485 : « Synderesis [...] est aliquid quo naturaliter inclinatur ad bonum absolutum vel in generali, et ex consequenti murmuratur contra malum absolutum vel in generali ».

2. *Cf.* E. Hocedez, *Richard de Middleton, sa vie, ses œuvres, sa doctrine*, Louvain, SSL, 1925, p. 227.

3. Richard de Mediavilla, *II Sent.*, dist. 39, art. 3, q. 1, *op. cit.*, p. 485 : « Ex praedictis patet, quod, si dicatur synderesis, inclinativum ad bonum absolute per modum persuadentis non necessitantis, sic est in intellectu. Si autem dicatur inclinativum ad bonum absolute vel in generali per modum necessitantis, sic est in affectu ».

4. *Ibid.*, art. 2, q. 1, *op. cit.*, p. 282 : « Conscientia autem est quoddam dictamen ordinatum ad opus; dictat enim quae eligenda et agenda et respuenda et fugienda. [...] Conscientia est in intellectu non in quantum est speculativus sed in quantum est practicus ».

5. *Cf.* E. Hocedez, *Richard de Middleton, sa vie, ses œuvres, sa doctrine*, *op. cit.*, p. 228-229.

6. Richard de Mediavilla, *II Sent.*, dist. 39, art. 2, q. 1, *op. cit.*, p. 482 : « Conscientia naturalis nunquam mala est, sed quae est acquisita per malitiam voluntatis : malitia enim eius mutat dictamen intellectus practici ».

Par conséquent, c'est à nouveau à la volonté que revient la responsabilité de l'acte, bien que par nature, à cause de la syndérèse, elle soit poussée au bien. Ainsi, quoique Richard admette une prééminence de la volonté, il faut constater, notamment au travers de la terminologie aristotélicienne qu'il met en œuvre, qu'il défend une position mixte, soulignant à la fois l'activité libre de la volonté et la nécessité de la normativité de l'intellect. Dans le contexte de l'acrasie, dont la chute des démons fournit un parfait exemple, Richard affirme que l'acrasie stricte est possible du fait de la nature de la volonté, mais que cette dernière faculté doit être dirigée par l'intellect pour se comporter droitement.

LES RAISONS DE LA CHUTE SELON PIERRE DE JEAN OLIVI

Parmi les questions portant sur les causes et la nature de la chute des anges, la question XLIII de la *Summa* est fondamentale pour saisir la position d'Olivi. Celle-ci est énoncée sous la forme d'une remarque à l'attention des philosophes qui s'étonnent que le premier ange ait pu pécher par orgueil, comme le stipulent les Ecritures. Comme l'indiquent les arguments *contra*, il paraît inconcevable que le premier ange ait librement préféré un bien moindre, à savoir sa propre personne, plutôt que le bien divin :

> Il semble incroyable que le premier ange ait voulu choisir ce qu'il constatait très clairement être sans valeur par rapport au bien divin, en le préférant à ce dernier bien, qui lui était clairement offert sans aucun dommage ni empêchement [1].

Olivi utilise ici de manière remarquable le terme de « valeur » pour expliquer le choix de l'ange. Il faudra en effet attendre le XIXe siècle pour que le mot refasse son apparition dans un contexte éthique. Les philosophes païens ont raison de s'étonner de ce choix démoniaque, puisque le bien offert par Dieu est incomparablement plus précieux que le bien propre de l'ange prévaricateur.

L'incompréhension se poursuit si l'on considère que le premier ange a choisi de se glorifier lui-même plutôt que Dieu, alors même qu'il savait que cette dernière option, qui est celle de la vertu, augmenterait sa béatitude. Il est donc incohérent que Lucifer ait choisi de renoncer au bien de la vertu qui accompagne le bien divin :

> Il semble encore plus incroyable que, de ce qu'il a choisi sciemment, il veuille exclure le bien divin et le bien de vertu : il voyait bien que le premier pris avec le second était meilleur, plus délectable, plus utile et plus glorieux que s'il était pris par lui-même et pour lui-même, sans ce second bien. Or, on suppose que cela est arrivé en son péché. En effet, on suppose qu'il a choisi de se glorifier en lui-même, de dominer les autres et d'être honoré par eux sans relation avec la gloire

1. P. J. Olivi, *Traité des démons,* q. XLIII, *op. cit.*, p. 90-91 : « Incredibile enim videtur quod primus angelus id quod clarissime videbat nullius esse valoris respectu boni divini quod sibi clare et sine omni molestia vel impediento offerebatur vellet huic praeeligere ».

et la domination de Dieu, alors qu'il voyait bien que cette relation ne diminuait pas son bien, mais plutôt l'augmentait beaucoup [1].

Enfin, l'argument qui semble le plus contradictoire réside dans une position classique depuis Anselme [2] : l'ange ne peut en toute connaissance de cause désirer devenir l'égal absolu de Dieu, lui qui se sait être un être créé, fini et inférieur à Dieu. A cet argument classique, Olivi ajoute la question de la dépendance ontologique [3]. La nature même de tout créé est d'être en dépendance. Vouloir devenir l'égal de Dieu consisterait ainsi à acquérir cette toute-puissance de ne plus être ontologiquement dépendant, ce qui modifierait la nature même du démon et impliquerait la destruction de ce qu'il est. Or, le démon ne désire évidemment pas cette destruction, puisqu'il possède un amour inné de soi et de sa béatitude :

> Il semble encore plus incroyable que le premier ange ait électivement désiré ce qui était tout à fait impossible et contre son désir naturel – bien plus, contre la nature de son être. Or, on suppose cela en son péché, car on suppose qu'il a désiré l'égalité avec Dieu absolument, ou en quelque propriété de Dieu. [...] Cela ne pourrait se produire qu'avec la mutation de son être fini, dépendant de la cause première, en un être infini et indépendant, et, pour autant, cela était aussi contre son désir naturel, car il est contre sa nature de désirer ce qui inclut la destruction de son être et de sa nature [4].

Olivi conclut le tour d'horizon des critiques philosophiques en produisant un argument qui concerne la rectitude naturelle inhérente à toute créature : à l'instar de l'homme, l'ange possède également un certain « goût » pour le bien, qui rend le mal « amer et abominable » [5]. Il aurait donc dû prendre

1. *Ibid.*, p. 91 : « Item, incredibilius videtur quod ab eo quod elegit scienter vellet bonum divinum et bonum virtutis excludere, quia bene videbat quod illud sumptum cum isto melius et delectabilius et utilius et gloriosius erat quam sumptum per se et propter se absque isto ; sed hoc ponitur in eius peccato contingisse ; ponitur enim quod eligit in se ipso gloriari et ceteris dominari et ab eis honorari absque relatione ad Dei gloriam et dominium, cum tamen bene videret quod haec relatio non diminuebat bonum suum, immo multum augebat ».

2. *Cf.* Anselme de Cantorbéry, *La chute du diable*, chap. IV, *op. cit.*, p. 240-241.

3. Nous trouvons également cet argument chez Thomas d'Aquin au *De malo*, 16, 3.

4. P. J. Olivi, *Traité des démons*, q. XLIII, *op. cit.*, p. 92-93 : « Item, adhuc incredibilius videtur quod elective appetierit illud quod omnino erat impossibile et contra suum naturalem appetitum, immo et contra naturam sui esse ; sed hoc ponitur in eius peccato, quia ponitur appetiisse aequalitatem Dei aut simpliciter aut in aliqua Dei proprietate, ut in omnipotentia vel in summa et insubicibili dominatione ; hoc enim videbat esse impossibilissimum et contradictione plenum, et dato quod posset fieri, hoc non posset nisi per mutationem sui esse finiti et dependentis a prima causa in esse infinitum et independens, et pro tanto etiam erat contra naturalem eius appetitum, quia contra naturam est appetere illud in quo includitur destructio sui esse et suae naturae ». Nous retrouvons la même argumentation chez Thomas d'Aquin, *Somme de théologie*, Ia, q. 63, art. 3.

5. P. J. Olivi, *Traité des démons*, q. XLIII, *op. cit.*, p. 92-93 : « Item, incredibile videtur quod appetierit illud quod erat omnino contrarium et amarum seu abominabile affectioni suae ; sed ipse fuit in tali rectitudine conditus quod suae rectitudini omne peccatum erat contrarium et amarum et abominabile ».

naturellement en horreur la laideur et l'aigreur du péché [1]. Tous ces arguments devraient rendre évidente cette conclusion : le premier ange n'a pu choisir orgueilleusement son bien propre de manière volontaire et en toute connaissance de cause.

Il faut remarquer l'aspect éminemment psychologique des positions que fournit Olivi : toutes envisagent le point de vue personnel du démon qui, dans tous les cas, préfère son bien propre et son pouvoir au détriment du bien divin et de la vertu. L'étonnement principal que suscite le choix du premier ange réside dans le fait que ce dernier semble choisir délibérément un bien moindre. Nous sommes très éloignés de l'idée selon laquelle l'ange, du fait de la perfection de sa nature, cherche à accomplir le bien par principe, comme le suppose Thomas d'Aquin [2]. Lucifer n'échappe pas à la règle selon laquelle tout être semble effectuer ses choix en fonction de ses intérêts propres. Il est en effet naturel que la philautie, présente en tout amour se rencontre également chez les anges.

Cependant, considéré du point de vue de la raison, il est illogique et contre nature que l'ange ait préféré un bien moindre, autrement dit sa propre glorification, plutôt que de rendre le bien qu'il faisait à Dieu. La réponse d'Olivi à ces arguments affirme que ce n'est pas seulement la raison, mais également l'expérience, qui nous prouvent que le Diable pécha de cette manière à cause de son orgueil :

> Quel que soit notre degré d'ignorance sur le mode précis de leur chute, d'une façon générale, il est non seulement croyable, mais, bien plus, il est certain par l'expérience et la raison, qu'ils ont péché de leur volonté propre et que, par conséquent, ils ont péché en voulant et en choisissant quelque chose qu'ils auraient dû et pu ne pas vouloir. [...] Le défaut du corps ou de la chair en eux, l'excellence de leur nature intellectuelle et la dignité qui leur ont été données dès le début, montrent de façon probable qu'ils ont pu pécher par présomption orgueilleuse et par ambition [3].

Que veut signifier Olivi lorsqu'il prétend que nous savons par expérience (*experimentum*) de quelle manière le premier ange commit la faute ? Pour le comprendre, il faut revenir sur le premier préalable de la réponse de la question XLIII de la *Summa*. Olivi y fait remarquer que pour saisir les raisons du mal, il faut premièrement se référer à « l'expérience surabondante » de la

1. Nous retrouvons la même argumentation chez Augustin et chez Anselme. *Cf.* Augustin, *Confessions*, X, 27, 38 ; Anselme de Cantorbéry, *De Veritate*, chap. XI.

2. *Cf.* Thomas d'Aquin, *Somme de théologie*, Ia, q. 63, art. 4.

3. P. J. Olivi, *Traité des démons*, q. XLIII, *op. cit.*, p. 94-97 : « Quantumcunque igitur in speciali ignoremus modum lapsus eorum, in generali tamen non solum est credibile, immo experimento et ratione certum quod ipsi propria voluntate peccaverunt ac per consequens quod peccaverunt aliquid volendo et eligendo quod debuerunt et potuerunt nolle. [...] quia defectus corporis seu carnis in eis et praecellentia intellectualis naturae et dignitatis eis ab initio datae probabiliter ostendunt eos per superbam praesumptionem et ambitionem peccasse ».

mauvaiseté du siècle dans lequel il vit [1]. Il affirme que l'existence de démons qui entraînent les hommes mauvais vers le mal est indéniable. Bien qu'il soit difficile de déterminer à quel contexte particulier Olivi fait référence, il relève toutefois que les raisons de la chute des démons est évidente, tant du point de vue du dogme que du point de vue rationnel. L'homme possède ainsi l'*experimentum* du mal que ce soit de sa propre faute, du fait de la présence d'esprits maléfiques dans le monde ou selon le témoignage des Ecritures.

La situation semble antinomique, les anges ayant péché parce qu'ils ont librement choisi quelque chose qui leur était impossible de vouloir. Pour résoudre cette difficulté, Olivi renverse avec brio les arguments *contra*. C'est justement la perfection de la nature rationnelle des anges, qui ne possèdent pas de corps, mais une raison parfaite dès leur création, qui prouve que les anges n'ont pas pu effectuer ce choix par délibération rationnelle. Cela serait en effet impossible sans entraîner de contradictions. Par conséquent, c'est grâce à la suprématie de la liberté de la volonté qu'ils ont pu effectuer ce choix impossible selon la raison. Olivi parvient de cette manière à offrir une réponse au motif de la chute de Lucifer, tout en démontrant la prééminence de la volonté sur la raison. L'explication principale de toute option – y compris celle de l'acrasie – ne réside pas dans une faiblesse de la volonté, à savoir littéralement dans une in-continence ou dans une absence de maîtrise de soi. Elle trouve au contraire son explication dans la puissance de la volonté. C'est sans doute pour cette raison qu'Olivi n'use qu'à huit reprises du terme *incontinentia* dans l'ensemble de son œuvre [2]. Malgré son excellente connaissance de la position aristotélicienne et l'importance que revêt cette question au sein de sa réflexion, ce terme semble peu approprié pour Olivi, puisque son étymologie implique une faiblesse, là où Olivi conclut à l'absolue autonomie de la volonté. Toute créature peut ainsi, du fait de la puissance de sa volonté, préférer une option moindre à l'encontre même de ce que lui dicte sa raison. Ainsi, si le Diable a chuté, c'est qu'il a simplement préféré cette option, produisant ainsi un cas strict d'acrasie.

Pour terminer l'analyse du choix de Lucifer, abordons la question du moment de la chute. Anselme avait souligné l'importance de comprendre les raisons de la chute, le *quomodo* de la faute. En effet, il semble incohérent que Lucifer ait pu choisir le mal, alors que le péché n'existait pas encore. Olivi montre dans la question XLII de la *Summa*, que Lucifer, en tant qu'ange,

1. *Ibid.*, p. 94-95.

2. Nous ne tenons pas compte d'une citation d'Aristote qui se trouve à la *Summa*, q. LVII, p. 361 et de sept références bibliques qui se trouvent dans la *Summa*, q. CII, p. 231 ; q. CXVIII, p. 377 ; *QPE* XVIII, p. 124 et 140 ; *Lectura super Proverbia*, I, 1, *in* J. Schlageter (ed.), *Collectio Oliviana*, VI, Grottaferrata, S. Bonaventurae, 2003, p. 248 ; *Quaestiones circa matrimonium*, q. I, *in* A. Ciceri (ed.), *Collectio Oliviana*, III, Grottaferrata, S. Bonaventurae, 2001, p. 142. La plupart des occurrences apparaissent aux q. LXXXV-LXXXVI de la *Summa*. Nous rencontrons également ce terme à la q. LVII du même ouvrage, p. 361, dans les *Quaestiones de novissimis*, q. I, p. 75 et dans le *De usu paupere*, p. 53.

tendait naturellement à aimer Dieu. Ainsi, il ne pouvait pas chuter au premier instant (*nunc*) de sa création, puisqu'il a été créé bon.

> Il est impossible que, sans contradiction, il puisse pécher au premier moment, car, alors, il serait à la fois dans le statut et l'obliquité du péché et dans le statut de rectitude qui est incompatible avec le péché et qui peut éviter le péché [1].

Toutefois, une objection survient. Si Lucifer ne pouvait pas pécher au premier instant de sa création, comment le pourrait-il ensuite ? Parce que l'ange n'a pu se détourner de manière vicieuse et élective que s'il se rapportait et aimait premièrement Dieu de manière vertueuse [2]. C'est alors qu'Olivi applique la théorie de la contingence synchronique à la possibilité de faire le mal. L'acte de pécher survient à l'instant même de la détermination de l'ange à pécher, alors même que celui-ci est encore vertueux :

> Si donc l'action du péché, par nature, est postérieure à sa cause, qui est de toute façon établie comme informée par la vertu, tant que sa vertu n'a pas été détruite par l'acte du péché, il s'ensuit que la vertu par nature première se trouve au même instant en lequel elle est détruite par un péché. Et ainsi, au même instant, un être est vertueux et vicieux ; il détient une vertu et ne la détient pas [3].

Cette apparente contradiction s'explique par le fait que la vertu, au moment où elle est détruite par le péché, n'existe pas d'elle-même, mais qu'elle dépend de la volonté de Lucifer qui dans le même instant peut vouloir la vertu comme son contraire. La contingence synchronique permet ainsi à Olivi d'expliquer de manière totalement nouvelle le *quomodo* de l'apparition du mal, en une réflexion qui inspirera fortement Duns Scot [4].

La société des anges

L'intérêt de l'analyse de la chute des anges ne se limite pas seulement aux choix personnels de Lucifer, mais s'approfondit dans le rapport qu'entretiennent les anges entre eux dans leurs options individuelles. En effet, c'est dans le rapport à autrui que nous pouvons comprendre le pourquoi de la chute

1. P. J. Olivi, *Traité des démons*, q. XLII, *op. cit.*, p. 78-79 : « Impossibile est quod absque contradictionee posset in primo nunc peccare, quia tunc simu esset in statu et obliquitate peccati et in statu rectitudinis repugnantis peccato et potentis vitare peccatum ».

2. *Ibid.*, p. 80 : « vitiosus ergo non potuit elective se amare absque vitio, nisi per amorem Dei se diligeret et referret ad Deum et propter Deum ».

3. *Ibid.*, p. 82 : « Si ergo actio peccati est naturaliter posterior sua causa, quae utique ponitur virtute informata, usquequo per actum peccati non fuit virtus eius corrupta : sequitur quodvirtus prius naturaliter sit in eodem instanti in quo per peccatum corrumpitur ; et ita in eodem instanti est quis virtuosus et vitiosus et habet virtutem et non habet ».

4. *Cf.* C. Cervellon, « L'affection de justice chez Duns Scot : justice et luxure dans le péché de l'ange », *in* O. Boulnois, E. Karger, J.-L. Solère, G. Sondag (éd.), *Duns Scot à Paris, 1302-2002, Actes du colloque de Paris, 2-4 septembre 2002*, Turnhout, Brepols, 2004, p. 425-468.

des anges, car s'il est évident que les anges ont volontairement péché, il reste toutefois à définir ce qu'ils ont désiré.

Selon Olivi, l'ange ne possède pas une connaissance immédiate de Dieu. Plus exactement, il en possède une connaissance *ut absentem*, tandis qu'il peut jouir directement de la compagnie (*societas*) de ses semblables. L'attachement visible et direct à ses semblables aurait ainsi porté plus facilement l'ange à aimer sa propre nature plutôt que le bien divin. La vision est en effet un sens particulièrement prégnant pour les substances séparées, puisqu'elle relève d'une connaissance intuitive immédiate et totale [1] :

> Bien que [les anges] connussent Dieu, ils ne le voyaient pourtant pas de manière visible comme ils se voyaient eux-mêmes, ni ne jouissaient de sa compagnie visible comme ils jouissaient de façon visible de leur propre compagnie. Ainsi leur intellect se portait sur Dieu en tant qu'il était absent, bien qu'ils fussent portés vers Dieu sur un mode bien plus élevé que nous. Or, parmi les autres choses qui ébranlent l'affect le plus facilement et de la façon la plus véhémente, se trouve l'expérience visible du bien aimé, même si ce bien en soi est moindre que ne l'est un autre bien absent et non éprouvé visiblement [2].

En plus de l'affect naturel que tout être porte à soi-même, l'ange possède un amour inné de la nature angélique et par conséquent de sa nature propre. Cet affect est complété qui plus est par un rapport d'amitié. Le vocabulaire qu'utilise Olivi pour parler de ces deux modes de relation est emprunté aux sources que nous avons précédemment citées. Ainsi, dans la question CIII de la *Summa* qui traite de l'amour désordonné, Olivi use du vocable augustinien en parlant d'*amor socialis* [3]. Mais à la question XLIII du *Traité des démons*, il reprend la terminologie d'Anselme qui considère cet amour comme une *affectio beatitudinis*. Le vocable anselmien lui permet en effet de préciser qu'à ce premier affect s'ajoute une *affectio justitiae* qui porte également de façon naturelle l'amour de l'ange vers Dieu :

> En eux se trouva une double affection : l'une est assurément purement naturelle : ils en étaient affectés dans l'amitié, la délectation et la multiformité, tant envers eux-mêmes qu'envers leurs compagnons visibles, à la mesure et en proportion du caractère délectable et multiforme des biens naturels qui étaient en eux. L'autre a été une affection pour la vertu, qui est appelée affection de

1. *Cf.* T. Suarez-Nani, *Connaissance et langage des anges*..., *op. cit.*, p. 168 ; p. 206-207.

2. P. J. Olivi, *Traité des démons*, q. XLIII, *op. cit.*, p. 96-97 : « Est igitur primo sciendum quod licet ipsi cognoscerent Deum, non tamen ipsum visibiliter videbant, sicut se ipsos, nec fruebantur eius visibili societate, sicut sua societate visibiliter fruebantur. Unde eorum intellectus ferebatur in Deum ut absentem, quamquam longe altiori modo ferrentur in Deum quam nos. Inter cetera autem ad quae facillime et vehementissime movetur affectus est visibilis experientia boni amati, quamquam sit secundum se longe minus quam sit aliud bonum absens et visibiliter inexpertum ».

3. *Cf.* Anselme, *De la concorde*, chap. XI, 13 ; *La chute du diable*, chap. XIV.

> justice par Anselme. La principale racine en était l'amour de Dieu pour lui-même et par-dessus tout [1].

Olivi détaille ainsi trois sortes d'amour naturel chez l'ange : l'amour de soi, l'amour de ses semblables et l'amour de Dieu. Les deux premiers sont mus par l'affection de béatitude et par l'amour d'amitié, le troisième par un affect de justice. Selon Olivi, c'est la défection de ce dernier affect qui poussa l'ange à la faute. Comme l'indiquent les autorités citées, ce n'est pas l'amour inné de l'ange pour lui-même et pour ses semblables qui est mauvais en soi. Mais si l'amour naturel de l'ange ne conserve pas Dieu pour finalité de son action, un amour orgueilleux naît en lui. L'ange ne reconnaît plus dans sa nature une création parfaite de Dieu, mais seulement sa propre perfection. Du fait de cet amour propre, le désir de parvenir au bonheur se pervertit :

> Je dis que le premier péché est toujours composé d'un amour désordonné de soi et d'un amour désordonné d'un certain désir par lequel quelqu'un cherche absolument ou de manière relative à être béatifié [2].

Gardant à l'esprit que l'angélologie a notamment pour fonction d'exemplifier les comportements humains, Olivi met ici en exergue que l'homme possède également trois sortes d'amour qui lui sont naturelles et bénéfiques : l'amour de soi, en tant que créature bonne, l'amour d'amitié, qui permet de fonder toute communauté humaine, qu'elle soit civile ou religieuse, et enfin l'amour de Dieu, vers lequel *in fine* tout amour devrait tendre. Mais cet amour de soi naturel et bon peut dévier d'un amour d'amitié vers un amour de concupiscence. Pour le cas des anges, l'amour désordonné de soi est vraisemblablement survenu parce que leur affection naturelle était plus encline à préférer leur propre nature qu'un Dieu absent de leur perception visible. L'analyse de l'intentionnalité avait en effet montré que la *mens* ne peut porter son regard que vers un *terminus* présent à l'esprit. Ainsi, si le vocabulaire d'Anselme est à nouveau rappelé ici par la notion de rectitude, l'explication de la cause de la préférence de soi réside toutefois dans le langage olivien de la théorie de la connaissance :

> Puisque l'ordre de cet amour ne peut être pleinement vu sans la vision du principal objet en lequel il se fixe et auquel il se rapporte tout entier, l'ordre de

1. P. J. Olivi, *Traité des démons*, q. XLIII, *op. cit.*, p. 96-99 : « Secundo sciendum quod in eis fuit duplex affectio : una quidem mere naturalis per quam tam ad se quam ad visibiles socios amicabiliter et delectabiliter ac multiformiter afficiebantur, secundum scilicet mensuram et proportionem delectabilitatis et multifomitatis naturalium bonorum quae erant in eis. Altera fuit affectio virtualis quae ab Anselmo vocatur affectio iustitiae. Principalis autem radix huius erat amor Dei propter se, et super omnia ».

2. *Idem*, *Summa*, q. CIII, *op. cit.*, p. 239 : « Et hoc modo dico quod primum peccatum semper est compositum ex deordinato amore sui et ex deordinato amore alicuius appetibilis in quo quis simpliciter vel secundum quid quaerit beatificari ».

leur rectitude de vertu envers Dieu n'a donc pas été aussi pleinement visible que ne l'étaient leur ordre et leur attachement purement naturel [1].

Si l'amour de sa propre nature ou des biens de ce monde n'a pas Dieu pour fin et n'est pas régi par des dispositions vertueuses, la créature tombe dans une *inordinatio* où le désir des biens matériels l'entraîne dans une recherche de satisfaction infinie [2]. Si cela explique en partie l'*obstinatio* des démons, la réflexion est également valable pour les hommes, qui peuvent désirer des biens matériels de manière démesurée, comme l'ont montré les philosophes antiques [3]. De même que l'obstination du démon, qui désire son bien propre de manière désordonnée, l'entraîne dans son propre abîme, la recherche insatiable des richesses matérielles et du pouvoir enchaîne l'homme dans la bassesse et le néant de son être :

> L'amour de soi est rendu vicieux du seul fait qu'il n'est pas rapporté à Dieu, mais que l'homme adhère à lui-même par amour pour lui-même et absolument. Et parce qu'un tel mode d'adhésion est très éloigné de la rectitude, de l'élévation, de la virilité et de la soumission qu'il avait ou aurait, s'il se rapportait tout entier à l'amour de Dieu et se logeait en Dieu. Donc l'amour qui adhère ainsi à lui-même pour lui-même comporte en lui la plus grande torsion, une impuissance, c'est-à-dire un engluement impuissant de soi dans son néant et une mollesse sans consistance ni énergie [4].

Pour Olivi, l'homme réalise au plus haut point sa propre personnalité dans une humilité qui s'apparente à un mépris de soi. A l'inverse, s'il s'enferme dans un amour de soi désordonné, il devient un être sans finalité et dont l'existence est réduite à néant. Ainsi, l'abnégation ne consiste pas en une répulsion de son

1. *Idem, Traité des démons*, q. XLIII, *op. cit.*, p. 98-99 : « Et quia ordo istius amoris non potest ad plenum videri absque visione sui principalis obiecti in quo figitur et ad quod totus refertur : idcirco ordo rectitudinis virtualis eorum ad Deum non fuit eis ita plene visibilis sicut erat ordo et habitudo eorum mere naturalis ».

2. *Idem, Summa*, q. CIII, *op. cit.*, p. 236 : « Sciendum ergo quod inordinatio sibi addit privationem debiti finis et debitae regulae et horum opposita, scilicet, indebitum finem et regulam vitiosam; amor enim sui ad se non est rectus, nisi habeat Deum pro ultimo fine et nisi regatur aliquo habitu virtuoso sibi adiuncto. Cum ergo quis amat se principaliter et finaliter propter se et cum modo opposito virtuti sibi superaddendae : tunc est inordinatus et pravus, et quantumcunque parum ponat in se finem ultimum, pro tanto est vitiosus ».

3. *Idem, Traité des démons*, q. XLIII, *op. cit.*, p. 100-101 : « Qua exclusa affectus illi inferiores habebant ferri in suos fines infinite et sine mensura; quia amor finis, etiam secundum mundanos philosophos, est infinitus, nisi per ordinem ad finem alterum mensuretur; unde amans propter se sanitatem vel honorem aut gaudium, vel lucrum non ponit terminum vel mensuram in eis, sed quanto plus habere posset, tanto plus vellet, et quanto hic maiora cogitat, tanto maiora vult ».

4. *Ibid.*, p. 101 : « Amor autem sui ex hoc solo redditur vitiosus, si non refertur in Deum, sed propter se absolute sibi ipsi per amorem homo inhaeret. Et quia talis modus inhaerendi est valde elongatus a rectitudine et altitudine et virilitate et subiectione quam habebat vel haberet, si per Dei amorem totus referretur et suspenderetur in Deum : ideo amor sic sibi propter se inhaerens habet in se maximam obliquitatem et infimitatem, id est, infimam sui in sua nihilitate inviscerationem et quandam fluxam et enervatam mollitiem ».

être et de sa volonté propre. La structure réflexive de la volonté réclame au contraire que tout désir soit lié au sujet désirant. Il est intéressant de remarquer que ce n'est que dans le contexte de l'analyse du premier péché d'orgueil de Lucifer qu'Olivi affirme explicitement que l'acte du vouloir implique tant une relation à l'objet voulu qu'à soi-même :

> En tout acte de connaissance, la relation à son suppôt est inclus, non seulement en tant que suppôt, mais également en tant que connu, puisque personne ne sait quelque chose, sans savoir qu'il le sait ; or, en ceci est inclus le fait de se savoir être et de savoir être connaissant : ainsi, en tout acte libre de vouloir ou de ne pas vouloir, est incluse une relation conduite à son suppôt et également à soi-même comme à l'aimé ; car celui qui veut, se meut librement lui-même ou meut sa volonté à un tel acte, qu'il ne ferait pas s'il ne se voulait pas vouloir ou ne pas vouloir [1].

Le rapport que la volonté entretient avec le sujet suppose qu'elle se prenne directement pour objet d'affection, en raison du mouvement de conversion et d'adhésion à soi :

> Il ne peut être dit que le retour sur soi et l'union d'adhésion réflexive ou conversive de la volonté sur elle-même et sur toutes les parties de sa personne soient identiques à son être substantiel ou à son essence. Mais ce mode de retour inséparable de la volonté est identique à l'amour dispositionnel précité [2].

L'amour de soi, du fait de la structure même de la volonté, est inhérent à toute créature. Mais pour être correctement réalisé, cet amour doit être guidé par une *affectio justitiae* qui a Dieu pour finalité. Olivi insiste : l'orientation de cet amour propre ne dépend que de la volonté et de la responsabilité personnelle. Pour l'expliquer, Olivi reprend la distinction d'Anselme entre péché originel et péché personnel. Le péché originel est pardonné par Dieu, puisqu'il n'implique pas le choix libre et volontaire du mal. La chose est évidente selon lui dans le cas des enfants innocents :

> C'est une chose que le vice soit digne de haine. C'en est une autre que la personne à cause d'elle-même soit digne de haine ou de châtiment. Ainsi, le vice qui subsiste dans les petits baptisés est toujours odieux pour Dieu, puisque l'enfant lui-même est tenu, venant à l'usage de la raison d'haïr et d'opprimer ceci. Cependant, sa personne en cela n'est ou ne doit jamais être haïe par Dieu,

1. P. J. Olivi, *Summa*, q. CIII, *op. cit.*, p. 236 : « Praeterea, sicut in omni actu sciendi includitur relatio eius ad suum suppositum non solum ut ad suppositum, sed etiam ut ad scitum, quia nullus scit aliquid, nisi sciat se scire illud, in hoc autem includitur scire se esse et scire se esse scientem : sic in omni libero actu volendi vel nolendi includitur relatio actus ad suppositum eius et etiam ad se ipsum tanquam ad amatum ; nam ipse volens movet se ipsum seu suam voluntatem libere ad talem actum, quod non faceret, nisi vellet se velle aut nolle ».

2. *Ibid.*, q. LXXVII, p. 153 : « Non enim potest dici quod reflexio et reflexiva seu conversiva et adhaesiva unio voluntatis ad se ipsam et ad omnes partes suae personae sit idem quod suum esse substantiale aut idem quod sua essentia. Sed huiusmodi reflexio a voluntate inseparabilis est idem quod praefatus amor habitualis ».

> puisque l'imputation de la faute se transmet et est pardonnée par Dieu. [...] Ainsi, le péché est plus naturel que personnel, puisque la personne n'a rien fait ici par assentiment personnel, mais la nature de tous, en tant qu'elle est tirée naturellement d'un principe commun à toute nature humaine, est par ce mode infectée par le péché [1].

Même si le vice est condamnable en soi et que le péché originel entache la nature humaine, c'est seulement dans le choix libre du péché que la personne est condamnable. L'acte intentionnel de la chute de Lucifer est pris pour preuve :

> Nécessairement son péché a commencé avec un libre consentement [2].

Ce consentement au péché n'est jamais un choix du mal, mais une préférence pour un bien, qui considère sa propre personne plus que le bien commun. Le cas de l'ange apostat montre qu'il est normal que l'une des créatures les plus élevées s'aime elle-même et soit aimée par ses pairs d'un *amor socialis*. Cependant, c'est en voyant son pouvoir augmenter par le regard des autres anges que Lucifer a préféré l'*amor privatus* et est devenu orgueilleux en désirant augmenter son pouvoir pour lui-même et en ne rendant ni son amour ni sa puissance à Dieu. Olivi use alors d'une magnifique comparaison pour expliquer cette volonté de *dominium* :

> Le premier ange eut plus de facilité à s'aimer dans toute la communauté des anges et de tout le créé qui lui était soumis qu'en se saisissant sans eux et principalement parce qu'il se sentait comme dédoublé en chacun d'eux. En effet, en se voyant dans le cœur de chacun comme individu et comme chef universel de tous, et en voyant son pouvoir sur chacun, il se voyait ainsi multiplié et magnifié, comme un homme qui se voit en même temps dans plusieurs miroirs. En voyant aussi chacun d'eux en source de sa jouissance et de sa domination, il embrassait tout cela comme ce qui lui est propre, aimé ou bon, comme un roi ou un seigneur quand il considère toutes ses richesses, ses possessions et tout ce qu'il désire [3].

1. *Ibid.*, q. CIV, p. 311 : « Sciendum quod secundum rationem aliud est vitium esse dignum odio, aliud personam propter ipsum esse dignam odio vel poena. Unde vitium quod remanet in parvulo baptizato est semper Deo odiosum ; propter quod infans ipse ad usum rationis veniens tenetur illud odire et persequi. Et tamen, persona eius propter ipsum iam non oditur nec est odienda a Deo, quia reatus culpae transiit et est a Deo indultus. [...] Unde potius est peccatum naturale quam personale, quia persona per personalem consensum nihil ibi fecit, sed natura omnium, in quantum est naturaliter tracta ab uno principio totius naturae humanae, est huiusmodi peccato infecta. Et ideo, sicut alibi tetigi, credo quod nullus decedens in solo originali punietur aliqua poena affligente voluntatem liberam et in libero usu rationis existentem ».

2. *Idem*, *Traité des démons*, q. XLIII, *op. cit.*, p. 114-115 : « Unde oportuit quod a libero consensu peccatum eius inchoaretur ».

3. P. J. Olivi, *Traité des démons*, q. XLIII, *op. cit.*, p. 102-105 : « Et ideo primus angelus facilior fuit ad se ipsum amandum in tota universitate angelorum et omnium creatorum sibi subiecta quam sumendo se sine illis, et praecipue quia in quolibet illorum sentiebat se quasi duplicari ; videndo enim se esse in corde uniuscuiusque tanquam singulare et universale caput omnium et

Cette contemplation de soi dans l'image du miroir qui démultiplie la personne, rappelle la notion de présomption de soi qui avait été développée dans la *Lectura super Mattheum*, lorsqu'Olivi affirmait que l'homme perçoit sa valeur dans le cœur des autres et sent ainsi croître son pouvoir [1]. L'image est ici particulièrement intéressante : si un homme se contemple dans un miroir auquel fait face un second miroir, il verra sa propre image multipliée à l'infini dans ce jeu de réverbération. Lucifer en regardant les autres anges perçoit semblablement sa propre image au travers de la puissance qu'il impose à chacun. C'est donc qu'il ne considère autrui que comme un instrument lui permettant de se rapporter à sa propre image. Ce n'est pas la communauté angélique qui est mauvaise en soi, mais le fait de rechercher la jouissance du pouvoir au sein de cette société. Il est ainsi mauvais pour l'ange, comme pour l'homme, de mettre en avant sa personne pour elle-même au sein de la société, plutôt que de rendre à Dieu ses actions [2]. La comparaison finale entre Lucifer et un seigneur qui contemple ses richesses est à ce titre éloquente. Les richesses matérielles qu'un roi a acquises et le pouvoir naturel qu'il possède sur autrui peuvent l'entraîner à vouloir augmenter son pouvoir (*potestas*) sur autrui et à devenir présomptueux.

Remarquons qu'Olivi ne remet nullement ici en cause la structure hiérarchique de la société. Dans le *Quid ponat ius*, il souligne au contraire qu'un roi qui se conforme à la volonté divine n'a pas un pouvoir désordonné, mais légitime [3]. C'est donc bien la volonté de jouissance du pouvoir qui est critiqué par Olivi. Par conséquent, le narcissisme de Lucifer n'est pas différent de celui des hommes. Dans son *Traité des démons*, Olivi développe longuement quelles sont les raisons qui entraînent non pas l'ange, mais l'homme dans un amour vicieux de soi :

> Nécessairement, le premier défaut du péché a son début dans l'amour vicieux de soi plutôt que dans l'appétence ou le désir qui en procède. [...] Et parce que l'amour vicieux et présomptueux de soi se porte sans règle ni mesure vers ses fins, alors il désire sans fin l'honneur, la puissance et tout le reste qui lui est dési-

videndo potestatem suam super unumquemque, sic videbat se multiplicatum et magnificatum, sicut homo qui videt se simul in multis speculis. Videndo etiam unumquemque illorum esse suum fruibile et suum subditum, sic amplectebatur omnia illa sibi tanquam proprium amatum vel bonum, sicut rex vel dominus, quando aspicit omnes divitias et possessiones suas et omnia desiderabilia sua ».

1. *Idem*, *Compendium de virtute humilitatis*, *op. cit.*, p. 661 : « Grandem comptentum sui homo talis reputat sicut sui annihilationem. Tantum enim homo se sentit vivere in cordibus aliorum, quantum se sentit appretiari ab eis ».

2. R. Lambertini a justement montré comment le statut de perfection évangélique dépasse les obligations des hommes. *Cf.* « La difesa dell'Ordine francescano di fronte alle critiche dei Secolari in Olivi », *in* A. Boureau, S. Piron (éd.), *Pierre de Jean Olivi* (*1248-1298*), *op. cit.*, p. 193-206.

3. P. J. Olivi, *Quid ponat ius*, *op. cit.*, p. 328 : « Potestas regia ponit realiter assistentiam et auctoritatem divini velle ac per consequens et novam rationem obiectivam in regem respectu divini velle, ponit etiam verum respectum iuris humani per humanos actus acquisiti regi nullo alio sibi addito, et hec quidem sunt actu, quamvis a nullo intellectu creato cogitentur ».

rable, autant qu'il peut par lui-même désirer indéfiniment et surtout si, en sa présomption aveugle, il s'estime fait pour ces biens [1].

L'orgueil est la source de tout péché, originel ou actuel, humain ou angélique, en tant qu'il est une préférence de son bien propre [2]. Si quelqu'un vole, commet un parjure ou un acte illicite, n'est-ce pas finalement parce qu'il préfère son bien particulier, au détriment d'autrui et du bien en général ? La perception de soi revêt en l'homme vicieux tant d'importance et permet à l'individu d'acquérir tant de liberté qu'il peut croire posséder par là un pouvoir quasi divin :

> La grandeur de la primauté et de la présidence, de la précellence singulière, l'indépendance envers les choses, le fait de ne pas être soumis aux lois d'autrui, mais d'être suivi par tous comme si c'était leur volonté propre, ces faits, dis-je, se présentent à un tel esprit comme un certain être et un pouvoir divin et comme une certaine gloire semblable à celle de Dieu [3].

L'homme orgueilleux se trouve donc dans une situation similaire à celle de Lucifer lorsque ce dernier a voulu devenir semblable à Dieu, croyant être capable d'acquérir son pouvoir de lui-même. On saisit mieux ainsi pourquoi Olivi considère que la source de toute vertu est la pauvreté considérée comme un abandon de soi, dont l'apothéose de François en est la parfaite illustration. Dans la ligne de Bonaventure, Olivi explique dans son *Commentaire des Sentences* que c'est l'humilité au sens premier du terme qui permet à l'homme de s'élever :

> L'homme devait être placé en bas, pour que par l'humilité de sa basse position, il monte là où l'ange était tombé par la sublimité de la noblesse ; et pour cela devait lui être donné un corps constitué de nature inférieure pour que, se sachant poussière, il se place sous Dieu en toutes choses. C'est pourquoi

1. *Idem*, *Traité des démons*, q. XLIII, *op. cit.*, p. 101-103 : « Et ideo oportet quod primus defectus peccati inchoetur in vitioso sui amore potius quam in appetitu seu desiderio procedente ab ipso. [...] Quia vero vitiosus et praesumptiosus sui amor fertur sine regula et mensura ad fines suos : idcirco honorem et potestatem et reliqua sibi propter se appetibilia, quantum est ex se, appetit infinite, et praecipue si secundum suam caecam praesumptionem aestimet se aptum id illa ».

2. Olivi affirme en effet que la condamnation du péché originel trouve une image également en chaque péché actuel : « Si cui autem iudicium primae damnationis humanae videtur difficile aut obscurum, attendat primo cetera universalia iudicia Dei, quia in omnibus aut fere omnibus relucet mira imago iudicii primi », *idem*, *Summa*, q. CXVII, *op. cit.*, p. 358.

3. *Idem*, *Compendium de virtute humilitatis*, chap. XVIII, *op. cit.*, p. 659 : « Altitudo enim prioritatis et praesidentiae et singularis praecellentiae et nulli subesse nulliusque legibus coarctari, sed in omnibus ut propriam voluntatem sequi, haec, inquam, se exhibent menti tali, et quoddam divinum esse et posse et quaedam gloria quasi Dei ». Il en va de même à la q. LVII sur la liberté, lorsqu'Olivi affirme que l'orgueil n'est possible qu'en raison du pouvoir qui nous est conféré par la liberté : « Et miror si non est caecus qui nunquam credit superbiam, ambitionem dominatus, fastum et arrogantiam posse inesse in tanta fortitudine sicut multis hominum insunt, si nullam habeamus potestatem imperialem nec actum, cum illa non videantur esse aliud quam excessus deordinati actuum et affectuum imperiosorum », *idem*, *Summa*, q. LVII, *op. cit.*, p. 332.

> l'Ecriture aime bien dire qu'il a été produit du limon de la terre, pour qu'à partir de cela l'homme avance et monte par le mérite de l'humilité [1].

Olivi oppose derechef l'orgueil à la pauvreté, car la présomption de soi consiste en la volonté d'acquisition d'un *dominium* qui se traduit soit comme une recherche de pouvoir sur autrui, soit comme un attachement aux valeurs matérielles. La pauvreté passe *a contrario* par un détachement des choses de ce monde et un mépris de soi qui empêche de considérer autrui comme un instrument de son pouvoir, puisque tout amour d'amitié, qu'il se porte vers soi par un affect naturel ou vers autrui dans la cité, la communauté religieuse ou angélique, a Dieu pour finalité. Cette dialectique entre annihilation et réalisation de soi se lit particulièrement dans l'engagement votif. L'abandon de sa personne juridique et la soumission par le vœu d'obéissance se traduit par un accomplissement de l'humanité qui trouve un rapport direct avec le Christ. Tel est le cas pour la vision béatifique :

> Tout entière [l'âme] est abaissée non seulement du fait de la hauteur de l'union et de la contemplation du Bien suprême, mais également du fait de sa dignité naturelle [2].

Cette réalisation de la personnalité par le renoncement au *dominium* matériel se lit encore plus fortement dans les *QPE* 8 à 10. Toutefois, c'est la *Lectura super Mattheum* qui fournit l'ensemble le plus intéressant à ce propos. Le chapitre 18, qui a connu une importante diffusion séparée et a été faussement attribué à Bonaventure sous le titre de *Compendium de virtute humilitatis*, affirme ainsi clairement que l'abnégation de soi permet de vider l'âme de son vain orgueil et de laisser Dieu emplir l'âme de ses dons :

> C'est pourquoi, un certain sage a dit de façon remarquable que l'humilité est la porte d'entrée de la sagesse et la cour ou le temple de la grâce, puisqu'elle vide totalement l'esprit, l'épure et le rend capable de recevoir Dieu et ses dons [3].

1. Bonaventure, *Commentaria in II Sent.*, dist. 17, art. 2, q. 1, *op. cit.*, p. 420, trad. fr. L. Solignac, « Les personnes selon Saint Bonaventure », p. 477 : « Debebat enim homo subiici, ut per humilitatem subiectionis ascenderet unde angelus ceciderat per sublimitatem elationis ; et ideo debuit sibi dari corpus constitutum de natura inferiori, ut, se ipsum pulverem reputans, Deo per omnia subiaceret. Unde et Scriptura maluit eum dicere de limo terrae productumn ut ex hoc homo proficeret et ascenderet per humulitatis meritum ».

2. P. J. Olivi, *Summa, Appendix*, III, *op. cit.*, p. 544-545 : « Statim enim tota inferioratur non solum ab altitudine unionis et contemplationis summi boni, sed etiam a naturali dignitate sua statimque summe coarctatur, debilitatur, distrahitur et divaricatur, depravatur et falsificatur et obtenebratur et statim turbatione infinitarum passionum et sollicitudinum et desideriorum agitatur et molestatur. Unde in aversione a summo bono statim tota exinanescit et quasi annihilatur ».

3. *Idem*, *De humilitatis*, *op. cit.*, p. 660-661 : « Unde egregie a quodam sapiente dictum est, quod humilitas est ianua sapientiae et aula seu templum gratiae, tum quia reddit mentem totam vacuam et concavam Deo et donis eius ».

Olivi se réfère ici à Bonaventure pour traiter de l'enthousiasme, à savoir littéralement, la possibilité pour le chrétien de se laisser emplir de la présence de Dieu (*en-theos*).

« *Sa queue entraînait le tiers des étoiles du ciel* »

Olivi conclut la question XLIII en se demandant pourquoi certains anges ont pris le parti de Lucifer après sa décadence. Cela semble impossible puisque ces anges ont perçu l'ignominie de ce péché avant d'effectuer leur propre choix. Ils auraient dû être dégoutés et refuser cette option du mal en fonction de leur goût naturel pour le bien :

> Les autres anges, avant de pécher, ont eu à abominer la laideur du péché, qu'ils voyaient en un autre. Or, on suppose qu'avant de pécher, ils ont saisi le péché du premier ange, et on dit que le premier ange le leur a d'abord montré. Donc, ils auraient pu plutôt prendre en horreur cette laideur qu'y consentir [1].

Ils auraient pu être trompés et entraînés dans la géhenne à cause de l'apparence glorieuse de Lucifer après sa chute. En effet, pour étonnant que cela puisse paraître, celui-ci montrait alors encore plus de vertus qu'à son origine :

> La rectitude vertueuse qu'il avait reçue à sa création resplendissait bien davantage dans ses aspects extérieurs que la sainteté de l'engagement chrétien ou régulier ne resplendit extérieurement chez les chrétiens ou chez les religieux [2].

De façon identique à ce qui a été abordé dans la question sur la pauvreté, l'apparence et le paraître prennent toute leur importance. Lucifer s'est montré à ses semblables plus glorieux qu'à son état initial, afin de mieux cacher sa déchéance. Olivi remarque toutefois que la gloire céleste ne se montre pas dans la magnificence. François ne se présente pas dans la splendeur de sa sainteté, mais dans une parfaite humilité. C'est d'ailleurs pour cette raison, selon Hugues de Digne, que les Franciscains sont appelés frères *mineurs* [3].

Cependant, l'argument de la splendeur de Lucifer ne tient pas, puisque les anges ont dû percevoir cette tromperie grâce à la perfection de leur intellect. Par conséquent, le premier ange s'est montré après sa chute dans toute sa décadence. Les anges qui l'ont suivi dans la chute, malgré leur affect de justice, sont ainsi pleinement responsables de leur choix. De même que Lucifer, ils ont préféré leur amour propre à Dieu. En ce sens, leur péché est presque plus grave

1. *Idem*, *Traité des démons*, q. XLIII, *op. cit.*, p. 92-93 : « Ceteri angeli, antequam peccarent, habuerunt abominari foeditatem peccati quam in altero a se videbant; sed ipsi ponuntur, antequam peccarent, apprehendisse peccatum primi angeli, et primus angelus dicitur hoc eis primo ostendisse; ergo potius habuerunt foeditatem eius horrere quam ei consentire ».

2. *Ibid.*, p. 132-135 : « [...] tum quia rectitudo virtualis quam in sua creatione acceperat longe plus refulgebat in suis exterioribus quam sanctitas christianae vel regularis professionis exterius refulgeat in christianis vel religiosis ».

3. *Cf.* Hugues de Digne, *Commentaire de la règle*, *in* D. Flood (ed.), *Hugh of Digne's Rule Commentary*, Grottaferrata, S. Bonaventurae, 1979, p. 93.

que celui de Lucifer, puisqu'ils ont effectué ce choix dans le seul but d'affirmer la puissance de leur volonté propre. C'est parce qu'ils en avaient le pouvoir et qu'ils l'ont voulu, qu'ils ont opté de manière acratique pour le mal. Reprenant l'analogie du miroir réfléchissant, Olivi montre qu'au travers de l'amour porté à Lucifer, chacun s'aimait ainsi de manière individuelle et perverse [1] :

> Quand il se montra et se divulgua ostensiblement, lui et son amour par lequel il commençait à s'aimer perversement autant que les autres, quoiqu'en leur affection de justice, ils dussent détester cela, pourtant leur liberté, par l'affection naturelle, put se déplacer loin de l'affection de justice de sorte qu'elle put aimer perversement l'amour pervers du premier ange qui lui était offert, en lequel chacun principalement s'aimait perversement [2].

Si on peut soutenir que le péché de Lucifer est atténué du fait que Dieu était considéré *ut absentem*, ou que Lucifer ne pouvait saisir toutes les conséquences de la punition qu'il aurait à subir, la chute des démons prouve au contraire que le choix du mal peut se faire pleinement en toute connaissance de cause. Olivi s'oppose ainsi à Anselme qui avait retiré de sa définition de la volonté la possibilité de faire le mal, en considérant cette option comme une impuissance. Si nous considérons que la volonté est à même de définir ses propres fins, il est nécessaire de réintroduire la possibilité réelle de l'option pour le mal et derechef, il n'existe par conséquent pas d'acrasie définie en tant que faiblesse de la volonté.

Pour résumer, le cas de la chute des anges à la suite de Lucifer se révèle intéressant pour le cas des hommes, car il met en avant les deux points principaux que nous avons relevés dans les parties précédentes : premièrement, tout péché provient d'une volonté de puissance (*dominium*) qui procède d'un amour désordonné de soi et des fins. Deuxièmement, cet amour désordonné n'est possible que parce que les hommes et les anges possèdent une liberté et une volonté totalement indéterminée et capable de choisir ses fins. Seule la liberté par affect naturelle confère en effet la possibilité de s'éloigner de la rectitude de l'affect de justice. Autrement dit, tout choix, tout acte est nécessairement délibéré et intentionnel, ce qui implique deux conséquences majeures : la volonté est une faculté supérieure à l'intellect puisqu'elle est

1. Olivi précise comment les anges s'aiment eux-mêmes dans cet amour pervers offert par Lucifer s'enorgueillissant dans sa gloire, comme un corps unique formé de l'assemblage du chef et de ses membres : « Et attende quod ea ratione qua per nexum amoris erant unum illi in illius gloria quasi in sua superbiebant et gloriabantur et etiam in gloria omnium consociorum, quia totum erat unum corpus ex capite et membris compactum », P. J. Olivi, *Traité des démons*, q. XLIII, *op. cit.*, p. 106-107.

2. *Ibid.*, p. 126-127 : « Unde quando se ipsum et suum amorem quo tam se quam illos coeperat perverse amare eis visibiliter exhibuit et exhibendo propalavit, licet secundum suam affectionem iustitiae haberent illud detestari, eorum tamen libertas per affectionem naturalem sic absque affectione iustitiae potuit se movere quod perversum amorem primi angeli sibi oblatum potuit perverse amare in quo principalius quilibet se ipsum perverse amabat ».

capable de s'opposer à ses décisions; la responsabilité de la personne dans ses choix et ses actes est totale.

La conscience de Lucifer

Au travers des différentes questions concernant la chute des démons, Olivi propose de manière implicite une solution qui aurait permis à l'ange de trouver Dieu, malgré le fait qu'il soit absent. Afin de ne pas commettre le premier péché d'orgueil, Lucifer aurait dû se recentrer sur lui-même et trouver en son cœur la racine de tous les affects vertueux, à savoir Dieu [1] :

> L'ordre de la vertu, du moins celle qui tend immédiatement vers Dieu, doit nécessairement être à l'intérieur du cœur, en cette racine de l'affect et de l'intellect en laquelle Dieu se glisse vers l'esprit de la façon la plus simple et la plus secrète. Et donc l'ordre et la beauté de la vertu d'un ange n'étaient pas pleinement vus par un autre ni par lui-même à moins de se rassembler en son intérieur intimement et très attentivement [2].

Pour éviter la philautie, le premier ange aurait dû tourner son esprit sur lui-même afin de comprendre que Dieu est la source de tout affect vertueux et de toute raison droite. Or, nous avons déjà défini comment s'appelle l'activité qui permet à un esprit de se tourner vers lui-même : il s'agit de la conscience. La réflexion qu'Olivi établit à l'égard de ce que Lucifer aurait dû faire souligne derechef le basculement opéré entre la théorie de la connaissance de soi et l'éthique personnelle : un esprit qui se pense lui-même se reconnaît premièrement comme le sujet de ses pensées. Il peut toutefois dans cette conversion sentir au plus profond de lui-même la présence de Dieu, en tant que bien. C'est par cette présence normative qu'Olivi semble interpréter la notion de rectitude. Olivi ne diffère en cela aucunement de la conclusion du *Traité du libre arbitre* d'Augustin. En effet, l'évêque d'Hippone affirme que l'âme, puisqu'elle a la possibilité d'exercer un retour sur soi, peut se considérer comme une réalité créée dépendante de Dieu et voir à travers elle-même ce qu'est le bien qui doit être accompli :

> Si l'âme en contemplant la sagesse suprême [...] se regarde aussi elle-même et se présente elle-même pour ainsi dire à l'esprit, cela est dû simplement au fait qu'elle n'est pas ce que Dieu est et qu'elle est pourtant une réalité susceptible de lui plaire après Dieu. Mais elle est meilleure lorsqu'elle s'oublie elle-même pour l'amour de Dieu immuable ou lorsque, en se comparant à lui, elle se méprise totalement elle-même. Si, au contraire, se prenant pour ainsi dire comme objet, elle se complaît en soi pour imiter Dieu de manière perverse, pour vouloir

1. *Cf.* P. J. Olivi, *Summa*, q. LXXX, *op. cit.*, p. 174.

2. *Idem*, *Traité des démons.*, q. XLIII, *op. cit.*, p. 98-99 : « Est adhuc et tertia ratio : quia ordo virtutis, saltem illius quae est immediate ad Deum, oportet quod sit in intimo cordis, in illa scilicet radice affectus et intellectus in qua Deus simplicissime et secretissime illabitur menti. Et ideo ordo et decor virtutis unius angeli non videbatur plene ab altero nec a se ipso nisi ad sua intima intime et attentissime recollecto ».

trouver sa jouissance dans sa propre puissance, alors elle s'amoindrit d'autant plus qu'elle désire être plus grande [1].

La thématique de l'annihilation de soi et de la nécessité de la conscience réflexive se trouve déjà présente chez Augustin. L'évêque poursuit en précisant que le diable fut plus malveillant que l'homme, puisqu'il lui inspira cet orgueil pour lequel il avait conscience d'être condamné. Si Augustin semble décrire une capacité humaine, Olivi n'hésite pas à transférer cette même capacité de conscience réflexive à Lucifer. C'est par conséquent de manière juste que le diable a été puni, étant responsable et conscient de son choix pour le mal, quoiqu'il le considérât pour lui-même comme un bien.

La rectitude divine, que nous pouvons percevoir dans le regard réflexif de notre âme sur elle-même, n'est aucunement contraignante. Nous parvenons ainsi à la même conclusion que celle précédemment établie pour ce qui concerne le fondement de la norme éthique : si Dieu peut être considéré comme une norme théorique du bien, du point de vue pratique, seule la liberté personnelle est responsable de choix et des actions que nous accomplissons. Ainsi, si Lucifer a préféré son bien personnel plutôt que le bien que lui proposait Dieu, c'est parce qu'il l'a voulu.

L'ACRASIE DE L'HOMME

Nous avons largement montré dans cet ouvrage comment Olivi prouve non seulement que les cas stricts d'acrasie existent, mais qu'ils sont inhérents à la nature même de notre volonté libre. Si cette question a été le fil rouge de notre discours, il convient à présent de conclure en montrant comment Olivi saborde la position d'Aristote qui avait pourtant fait autorité jusqu'à son époque.

Si Olivi n'aime pas user du terme d'*incontinentia* pour les raisons que nous avons évoquées, c'est de toute évidence de cette notion qu'il traite à la question LVII de la *Summa*, lorsqu'il veut démontrer que la volonté est totalement indéterminée dans la poursuite de ses fins. Après avoir rappelé qu'Aristote affirme qu'une mauvaise action est toujours précédée d'une ignorance ou d'un faux jugement, Olivi taxe cette position d'hérétique, puisque les révélations bibliques prouvent que le premier ange et qu'Adam n'ont pas agi par ignorance, mais en toute connaissance de cause. Qui plus est, Olivi souligne que lorsqu'Aristote parle de l'intempérant et de ceux qui agissent sous l'impulsion des passions, à savoir des incontinents, les conclusions qu'il en tire ne sont pas nécessaires [2]. Il est possible de saisir le jugement universel selon

1. Augustin, *Traité du libre arbitre*, III, 25, 76, *op. cit.*, p. 525-527.

2. P. J. Olivi, *Summa*, q. LVII, *op. cit.*, p. 361 : « Si etiam Aristoteles voluit in verbis praedictis quod omnem affectum seu actum malitiae sequeretur et concomitaretur necessario aliquod erroneum iudicium intellectus aut aliqua inconsideratio bonitatis vel malitiae agendorum, sicut

lequel une chose est mauvaise et de l'accomplir cependant dans le particulier. L'expérience le prouve : qui affirmerait qu'un maître expert en droit divin et en éthique, lorsqu'il commet un crime ou qu'il fornique, ne peut saisir par sa raison qu'il est en train de commettre une action qui s'oppose à la loi de Dieu [1] ? Non seulement, sa raison, mais également son sens spirituel, lui indique qu'il ne devrait pas commettre cet acte.

De surcroît, si Olivi concède que l'incontinent est un homme qui agit selon ses passions et qui se laisse ainsi aller à la concupiscence – comme cela se trouve également dans sa *Lecture des épîtres de Paul* –, celui-ci reste toutefois libre et responsable de son action [2]. Pour le prouver, nous devons nous référer à la question LXXXV de la *Summa*, dont le titre formule la problématique de l'acrasie en s'interrogeant sur « la possibilité de faute morale et d'erreur » : « si nous connaissons en acte et en particulier ce qui doit être fait selon la morale, devons-nous nécessairement le faire ? Et, si nous ignorons en acte et en particulier ce qui doit être fait, ne pouvons-nous pas le faire, voire devons-nous nécessairement ne pas le faire ? » [3]. Cette question se trouve directement liée à la suivante qui demande « si la disposition de la connaissance des réalités bonnes et conformes à la morale peut être contrainte par les passions vicieuses de la concupiscence ou de la colère, de sorte que, lorsque ces dernières perdurent, cette disposition n'advienne ou ne puisse advenir dans une considération actuelle du bien moral, saisi dans le singulier et s'opposant à l'objet de la concupiscence précitée » [4]. Après avoir amené quatre arguments montrant que les passions peuvent empêcher l'usage de la raison et obliger la volonté, Olivi développe en détail la position du livre VII de l'*Ethique* d'Aristote :

> [Aristote] affirme que, lorsque l'opinion ou la proposition universelle et singulière sont appréhendées simultanément en acte, de sorte qu'une raison syllogistique se produise à partir d'elles, alors la conclusion s'ensuit nécessairement

hoc dicit de intemperato et de his qui ex alio impulsu operantur, sicut secundum eum faciunt incontinentes : adhuc hoc non oportet esse verum ».

1. *Ibid* : « Quis enim dicet quod aliquis magister secundum intellectum valde peritus in rationibus divinarum legum et moralium virtutum et vitiorum, quando furabitur vel occidet aliquem vel fornicabitur, non possit per rationem actu cogitare et intelligere quod hoc est contra legem Dei et contra rationem, quamvis talia ex habitu vitioso faciat ? ».

2. *Cf.* P. J. Olivi, *Lecturae super Pauli epistolas*, *op. cit.*, p. 125 : « Quod patet, quia NON AGO HOC BONVM QVOD VOLO, sed FACIO ILLVD MALVM QVOD ODIO. Homo enim mere uolens perficere legem uellet se contra legem nihil concupiscere et tamen non potest hoc perficere, ymmo illum actum concupiscentie, quem odit, compellitur secundum sensualem appetitum facere ».

3. *Idem*, *Summa*, q. LXXXV, *op. cit.*, p. 185 : « Quaeritur de possibilitate practici defectus et erroris, an scilicet sciens act et in particulari hoc vel illud esse agendum tanquam honestum necessario habeat illud agere et an nesciens actu et in particulari illud esse agendum non possit illud agere, sed necessario habeat illud non agere ».

4. *Ibid.*, q. LXXXVI, p. 186 : « Quaeritur untrum habitus scientiae bonorum et honestorum agendorum ligetur per passiones pravae concupiscentiae vel irae, ne scilicet illis perdurantibus praedictus habitus exeat aut exire possit in actualem considerationem boni honesti in singulari sumpti et obiecto praefatae concupiscentiae contrarii ».

> dans l'intellect spéculatif et l'action s'ensuit aussitôt de manière nécessaire dans les faits ou dans la pratique [1].

Olivi prend ensuite pour explicitation de ce point de vue l'exemple même du Stagirite selon lequel, si l'intellect estime dans la proposition universelle que tout sucré doit être goûté, et qu'il croit qu'une chose en particulier est sucrée, il est alors nécessairement mu à la goûter. Après avoir rappelé le fonctionnement du syllogisme pratique, Olivi en vient au point problématique de la démonstration qui consiste à soutenir ensemble deux propositions universelles contradictoires. Selon Aristote, l'action est alors produite du fait de la concupiscence :

> [Aristote] suppose que, lorsque deux propositions universelles sont soutenues par l'âme simultanément en acte, de sorte qu'une affirme que rien de sucré ne doit être gouté de façon désordonnée et l'autre que tout sucré est désirable, et qu'ensuite, à cause de la passion actuelle de la concupiscence, la mineure ne se produit pas dans le particulier selon la première proposition, mais selon la seconde, en disant que cette chose est sucrée et désirable, alors il le fait, c'est-à-dire qu'il goûte cette chose sucrée ou qu'il est mû à la goûter [2].

Olivi poursuit l'analyse de l'*Ethique* pour répondre à la seconde question concernant l'obligation de la disposition de la connaissance pratique, en prenant l'exemple des dormeurs et des ivrognes. Bien que de manière générale, ces derniers possèdent une disposition à la connaissance, ils ne possèdent toutefois plus son usage en cet état et ils ne sont par voie de conséquence plus libres de leur action. Cet exemple permet à Aristote de tirer ses conclusions sur les incontinents, relevant à nouveau l'importance de la concupiscence ou de la colère :

> [Aristote] qualifie de déréglés ceux qui sont sous l'emprise de la passion de colère ou de concupiscence. C'est pourquoi ces passions transforment parfois à tel point manifestement le corps d'un homme que certains virent à la folie. Et de cette façon, il dit qu'ils sont incontinents en toute chose [3].

En définitive, Aristote conclut que la cause du relâchement de l'obligation morale n'est pas à chercher ailleurs que dans la physique ou la philosophie de la nature, car de même que le dormeur ou l'ivrogne retrouvent leur obligation

1. P. J. Olivi, *Summa*, q. LXXXVI, *op. cit.*, p. 187 : « Dicit enim quod, quando opinio seu propositio universalis et singularis simul actu apprehenduntur, ita quod una syllogistica ratio fiat ex ipsis : tunc in speculativo intellectu necessario sequitur conclusio et in factivis seu practicis necessario et confestim sequitur opus ».

2. *Ibid* : « Deinde subdit quod, quando duae propositiones universales simul tenentur actu ab anima, utpote, una quod nullum dulce est inordinate gustandum et alia quod omne dulce est delectabile, et deinde propter actualem passionem concupiscentiae non fit in particulari assumptio sub prima propositione, sed sub secunda, dicendo scilicet quod hoc est dulce et delectabile : tunc hoc operatur, id est, tunc hoc dulce gustat seu movetur ad hoc dulce gustandum ».

3. *Ibid.*, p. 187-188 : « Sic dicit disponi eos qui sunt in passionibus irae et concupiscentiae. Unde et aliquando istae passiones ita manifeste transmutant corpus hominis quod quosdam vertunt in insanias. Et hoc modo dicit esse in omnibus incontinentibus ».

dans l'état de veille ou de sobriété, de même l'incontinent, « bien que ce dernier agisse en acte et dans le singulier en connaissant le bien de la continence », se trouve dans une ignorance de ce qui doit être accompli du fait de son enchaînement à la passion [1]. Olivi relève enfin que certains théologiens modernes – comprenez Thomas d'Aquin – consentent au propos d'Aristote, appuyant leurs dires sur les révélations bibliques faites à propos du premier péché :

> [Certains théologiens modernes] consentent à ce qui a été dit par rapport au premier péché du démon et du premier homme. Ils disent que ceux-ci ne purent pécher que par une ignorance actuelle ou une non-attention actuelle au fait que ce à quoi ils consentirent de manière perverse était mauvais et qu'il ne fallait ni l'accepter, ni le faire [2].

Les positions d'Aristote rappelées, Olivi entreprend avec véhémence d'en démontrer l'erreur. Il insiste premièrement sur le danger qu'elle représente pour la foi, faisant ainsi allusion aux condamnations de 1277, plus particulièrement à l'article 129 (169) : « Quod voluntas, manente passione et scientia particulari in actu, non potest agere contra eam » [3]. Olivi renverse la position aristotélicienne et affirme que si tout péché provient d'une erreur de jugement, alors Lucifer et Adam furent nécessairement contraints de tomber [4]. En effet, selon la position d'Aristote, ils ne purent consentir au mal que s'ils considérèrent en acte et en particulier que cela était un bien. Or, l'estimant comme un bien, ils y ont nécessairement consenti et ont ainsi chuté par nécessité. Par suite, soit l'on considère que cette ignorance ou que cette inconsidération a été fautive en eux et qu'ils péchèrent avant le premier péché, ce qui est impossible, soit qu'ils ne furent pas responsables de cette ignorance et qu'ils péchèrent par nécessité sans faute. Par conséquent, la condamnation de Dieu eût été injuste.

Après avoir énoncé ces raisons théologiques, Olivi aborde des objections philosophiques que nous avons déjà traitées dans les chapitres précédents : la nécessité d'agir selon la raison de bien supprime la liberté aux opposés ; il n'y aurait pas de possibilité de mériter ; la volonté devient une faculté inutile, puisqu'elle n'est pas libre relativement à ses choix particuliers ; enfin, le remords de

1. *Ibid.*, p. 188 : « Item, ibidem dicit quod ligamentum huius nescientiae sic solvitur in incontinente, ut scilicet fiat actu et in singulari sciens continentiae bonum, sicut solvitur in ebrio aut dormiente, quando fit actu sobrius aut vigilans. Propter quod, ut dicit, causa solutionis ligamenti praedicti habitus scientialis non est quaerenda a morali philosopho, sed a physico seu naturali ».

2. *Ibid.*, p. 187 : « Praedictis autem consentiunt quidam moderni theologi in tantum quod, ubi agunt de primo peccato daemonis et primi hominis, dicunt eos non potuisse peccare, nisi prius naturaliter habuerint actualem nescientiam seu actualem non attentionem quod illud in quo prave consenserunt erat pravum et non acceptandum nec agendum ».

3. D. Piché, C. Lafleur, *La condamnation parisienne de 1277*, *op. cit.*, p. 118.

4. *Cf.* P. J. Olivi, *Summa*, q. LVII, *op. cit.*, p. 360 : « Hoc quidem est simpliciter haereticum. Sequeretur enim ex hoc quod primum peccatum angelorum et Adae praecessisset aliqua falsa aestimatio, et ita quod absque peccato habuissent eam et quod ignorantia seu error fuisset causa primi peccati eorum ».

la conscience n'existerait pas, puisque l'individu serait obligé dans son action. Pour illustrer ses dires, Olivi propose de considérer le cas d'un apostat, d'un meurtrier ou d'un traître. Celui qui commet tel acte illicite de façon atroce renonce-t-il aux biens particuliers pour lequel il accomplit ce crime? Se détourne-t-il des péchés et des maux qu'il commet alors?

> C'est indubitablement le contraire. C'est pourquoi il sait tout à fait que ses actes sont contraires à la loi divine, à sa promesse, à sa bonté première et à l'amour et à l'utilité de ses proches [1].

Comme le concède Aristote lui-même, le pécheur sait actuellement que ce qu'il fait est mauvais. S'il possède la connaissance universelle que cela doit être évité, il doit pouvoir déduire qu'il en va de même pour le particulier :

> Par exemple, un fornicateur pense en acte que sa fornication est désirable pour lui ou qu'elle est un certain bien désirable et en même temps, il pense en acte et universellement que toute fornication est immorale, prohibée par Dieu et qu'elle mérite un châtiment éternel. Si donc il compare en acte sa fornication particulière à cette proposition qui dit que toute fornication est illicite, il est impossible que celui-ci ne sache et ne pense en particulier que sa fornication particulière est illicite. De plus, celui-ci peut former de manière nécessaire ce syllogisme à partir de la première proposition : « toute fornication est illicite. Or, mon action est une fornication ». [...] De celles-ci, il est nécessairement amené à conclure : « donc ma fornication est illicite » [2].

Par conséquent, Thomas d'Aquin a oublié la leçon d'Aristote. Le choix du mal ne provient pas de ce qu'Olivi appelle une « non-attention actuelle » au bien le meilleur. La raison droite ne peut en aucune façon contraindre la volonté à bien agir. Au contraire, « lorsque la volonté désapprouve une chose en tant que mal, la raison pense que cela est mal » [3]. Mais il est également faux d'affirmer que la volonté peut être contrainte par les passions. En effet, la concupiscence ne convainc pas la volonté d'agir; c'est par le consentement de la volonté que l'homme cède à la passion de concupiscence [4]. Même au

1. P. J. Olivi, *Summa*, q. LVII, p. 190 : « Immo indubitanter. Unde et optime novit sua opera esse contraria divinae legi et suae professioni et suae priori bonitati et proximorum pietati et utilitati ».

2. *Ibid.*, p. 190-191 : « Ut verbi gratia, ecce fornicator actu cogitat quod sua fornicatio est sibi delectabiis seu quoddam bonum delectabile et cum hoc actu et in universali cogitat quod omnis fornicatio est inhonesta et a Deo prohibita et poenae aeternae promeritiva. Si igitur actu comparat suam particularem fornicationem ad illam propositionem qua dicit quod omnis fornicatio est illicita : impossibile est quin eo ipso in particulari cognoscat et cogitet quod sua particularis fornicatio est illicita. Praeterea, ipse potest eam syllogistice ex prima necessario inferre, utpote, sic : Omnis fornicatio est illicita; sed haec actio mea est fornicatio, utramque enim istarum conceditur actu cogitare et scire; sed ex his necessario concluditur, ergo haec mea fornicatio est illicita ».

3. *Ibid.*, p. 193 : « Quando voluntas dissentit ab illo tanquam a malo, ratio cogitat illud esse malum ».

4. *Ibid.*, p. 196 : « Passio concupiscentiae non ligat voluntatem liberam, in quantum liberam, sed potius ipsa per proprium consensum se ligat et invinculat concupiscentiae sensuali ».

moment où l'acte illicite est accompli, la concupiscence ne supprime pas l'usage libre de la volonté qui peut à tout instant décider de ne plus agir de la sorte. Comme l'a montré Olivi dans sa position sur la *colligantia potentiarum*, la volonté n'est pas liée aux appétits inférieurs. Elle ne peut être ainsi obligée par eux sans son consentement préalable.

Quels motifs expliquent alors le consentement volontaire au mal? Olivi synthétise les arguments qu'il a précédemment avancés en affirmant que le mode de connaissance, de penser ou d'opiner est double :

> Le premier [mode] provient de la seule et simple connaissance ou spéculation. Le second s'accompagne du goût expérientiel et de l'approbation ou de la réprobation de l'affect de ce qui est pensé. [...] Le second mode est supprimé par le péché, de même avec lui que la mesure du péché. En effet, [...] une certaine avarice peut sembler insipide à celui qui n'est pas avare [...]. De plus, selon un certain affect vertueux de la rectitude qui persiste en lui, il peut trouver insipide toute son avarice, bien qu'il ne soit qu'à moitié rempli d'affect et de goût, puisque, tant qu'il possède la disposition et l'acte d'avarice, il possède la disposition et l'approbation actuelle de cet affect [1].

La stratégie d'Olivi consiste à établir que la volonté est toujours moralement libre. Ainsi, même lorsque l'homme possède un habitus, il est capable d'agir à son encontre. Ceci même un pur philosophe est obligé de l'admettre, du moins dans les cas d'acrasie. En effet, ce *duplex modus cogitandi* consiste en un double biais, à la fois affectif – qui fait que les acratiques sont soumis au désir le plus fort – et cognitif – ils ne pensent pas en acte, à la manière du dormeur ou de l'ivrogne. Olivi réaffirme ainsi la nécessité du goût spirituel en éthique. Celui-ci permet à la capacité estimative de juger correctement de la valeur d'un acte. Et si la raison spéculative n'est pas supprimée dans l'état de péché – l'avare étant toujours capable de comprendre que son acte est mauvais selon une connaissance universelle –, il n'en va pas de même pour la raison estimative, le péché altérant la saveur du bien. Ainsi, la volonté peut pécher en pensant dans le particulier que cela est mauvais, si elle estime que c'est un bien pour elle. Il faut par conséquent distinguer le bien honnête du bien désirable ou utile. Cela permet en effet d'expliquer comment un individu peut poursuivre un bien qu'il considère comme désirable, quoique ce dernier ne soit pas un bien honnête. La conclusion s'impose :

> Nous ne nous mouvons volontairement au bien désirable, que si, auparavant, nous estimons naturellement par le jugement spéculatif que cela est un bien

1. *Ibid.*, p. 193 : « Duplex est modus sciendi vel cogitandi vel opinandi sive credendi. Unus est per solam simplicem notitiam vel speculationem, secundus est cum experimentali gustu et cum affectuali approbatione vel reprobatione eius quod cogitatur. [...] Secundus autem modus tollitur per peccatum, verumtamen iuxta mensuram peccati [...] et etiam secundum aliquem affectum virtualis rectitudinis in ipso remanentis potest sibi tota avaritia sua desipere, licet semipleno affectu et gustu, quia quantum habet de habitu et actu avaritiae, tantum habet de habituali et actuali approbatione ipsius ».

désirable, et que si, conséquemment et dans le même temps, nous estimons par le jugement pratique ou de l'affect : « cela est désirable » [1].

Par conséquent, l'homme est capable de choix acratique stricts selon Olivi, puisque, bien que la raison spéculative comprenne que l'objet poursuivi est un mal, un individu peut toutefois l'estimer comme un bien désirable du fait de la liberté absolue de sa volonté. Raison pour laquelle Lucifer, quoique possédant un intellect parfait, a pu désirer une chose qu'il noulait sous la raison d'honnête, mais qu'il voulait sous la raison de désirable ou de gloire [2]. Olivi conclut cette série de questions en s'opposant explicitement à Aristote : la cause de l'empêchement du jugement concerne en premier lieu la philosophie morale et non la philosophie naturelle [3]. Admettre le contraire déresponsabilise la personne dans son choix et détermine la volonté dans son action.

Ajoutons pour conclure que les analyses concernant les motifs de la chute du diable permettent également d'expliquer les raisons du choix acratique. L'intempérance n'est pas une faiblesse de la volonté, le choix du démon n'était pas déficient : toute créature peut opter pour un bien moindre de manière libre et consciente du seul fait qu'il le préfère et le souhaite. L'homme n'est soumis à ses passions et à la concupiscence que parce qu'il y consent. Il est faux de chercher dans l'élection une cause autre que la volonté :

> Si par « cause de la préférence », nous comprenons la puissance active même de la volonté, alors toute préférence consiste à donner une cause. Mais si en plus de cela, par « cause de la préférence », nous comprenons une quelconque raison motivée de la volonté pour choisir ceci plutôt que cela, alors c'est simplement faux [4].

Olivi balaie ainsi d'un trait de plume toutes les conceptions aristotéliciennes qui avaient cours à son époque, en affirmant que la puissance de délibération de la volonté est capable de rejeter le bien le plus grand au profit du moindre. Si Olivi rejoint ainsi la conception du *Traité du libre arbitre* d'Augustin, nous sommes en droit de nous demander s'il ne se rapproche pas dans le même temps du pélagianisme. Rappelons que chez Augustin, la faute

1. P. J. Olivi, *Summa*, q. LVII, *op. cit.*, p. 194 : « Nullus voluntarie movetur ad bonum delectabile, nisi prius naturaliter aestimatione speculativa aestimet illud esse bonum delectabile et nisi consequenter et secundum tempus concomitanter practica seu affectuali aestimatione aestimet "illud est delectabile" ».

2. *Ibid.* : « Et ideo, licet primus angelus in ipso nunc quo peccavit speculative videret illud quod perverse appetiit non habere rationem boni honesti, sed potius summe inhonesti, quia tamen cum hoc vidit illud habere rationem delectabilis seu rationem gloriosi, idcirco potuit illud sub illa ratione appetere et velle, quamvis nollet illud sub ratione honesti ».

3. *Ibid.*, p. 197 : « Et certe, causa impedimenti iudicii experimentalis immediatius spectat ad moralem philosophum quam ad naturalem ».

4. *Ibid.*, p. 360 : « Dicendum quod si per causam praeelectionis intelligamus ipsam virtutem activam voluntatis : sic omnis praeelectionis est dare causam. Si autem ultra hoc per causam praeelectionis intelligatur aliqua ratio motiva voluntatis ad hoc potius eligendum quam alia : sic simpliciter est falsum ».

ne pouvant être attribuée à Dieu, elle revenait à la volonté en tant que « faillible » (*defectibilis*). Le motif ontologique avancé par Augustin est bien connu : étant mêlé d'être et de néant, la volonté peut déchoir. Elle nécessite par voie de conséquence la grâce pour être sauvée [1]. Fidèle à l'enseignement de Saint Paul, Augustin affirme qu'« il n'y a sans doute de liberté vraie que celle des bienheureux et de ceux qui s'attachent à la loi éternelle » [2]. Olivi connaît cette position, mais l'interprète en un sens particulier. Dans la question XLI du *Traité des démons*, nous pouvons déceler qu'il parle de sa propre position, lorsqu'il prétend que certains auteurs préfèrent souligner le caractère noble de la volonté, plutôt que sa défectibilité :

> D'autres, qui suivent Jérôme, Damascène, Augustin et même Aristote, disent que la peccabilité et surtout en tant qu'on la comprend comme active, ne désigne pas un pur défaut ou une négation, mais indique la grande et noble entité de liberté créée et substantielle, avec toutefois le défaut essentiel de sa limitation, par laquelle elle défaille de la très grande liberté de Dieu substantiellement impeccable et indéfectible [3].

La liberté devient ainsi une propriété ontologique qui s'identifie au libre arbitre et qui n'est soumise à la servitude du péché que dans la mesure où elle « s'est courbée volontairement devant lui » (*se voluntarie prostravit in ipsum*). Renforçant de cette manière la puissance de la volonté, Olivi considère que la racine de notre mérite se situe dans la possibilité même de mal agir. Or, la liberté absolue de l'homme risque de diminuer la nécessité de la grâce, ce qui fait tendre la position d'Olivi vers celle de Pélage (et d'Abélard).

Cette proximité de pensée n'est de toute évidence pas volontaire de la part d'Olivi. Lorsqu'il demande pourquoi Dieu a créé l'homme avec le pouvoir de mal agir et non avec la contrainte de faire le bien, Olivi trouve une justification de sa position dans l'autorité de celui qu'il croit être Saint Jérôme, mais qui, en réalité, n'est autre que Pélage. Or, cette attribution fautive est monnaie courante à l'époque d'Olivi. Robert Grosseteste faisait la même erreur dans son *Traité du libre arbitre* [4]. C'est par conséquent de bonne foi qu'Olivi cite cette autorité dans son *Traité des démons*. Cela dit, le commentaire de ces citations indique une certaine nécessité de l'option pour le mal :

1. *Cf.* Augustin, *De nupiis et concupi*scentia II, 28, 48. Puisque la littérature est abondante à ce propos, nous ne relèverons que l'article de G. Rémy, « Le tragique dans la pensée d'Augustin », *Revue des sciences philosophiques et théologiques*, 92/2, 2008, p. 257-285.

2. Augustin, *Traité du libre arbitre*, I, 15, 32, *op. cit.*, p. 201 : « Deinde libertas, quae quidem nulla vera est, nisi beatorum, et legi aeternae adhaerentium ».

3. P. J. Olivi, *Traité des démons*, q. XLI, *op. cit.*, p. 38-39 « Alii sequentes Hieronymum et Damascenum et Augustinum et etiam Aristotelem dicunt quod potentia peccandi, et maxime prout sumitur active, non dicit purum defectum seu negationem, immo magnam et nobilem entitatem libertatis creatae et substantialis, cum defectu tamen essentiali suae limitationi per quam deficit a summa libertate Dei substantialiter impeccabili et indefectibili ».

4. *Cf.* Robert Grosseteste, *De libero arbitrio*, *in* N. Lewis (ed.), « The first recension of Robert Grosseteste's *De Libero Arbitrio* », *Mediaeval Studies*, 53, 1991, p. 70.

> Tel ou tel homme n'aurait pas du tout de vertu dans le bien de persévérance, s'il n'avait pu passer au mal. [...] Ces penseurs disent aussi avec les saints mentionnés que la puissance active de commettre les actes mauvais des péchés se rapporte par soi à la première et radicale façon de mériter et non seulement par accident, comme le disent certains adeptes d'Anselme [1].

Dans son argumentation, Olivi revient sur la notion augustinienne de défaut dû à la dépendance ontologique de la créature. Il considère qu'il ne faut pas comprendre cette défaillance comme un « pur manque », mais comme « un degré important d'être et de pouvoir ». Ainsi, la cause première de la capacité du libre arbitre à pécher est la liberté personnelle de l'homme, et non Dieu et encore moins la disposition de grâce ou de gloire [2]. Olivi semble ainsi vouloir éliminer la question de la grâce du raisonnement concernant la peccabilité. Plus exactement, il prétend qu'il est plus faux de considérer que la disposition de gloire intervient dans le choix du mal que d'attribuer indirectement à Dieu cette responsabilité. Ironiquement, c'est sans doute pour se démarquer du pélagianisme qu'Olivi met en place cette stratégie argumentative.

Olivi a rédigé une très importante question sur la grâce, mais qui n'a pas été retrouvée à ce jour. Sans la connaissance de ce texte, prétendre qu'Olivi adhère aux positions pélagiennes relève de la conjecture. Au contraire, dans le reste de ses écrits et notamment dans les questions sur la béatitude, Olivi affirme que la grâce est plus importante que la liberté. Souhaitant souligner la position augustinienne, Olivi relève qu'il est nécessaire que l'homme ait la capacité réelle de fauter, afin d'accéder à la possibilité de mériter. Cela n'enlève en rien au fait que la grâce soit nécessaire pour parvenir à la béatitude.

Olivi joue ainsi Augustin contre Aristote, Anselme et Thomas d'Aquin afin de démontrer que la liberté humaine n'est jamais déterminée par ses fins. La cause première du mal chez l'homme, au-delà des passions, voire des faiblesses de notre intellect, consiste dans une estimation et une adhésion pour un bien désirable, mais non honnête. La critique de la position d'Aristote permet ainsi de revenir sur la possibilité d'action acratique : comment l'homme peut-il réaliser le mal en toute connaissance de cause ? Parce qu'il le souhaite. Pour quels motifs ? Parce qu'il éprouve un amour désordonné de lui-même, un orgueil qui se traduit par un mépris et une volonté de puissance (*dominium*) sur autrui.

1. P. J. Olivi, *Traité des démons*, *op. cit.*, p. 28-29 et p. 42-43 : « Nec esset omnino ulla virtus in bono perseveraritiae, si is ad malum transire non potuisset. [...] Praedicti etiam cum sanctis praedictis dicunt quod activa potestas faciendi malos actus peccatorum confert per se ad primam et radicalem rationem merendi et non solum per accidens, ut dicunt alii sequentes Anselmum ». Olivi cite ici Pélage, dans la *Lettre à Démétrius*, 3, PL 30, 17D-18B.

2. *Cf.* P. J. Olivi, *Traité des démons*, q. XLI, *op. cit.*, p. 52 : « Unde et quando dicitur quod liberum arbitrium potest peccare, quia est de nihilo : non dicitur tota causa nec causa propinqua, sed remotissima ; nam propinquior causa est libertas praedominans, sed non summa nec omnino per habitum gratiae et gloriae confirmata ».

Conclusion

Si le cas de la chute des anges est une vérité issue des révélations bibliques, il n'en est pas moins pour Olivi le lieu d'une remarquable expérience de pensée. Le Franciscain puise chez Augustin et chez Anselme la plupart des notions qui permettront ses analyses, notamment en ce qui concerne la prééminence de la volonté et l'introduction de la notion de personne dans la question du péché.

Olivi rappelle premièrement que le choix acratique du diable est incohérent. En effet, parce qu'il comprend de sa raison parfaite que ce qu'il entreprend est mauvais et parce qu'il possède un goût naturel pour le bien, Lucifer aurait dû se détourner de l'option du mal. L'irrationalité dont il fait preuve prouve que son choix ne peut trouver son origine dans l'intellect. La chute du diable démontre par conséquent l'absolue précellence de la volonté, qui n'est en rien faible, mais possède une véritable puissance de pécher.

De plus, tous les motifs que nous pouvons imaginer pour expliquer le choix du mal reposent sur l'orgueil, défini comme une préférence désordonnée de soi, un amour de concupiscence qui n'a pas Dieu pour fin. Le choix des démons qui, à la suite de Lucifer, ont agi en pleine conscience de cause, considérant la décadence qui les attendait de façon concrète dans la personne du Diable, prouve que cette option est prise de manière volontaire, par préférence de sa propre personne et par présomption de soi. La liberté présente dans la créature et qui se manifeste au sein de la volonté fournit un pouvoir quasi divin. Comme dans un jeu de miroir, ce pouvoir est démultiplié par la reconnaissance que chaque créature lui accorde. La volonté possède donc une *imperiositas* qui s'avère dangereuse, si elle n'est pas maîtrisée. De manière paradoxale, cette parfaite maîtrise de soi ne peut s'obtenir que dans l'abandon de la créature à Dieu. Même Lucifer pouvait le comprendre, s'il avait dirigé sa conscience vers lui-même. Il aurait alors saisi que le pouvoir qu'il possédait venait de Dieu et devait lui être rendu. Laissant de côté sa conscience, il a toutefois librement préféré sa propre personne, jusqu'au mépris de Dieu.

Par conséquent, Olivi montre au travers de l'analyse de la chute des anges, que les cas d'acrasie stricte sont possibles. La position d'Aristote qu'il rappelle en détail est non seulement contraire à la foi, mais surtout le syllogisme pratique est faux : tout individu peut posséder une connaissance universelle et ne pas pour autant la mettre en pratique. De plus, si le choix du mal provient d'une erreur de jugement, la faute n'est imputable ni à l'homme, ni à l'ange. La position d'Aristote fait de la volonté une faculté superflue, n'étant pas même libre de ses choix. Enfin, il n'y aurait pas de possibilité ni de mérite, ni de remords. Toutes ces raisons démontrent que l'option pour le mal, et par conséquent la liberté, ne proviennent pas de l'intellect, mais de la volonté et que cette dernière est capable des opposés.

Il est enfin impropre de dire que la volonté peut être soumises aux passions. C'est au contraire le consentement de la volonté qui permet à l'homme de réaliser ce que ses passions l'enjoignent de faire. La volonté étant une faculté supérieure de l'âme, elle ne peut être déterminée par des appétits inférieurs. Olivi réaffirme avec force la capacité estimative de la volonté. Par elle, la personne peut préférer à un bien honnête un bien utile ou désirable qu'elle comprend toutefois comme étant mauvais. La question de l'acrasie relève ainsi de la puissance de la volonté qui peut s'orienter tant vers le bien que vers le mal. Elle ne dépend pas de la physique, comme l'affirmait Aristote, mais de la philosophie morale.

CONCLUSION

Nous avons commencé notre réflexion en demandant pourquoi l'homme fait parfois le mal en toute connaissance de cause et en toute liberté, et ce dans un contexte où il n'est pas soumis à des passions sensibles ou à une faiblesse du corps ou de l'esprit, ce que Kant nommait les raisons du mal radical. L'analyse de la pensée d'Olivi a premièrement permis de montrer que personne ne fait jamais le mal pour le mal. Ceci est évident si nous revenons sur les motifs de la chute des démons. Lucifer n'a pas *stricto sensu* choisi de faire le mal, ce qui donnerait lieu à une incohérence, puisque le mal serait posé comme une possibilité réelle avant même l'existence du premier péché. Il en va de même pour chaque homme qui, dans le choix du mal, considère un certain bien particulier. La volonté ne désire jamais une chose qui lui semble mauvaise et par conséquent, le choix du mal se réalise toujours dans une option considérée comme profitable.

Cependant, cette considération d'un certain bien ne nie en rien la possibilité de cas d'acrasie stricte ou lucide. Bien au contraire, l'expérience nous montre que lorsqu'il faute, un individu est dans la plupart des cas conscient que ce qu'il fait est mal. Il agit ainsi délibérément à l'encontre de ce que l'intellect lui indique comme étant un bien à suivre, et ce, indépendamment des passions sensibles. Cette décision irrationnelle ne peut être une opération de l'intellect, puisque ce dernier ne peut se représenter en même temps deux opposés sans donner sa préférence à l'une des deux options. La seule faculté à même d'expliquer ce choix est la volonté. Celle-ci est absolument indéterminée, quant à ses objets, mais également quant à ses fins. Ainsi, contrairement à ce qu'Anselme de Cantorbéry avait annoncé, pour expliquer la puissance de la volonté, il ne faut pas nier à cette faculté la possibilité de faire le mal, mais *a contrario* lui permettre à tout instant de choisir entre les opposés. Cette solution, développée par Duns Scot sous la dénomination de contingence synchronique, est déjà réellement présente chez Olivi. Les cas d'acrasie stricte s'expliquent par la puissance absolue de la volonté libre qui peut à tout moment opter pour un des contraires. En ce sens, le terme « acrasie », qui signifie une perte de maîtrise de soi ou une faiblesse de la volonté est inadéquat. Les cas où un individu choisit librement une option qui lui est présentée par l'intellect comme mauvaise, soulignent l'*imperiositas* de la volonté, en tant que faculté totalement libre et indéterminée quant à ses fins. La volonté est littéralement la seule faculté proprement *autonome* (*autonomos*), autrement dit qui se fixe à elle-même ses règles de conduite.

Dans cette autodétermination et cette puissance de la volonté, il convient de ne pas perdre de vue la réalité du mal. Augustin mettait déjà son lecteur en garde : il est facile de considérer le mal pour un bien, puisque toute épreuve permet d'en ressortir grandi [1]. Le mal reste toujours pernicieux et préjudiciable. Ainsi, tout choix libre de notre volonté n'est pas nécessairement un bien. Si nous préférons mentir, parce que cette option nous semble plus profitable que de dire la vérité, le mensonge n'en reste pas moins dommageable. Le plaisir que nous pouvons concevoir dans la fornication ne fait pour autant de cet acte quelque chose de moral. Ainsi, la volonté, en tant qu'elle est absolument libre, possède une puissance qui peut s'avérer dangereuse, puisqu'elle permet à l'homme comme à l'ange de désirer le bien comme le mal :

> Personne ne se meut volontairement à un bien désirable, à moins qu'il estime auparavant de façon naturelle par une estimation spéculative que cela est un bien désirable et à moins que, par conséquent et simultanément, il estime par une estimation pratique ou de l'affect : « cela est désirable ». Il peut toutefois être mû à cela, bien qu'il estime que ce soit un mal du fait d'une mauvaiseté vicieuse ou malhonnête. Et c'est pourquoi, bien que le premier ange en ce qu'il pécha alors vit de manière spéculative que ce qu'il désirait perversement n'avait pas la raison de bien honnête, mais plutôt d'absolument malhonnête, puisque cependant il vit que cela s'accompagnait d'une raison désirable ou d'une raison de gloire, il put par conséquent le désirer et le vouloir sous cette raison, bien qu'il le noulut sous la raison de bien honnête [2].

La raison qui motive la volonté à choisir un bien désirable mais mauvais est explicitement indiquée par Olivi dans cet extrait de la question LXXXV de la *Summa* : il s'agit du désir de gloire et de reconnaissance, que la Bible désigne sous la notion d'orgueil et qu'Olivi indique comme étant une volonté de *dominium* temporel. L'exemple de Lucifer montre qu'il possédait une connaissance spéculative privilégiée du bien qu'il dut poursuivre. Se sachant ontologiquement dépendant de Dieu et comprenant que ce dernier est le bien universel, il aurait dû utiliser le pouvoir qui lui a été confié pour faire en sorte que toutes ses actions visent à rendre grâce ou à servir Dieu. Mais préférant

1. *Cf.* Augustin, *Cité de Dieu*, XXIII.

2. P. J. Olivi, *Summa, Quaestio* LXXXV, *op. cit.*, p. 194 : « Nullus voluntarie movetur ad bonum delectabile, nisi prius naturaliter aestimatione speculativa aestimet illud esse bonum delectabile et nisi consequenter et secundum tempus concomitanter practica seu affectuali aestimatione aestimet "illud est delectabile". Potest tamen moveri ad illud, quamvis aestimet illud esse malum malitia vitii seu inhonesti. Et ideo, licet primus angelus in ipso nunc quo peccavit speculative videret illud quod perverse appetiit non habere rationem boni honesti, sed potius summe inhonesti, quia tamen cum hoc vidit illud habere rationem delectabilis seu rationem gloriosi, idcirco potuit illud sub illa ratione appetere et velle, quamvis nollet illud sub ratione honesti ».

conserver ce pouvoir pour lui-même par sa volonté propre afin d'en obtenir une gloire personnelle, il transforma l'amour naturel qu'il éprouvait pour lui-même en tant que créature de Dieu, en un amour désordonné et orgueilleux. Par conséquent, le premier ange n'a pas fauté par mépris de Dieu, mais à cause d'un amour désordonné de soi. Or la gloire requiert la reconnaissance d'autrui. Ainsi, l'orgueil de Lucifer s'est traduit par une volonté de *dominium* temporel, qui correspond à une volonté de pouvoir sur autrui. Les autres anges n'étant ainsi plus considérés par Lucifer comme des créatures bonnes, aimables d'un *amor socialis* du fait de leur nature, sont devenus un moyen de parvenir à ses fins, en réalisant sa volonté de puissance. La question du paraître et de l'apparence révèle alors toute son importance, puisque c'est en se montrant dans toute sa décadence que Lucifer exhiba à ses semblables la puissance temporelle qu'il avait acquise et qu'il réussit à les entraîner dans sa chute. Ceux-ci saisirent en la personne de l'ange prévaricateur la possibilité de s'aimer pour soi-même à leur tour. Bien qu'il ne détermine en rien le choix libre des créatures, le paraître est le corrélat de la volonté de puissance.

Les facultés de l'homme et de l'ange, ainsi que leur *mens* étant identiques, il semble pour Olivi que leurs motivations soient également similaires. Les causes de la chute de l'ange sont identiques aux causes du péché de l'homme. Olivi va ainsi jusqu'à attribuer une personnalité à l'ange, notion qui était jusqu'alors réservée à Dieu ou à l'homme. La seule différence à relever entre ces deux créatures est que l'homme ne possède pas un accès privilégié à la connaissance du bien en soi, comme cela était le cas pour les substances séparées. Cela dit, pour maintenir la responsabilité des actes, il faut affirmer que l'homme possède en lui une capacité normative qui lui permet de saisir ce qu'est le bien. Si Olivi se veut prudent pour définir en quoi consiste cette norme, il semble que sa préférence se porte sur la notion de goût spirituel. En effet, seule cette possibilité subsiste, si nous considérons qu'il évacue la notion de syndérèse – qui était pourtant la solution classique à son époque – et qu'il conçoit la rectitude comme une solution intermédiaire, qui ne fait que repousser le problème du fondement de la norme éthique en l'homme. Pour Olivi, l'homme possède par nature un goût pour le bien et une aversion pour le mal, qui lui font sentir de manière quasi intuitive, ou plus exactement de façon quasi sensitive, ce qu'il doit faire. La personne se trouve investit d'une capacité normative inédite, qui le rend entièrement responsable de son action. Cette norme interne du goût pour le bien n'est pas sans rappeler la notion de « sens moral » qui sera développée aux XVIIe et XVIIIe siècles et il conviendrait d'entreprendre une recherche sur l'évolution de la notion de sens spirituel au passage à la Modernité. Cela dit, malgré cette présence d'une norme interne, le goût spirituel n'est en rien contraignant. L'homme restant libre de faire le mal, ce goût peut même s'altérer. L'homme peut ainsi parfois ressentir un goût pour le mal, autrement dit un certain attrait pour la mauvaiseté.

Le motif de l'action acratique humaine est similaire à celui des démons : la volonté permet à l'homme de préférer ce qu'il considère comme désirable pour sa satisfaction personnelle, en lieu et place de ce qui est désirable sous la raison de bien universel. Par conséquent, au lieu de chercher l'acquisition de richesses spirituelles et d'accomplir des actions en vue de servir Dieu, l'homme pèche en souhaitant augmenter son pouvoir temporel en vue de son bien propre, ce qu'Augustin qualifiait d'un « amour de soi jusqu'au mépris de Dieu ». Cette préférence de soi se traduit également par une volonté de *dominium* sur autrui. En effet, la relation entretenue avec autrui n'est plus sociale, mais vise l'augmentation de la jouissance des biens temporels dans un *amor privatus*. Les hommes étant moins capables que les anges de saisir la vérité d'une réalité, la question du paraître prend derechef une importance considérable : pour maintenir son *dominium* sur autrui, il importe grandement de souligner les marques du pouvoir temporel et de susciter l'admiration. Par conséquent, l'orgueil, en tant que préférence de soi, est la racine de tout mal, puisqu'il est tant la cause du péché originel, que de tout péché actuel. Deux conséquences majeures de cette analyse du péché doivent être soulignées : l'absolue précellence de la volonté et l'entière responsabilité des choix personnels.

Si la puissance de la volonté libre est la raison du mal, elle est surtout sa solution. En effet, comme le soulignait Gauthier de Bruges, *in fine*, ce n'est pas la volonté qui choisit ou l'intellect qui comprend, mais l'homme. Olivi affirmera de même que ce n'est pas réellement la volonté qui est la cause du mal, mais que ce dernier dépend du choix de la personne. Il souligne dans le sillage de Richard de Saint-Victor que la *mens*, qui est composée de volonté et d'intellect, n'est ni accidentelle, ni essentielle, mais personnelle, relevant ainsi que la personnalité est le mode propre d'existence d'un individu libre et existant par soi. Cette personnalité consiste donc pour Olivi dans le rapport que le sujet éprouve de lui-même en un retour sur soi qui n'est autre que le mouvement de la conscience. L'âme comprend par ce moyen, sur le mode du sens expérientiel, qu'elle est, qu'elle vit, qu'elle pense, qu'elle veut et qu'elle est le principe et le sujet de toutes ses actions. Elle s'affirme alors en tant qu'ego ou que *subjectum activum*. Autrement dit, quatre siècles avant John Locke, à qui l'histoire de la pensée attribue cette définition, Olivi affirme que la notion de personne requiert une connaissance de soi en tant que sujet. En soulignant l'importance des deux notions qui fondent principalement la personne, à savoir la conscience réflexive et la liberté, sans laquelle nous ne serions que « des bêtes intellectuelles », Olivi fournit les conditions de possibilité de développement de ce qui sera le sujet moderne.

Cette entité libre et réflexive qu'est la personne possède de plus la capacité de revenir sur ses actes et de les juger, voire d'en éprouver du remords. Cette conscience morale en tant que retour sur soi provient de la volonté libre de l'homme. C'est en cela que nous pouvons affirmer que la volonté est avant tout une solution au problème du mal, puisque cette faculté possède une fonction estimative et délibérative qui permet à la personne de saisir ce qu'est le bien et d'agir en conséquence. Olivi souligne ainsi que Lucifer aurait évité la chute s'il avait tourné son esprit vers lui-même et non sur le désir de jouissance des réalités extérieures, autrement dit s'il avait fait appel à sa conscience personnelle. Cette solution prévaut pour toute personne, humaine ou angélique, puisque la libre capacité de retour sur soi ou sur ses actes, peut nous faire saisir que toute action doit être menée non pas de manière orgueilleuse, mais en ayant Dieu pour finalité.

Si l'orgueil est la racine de tout péché, la personne libre, sa cause efficiente et la volonté de *dominium*, sa cause formelle, *a contrario* la pauvreté volontaire est la source de toute vertu. Cette solution idéale relève de la perfection évangélique et est par conséquent réservée à certains individus capables d'un profond renoncement à soi. Les frères qui s'engagent sur cette voie sont prêts non seulement à abolir tout droit lié à la personne morale par *abdicatio juris*, mais surtout à se considérer comme rien par rapport à leur dépendance vis-à-vis de Dieu. Comme l'annonçait Augustin, pour parer le mal, il faut chercher « l'amour de Dieu jusqu'au mépris de soi ». Cette abnégation – au sens théologique de détachement de tout ce qui n'entretient pas de rapport avec Dieu – ne signifie pas la négation de tout rapport social. Bien au contraire, il se réalise dans un processus d'évangélisation, dans lequel autrui est considéré pour soi. C'est ainsi dans cet *amor socialis* que le rapport à Dieu peut être envisagé. La pauvreté volontaire permet ainsi de ne pas tomber dans le péché d'orgueil, car son premier bénéfice est l'acquisition de la vertu d'humilité.

Cet abandon de la personne morale et du paraître social permet paradoxalement d'acquérir une véritable personnalité. Pour expliquer cette antinomie, Olivi valorise la notion de pauvreté volontaire. Il met en place un véritable vocabulaire économique, indiquant que la valeur de la personne ne dépend pas de l'appréciation que les autres en font. Détachée de cette économie de la reconnaissance, la personne peut se considérer elle-même pour ce qu'elle est et n'en ressort que plus libre. Ayant renoncé à soi, la personne n'est plus imbue d'elle-même ou *satisfaite* (*satis-facere*) – autrement dit pleine d'orgueil – et elle peut par conséquent se laisser littéralement *enthousiasmer* (*en-theos*) – à savoir emplir de Dieu –, ce qui est la finalité de la perfection évangélique. En définitive, la pauvreté volontaire, qui consiste en un renoncement à soi, empêche premièrement de tomber dans le péché d'orgueil par l'acquisition de la vertu d'humilité. Elle rend deuxièmement la personne plus libre puisque cette dernière ne dépend plus du regard et de l'appréciation d'autrui. Elle permet enfin d'acquérir une véritable personnalité qui ne repose plus sur le paraître, mais sur l'être, dans son rapport avec autrui et avec Dieu.

Concluons notre synthèse en remarquant que la vertu pour Olivi ne se trouve pas située en un point comme le pensaient les Stoïciens, mais en une latitude, à savoir en un espace médian. Cette marge morale signifie que l'acte vertueux n'est pas strictement défini, mais qu'il dépend principalement de l'intention de la personne. Le cœur du jugement éthique devient ainsi le for de la conscience. Si certains chercheurs ont souligné que cette intentionnalité morale personnelle provoquait une « ecclésiologie du bas », les normes éthiques étant définies par l'individu dans son rapport à Dieu, il faut surtout remarquer que l'importance est alors fortement mise sur la responsabilité humaine. L'estimation, la délibération et la réalisation d'un acte dépend de la volonté à tel point que, si l'on demande à quelqu'un pourquoi il a agi de telle manière, alors que son intellect lui dictait de ne pas le faire, il va répondre : « Parce que cela m'a plu ». Ce fondement intime et subjectif du motif d'action prouve l'absolue autonomie et par conséquent l'entière responsabilité des actes de la personne. Cette *imperiositas* de la volonté fournit à l'individu un pouvoir tel que celle-ci peut se révéler dangereuse. Toutefois, au contraire des démons qui s'obstinent dans le mal, l'homme a la possibilité à chaque instant de changer d'option. Il peut ainsi comme le disait Bonaventure « réparer la ruine angélique » [1]. Dans notre état de pérégrin, la perfection ne réside pas finalement dans l'acquisition d'un statut de gloire, mais dans la recherche d'une intention volontaire qui vise le bien et dans la poursuite du mérite accordé par Dieu.

En guise de conclusion, nous proposons de revenir sur la personne d'Olivi, sur ses sources et sur l'impact qu'il eut sur la pensée occidentale. Catherine König-Pralong souligne qu'Olivi est souvent présenté comme un penseur dissident, dont les positions se développent en réaction à l'aristotélisme montant, vision renforcée par l'impact qu'il eut sur les Béguins dans le Sud de la France. Toutefois, elle relève avec raison que l'apport d'idées nouvelles ne signifie pas nécessairement une volonté de rupture ou d'opposition [2]. Si Olivi fournit des réponses qui lui sont propres, il n'a pourtant de cesse de vouloir s'inscrire dans une continuité de pensée, principalement issue d'Augustin. Non qu'il critique certaines autorités majeures, il conçoit plutôt d'en livrer une juste lecture. Toutes les solutions qu'il envisage trouvent ainsi leur fondement dans une autorité ou dans un emprunt à des auteurs contemporains et ce dans un souci de respecter les condamnations d'Etienne Tempier. Ainsi, s'il refuse d'admettre la doctrine de l'illumination, Olivi s'inscrit toutefois dans la pensée d'Augustin d'Hippone, qui est l'auteur le plus cité dans sa *Summa*, pour ce qui concerne l'importance de la volonté en l'homme, pour l'évidence de la connaissance de l'âme par elle-même, pour la question de la réparation de la structure angélique par les hommes ou encore pour ses analyses sur l'amour et sur le péché d'orgueil. De même, il emprunte la notion de rectitude à Anselme de Cantorbéry, bien qu'il refuse d'admettre sa définition de la liberté comme puissance de faire le bien seulement. D'Abélard, il tire l'importance de l'intention et du consentement intérieur dans l'action morale. Des Victorins, il reprend la notion de sens spirituel. De Bonaventure, il souligne la prudence eu égard aux prétentions de la philosophie et des erreurs qu'elle peut entraîner

1. Bonaventure, *Commentaria in II Sententiis*, dist. 1, art. 2, q. 2, *op. cit.*, p. 46.
2. *Cf.* C. König-Pralong, *Le bon usage des savoirs ...*, *op. cit.*, p. 171.

et il interprète sa définition de la personne comme étant applicable aux anges également, tandis qu'il critique à son tour sa doctrine de la connaissance. De même pour Henri de Gand, qui partage pourtant le même volontarisme radical. A Richard de Saint-Victor et à Gauthier de Bruges, il emprunte non seulement des métaphores et des exemples, mais surtout l'idée selon laquelle ce ne sont pas finalement les facultés qui agissent, mais la personne qui les porte. De Sénèque enfin, il relève l'importance de la très haute pauvreté.

Comme remarque à juste titre Sylvain Piron, n'étant pas maître en théologie, Olivi s'abstient souvent dans ses déterminations de trancher en faveur d'une position définitive [1]. Dans le *De perlegendis*, Olivi affirme qu'il est impossible à l'homme en son état de *viator* d'accéder de façon certaine à la vérité. Le Franciscain se donne toutefois pour entreprise d'utiliser la philosophie, afin de déceler l'*opinio verior*, compatible avec les données de la foi. En ce sens, Olivi n'apporte jamais de détermination péremptoire au sein de ses écrits, mais se contente d'analyser les solutions les plus cohérentes, s'appuyant sur la pensée de ses prédécesseurs et de ses contemporains et n'hésitant pas à réfuter les positions qui lui semblent incompatibles avec la foi ou avec la raison. *In fine*, les propositions des philosophes et des théologiens n'étant que probables, le moyen le plus assuré d'agir en fonction d'un vrai bien, reste pour Olivi de suivre l'enseignement du Christ, qui, s'il est un idéal de perfection, est toutefois réalisable en cette vie, comme l'a montré l'exemple de François d'Assise.

La lecture des textes d'Olivi n'est pas seulement intéressante pour l'histoire des idées, elle fournit un matériau précieux à la réflexion contemporaine et à l'éthique normative. Elle permet d'envisager des réponses à la question de l'acrasie que la philosophie contemporaine n'a pas ou que peu considérée jusqu'à présent. Dans son enquête sur la norme éthique qu'est *La vie de l'esprit*, Hannah Arendt avait pourtant déjà souligné l'importance du Franciscain pour cette réflexion, alors que les recherches sur Olivi étaient à leur début [2]. Olivi souligne que le mal est possible tout simplement parce que la volonté, essentielle à la personnalité et à l'humanité de chacun, est à ce point autonome qu'elle peut choisir toute fin, même celle que la raison considère comme mauvaise. Ce n'est donc pas que l'homme est enchaîné dans des passions qui l'obligent, mais qu'il préfère ce qu'il considère comme un certain bien, alors même que cela s'oppose au bien commun. Rien, pas même le goût spirituel, ce que nous nommerions aujourd'hui notre sens moral, ne peut s'opposer à ce pouvoir quasi divin de la liberté humaine. Toutefois, l'intérêt d'étudier la question de l'acrasie est de comprendre d'où provient la déviance pour le (dé)goût du mal et ainsi de trouver des solutions pour y parer. Le mal s'initie toujours dans un orgueil qui se traduit par une volonté de puissance sur autrui.

1. Selon une remarque émise lors du colloque « Pierre de Jean Olivi – Philosophe et théologien » en octobre 2008 à l'Université de Fribourg et reprise par C. König-Pralong, dans « Le bon usage des savoirs… », art. cit., p. 201.

2. *Cf.* H. Arendt, *La vie de l'esprit*, *op. cit.*, p. 432 et p. 440.

C'est parce que nous faisons dépendre notre bonheur de la reconnaissance d'autrui que nous désirons obtenir une maîtrise, un *dominium* sur lui. Montesquieu (1689-1755), de manière proche d'Olivi, offre dans ses *Pensées* une belle formulation du fait que le bonheur de l'homme est ainsi souvent restreint par sa perception et sa dépendance à autrui :

> Si on ne voulait qu'être heureux, cela serait bientôt fait. Mais on veut être plus heureux que les autres, et cela est presque toujours difficile parce que nous croyons les autres plus heureux qu'ils ne sont [1].

C'est la jalousie et par conséquent l'orgueil qui, selon Montesquieu, nous empêche de parvenir au bonheur. Il ne s'agit pas d'éliminer autrui de notre perception, mais de saisir qu'il existe une différence entre être en rapport et être dans un rapport de dépendance. De même, Olivi montre que le fait même d'être une personne suppose le fait d'être en rapport : rapport à soi pour ce qui est de la connaissance de son sujet, rapport à ses actes pour le jugement moral interne et rapport à Dieu et à autrui pour l'action morale. La relation à autrui nous est donc essentielle et il convient de l'intégrer de manière correcte dans nos choix, en faisant en sorte que nos motifs d'action ne visent jamais notre bien propre seulement, mais le bien commun. Face à cet égoïsme et à ce mépris d'autrui, afin de gagner en liberté dans le rapport à soi, la pauvreté volontaire et l'humilité sont la clef. Si la solution d'Olivi se rapproche de la déontologie kantienne en affirmant qu'autrui ne doit jamais être considéré seulement comme un moyen pour parvenir à ses fins, mais toujours comme une fin en soi, elle va toutefois plus loin [2]. L'éthique d'Olivi atteint directement la personne d'autrui et elle répond ainsi à la critique de Paul Ricœur qui affirmait que la phénoménologie kantienne était en cela « décevante » [3]. Pour Olivi, ce n'est pas par suite d'un raisonnement pratique que nous considérons autrui comme digne de respect, mais directement en tant qu'il est une autre personne. Par conséquent, si l'action est accomplie avec une pauvreté volontaire, une volonté d'abnégation, elle sera *bénéfique*, au sens étymologique, tant pour autrui que pour sa propre personne. Ce bénéfice est triple pour la personne : elle n'en est que plus libre, elle acquiert un *dominium* spirituel plus important que le *dominium* temporel et elle éprouve finalement pour ce qu'elle accomplit, une certaine satisfaction qui n'est autre que la saveur du bien.

1. Montesquieu, *Pensées diverses*, Paris, Arvensa édition, 2014, p. 28

2. E. Kant, *Fondements de la métaphysique des mœurs*, Paris, Vrin, 1980, p. 105 : « Agis de telle sorte que tu traites l'humanité aussi bien dans ta personne que la personne de tout autre toujours en même temps comme une fin, et jamais simplement comme un moyen ».

3. P. Ricoeur, *A l'école de la phénoménologie*, Paris, Vrin, 2004, p. 266-283. *Cf.* E. Bermon, *Le cogito dans la pensée de Saint Augustin*, *op. cit.*, p. 341 *sq.*

BIBLIOGRAPHIE SÉLECTIVE

ŒUVRES DE PIERRE DE JEAN OLIVI

Summa Quaestionum

Quaestio de Trinitate, in M. Schmaus (Hrsg.), « Der Liber propugnatorius des Thomas Anglicus und die Lehrunterschiede zwischen Thomas von Aquin und Duns Scotus », *Beiträge zur Geschichte der Philosophie und Thelogie des Mittelalters,* Bd. XXIX, Teil II, 1930, p. 143-228.

Quaestiones in secundum librum Sententiarum, ed. B. Jansen, Quaracchi, S. Bonaventurae,
- vol. 1, *quaestiones* 1-48, 1922 ;
- vol. II, *quaestiones* 49-71, 1924 ;
- vol. III, *quaestiones* 72-118, 1926.

Quaestiones de incarnatione et redemptione, ed. A. Emmen, E. Stadter, Grottaferrata, S. Bonaventurae, 1981.

Commentaires bibliques

Compendium de virtute humilitatis (*Lectura super Matheum,* c. 18), *in* Bonaventura, *Opera omnia,* 8, Quaracchi, S. Bonaventurae, 1898, p. 658-662.

Lectura super Mattheum, 5, 3, in T. Murtaugh (ed.), *Peter Olivi's Commentary on Matthew. A Critical Edition of Chapter 5, Verses 1-26 with a Commentary,* Melbourne, 1992.

Lectura super Pauli Epistolas, in A. Boureau (éd.), *Corpus christianorum continuatio medievalis,* 233, 2010.

Quaestiones disputatae de perfectione evangelica *et autres écrits religieux*

QPE V : an sit melius aliquid facere ex voto quam sine voto, in A. Emmen (ed.), *Studi Francescani,* 63, 1966, p. 93-108.

QPE VIII : an status altisime paupertatis sit simpliciter melior quam omni statu divitiarum, in J. Schlageter (Hrsg.), *Das Heil der Armen und das Verderben der Reichen, Petrus Johannis Olivi OFM : Die Frage nach der höchsten Armut, Franziskanische Forschung,* 34, 1989.

QPE IX : an usus pauper includatur in consilio seu in voto paupertatis evangelice, ita quod sit de eius substantia et integritate, in D. Burr (ed.), *P. J. Olivi, De usu paupere, the « Quaestio » and the « Tractatus »*, Firenze/University of W. Australia, Olschki Editore/Press Perth, 1992, p. 1-85.

Autres œuvres

De perlegendis philosophorum libris, in F. Delorme (éd.), *Antonianum*, 16, 1941, p. 31-44.
Epistola ad fratrem R., *in* E. Marmursztejn, S. Piron, C. Kilmer (éd.), *Archivum Franciscanum Historicum*, 91, 1998, p. 33-64.
Impugnatio XXXVII articulorum adversus opinions doctorum quorundam quorum ipse supprimere voluit, Venise, 1509, f. 42r-49v.
Lettre aux princes angevins, in F. Ehrle (éd.), *ALKGMA*, 3, 1887, p. 534-540, trad. fr. M. H. Vicaire, *Franciscains d'Oc, Les Spirituels ca 1280-1324, Cahiers de Fanjeaux*, 10, 1975, p. 135-136.
Quid ponat ius, in F. Delorme (éd.), « Question de P. J. Olivi, *Quid ponat ius vel dominium* ou encore *De signis voluntariis* », *Antonianum*, 20, 1945, p. 309-330.
Responsio quam fecit Petrus [Ioannis] ad litteram magistrorum, praesentatam sibi in Avinione, in D. Laberge (éd.), *Archivum Franciscanum Historicum*, 28, 1935, p. 126-130.

Traductions

Impugnatio quorundam articulorum Arnaldi Galliardi, art. 19, éd. S. Piron, *in* C. König-Pralong, O. Ribordy, T. Suarez-Nani (éd.), *Pierre de Jean Olivi – Philosophe et théologien, Actes du colloque de Philosophie médiévale, 24-25 octobre 2008, Université de Fribourg*, Berlin-New-York, Walter de Gruyter, 2010, p. 453-462.
Quaestio an in homine sit liberum arbitrium – Ueber die menschliche Freiheit, trad. all. P. Nickl, *Herders Bibliothek der Philosophie des Mittelalters*, 8, 2006.
Question disputée sur la science divine et les idées en Dieu, trad. fr. S. Piron, *in* J.-C. Bardout, O. Boulnois (éd.), *Sur la science divine*, Paris, P.U.F., 2002, p. 204-225.
Traité des contrats, trad. fr. S. Piron, Paris, Les Belles Lettres, 2012.
Traité des démons, Summa II, Questions 40-48, trad. fr. A. Boureau, Paris, Les Belles Lettres, 2011.

ŒUVRES DE RÉFÉRENCE

ANSELME DE CANTORBÉRY, *La chute du diable*, trad. fr. A. Galonnier, M. Corbin, R. Ravinel, Paris, Cerf, 1986.
– *L'œuvre d'Anselme de Cantorbéry : Le Grammairien, De la Vérité, La liberté de choix, La chute du Diable*, éd. M. Corbin, trad. fr. A. Galonnier, M. Corbin, R. Ravinel, Paris, Cerf, 1986.
ARISTOTE, *De Anima*, trad. fr. J. Tricot, Paris, Vrin, 1965.
– *Ethique à Nicomaque*, trad. fr. J. Tricot, Paris, Vrin, 1998.
AUGUSTIN, *Œuvres de Saint Augustin : De magistro, De libero arbitrio*, trad. fr. G. Madec, Paris, Desclée de Brouwer, 1976.
– *Œuvres de Saint Augustin : La trinité*, trad. fr. P. Agaësse, Paris, Desclée de Brouwer, 1955.

- *Œuvres de Saint Augustin : La cité de Dieu*, trad. fr. G. Bardy., G. Combès, Paris, Desclée de Brouwer, 1959-1960.
- *Œuvres de Saint Augustin : Les confessions*, trad. fr. A. Solignac, E. Tréhorel, A. Bouissou, Paris, Desclée de Brouwer, 1962.

BERNARD DE CLAIRVAUX, *De gratia et libero arbitrio*, trad. fr. F. Callerot, M.-I. Huille, J. Christophe, P. Verdeyen, *Sources chrétiennes*, 393, Paris, Cerf, 2010.

BOÈCE, *Courts traités de théologie, Contre Eutychès et Nestor*, trad. fr. H. Merle, Paris, Cerf, 1991.
- *De consolatione philosophae*, ed. C. Moreschini, München-Leipzig, Saur K. G., 2005.

BONAVENTURE, *Breviloquium*, II-III, trad. fr. T. Mouiren, Quaracchi, S. Bonaventurae, 1967.
- *Commentaria in I Sent.*, trad. fr. M. Ozilou, *Les Sentences, Questions sur Dieu*, Paris, P.U.F., 2002.
- *Commentaria in II Sent.*, *Opera omnia*, II, Quaracchi, S. Bonaventurae, 1885.
- *Commentaria in III Sent.*, *Opera omnia*, III, Quaracchi, S. Bonaventurae, 1887.
- *Itinéraire de l'esprit vers Dieu*, trad. fr. H. Duméry, Paris, Vrin, 2001.

DENYS L'ARÉOPAGITE, *Des noms divins*, trad. fr. A. Thiéry, Louvain, Institut supérieur de philosophie, 1926.

DESCARTES R., *Meditationes de prima philosophia*, trad. fr. Duc de Luynes, Paris, Vrin, 1970.

FRANÇOIS D'ASSISE, *Testament*, dans *Le testament de Saint François d'Assise*, Paris, Plon, 1928.

GAUTHIER DE BRUGES, *Quaestiones disputatae*, éd. E. Longpré, Louvain, Institut supérieur de philosophie de l'Université, 1928.

GONZALVE D'ESPAGNE, *Quaestiones disputatae et de quodlibet*, ed. L. Amoros, Grottaferata, St-Bonaventure, 1935.

GRÉGOIRE LE GRAND, *Morales sur Iob*, trad. fr. A. Gaudemaris, Paris, Cerf, 1975.

GUILLAUME DE SAINT-THIERRY, « L'énigme de la foi », *in* M.-M. Davy (éd.), *Deux traités sur la foi*, Paris, Vrin, 1959.

HENRI DE GAND, *Quodlibeta*, I, ed. R. Macken, Louvain, Brill, 1979.
- *Summa (quaestiones ordinariae)*, ed. L. Hödl, Louvain, Leuven University Press, 1998.

HUGUES DE DIGNE, *Commentaire de la règle*, *in* D. Flood (ed.), *Hugh of Digne's Rule Commentary*, Grottaferrata, S. Bonaventurae, 1979.

HUGUES DE SAINT-VICTOR, *De sacramentis christiane fidei*, ed. R. Berndt, Münster, Aschendorff, 2008.

JACQUES DE VITERBE, *Disputatio prima de quolibet*, ed. E. Ypma, Augustinus, Würzburg, 1968.

JEAN DUNS SCOT, *Questions quodlibetales*, in *Opera omnia*, 26, Paris, Vivès, 1895.
- *Liber de causis*, *in* P. Magnard, O. Boulnois, B. Pinchard, J.-L. Solère (éd.), *La demeure de l'être, autour d'un anonyme, étude et traduction du liber de causis*, Paris, Vrin, 1990.

MATTHIEU D'AQUASPARTA, *Quaestiones disputatae de anima XIII*, éd. A.-J. Gondras, Paris, Vrin, 1961.
- *Quaestiones disputatae de fide et de cognitione*, Quaracchi, S. Bonaventurae, 1957.

PIERRE ABÉLARD, *Connais-toi toi-même*, trad. fr. M. Gandillac, *Conférences*, Paris, Cerf, 2011.
- *Opera Theologica*, ed. M. Buytaert, Turnhoult, Brepols, 1969.

- *Theologia christiana*, ed. M. Buytaert, *Petri Abaelardi, Opera Theologica*, II, Turnhoult, Brepols, 1969.

PLATON, *Gorgias*, trad. fr. M. Canto, Paris, GF Flammarion, 1993.

- *Protagoras*, trad. fr. E. Chambry, Paris, GF Flammarion, 2016.

RICHARD DE MEDIAVILLA, *Questions disputées* 1 à 45, t. I-VI, trad. fr. A. Boureau, Paris, Les Belles Lettres, 2011-2015.

RICHARD DE SAINT-VICTOR, *De Trinitate*, trad. fr. G. Salet, Paris, Cerf, 1959.

ROBERT GROSSETESTE, *De libero arbitrio*, *in* N. Lewis (ed.), « The first recension of Robert Grosseteste's *De Libero Arbitrio* », *Mediaeval Studies*, 53, 1991, p. 1-88.

THOMAS D'AQUIN, *Quaestiones disputatae de anima*, trad. fr. F. Hedde, Fribourg/Paris, Libraires de Saint Paul, 1912.

- *Questions disputées De veritate*, Le Barroux, Ed. Leon., 2011.

- *Questions disputées sur le mal*, trad. fr. les moines de Fontgombault, Paris, NEL, 1992.

- *Scriptum super sententiis*, éd. M. F. Moos, Paris, Lethielleux, 1929-1947.

- *Sententia libri Ethicorum*, ed. R.-A. Gauthier, Roma, Ed. Leon., 1969.

- *Somme de théologie*, Paris, Cerf, 1999-2007.

THOMAS DE CELANO, *Les vies de Saint François d'Assise*, trad. fr. J. Dalarun, D. Poirel, Paris, Cerf, 2009.

UBERTIN DE CASALE, *Tractatus de altissima paupertate Christi et apostolorum eius et virorum apostolicorum*, *in* G. L. Potesta (éd.), « Le traité d'Ubertin de Casale sur la pauvreté du Christ et des apôtres », *Oliviana*, 2012, http://oliviana.revues.org/478, consulté le 1 octobre 2016.

LITTÉRATURE SECONDAIRE

AERTSEN J. A., SPEER A. (Hrsg.), *Individuum et Individualität im Mittelalter*, Berlin-New-York, Walter de Gruyter, 1996.

ALLINEY G., *Il nodo nel giunco : le questione sulla libertà di Enrico di Gand*, Bari, Di Pagina, 2009.

AUDI R., 1990, « Weakness of Will and Rational Action », *Australasian Journal of Philosophy*, 68, p. 270-281.

ÁVALOS SOTO A. B., « La personne et ses modes chez Pierre Abélard », *Philonsorbonne*, 10, 2016, p. 9-28.

BARTOLI M., « Olivi le *Quaestiones de perfectione evangelica.* Spunti per una riflessione », *in* A. Horowski (ed.), *Religioni et doctrinae. Miscellanea di studi offerti a Bernardino de Armellada in occasione del suo 80. compleanno*, Roma, Istituto storico dei Cappucini, 2009, p. 175-189.

BEDOS-REZAK B., IOGNA-PRAT D. (éd.), *L'individu au Moyen Âge, individuation et individualisation avant la modernité*, Paris, Aubier, 2005.

BEHA H. M., « Matthew of Aquasparta's Theory of Cognition », *Franciscan Studies*, 20, 1960, p. 161-204 ; 21, 1961, p. 1-79.

BENJAMIN R., *Notion de personne et personnalisme chrétien*, Paris-La Haye, Mouton, 1972.

BERMON E., *Le cogito dans la pensée de Saint Augustin*, Paris, Vrin, 2001.

BÉRUBÉ C., *La connaissance de l'individuel au Moyen Âge*, Paris, P.U.F., 1964.

– « Olivi, critique de Bonaventure et d'Henri de Gand », *in* R. S. Almagno, C. L. Harkins (eds.), *Studies honoring I. C. Brady*, Saint-Bonaventure, Franciscan Institute Publications, 1976, p. 57-121.

– *De l'homme à Dieu, selon Duns Scot, Henri de Gand et Olivi*, Roma, Collegio S. Lorenzo da Brindisi, 1983.

BETTONI E., *Le dottrine filosofiche di Pier di Giovanni Olivi*, Milano, Vita e Pensiero, 1959.

BOBILLIER S., « Divine Ideas and Beatific Vision by Peter of John Olivi », *in* I. Zavattero (ed.), *Flumen Sapientiae*, 20, 2019, p. 61-83.

BONAFEDE G., « La gnoseologia di Matteo d'Aquasparta », *Filosofia e cultura in Umbria tra medioevo e rinascimento, Atti del IV Convegno di Studi Umbri*, Perugia, Centro Italiano di studi sull'atto mediovo, 1967, p. 249-269.

BOULNOIS O., *Etre et Représentation, une généalogie de la métaphysique moderne à l'époque de Duns Scot* (*XIII*e*-XIV*e), Paris, P.U.F., 1999.

– « Vouloir, vœu et noblesse de la volonté selon Olieu », *Cahiers du centre de recherches historiques*, 16, 1996, p. 57-64.

– « La liberté fautive : la question de l'origine du mal, d'Augustin à Duns Scot », *Cahiers Disputatio*, 1, 2008, p. 79-97.

— (éd.), *Généalogies du sujet. De saint Anselme à Malebranche*, Paris, Vrin, 2007.

BOUREAU A., *Satan hérétique, naissance de la démonologie dans l'Occident médiéval* (*1280-1330*), Paris, Odile Jacob, 2004.

– *De Vagues individus, la condition humaine dans la pensée scolastique*, Paris, Les Belles Lettres, 2008.

– *Le désir dicté. Histoire du vœu religieux dans l'Occident médiéval*, Paris, Les Belles Lettres, 2014.

– « Satan et le dormeur », in G. Deleuze, F. Guattari (éd.), *Chimères*, 14, 1991, p. 41-61.

– « Droit et théologie au XIIIe siècle », *Annales ESC*, 6, 1992, p. 1113-1125.

– « Le sabbat et la question scolastique de la personne », *in* N. Jacques-Chaquin, M. Préaud (éd.), *Le sabbat des sorciers en Europe* (*XV*e*-XVIII*e *siècle*), *Colloque international E.N.S., Fontenay/Saint-Cloud, 4-7 novembre 1992*, Grenoble, Ed. Jérôme Millon, 1993, p. 33-46.

– « Pierre de Jean Olivi et le semi-dormeur. Une élaboration médiévale de l'activité inconsciente », *Nouvelle Revue de Psychanalyse*, 48, 1993, p. 231-238.

– « Pierre de Jean Olivi et l'émergence d'une théorie contractuelle de la royauté au XIIIe siècle », *in* J. Blanchard (éd.), *Représentation, pouvoir et royauté à la fin du Moyen Âge, Actes du colloque de l'Université du Maine, 25 et 26 mars 1994*, Paris, Picard, 1995, p. 165-175.

– « Les cinq sens dans l'anthropologie cognitive franciscaine. De Bonaventure à Jean Peckham et Pierre de Jean Olivi », *Micrologus*, 10, 2002, p. 277-294.

– « L'individu, sujet de la vérité et suppôt de l'erreur, connaissance et dissidence dans le monde scolastique (vers 1270-vers 1330) », *in* B. Bedos-Rezak, D. Iogna-Prat (éd.), *L'individu au Moyen Âge*, Paris, Aubier, 2005, p. 289-363.

– « Un sujet agité. Le statut nouveau des passions de l'âme au XIIIe siècle », *in* P. Nagy, D. Boquet (éd.), *Le sujet des émotions au Moyen Âge*, Paris, Beauchesne, 2009, p. 187-200.

— et PIRON S. (éd.), *Pierre de Jean Olivi* (*1248-1298*). *Pensée scolastique, dissidence spirituelle et société*, Paris, Vrin, 1999.

— et ROSIER-CATACH I., « Droit et théologie dans la pensée scolastique, le cas de l'obligation et du serment », *Revue de synthèse*, 129, 2008, p. 509-528.

BRIANCESCO E., *Un triptyque sur la liberté, la doctrine morale de Saint Anselme*, Paris, Desclée de Brouwer, 1982.

BROWER-TOLAND S., « Olivi on Consciousness and Self-Knowledge : The Phenomenology, Metaphysics, and Epistemology of Mind's Reflexivity », *Oxford Studies in Medieval Philosophy*, 1, 2013, p. 136-171.

BURR D., *Olivi and Franciscan Poverty. The Origins of the Usus Pauper Controversy*, Philadelphia, University of Pennsylvania Press, 1989.

- *Olivi's Peaceable Kingdom. A Reading of the Apocalypse Commentary*, Philadelphia, University of Pennsylvania Press, 1993.

- *L'histoire de Pierre Olivi, franciscain persécuté*, Fribourg, Cerf, 1997.

- « Petrus Ioannis Olivi and the Philosophers », *Franciscan Studies*, 31, 1971, p. 41-71.

- « Bonaventure, Olivi and Franciscan Eschatology », *Collectanea Franciscana*, 53, 1983, p. 23-40.

D'ALVERNY M.-Th., « Un adversaire de St Thomas d'Aquin : Petrus Johannis Olivi », *in* A. Maurer (ed.), *St Thomas Aquinas. 1274-1974. Commemorative Studies*, Toronto, 1974, p. 179-218.

DAHL N. O., *Practical Reason, Aristotle and Weakness of the Will*, Minneapolis, Minnesota University Press, 1984.

DAVIDSON D., *Actions et événements*, trad. fr. P. Engel, Paris, P.U.F., 1993.

DE BELLOY C., *Dieu comme soi-même, Connaissance de soi et connaissance de Dieu selon Thomas d'Aquin : l'herméneutique d'Ambroise Gardeil*, Paris, Vrin, 2014.

DUMONT S. D., « The Origin of Scotus's Theory of Synchronic Contingency », *The Modern Schoolmann*, 72, 1995, p. 149-167.

DUNN R., *The Possibility of Weakness of Will*, Indianapolis, Hackett, 1987.

ELSTER J., *Agir contre soi, la faiblesse de la volonté*, Paris, Odile Jacob, 2007.

FLOOD D., « Le projet franciscain de Pierre Olivi », *Études franciscaines*, 23, 1973, p. 367-379.

- « Peter Olivi and Franciscan Poverty », *Franciscan Studies*, 74, 2016, p. 177-184.

Franciscains d'Oc. Les Spirituels ca 1280-1324, Cahiers de Fanjeaux, 10, 1975.

FRANKFURT H., « Freedom of the Will and the Concept of a Person », *Journal of Philosophy*, 68, 1971, p. 5-20.

GAUCHET M., *Histoire du sujet et théorie de la personne, la rencontre de Marcel Gauchet et de Jean Gagnepain*, Rennes, PUR, 2009.

GAUTHIER R.-A., Jolif J.-Y. (éd.), *Aristote, L'éthique à Nicomaque*, Paris, Béatrice Nauwelaerts, 1970.

GOSLING J., *Weakness of the Will*, London-New-York, Routledge, 1990.

HOUSSET E., *La vocation de la personne, l'histoire du concept de personne de sa naissance augustinienne à sa redécouverte phénoménologique*, Paris, P.U.F., 2007.

INGHAM M. B., *La vie de la sagesse. Le stoïcisme au Moyen Âge*, Fribourg, Cerf, 2007.

IRIBAREN I., LENZ M. (eds.), *Angels in Medieval Philosophical Inquiry : their Function and Significance*, Aldershot-Burlington, Ashgate, 2008.

KAYE S. M., « Why the Liberty of Indifference is worth wanting : Buridan'Ass, Friendship and Peter John Olivi », *History of Philosophy Quartely*, 21, 2004, p. 21-42.

KENT B., *Virtues of the Will, The Transformation of Ethics in the Late Thirteenth Century*, Washington D. C., Catholic University of America Press, 1995.

KOBUSCH Th., *Die Entdeckung der Person : Metaphysik der Freiheit und modernes Menschenbild*, Darmstadt, Herder, 1997.
- « L'être moral de la personne, la philosophie moderne et la doctrine de la liberté », *in* F.-X. Putallaz, B. Schumacher (éd.), *L'humain et la personne*, Paris, Cerf, 2008, p. 237-238.
- « Person – die verkörperte Selbstreflexivität. Grundstrukturen der Personenlehre des Petrus Johannis Olivi », *in* G. Mensching (Hrsg.), *Selbstbewusstsein und Person im Mittelalter, Contradictio*, VI, 2005, p. 67-79.
KÖNIG-PRALONG C., *Le bon usage des savoirs : scolastique, philosophie et politique culturelle*, Paris, Vrin, 2011.
— RIBORDY O., SUAREZ-NANI T. (éd.), *Pierre de Jean Olivi – Philosophe et théologien, Actes du colloque de Philosophie médiévale, 24-25 octobre 2008, Université de Fribourg*, Berlin-New-York, Walter de Gruyter, 2010.
LAMBERT M., *Self-Knowledge in Thomas Aquinas : the Angelic Doctor on the Soul's Knowledge of Itself*, Bloomington, Authorhouse, 2007.
LAMBERTINI R., *La povertà pensata. Evoluzione storica della definizione dell'indentità minoritica da Bonaventura ad Ockham*, Modena, Mucchi, 2000.
LOIRET F., *L'usage et la joie*, Paris, Kimé, 2015.
LOTTIN O., *Psychologie et morale aux XIIe et XIIIe siècle*, Gembloux, Duculot, 1948-1954.
- « Les premiers linéaments du Traité de la Syndérèse au Moyen Âge », *Revue néo-scolastique de philosophie*, 28, 1926, p. 422-454.
- « La syndérèse chez les premiers maîtres franciscains de Paris », *Revue néo-scolastique de philosophie*, 29, 1927, p. 265-291.
MACINTYRE A., *Quelle justice ? Quelle rationalité ?*, Paris, P.U.F., 1993.
- « Is Akratic Action Always Irrational », *in* O. Flanagan, A. Rorty (eds.), *Identity, Character and Morality*, Cambridge, MIT Press, 1993, p. 379-400.
MARMURSZTEJN E., *L'autorité des maîtres. Scolastique, normes et société au XIIIe siècle*, Paris, Les Belles Lettres, 2007.
- « Une fabrique de la norme au XIIIe siècle : l'université de Paris », *in* V. Beaulandes-Barraud, J. Claustre, E. Marmusztejn (éd.), *La Fabrique de la norme, lieux et modes de production des normes au Moyen Âge et à l'époque moderne*, Rennes, PUR, 2012, p. 31-48.
MAZZARELLA P., *La dottrina dell'anima e della conoscenza in Matteo d'Aquasparta*, Gallarate, Pontificia Università Gregoriana, 1969.
MICHON P., *Eléments d'une histoire du sujet*, Paris, Les Belles Lettres, 1999.
MULLER J.-P., « Colligantia naturalis, La psychologie humaine d'après saint Bonaventure et son école », in *L'homme et son destin d'après les penseurs du Moyen Âge. Actes du Premier Congrès Internationale de Philosophie Médiévale*, Louvain/Paris, Nauwelaerts, 1960, p. 495-503.
MURTAUGH T., *Peter Olivi's Commentary on Matthew. A Critical Edition of Chapter 5, Verses 1-26 with a Commentary,* Melbourne College of Divinity, 1992.
OGIEN R., *La faiblesse de la volonté*, Paris, P.U.F., 1993.
PASNAU R., *Theories of Cognition in the Middle-Ages*, Cambridge, Cambridge University Press, 1997.
PERLER D. (ed.), *Ancient and Medieval Theories of Intentionality*, Leiden-Boston-Köln, Brill, 2001.
- *Théorie de l'intentionnalité au Moyen Âge*, Paris, Vrin, 2003.

— et SCHIERBAUM S., « Selbstbezug und Selbstwissen, zu einer mittelalterlichen Debatte », *Klostermann RoteReihe*, 71, 2014.

PIRON S., « Vœu et contrat chez Pierre de Jean Olivi », *Cahiers du Centre de Recherches Historiques*, 16, 1996, p. 43-56.

- « Marchands et confesseurs, le traité des contrats d'Olivi dans son contexte (Narbonne, fin XIIIe-début XIVe siècle) », in *L'argent au Moyen Âge. Actes du 28e congrès de la SHMESP (Clermont-Ferrand, 1997)*, Paris, 1998, p. 289-308.

- « Le Poète et le Théologien : une rencontre dans le *studium* de Santa Croce », *Picenum Seraphicum*, 19, 2000, p. 87-134.

- « Perfection évangélique et moralité civile : Pierre de Jean Olivi et l'éthique économique franciscaine », in B. Molina, G. Scarcia (a cura di), *Ideologia del Credito fra Tre e Quattrocento : dall'Astesano ad Angelo da Chivasso*, Asti, Centro studi sui Lombardi e sul credito nel Medioevo, 2001, p. 103-143.

- « Olivi et les averroïstes », *in* D. Calma, E. Coccia (éd.), *Les « sectatores Averrois ». Noétique et cosmologie aux XIIIe-XIVe siècles, Freiburger Zeitschrift für Philosophie und Theologie*, 53, 2006, p. 251-309.

- « Censures et condamnation de Pierre de Jean Olivi : enquête dans les marges du Vatican », *Mélanges de l'École française de Rome-Moyen Âge*, 118/2, 2006, p. 313-373.

- « L'expérience subjective selon Pierre de Jean Olivi », *in* O. Boulnois (éd.), *Généalogies du sujet. De saint Anselme à Malebranche*, Paris, Vrin, 2007, p. 43-54.

- « La pauvreté dans l'expérience et la réflexion franciscaines », *in* A. Leroux, P. Livet (éd.), *Leçons de philosophie économique, IV, La pauvreté dans les pays riches*, Paris, Economica, 2009, p. 36-52.

PUTALLAZ F.-X., *Conscience et connaissance de soi, de Thomas d'Aquin à Thierry de Freiberg*, Fribourg, Presses universitaires de Fribourg, 1990.

- *La connaissance de soi au XIIIe siècle de Matthieu d'Aquasparta à Thierry de Freiberg*, Paris, Vrin, 1991.

- *Le sens de la réflexion chez Thomas d'Aquin*, Paris, Vrin, 1991.

RODE C., « Peter of John Olivi on Representation and Self-Representation », *Quaestio*, 10, 2010, p. 155-166.

ROSENWEIN B. H., « Y avait-il un "moi" au haut Moyen Âge ? », *Revue historique*, 633, 2005, p. 31-52.

ROSIER-CATACH I., *La parole efficace. Signe, rituel, sacré*, Paris, Seuil, 2004.

SAARINEN R., *Weakness of the Will in Medieval Thought, from Augustine to Buridan*, Leiden-New-York-Köln, Brill, 1994.

SALATIELLO G., *L'autoconscienza come riflessione originaria del soggetto su di sè in Tommaso d'Aquino*, Roma, Pontificia Università Gregoriana, 1996.

SCARPELLI CORY Th., *Aquinas on Human Self-Knowledge*, Cambridge, Cambridge University Press, 2013.

- « The Reflexivity of Incorporeal Acts as Source of Freedom and Subjectivity in Aquinas », *in* J. Kaukua, T. Ekenberg (ed.), *Subjectivity and Selfhood in Medieval and Early Modern Philosophy*, Dordrecht, Springer, 2016, p. 125-141.

SCHMUTZ J., « Du péché de l'ange à la liberté d'indifférence, les sources angélologiques de l'anthropologie moderne », *Etudes philosophiques*, 61, 2002, p. 169-198.

SCHNEIDER Th., *Die Einheit des Menschens. Die anthropologische Formel « anima forma corporis » im sogenannten Korrektorienstreit und bei Petrus Johannis Olivi. Ein Beitrag zur Vorgeschichte des Konzils von Vienne*, Münster, Aschendorff, 1973.

SEIDEL L., *Natur und Person. Metaphysische Probleme bei Petrus Johannis Olivi*, Würzburg, Mayr R., 1938.

SILVA J. F., TOIVANEN J., « The Active Nature of the Soul in Sense Perception : Robert Kilwardby and Peter Olivi », *Vivarium*, 48, 2010, p. 245-278.

SOLIGNAC L., « Les personnes selon Saint Bonaventure », *Revue des sciences philosophiques et théologiques*, 94, 2010/3, p. 451-480.

STADTER E., *Psychologie und Metaphysik der menschlichen Freiheit. Die ideengeschichtliche Entwicklung zwischen Bonaventura und Duns Scotus*, München, Paderborn, 1971.

– « Das Glaubensproblem in seiner Bedeutung für die Ethik bei Petrus Johannis Olivi O.F.M. », *Franziskanische Studien*, 42, 1960, p. 225-296.

SUAREZ-NANI T., « Pierre de Jean Olivi et la subjectivité angélique », *AHDLMA*, 70, 2003, p. 233-316.

TOIVANEN J., *Perception and the Internal Senses : Peter of John Olivi on the Cognitive Functions of the Sensitive Soul*, Leiden-Boston, Brill, 2013.

– « Peter Olivi on Internal Senses », *British Journal for the History of Philosophy*, 15, 2007, p. 427-454.

– « Perceptual Self-Awareness in Seneca, Augustine and Olivi », *Journal of the History of Philosophy*, 51/3, 2013, p. 355-382.

INDEX NOMINUM

TABLE DES MATIÈRES

ACHEVÉ D'IMPRIMER
EN JUILLET 2020
SUR LES PRESSES
DE
L'IMPRIMERIE F. PAILLART
À ABBEVILLE

DÉPÔT LÉGAL : 3e TRIMESTRE 2020
N°. IMP. 16580